Leo Trotzki — Leben und Tod

Victor Serge

Leo Trotzki
Leben und Tod

Europaverlag
Wien · München · Zürich

Titel der französischen Originalausgabe
Vie et mort de Léon Trotsky

Übersetzt von Peter Linnert

Umschlag und Einband von Georg Schmid

Lektorat Edda Werfel

Printed in Austria
Satz und Druck Elbemühl Wien
ISBN 3-203-50681-5

Inhalt

Vorwort zur Ausgabe 1973

Dieses Buch war zunächst als die Memoiren der Natalja Iwanowna Sedowa gedacht. Victor Serge, mein Vater, hat es anhand von Notizen niedergeschrieben, die im Laufe von Gesprächen gemacht wurden und nach und nach, Kapitel für Kapitel, korrigiert; das Manuskript wurde von der Witwe Leo Dawidowitschs durchgesehen, wie die zahlreichen Anmerkungen sowie die dem Manuskript angefügten Notizen beweisen.

Victor Serge wünschte, daß das Buch unter dem Namen Natalja Iwanownas erscheinen und er nur als Übersetzer oder höchstens als Mitautor auftreten solle. Als das Manuskript einige Tage vor dem Tod von Victor Serge fertiggestellt war, bestand Natalja Sedowa darauf, daß nur Serges Name aufscheinen solle, weil es sein Werk sei und »weil das, was ich gesagt habe, sehr klar aus dem Text hervorgeht«.

Natalja Iwanownas und Victor Serges Haltung waren von Bescheidenheit und Zartgefühl bestimmt. Victor Serge nahm an, daß der Name der Witwe Trotzkis dem Prestige des Werks und seiner Verbreitung förderlich sein würde. Natalja Iwanowna wieder wollte sich nicht mit den literarischen Federn von Victor Serge schmücken. Jahre später verlieh Natalja Iwanowna Bekannten und mir gegenüber ihrem Bedauern darüber Ausdruck, daß das Buch nicht unter ihrem Namen erschienen war. Das Werk wurde 1946 fertiggestellt. Zu diesem Zeitpunkt kannte man den wirklichen Namen von Trotzkis Mörder noch nicht. Den Autoren war wohl der Name Ramón Mercader bekannt (wie auch in der ersten Ausgabe der *Carnets* von Victor Serge, Julliard, angegeben), aber sie haben es vorgezogen, ihn nicht zu nennen, weil seine Identität nicht völlig geklärt war.

Mein Vater hat mir gegenüber erwähnt, daß er, wenn er dieses Buch ausschließlich als sein Werk verfaßt hätte, darin »Meinungen vertreten hätte, die nicht notwendigerweise mit denen von Natalja Iwanowna Sedowa übereinstimmten«.

Um einen Einblick in Victor Serges Denkweise zu geben, haben wir es für richtig gehalten, an Stelle eines Vorwortes dem

Buch einige zweifellos noch unveröffentlichte Seiten voranzustellen, die Victor Serge 1942 kurz nach seinem ersten Besuch im Haus in Coyoacán geschrieben hat.

Wladimir Kibalchich
Mexiko 1971

*

Victor Serge ist nur das bekannteste literarische Pseudonym von Victor Lwowitsch Kibalchich — er hat noch zahlreiche andere geführt!

Der Alte*

IN MEMORIAM LEO DAWIDOWITSCH TROTZKI

Er war knapp fünfundvierzig Jahre alt, als wir ihn bereits »den Alten« nannten, wie zuvor Lenin im gleichen Alter. Damit sollte nach der volkstümlichen russischen Ausdrucksweise der geistig Ältere bezeichnet werden, derjenige, der das größte Vertrauen verdient. Bei allen jenen, die ihm im Verlauf seines Lebens nahe kamen, erweckte er den gleichen Eindruck: ein Mensch, dessen Denken, Handeln und Privatleben eine nahtlose Einheit bilden und der seinen Weg bis zum Ende ging, ohne schwach zu werden, ein Mensch, auf den man sich unter allen Umständen hundertprozentig verlassen konnte. Er blieb stets fest, wenn es um das Wesentliche ging, er zeigte in der Niederlage nie Schwäche, er schreckte weder vor der Verantwortung noch vor der Gefahr zurück, er verlor nie den Kopf, wenn sich die Ereignisse überstürzten. Dafür geschaffen, die Umstände zu meistern, selbstsicher, mit einem so starken angeborenen Stolz, daß er dadurch einfach und wirklich bescheiden wirkte. Der Stolz, ein bewußtes Werkzeug der Geschichte zu sein. Im Gefängnis, im Exil, in einem Hotelzimmer in der Emigration, auf einem Schlachtfeld, auf dem Gipfel der Macht, war er mit vollkommener Uneigennützigkeit derjenige, der das tut, was getan werden muß, um den im Aufbruch befindlichen Menschen zu helfen. Da er schon früh bewiesen hatte, daß er dazu fähig war (er war 1905 mit sechsundzwanzig Jahren Vosritzender des ersten Sowjets in Petersburg), zweifelte er nicht mehr an sich selbst, und deshalb verachtete er weder das Ansehen, die Führungspositionen, die höchste Macht, noch überschätzte er sie, er betrachtete sie nur als Mittel zum Zweck. Er konnte hart und sogar unerbittlich sein, mit der gleichen Einstellung wie ein Chirurg, der eine schwere Operation durchführt. Er hat während des Bürgerkriegs und des Terrors einen Satz wie diesen geschrie-

* Dieser Text ist zunächst in der Übersetzung von Dwight MacDonald in *Partisan Review* (New York), Bd. IX, Nr. 5, September-Oktober 1942, S. 388—391, unter dem Titel *In Memory; L. D. Trotsky* erschienen; dann in der Zeitschrift *Babel* (Santiago de Chile), Bd. X, Nr. 40, S. 182—185, Juli-August 1947, unter dem Titel *El Viejo.* Er wurde in Frankreich erst 1973 veröffentlicht.

ben: »In der Revolution gibt es nichts Menschlicheres als die Entfaltung der größten Energie.« Wenn ich ihn mit einem einzigen Wort definieren sollte, würde ich sagen: ein Vollender.

Er hatte eine Vorliebe für die Forschung, Kontemplation, ein tiefes, inniges Lebensgefühl; beinahe ein Poet. Während seiner Flucht aus einem verlorenen Winkel Sibiriens bewunderte er die Schneelandschaft; inmitten des Aufruhrs wog er die Rolle der schöpferischen Phantasie in diesem schweren Werk ab; umgeben von Mördern, in der Einsamkeit von Coyoacán, liebte er die erstaunlichen Pflanzen Mexikos, die Kakteen, die dem Europäer eine packende Form der Lebensenergie vor Augen führen; entsetzt über den Wahnsinn der Lügen, stellte er während der Debatten des Dewey-Ausschusses über die Moskauer Prozesse eine Hypothese auf über die Geburt einer neuen Religion, nach der Epoche der Revolutionen, wenn die Menschheit nach den Kämpfen, die ihr eine neue Zukunft eröffnet hatten, erschöpft sein würde. Atheist, aber überzeugt vom Wert des Lebens, der Größe des Menschen, der Verpflichtung, zu dienen. Noch weniger fähig, daran zu zweifeln, als nach übernommenen Glaubenssätzen zu glauben, die sehr armselige Heilmittel gegen den Zweifel sind. Die Gewißheit, im Besitz der Wahrheit zu sein, machte ihn zum Schluß unduldsam und schwächte sein wissenschaftliches Denkvermögen. Autoritär, weil in unserer Epoche barbarischer Kämpfe der tatgewordene Gedanke autoritär wird. Als er 1924/25 die Möglichkeit dazu hatte, weigerte er sich, die Macht zu übernehmen, da er der Meinung war, daß eine sozialistische Regierung nicht mit Pronunciamientos herrschen könne, ohne in eine Sackgasse zu geraten (und zweifellos vor allem deshalb, weil es besser ist — wenn die Geschichte unlautere Handlungen erforderlich macht — sie anderen zu überlassen, die dafür geschaffen sind, und sich die Verteidigung einer fernen Zukunft vorzubehalten).

Er ist mir nie größer erschienen und war mir nie teurer, als in den armseligen Kammern der Arbeiter in Leningrad und Moskau, wo ich mehrmals erlebt habe, daß er, der einer der beiden unangefochtenen Führer der siegreichen Revolution gewesen war, stundenlang sprach, nur um einige Männer aus den Fabriken und von der Straße zu überzeugen. Er war damals noch Mitglied des Politbüros, war aber im Begriff, die Macht und wahrscheinlich auch das Leben zu verlieren. (Wir wußten es alle genau wie er, da er mit mir darüber gesprochen hat.) Er war fest davon überzeugt, daß der Augenblick gekommen sei, um das Gewissen jedes einzelnen Proletariers zu kämpfen — wie seinerzeit in der Illegalität unter dem alten Regime —, um eine revolutionäre Demokratie zu retten oder neu zu schaffen. Wohl dreißig oder vierzig Gesichter armer Menschen waren ihm zugewendet, manchmal stellte ihm eine Arbeiterin, die zu seinen Füßen auf dem Fußboden saß, Fragen, und er wog seine Antworten genau ab ... (1927). Wir wußten, daß die Aussicht, besiegt zu werden, größer war als die zu siegen; aber auch die Niederlage würde einen Sinn haben. Ohne unseren mutigen Widerstand wäre das Ergebnis für die Revolution hundertfach schlimmer.

Seine Persönlichkeit war nur in der Gemeinsamkeit denkbar, nur für das kollektive Leben hervorragend geeignet. Alle Merkmale seines Charakters, seines Geistes, seiner Lebensauffassung waren seit über einem halben Jahrhundert auch die der russischen revolutionären Intelligenz. Zehntausende Kämpfer besaßen sie ebenfalls, bewiesen sie an seiner Seite (und ich schließe in diese Menge auch viele seiner politischen Gegner ein). Wie Lenin und einige andere Männer, die die Zufälle des Kampfgeschehens nicht zur Berühmtheit gelangen oder nicht aus dem Schatten heraustreten ließen, hat er nur die Charakterzüge mehrerer Generationen zu einem sehr hohen Grad persönlicher Vollkommenheit entwikkelt. Diese Generationen, ein Ergebnis der gleichen historischen Umstände, war als Ganzes identisch mit ihm, obwohl jeder um ihn herum, hinter ihm, auf irgendeine Weise ihm unterlegen war. Während ich diese Zeilen schreibe, habe ich so viele Namen, so viele Gesichter vor Augen, daß ich darin eine auffallende Bestätigung sehe. Man hat diese Generation zur Gänze vernichten müssen, um das Niveau unserer Zeit zu senken. Diese Generation erwartete zu viel vom Menschen der Zukunft; sie verlor in dem Augenblick den Zusammenhalt mit der großen Masse, als die große Masse nach Ruhe strebte.

Das Ende seines Lebens war ein Drama der Einsamkeit. Er ging oft allein in seinem Arbeitszimmer in Coyoacán auf und ab und sprach mit sich selbst. (Ähnlich wie Tschernyschewski, der erste große Denker der revolutionären russischen Intelligenz, der nach seiner Rückkehr aus Jakutsk, wo er zwanzig Jahre als Gefangener gelebt hatte, »mit sich selbst sprach, während er die Sterne betrachtete«, so formulierten es die Gendarmen in ihren Berichten.) Ein peruanischer Poet brachte ihm ein *Einsamkeit der Einsamkeiten* betiteltes Gedicht und, von diesem Titel beeindruckt, ließ es sich der Alte Wort für Wort übersetzen und fand es sehr schön ... Wenn er allein war, diskutierte er immer noch mit dem erschossenen Kamenjew: Die draußen vor der Tür hörten, daß er einige Male diesen Namen nannte. Obwohl er im Vollbesitz seiner geistigen Kräfte war, halten seine letzten Werke bei weitem nicht mehr den Vergleich mit seinen früheren Arbeiten aus. Man vergißt nur zu oft, daß die Intelligenz keine individuelle Gabe ist. Was wäre aus einem unter Taube verbannten Beethoven geworden? Die Intelligenz eines Menschen, sei es auch die eines Genies, muß atmen können. Die intellektuelle Größe des Alten war eine Funktion der Intelligenzen seiner Generation. Er brauchte den direkten Kontakt mit Menschen der gleichen geistigen Potenz, die ihn verstehen konnten, auch wenn er nur andeutungsweise sprach, mit denen er auf gleichem Niveau diskutieren konnte. Er brauchte Bucharin, Pjatakow, Preobraschenski, Rakowski, Iwan Smirnow, er brauchte Lenin, um ganz er selbst zu sein. Selbst unter uns, den jüngeren — und dabei befanden sich unter uns Köpfe und Charaktere wie Elzin, Solnzew, Jakowin, Dingelstedt, Pankratow (sind die schon tot? Leben sie noch?) —, konnte er nicht mehr unter seinesgleichen sein: Uns fehlten zehn Jahre der Erfahrung und des Denkens. Einige seiner fruchtbarsten Ideen haben nur in einem brieflichen Gedankenaustausch ihren Niederschlag gefunden: so beinahe alles, was mit der Theorie der permanenten Revolution zusammenhängt.

Er wurde genau in dem Augenblick umgebracht, in dem die moderne Welt auf dem sinnlosen Umweg über den Krieg in eine neue Phase der permanenten Revolution eintrat. Er wurde genau aus diesem Grund getötet, denn er hätte wirklich zu mächtig werden können, wenn er eines Tages nach Rußland zu seinen Landsleuten zurückgekehrt wäre, für die er eine außergewöhnliche Einfühlungsgabe besaß. Man hatte vorher erbittert versucht, seine Legende zu zerstören, eine von Mund zu Mund verbreitete, ausschließlich auf der Wahrheit beruhende Legende. Getötet haben ihn auch die Logik seiner Leidenschaft und seine nebensächlichen Fehler, die nur die Fehler seiner Leidenschaft waren: Um — noch einmal — das Gewissen eines zweifelhaften Menschen zu erreichen und um den Versuch zu unternehmen, es neu zu prägen — eines Menschen, den es gar nicht gab, der nur aus Verstellung und Niedertracht bestand, hat er jemanden in das Zimmer seiner Einsamkeit treten lassen, und dieser Jemand, der einen Auftrag ausführte, hat ihn von hinten niedergeschlagen, als er sich über ein belangloses Manuskript beugte. Der Eispickel schlug in sein Gehirn eine sieben Zentimeter tiefe Wunde.

Victor Serge
Mexiko, 1. August 1942

Einleitung

Ich habe in diesem Buch versucht, das Porträt eines Mannes zu zeichnen und eine wahrheitsgemäße, wenn auch stark gekürzte Schilderung seines Lebens zu geben. Ich glaube, daß ich diese überaus schwierige Aufgabe nur vom Gesichtspunkt der Wahrheit aus gelöst habe. L. D. Trotzki hatte während vierundvierzig Jahren, von 1896 bis 1940, so sehr an so vielen und so wichtigen Ereignissen Anteil, daß seine Biographie oft mit der Geschichte seiner Zeit zusammenfällt. Sein intellektuelles Werk war andererseits so umfangreich, daß seine gesammelten Werke etwa fünfzig Bände umfassen würden. Es ist mir nicht möglich gewesen, alle Episoden, alle Perspektiven, alle Aspekte der russischen Revolution wiederzugeben, an denen er beteiligt war; dazu hätte ich die vollständige Geschichte einer Periode von etwa fünfzehn Jahren schreiben müssen, die von gewaltigen und komplizierten Kämpfen erfüllt war. Ich habe mich daher darauf beschränkt, nur die wichtigsten Elemente der Aktivität L. D. Trotzkis und die großen Linien seines Denkens darzustellen. Ich habe bewußt unwichtige Tatsachen weggelassen, genau wie die Ereignisse, die nur als Nebenwirkungen seiner Unternehmungen anzusehen sind.

Ich habe auch nicht seine Ideen und sein Leben kommentieren oder Beurteilungen geschichtlicher Ereignisse abgeben wollen. Ich sage einfach: »Hier ist der Mann. So war er. Das dachte, sagte, schrieb er. Das hat er getan. Das hat er erlebt.« Sobald ich mich darauf festgelegt hatte, bemühte ich mich nur mehr um die historische Treue der Erzählung.

Ich habe natürlich unzählige Dokumente sondiert, die zum Großteil in russischer Sprache veröffentlicht wurden, und vor allem die Werke von L. D. Trotzki. Die freundliche Hilfe, die mir Natalja Sedowa Trotzki gewährt hat, war mir unendlich wertvoll; ihre Notizen und ihre Erinnerungen haben es mir ermöglicht, das zu vervollständigen, worüber ich nur unvollkommene Kenntnisse besaß. Wenn ihre Erzählungen bis dahin unbekannte Charakterzüge oder Tatsachen enthüllten, habe ich mich bemüht, sie getreulich wiederzugeben, indem ich sie durch Anführungszeichen von meinem Text trennte.

Dem Leser, der sich über gewisse Punkte näher informieren

möchte, erlaube ich mir, einige Werke Trotzkis zu empfehlen: *Mein Leben*, autobiographischer Essay, der 1929 beendet wurde; *Die Geschichte der russischen Revolution*, in der die Ereignisse des entscheidenden Jahres 1917 genauestens beschrieben sind; *Stalin, »Ein Versuch, den Mann und seinen Einfluß zu bewerten«* (Paris, 1948); und schließlich die Sammlung der *Bulletins der Opposition*, die von 1929 bis 1940 in russischer Sprache erschienen.

Über die besonders tragischen letzten sechs Jahre des Lebens von L. D. Trotzki existieren bis jetzt nur fragmentarische Schriften. Ich habe mich bemüht, ein möglichst anschauliches Bild von ihnen zu geben.

Victor Serge

1. Die Jugend

I. Kindheit und Familie

Leo Dawidowitsch wurde im Dorf Janowka, nicht weit von Cherson (Ukraine), in der Nähe des Schwarzen Meeres und des Dnjeprs geboren. Die Bronsteins, jüdische Landwirte, lebten dort in der Nachbarschaft deutscher Kolonisten. Ihr Haus war eine *chata,* wie man in der Ukraine sagt, eine Hütte, niedrig, aus Holz und mit Stroh gedeckt, von einem Hof umgeben, den im Sommer Bäume und Blumen verschönten. Zwischen den einzelnen Häusern, die zu einem Dorf gehören, liegen größere Zwischenräume, man lebt dort von den Erträgnissen des Bodens und der Tiere nach einem Arbeitsrhythmus, der streng von den Jahreszeiten bestimmt wird. Das Kind lernte von Geburt an die Tage kennen, die bei Morgengrauen mit Arbeit begannen und bis zum Einfallen der Nacht von ihr erfüllt waren. Die Wälder, die Wolken, der Fluß, die Feldarbeit, der Schnee, der Schlamm waren für ihn die unmittelbare Wirklichkeit, zu gebieterisch, als daß er einen poetischen Eindruck von ihr hätte gewinnen können. Sie lehrten ihn eher die Härte des Lebens.

Sein Vater, D. L. Bronstein, war ein unternehmungslustiger Arbeiter, anscheinend viel aktiver und viel intelligenter als seine durchschnittliche Umgebung. Während etwa dreißig Arbeitsjahren erwarb er Grundstücke, ließ ein ordentliches Haus bauen, schaffte es, seinen Kindern eine höhere Schulbildung zukommen zu lassen: Wirklichen Wohlstand erreichte er allerdings erst vor Ausbruch des Ersten Weltkriegs und der Revolution, durch die er alles wieder verlor . . . Der alte David Leontjewitsch verreiste, um seine schwerkranke Frau Anna in Deutschland behandeln zu lassen; er kam auf der Durchreise nach Wien, zu einer Zeit, als sein Sohn eine der hervorragenden Gestalten der Revolution von 1905 geworden war. Er war groß, eher mager, eigenwillig, äußerst selbstbewußt. Er fand sich mit Leichtigkeit in den großen Städten des Westens zurecht. Anna las ihm die Zeitungen vor und war sichtlich darüber befriedigt, als gebildete Frau eine gewisse geistige Überlegenheit zu besitzen. Sie bildeten ein Paar alten Stils, die Familienbande waren stark. Anna Bronstein stand ihrem Mann in Charakterstärke und praktischem Sinn nicht nach. Sie starb 1912.

Die Bronsteins hatten acht Kinder, von denen vier in jungen Jahren starben. Die vier überlebenden wuchsen in einer einigen, in ihre tägliche Arbeit eingespannten Familie auf. Die beiden älteren lernten die provinzielle Atmosphäre eines stabilen Kaiserreichs kennen. Alexander Bronstein wurde später Besitzer eines Bierlokals; mit seinem jüngeren Bruder, dem Revolutionär, verband ihn nichts; über sein Schicksal während der Revolution ist nichts bekannt. Elisabeth Bronstein heiratete einen Arzt aus Odessa; sie starb bald nach 1920. Leo Dawidowitsch war das dritte Kind. Seine jüngere Schwester Olga wuchs wie er in einer Jugend auf, die sich für die fortschrittlichen Ideen zu begeistern begann. Sie trat schon früh der Sozialdemokratischen Partei bei und heiratete Leo Rosenfeld, der unter dem Namen Kamenjew (»aus Stein«) einer der Führer des Bolschewismus war. Olga nahm nie an den kühnen Aktionen ihres Bruders teil. Sie übte verschiedene Funktionen in der sowjetischen Verwaltung aus und leitete eine Zeitlang die Gesellschaft für kulturelle Beziehungen mit dem Ausland (V. O. K. S.). Obwohl sie keiner oppositionellen Bewegung angehörte und sich von Kamenjew scheiden ließ, mußte sie nach der Verbannung ihres Bruders und der Hinrichtung ihres gewesenen Mannes sterben — oder unbestimmte Zeit an einem unbekannten Ort in Gefangenschaft verbringen. Man nimmt an, daß sie sich 1939 in einem Konzentrationslager in Zentralrußland befand, in dem die Frauen und Kinder der hingerichteten Kommunisten zusammengefaßt waren. Die Lebensbedingungen — oder besser das langsame Dahinsiechen — dort waren schrecklich.

II. Erste Gefängnisse, Exil und Sibirien. Erste Ehe. Ausbruch

Bereits in seiner Kindheit zeigte sich der Charakter Leo Dawidowitschs. Im Dorf kamen häufig kleinere Ungerechtigkeiten vor; sie empörten ihn derart, daß er sich sogar gegen seinen Vater stellte ... Als er ungefähr zehn Jahre alt war, wurde er nach Odessa geschickt, um dort die Mittelschule zu besuchen. Er wohnte bei Moissej Spenzer, im Kreis einer jüdischen, gebildeten und liberalen Familie, die eine gut ausgestattete Bibliothek besaß. Er schloß die Mittelschule in Nikolajew ab. Mit neunzehn Jahren gründete er gemeinsam mit einigen anderen jungen Männern den Südrussischen Arbeiterverband ... Mit seiner Familie geriet er nur einmal in einen ernsteren Konflikt, und zwar als man ihn verhaftete, weil er einen Koffer voller subversiver Schriften mit sich führte. Seine Eltern nahmen diesen Schicksalsschlag verzweifelt und zornig hin. Aber die Mutter besuchte den Häftling in dem dreckigen Gefängnis von Nikolajew, und es kam zu einer vollkommenen Aussöhnung.

Leo Dawidowitsch verbrachte etwa zwanzig Monate in verschiedenen Gefängnissen. 1900 heiratete er im Gefängnis eine junge Kampfgenossin aus der gleichen Gruppe, Alexandra Lwowna Sokolowskaja, die wie er zu vier Jahren Verbannung verurteilt war, damit sie miteinander nach Sibirien gehen konnten. Das junge Paar wurde nach Ustj-Kut in Jakutien deportiert und bekam zwei Töchterchen, Sinajda und Nina. 1902, als sich das Erwachen der Arbeiterbewegung schon spürbar machte, bestand Alexandra darauf, daß Leo Dawidowitsch ausbrechen müsse, um zu den militanten Emigranten zu stoßen. Sie selbst konnte weder daran denken, ihn zu begleiten, noch ihm nachkommen, da die zwei Kinder sie daran hinderten; eines von ihnen war erst vier Monate alt. Leo Dawidowitsch flüchtete allein, aber die zärtliche Freundschaft und die Übereinstimmung des Denkens, die zwischen ihm und Alexandra entstanden waren, sollten ihr ganzes Leben lang anhalten ... Um 1937 erfuhren wir von der in Leningrad erfolgten Verhaftung der alternden und kranken Alexandra, die nie ein Hehl aus ihrer unbeugsamen oppositionellen Haltung gegen die totalitären Maßnahmen gemacht hatte. Sie wurde in ein gottverlassenes Dorf am oberen Lauf des Jenissei deportiert.

Die Jahre im Gefängnis und in der Verbannung waren für Leo Dawidowitsch Studienjahre, während derer sich seine Persönlichkeit voll entfaltete. Weder das Gefängnis noch die Verbannung waren im Zarenreich so schrecklich wie unter dem stalinistischen Regime. Korrespondenz mit dem Ausland war erlaubt und durchaus nicht erschwert. Publikationen, sogar illegale Literatur trafen von überall her ein. Die Deportierten bewegten sich ziemlich frei innerhalb eines bestimmten Gebietes. Sie konnten untereinander einen fruchtbaren intellektuellen Gedankenaustausch aufrechterhalten. Sie mußten nicht befürchten, hingerichtet zu werden ... Sie genossen die aktive Unterstützung eines großen Teils der Bevölkerung. Und schließlich war eine Flucht, trotz der zu überwindenden Einöden, der Polarkälte und der Wachmannschaften relativ leicht zu bewerkstelligen; es war auch nicht schwierig, die Grenzen des zaristischen Rußland mit einem gefälschten Paß zu überschreiten.

Leo Dawidowitsch wurde in seinem eisigen Dorf unter dem bezeichnenden Pseudonym »Das Gegenmittel« ein eifriger Mitarbeiter der liberalen Zeitung von Irkutsk, *Wostotschnoje Obosrenje,* der »Östlichen Rundschau«. Er konnte darin natürlich nur philosophische und literarische Themen behandeln. Wenn man heute das liest, was er mit einundzwanzig geschrieben hat, muß man feststellen, daß sein Stil und seine Lebensauffassung bereits damals vollständig ausgeformt waren. Seine Schreibweise ist sarkastisch, die Sätze kurz und prägnant, ohne Ausschmückungen. Ein Titel ist reich an neuen Wortschöpfungen: »Die Strafideale und die humanistische Philo-Kerkersophie ...« Der Themenkreis der Lektüre des jungen Deportierten umfaßt die russischen Klassiker: Gogol, Herzen, Bjelinski, Uspenskij, Gorki, Leonid Andrejew, Tolstoi und dazu Taine, Nietzsche, Ibsen, Arthur Schnitzler, Emile Zola ... Der »tote Konservativismus« Taines, »der Optimismus der Vergangenheit« ist ihm verhaßt, denn als Revolutionär bekennt er sich zum »Optimismus der Zukunft«. »Solange ich atme, hoffe ich.« Er sieht im Weltschmerz Nietzsches »mehr Obskures als Tiefsinniges«, die Spiegelung der Leiden des einsamen Reisenden, »des Philosophen in der Poesie, des Poeten in der Philosophie ...« Die Herrenmoral ist in seinen Augen nur alter Plunder und der Übermensch ein lyrisches Produkt des sozialen Mutterbodens, das heißt des kapitalistischen Europa. Seiner Meinung nach verdient Ibsen eine genauso harte Kritik. Ibsen zeichnet mit starken Strichen das stickige bürgerliche Leben; aber indem er seine Hoffnungen in eine Aristokratie des Geistes setzt, verkennt er den Wert der Wissenschaft, ignoriert die Soziologie, befürwortet dagegen einen sterilen Individualismus. Nur »die Parteien, diese immensen kulturellen Kräfte der heutigen Zeit, können die Gesellschaft in die gewünschte Richtung lenken ...« Bei Ibsen jedoch »steht der negierende Künstler unendlich weit über dem Symbolisten und dem Propheten«.

Der Wiener Dramatiker Arthur Schnitzler schrieb, daß »nichts von der Todesangst heilt ...« Der junge Deportierte aus Ustj-Kut antwortet ihm in dem bescheidenen Provinzblättchen von Irkutsk: »Und das ist so lange wahr, als sich der Mensch im Keller einschließt, in dem er an Verdauungs- und Sexualemotionen und an einem aller Ideale baren Ästhetizismus erstickt (...). Nur indem man das Fenster zum Kollektivdenken, zu den Problemen der Massen, zum Klassenkampf weit aufstößt, kann man die Alpträume des ständigen Wartens auf den Tod abschütteln.«

Bei Leonid Andrejew, der das Dunkel des Unbewußten zu

ergründen versucht und sich anscheinend auf dem Weg zu einem tragischen Pessimismus befindet, hebt »Das Gegenmittel« folgende Zeilen hervor: »Das große Glück — die Welt hat bis jetzt nichts hervorgebracht, was ihm gleichkäme — für die Menschen zu arbeiten und für sie zu sterben (. . .).« — »Das ist kein Pessimismus mehr«, kommentiert der Verbannte, »das ist die Sprache des leidenschaftlichen Glaubens und des begeisterten Mutes (. . .).« Diese Zeilen hat Leo Dawidowitsch kurz vor seiner Flucht niedergeschrieben.

In Irkutsk erhielt er einen Paß, in den er selbst den Namen seiner Wahl eintrug, den ersten Namen, der ihm durch den Kopf ging — und der zufällig der eines Gefängnisaufsehers war: Trotzki. Dieser Name hört sich auf russisch gut an, könnte aber auch vom deutschen *Trotz* kommen.

III. Begegnung in Paris

»Es war während meiner Jugend«, sagt Natalja Sedowa-Trotzki, »in den letzten Jahren des vergangenen Jahrhunderts, daß ich die ›revolutionären Ideen‹ kennenlernte, mit denen man im alten kaiserlichen Rußland oft nur die Ideen des westlichen Liberalismus meinte. Ich war im Lyzeum von Charkow im Internat. Wir veranstalteten Studentenabende, und da lernte ich junge Menschen kennen, die ihren Ideen lebten; sie brachten uns illegale Broschüren mit, die von den Leiden des russischen Volks berichteten und die Erringung der Freiheit prophezeiten (. . .). Nach dem Abschluß der Mittelschule wollte ich, wie viele andere, die Luft der freien Länder atmen und ging nach Genf, wo ich Naturgeschichte studieren wollte (. . .). Ich interessierte mich vor allem für Botanik und in Wirklichkeit noch mehr für das soziale Problem, vor allem seit der Selbstmord einer Studentin, Wjetrowa, die Schuljugend erschüttert hatte; sie hatte sich im Gefängnis bei lebendigem Leib verbrannt. Der Theoretiker des Marxismus, Plechanow, war in Genf Mittelpunkt eines einflußreichen Kreises, und ich hatte das Glück, durch einen jungen Kämpfer der Gruppe *Iskra* (Der Funke) in diesen Kreis, zu dessen Initiatoren Lenin gehörte, eingeführt zu werden (. . .). Die russische Sozialdemokratie, die noch nicht in Menschewismus (Minderheit) und Bolschewismus (Mehrheit) aufgespalten war, gründete in Genf, Paris, London, Brüssel, eifrige, enthusiastische und brüderliche Gruppen.«

»1902 wohnte ich in Paris. Ich nahm meine Mahlzeiten in einer Wohnung in der Rue Lalande ein, wobei wir, um billiger leben zu können, unsere Geldmittel zusammenlegten. Julian Martow kam dorthin. Er war neunundzwanzig Jahre alt und bereits als einer der Begründer der ersten russischen sozialdemokratischen Gruppen und als einer der Veteranen des schrecklichen sibirischen Exils Turukansk bekannt. Er war es, der eines Tages bei Tisch die Ankunft eines jungen Flüchtlings aus Sibirien ankündigte (...). Und Leo Dawidowitsch kam bereits am Tag seiner Ankunft in Paris in die Rue Lalande. Er war dreiundzwanzig Jahre alt; er hatte drei Jahre Verbannung in Ostsibirien hinter sich. Seine Vitalität, sein lebhafter Geist, sein Arbeitseifer ließen in ihm bereits eine energische und reife Persönlichkeit erkennen. Diesmal interessierte er sich nur wenig für Paris. ›Odessa ist mehr wert!‹ rief er scherzhaft. Er legte vor allem Wert darauf, mit der sozialistischen Bewegung der russischen Emigration bekannt zu werden. Aber es kam vor, daß wir gemeinsam das Grab Baudelaires betrachteten, das man hinter der Mauer des Friedhofs Montparnasse liegen sah (...). Von dieser Zeit an war mein Leben ständig mit dem seinen verbunden. Wir lebten in der Rue Gassendi, in einem der locker verbauten Viertel, die unsere Emigranten bevorzugten. Ich erhielt von meiner Familie zwanzig Rubel monatlich, also ungefähr fünfzig Francs. Leo Dawidowitsch verdiente ebensoviel durch seine Zusammenarbeit mit verschiedenen Publikationen: Das ergab ein sehr kleines gemeinsames Budget, aber wir hatten dafür Paris, die enge Kameradschaft der Flüchtlinge, die ständige geistige Verbundenheit mit Rußland, die großen Ideen, für die wir lebten (...).«

IV. Die revolutionäre russische Intelligenzia in Paris und London

Im Alter von achtzehn Jahren hatte Leo Dawidowitsch unter den Arbeitern und Bauern Südrußlands Männer voller Energie und Opferbereitschaft kennengelernt. Weitere Menschen ihres Schlages traf er im Gefängnis und in Sibirien. In Zürich, Genf, Wien, Paris, London, Brüssel, Lüttich fand er zahlreiche revolutionäre, arme, idealistische, eifrige, aktive Emigrantengruppen vor, das heißt ein günstiges Milieu, in dem es Tausende junger Menschen, die ihm ähnlich waren, und auch einflußreiche ältere

Mitarbeiter gab. Er nahm an einer Massenbewegung teil, die in den sechziger Jahren des vorigen Jahrhunderts entstanden war und die man auch als eine Elitebewegung bezeichnen kann.

Die revolutionäre *Intelligenzia* konnte bereits auf die ruhmreiche Vergangenheit eines vierzigjährigen Kampfes zurückblicken. Sie verfügte über große, bereits zu Klassikern avancierte Schriftsteller, wie Herzen, Tschernyschewski, Lawrow, Michajlowski, Kropotkin; und über Helden, die berechtigterweise von einer Art Legende umgeben waren, wie Bakunin, Netschajew, Chalturin, Grinewitzki, Scheljabow, die Perowskaja, Kibalchich. Die junge marxistische Generation war vom europäischen Sozialismus inspiriert, der in dieser Epoche durch Bebel in Deutschland, Viktor Adler in Österreich, Jaurès, Guesde und Vaillant in Frankreich vertreten war; sie besaß in Plechanow ihren eigenen Führer. Lenin, der um neun Jahre älter war als Trotzki und ebenfalls einige Jahre in Sibirien verbracht hatte, wurde durch aufsehenerregende Arbeiten bekannt. Allen revolutionären Tendenzen war eine innere Gewißheit eigen, ein Glauben, wenn man dieses Wort in seinem tieferen Sinn meint; den an die unvermeidliche Revolution, die bald Rußland befreien würde.

Wir könnten hier unzählige Namen anführen, die beinahe alle in die Geschichte eingegangen sind. Trotzki zitierte viele davon in *Mein Leben.* In Sibirien hatte er an einem Feuer in der Wildnis einen jungen polnischen Dichter, Dserschinski, kennengelernt, den späteren Leiter der Tscheka; während seiner Flucht hatte er den Wirtschaftswissenschaftler Krschyschanowski kennengelernt, der eine wichtige Rolle in der sowjetischen Planung spielen sollte.

1902 klingelte er in London an Lenins Tür. Wladimir Iljitsch und seine Gefährtin, Nadjeschda Konstantinowna Krupskaja, empfingen Trotzki so herzlich, daß die freundschaftliche Verbindung zwischen ihnen trotz der ernstesten Meinungsverschiedenheiten ein Leben lang hielt.

Der erste Freundeskreis, mit dem Trotzki in der Emigration verkehrte, umfaßte auch Martow, der nach der Revolution von 1917 einer der sozialistischen Gegner des Bolschewismus wurde, Vera Sassulitsch und Leo Deutsch. Vera Sassulitsch war mit neunzehn Jahren 1869 an einer Verschwörung beteiligt gewesen; mit achtundzwanzig Jahren hatte sie auf den Gouverneur von Petersburg geschossen, der einen Studenten hatte auspeitschen lassen. Vom Gericht freigesprochen, gehörte sie, wie auch Leo Deutsch, jetzt der Redaktion der sozialdemokratischen *Iskra* an. Deutschs Buch *Sechzehn Jahre in Sibirien*, das in mehrere Sprachen übersetzt worden war, nahm einen festen Platz in der europäischen sozialistischen Literatur ein. 1877, im Alter von zweiundzwanzig Jahren, hatte Leo Deutsch versucht, die Bauern in Tschigirin zu einem Aufstand zu bewegen, indem er ein gefälschtes kaiserliches Schreiben veröffentlichte, durch das sie aufgefordert wurden, sich des Grundbesitzes zu bemächtigen. Die Freundschaft dieser beiden Veteranen und des alten marxistischen Theoretikers Paul Axelrod schätzte der junge Trotzki sehr hoch ein.

In seinen ersten Vorträgen erwies er sich als so ausgezeichneter Redner, daß er sogleich aufgefordert wurde, Tourneen in Belgien, der Schweiz und Deutschland durchzuführen.

V. Die Geburt des Bolschewismus. Trotzki diskutiert über die Ideen Lenins

Der zweite Kongreß der Sozialdemokratischen Arbeiterpartei Rußlands tagte 1903 im Haus des Volkes in Brüssel; da er aber von der russischen Geheimpolizei und von der belgischen Polizei streng überwacht wurde, mußte er nach London übersiedeln. Trotzki vertrat auf ihm den sibirischen Verband. Er erlebte voll Bestürzung die brüske Spaltung, die die Partei in eine gemäßigte Minderheit und eine unnachgiebige Mehrheit, in Menschewiki und Bolschewiki, aufsplitterte, wobei Martow der Wortführer der ersten und Lenin der der zweiten Gruppe waren. Diese Spaltung war so schmerzhaft, daß Lenin eine Art Nervenzusammenbruch erlitt und daß Trotzki seiner Frau beinahe verzweifelte Briefe schrieb ... Ohne näher auf die Debatte einzugehen, kann man sagen, daß die Menschewiki die Zusammenarbeit mit der liberalen Bourgeoisie gegen die alte Regierung anstrebten, während die Bolschewiki an einer Auffassung festhielten, die Lenin kurz darauf als »proletarisches Jakobinertum« bezeichnete. Trotzki hielt sich aus beiden Fraktionen heraus. Da Lenin begonnen hatte, eine streng zentralisierte Organisation aufzubauen, deren Ziel die »Hegemonie des Proletariats« in der revolutionären Bewegung war, bekämpfte Trotzki seine Formulierung in einer heute nicht mehr auffindbaren Broschüre, die aber Widerhall fand. Er zeigte die Unvereinbarkeit des Jakobinertums mit dem Sozialismus auf, er behauptete, daß die so aufgefaßte Diktatur des Proletariats sich bald in eine »Diktatur über das Proletariat« verwandeln würde. Die autoritäre Art Lenins empörte ihn. »Aber«, sagte er ihm eines Tages, »Sie wollen ja die Diktatur!« — »Es gibt keinen anderen Weg«, erwiderte Lenin.

VI. Die russische Revolution von 1905. Trotzki wird im Alter von sechsundzwanzig Jahren Vorsitzender des Sowjets von Petersburg

»Die russische Revolution von 1905 versöhnte sie, ohne die Meinungsverschiedenheiten zu beseitigen. Sie war die voraussehbare Folge der Niederlage des Zarenreichs im russisch-japanischen Krieg. Die gesamte revolutionäre Emigration war defätistisch. Sie verdammte die koloniale Expansion des Zarenreichs. Sie hoffte, daß die Niederlage die absolutistische Monarchie erschüttern würde. Wir lebten in Genf, als das Ereignis vom 22. Januar 1905 eintrat. Martow brachte uns die große Neuigkeit. Die unter der Führung des Popen Gapon als Bittsteller gekommenen Petersburger Arbeiter, die Bilder des Zaren vor sich hertrugen, waren auf dem Platz vor dem Winterpalais mit Gewehrsalven empfangen und von Kavallerie verjagt worden und hatten Hunderte von Toten und Verwundeten auf dem Schnee zurückgelassen! Als Trotzki diesen Bericht hörte, wurde er blaß, ihn schwindelte und er fiel beinahe in Ohnmacht (...). Seine nervöse Anspannung äußerte sich oft, bevor er auf Versammlungen das Wort ergriff, in physischem Unwohlsein.«

Er beschloß sofort, illegal nach Rußland zurückzukehren, was er mit einem auf den Namen Arbusow lautenden Paß tat. Natalja fuhr ihm voraus, um einen geheimen Unterschlupf zu finden. Petersburg lebte wie im Fieber. Die Arbeiterversammlungen zum 1. Mai wurden im Wald abgehalten; jene, bei der Natalja sprechen sollte, wurde von Kosaken umzingelt. »Ich wurde im Gefängnis gut behandelt. Ich höre noch heute eine Aufseherin mit salbungsvoller Stimme sagen: ›Madame Sedowa, Ihr Bad ist bereit ...‹ Nach einigen Monaten wurde ich nach Twer (seit 1931 Kalinin) verbannt. Leo Dawidowitsch hielt sich in Finnland verborgen. Infolge einer Amnestie hatten wir bald die Möglichkeit, uns in Petersburg wiederzutreffen. Wir fanden ein möbliertes Zimmer bei einem Börsenmakler. Dort lebten wir unter dem Namen Wikentjew. Leo Dawidowitsch signierte seine Artikel mit ›Leo Trotzki‹; im Sowjet war er unter dem Namen Janowski bekannt. Er hatte nicht eine freie Stunde. Ganz Rußland schien in Flammen zu stehen. Die Bauern griffen die Herrenhäuser an, Meutereien brachen bei der Flotte und in den Garnisonen aus, ein Streik der Schriftsetzer in Moskau, der mit großartiger Spontaneität immer weiter um sich griff, wurde schließlich zum Generalstreik des Oktober 1905, der den Widerstand der Regierung Witte brach. Bis dahin hatte der Zar, seine Minister und die Polizei auf die Forderungen des Volkes nur mit noch größeren Unterdrückungen und antisemitischen Pogromen reagiert. Das kaiserliche Manifest vom 17. Oktober brachte den Gouvernements die demokratischen Freiheiten unter einer konstitutionellen Regierung. Aber die enthusiastischen ›Tage der Freiheit‹ konnten unsere Skepsis nicht beseitigen. Wir hielten die Autokratie einer echten Aufgabe der Macht für unfähig.«

Die Idee, von den Parteien unabhängige Arbeitervereinigungen zu gründen, die die gesetzgebende und die exekutive Gewalt übernehmen sollten, lag in der Luft. Trotzki war einer ihrer Befürworter. So bildete sich, aus den Delegierten der Fabriken und der Gewerkschaften, der erste Arbeiterrat oder Sowjet von Petersburg.

Im Sowjet versammelten sich in aller Öffentlichkeit einige hundert proletarische Mandatare, Gäste und Journalisten. Die Presse berichtete über die Beratungen dieses »Arbeiterparlaments«; Chrustalew-Nossar verhandelte in seiner Eigenschaft als erster Präsident der neuen Versammlung mit der Regierung. Als er verhaftet wurde, schlug der Führer der revolutionären sozialistischen Partei, Viktor Tschernow, vor, zu verlautbaren, daß der Sowjet jede Unterdrückungsmaßnahme der Regierung mit einem Terrorattentat beantworten würde. Trotzki und seine Freunde widersetzten sich diesem Vorschlag; der Sowjet, sagten sie, müsse alle seine Kräfte auf die Vorbereitung des Arbeiteraufstandes konzentrieren. Janowski (Trotzki) wurde zum Präsidenten des Sowjets gewählt.

Der Sowjet forderte einen achtstündigen Arbeitstag; er proklamierte seine Solidarität mit den Aufständischen in Polen. Trotzki erwiderte einer polnischen Delegation, daß die »proletarische Solidarität keine Grenzen kennt; sie wird die Autokratie stürzen und die demokratische Republik schaffen«. Als zu spüren war, daß die revolutionäre Energie der Bevölkerung der Hauptstadt nachließ und der Sowjet in Erwägung zog, in den

Untergrund zu gehen, ließ Trotzki einen Appell an die Soldaten und ein berühmt gewordenes Dokument beschließen, das *Manifest über die Finanzen des Zarenreichs*. Der Text begann mit folgenden Worten:

»Die Regierung steht am Rand des Bankrotts. Sie hat das Land mit Ruinen bedeckt, die mit unzähligen Leichen übersät sind (...). Wir beschließen: die Bezahlung von Steuern, Abgaben und allen vom Staat geforderten Beträgen zu verweigern; zu verlangen, daß alle Zahlungen von Gehältern oder Besoldungen in Gold oder Metall erfolgen; die Einlagen bei den Sparkassen abzuheben (...), die Tilgung der Schulden aus allen jenen Anleihen nicht zuzulassen, die die zaristische Regierung aufgenommen hat, als sie offen Krieg gegen das gesamte Volk führte.«

Innerhalb eines Monats wurden auf das *Manifest* hin vierundneunzig Millionen Rubel aus den Kassen der Regierung zurückgezogen.

Am 1. Dezember 1905 empfing Nikolaus II. im Palast von Zarskoje Selo monarchistische Delegationen. »Verbände des russischen Volkes« genannte antisemitische Gruppen sagten dem Monarchen ihre bedingungslose Unterstützung zu. Die acht Zeitungen der Hauptstadt, die das *Manifest über die Finanzen* veröffentlicht hatten, wurden eingestellt. Am 3. Dezember umzingelten Truppen, Kosaken, Polizei und Gendarmerie den Sitz der Freien Wirtschaftsvereinigung, an dem der Sowjet tagte, der im übrigen über die bevorstehende Verhaftung unterrichtet war. Das Exekutivkomitee beriet unter dem Vorsitz Trotzkis im ersten Stock. Die kaiserliche Garde riegelte die Ausgänge ab. Auf der Straße erhob sich Unruhe. Trotzki erschien auf dem Balkon und rief: »Genossen! Leistet keinen Widerstand ...« Er forderte die Revolutionäre auf, ihre Waffen unbrauchbar zu machen, bevor sie übergeben wurden. Dann setzte er sich wieder an den Tisch des Komitees. Soldaten drangen in die Korridore, ein Offizier betrat den Raum. Trotzki fuhr ihn an: »Bitte schließen Sie die Tür und unterbrechen Sie nicht unsere Arbeit ...« Da die Tür offenblieb, begann der Delegierte der Angestelltengewerkschaft eine Ansprache an die Truppe zu halten. Gendarmen traten ein; ihre Gesichter waren genauso grau wie ihre Uniformen, sie stellten sich hinter den Sesseln der Anwesenden auf. Trotzki sagte: »Die Sitzung des Exekutivkomitees ist geschlossen.«

Ende Dezember 1905 wurde der Aufstand von Moskau nach mehrtägigen Straßenkämpfen niedergeschlagen. Die schwarzen

Jahre der Reaktion begannen. Aber die erste russische Revolution hatte das Gewissen der Menschen wachgerüttelt, und nicht nur in Rußland. Trotzki erblickte darin, wie Lenin, eine Art »Generalprobe« der Revolution von 1917. Er nahm auch an, daß sie auch im Orient weitreichende Auswirkungen hatte; in den folgenden Jahren entstanden Volksbewegungen in der Türkei, in Persien, in China ...

VII. Verhaftung, Prozeß, Ausbruch, Emigration

»Trotzki wurde in der Peter-Paul-Festung eingekerkert, die auf einer Newa-Insel mitten in Petersburg lag, und anschließend im Kresty-Gefängnis, wo er seinen alten Freund Leo Deutsch weidertraf, der sich intensiv mit dem Projekt eines kollektiven Ausbruchs befaßte (...). Trotzki ertrug seinen Zellenaufenthalt sehr gut. Nach den Monaten der Überanstrengung verschaffte ihm die Isolierung eine Art Entspannung. In Kresty war die Haltung der zahlreichen politischen Gefangenen großartig, obwohl sich unter ihnen viele zum Tode Verurteilte befanden; die für den Galgen bestimmten Revolutionäre diskutierten genauso leidenschaftlich wie die anderen — und spielten wie die anderen Bockspringen. Der Advokat Grusenberg, der Verteidiger Trotzkis, schaffte seine Briefe und Schriften hinaus; ein Gefängniswärter überbrachte mir Botschaften von ihm.«

Der Prozeß gegen die einundfünfzig Mitglieder des Sowjets von Petersburg fand in aller Öffentlichkeit statt. Der zweiundfünfzigste Angeklagte war erschossen worden. Bei der ersten Verhandlung brachten ihm die Angeklagten, die Verteidiger und die Zuhörer eine feierliche Huldigung dar, inmitten blanker Säbel und eines ganz außergewöhnlichen Aufgebots an Bewachungskräften. Die Revolutionäre klagten die Regierung formell an, die Pogrome angestiftet und in der Druckerei des Innenministeriums antisemitische Schriften hergestellt zu haben. Bei der Verhandlung vom 17. Oktober 1906 ergriff Trotzki lange vor den Richtern das Wort. Er verteidigte das Recht der Massen auf den Aufstand, deckte die Lüge des »konstitutionellen« Manifestes von Nikolaus II. auf, bewies, daß die einzige Möglichkeit, in Rußland eine neue Ära einzuleiten, die Einberufung einer konstituierenden Versammlung gewesen wäre. »Aber«, sagte er, »wir kannten das alte Regime zu gut, um auch nur einen Augenblick lang daran zu glauben!« — »Man verfolgte uns im Namen der öffentlichen Ordnung (...). Wenn Sie die Pogrome, die Morde, die Brandstiftungen, die Willkürakte ›öffentliche Ordnung‹ nennen, wenn all das, was geschieht, die Art darstellt, wie das russische Kaiserreich regiert wird, dann erkenne ich mit der Anklage an, daß wir die Waffen gegen dieses Regime erhoben haben!«

Er wurde, wie die meisten seiner Mitangeklagten, zum Verlust der bürgerlichen Ehrenrechte und zu lebenslänglicher Verbannung verurteilt. »Wir haben erwartet, zur Zwangsarbeit verschickt zu werden«, sagte er einfach.

Die Briefe, die Trotzki von unterwegs an Natalja schreibt, geben die Atmosphäre auf der Reise in die Verbannung gut wieder:

»Wir leben auf (...) nach dreizehn Monaten Gefängnis. Obwohl es Gitter an den Waggonfenstern gibt, erblicken wir jenseits von ihnen die Freiheit, das Leben, die Bewegung (...). Wenn der Offizier, der die Eskorte befehligt, freundlich und höflich ist, was soll ich dann erst von den Soldaten sagen? Beinahe alle haben den Bericht über den Prozeß gelesen, und sie geben uns Beweise ihrer lebhaften Sympathie (...). Bis zur letzten Minute wußten sie nicht, wen sie eskortieren sollten und wohin. Nach den Vorsichtsmaßnahmen zu urteilen, die bei ihrer plötzlichen Abreise getroffen wurden, als man sie von Moskau nach Petersburg brachte, mußten sie glauben, daß sie uns nach Schlüsselburg zur Hinrichtung begleiten sollten. Ich hatte im Vorraum des Gefängnisses bemerkt, daß die Männer sehr bewegt und von besonderer Freundlichkeit waren, als fühlten sie sich ein wenig mitschuldig. Ich habe erst im Waggon den Grund dafür erfahren (...). Wie glücklich waren die Soldaten, als sie entdeckten, daß sie ›Arbeiterdelegierte‹ begleiteten, die nur zu Verbannung verurteilt waren (...). Die Gendarmen überwachen vor allem die Soldaten der Eskorte. Dieser Meinung sind zumindest die Soldaten (...).«

»12. Januar 1906. Auf jeder Station wird der Waggon durch Gendarmen abgeriegelt, und in den großen Bahnhöfen wird die Überwachung durch berittene Polizei verstärkt. Die Gendarmen haben das Gewehr umgehängt und den Revolver in der Hand und bedrohen jeden, der sich zufällig oder aus Neugier nähert. Es gibt nur zwei Arten von Menschen, die so bewacht werden: die ›Staatsverbrecher‹ und die wichtigsten Minister (...). Einerseits die strengste Überwachung, anderseits die Höflichkeit innerhalb erlaubter Grenzen. Daran erkennt man das konstitutionelle Genie Stolypins* (...). Wir haben alle Ursache, überheblich zu sein: Sie fürchten den Sowjet sogar noch nach seinem Ende.«

»16. Januar (...). Wir sind in einem Dorf, zwanzig Werst von Tjumen entfernt. Nacht. Eine Bauernstube. Schmutziges, niedriges Zimmer. Der ganze Fußboden ist von den Deputierten des Sowjets besetzt, es gibt keinen freien Raum dazwischen (...). Wir unterhalten uns, wir lachen (...). Wir haben eine große Bank verlost, und das Glück hat mich begünstigt. Ich habe immer Glück (...). Wann werden wir aufbrechen? Wohin werden wir gebracht? All das ist völlig ungewiß (...). Wir brauchen vierzig Schlitten. Die Fahrzeuge an der Spitze des Konvois befördern unser Gepäck. Dann kommen wir, die ›Deputierten‹, zwei pro Schlitten, von Soldaten bewacht. Vor jeden Schlitten ist ein einziges Pferd gespannt. In den letzten Schlitten sitzen Soldaten. Der Offizier und der Kommissar führen den Zug in einem gedeckten Schlitten an. Die Pferde gehen im Schritt (...). Bei unserem Auszug aus Tjumen sind wir von etwa dreißig Berittenen begleitet worden (...). Aus diesen außerordentlichen Maßnahmen, die Petersburg ergreift, muß ich den Schluß ziehen, daß man uns um jeden Preis in einen der verborgensten Winkel verschicken will (...).«

»Alle schlafen. In der Küche nebenan, deren Tür offensteht, wachen die Soldaten. Unter dem Fenster gehen die Wachposten auf und ab. Die Nacht ist herrlich, eine Mondnacht, ganz blau, voller Schnee. Welch seltsames Bild, diese Körper, die in tiefem Schlaf auf dem Fußboden ausgestreckt liegen, die Soldaten an der Tür und vor den Fenstern (...). Aber da dies schon meine zweite derartige Reise ist, sind meine Eindrücke nicht mehr so stark wie die ersten (...).«

»Im Gefängnis von Tjumen gab es eine Menge politischer Häftlinge: die Deportation der meisten von ihnen wurde auf administrativem Weg** verfügt. Während des Spazierganges versammelten sie sich unter unserem Fenster und begannen zu singen; sie schwangen sogar eine rote Fahne, auf der ›Es lebe die Revolution!‹ stand. Sie sangen, und dieser Chor war gar nicht schlecht; sie leben zweifellos schon lange dort, sie haben Zeit genug gehabt, sich aufeinander einzustimmen (...). Die

* Ministerpräsident in der Periode der Reaktion, die auf die Revolution von 1905 folgte.

** Das heißt ohne Gerichtsurteil.

Szene war ziemlich beeindruckend und, wenn man will, rührend (. . .). Durch das Klappfenster haben wir an diese Menge einige Worte der Freundschaft gerichtet. Die aufgrund des Landrechts Eingesperrten haben uns eine sehr lange Bittschrift überreicht, durch die sie uns, ›die hohen Revolutionäre von Petersburg‹, in Versen und Prosa baten, ihnen eine hilfreiche Hand zu reichen (. . .).«

»26. Januar, Gefängnis von Tobolsk. Der Arzt teilt uns mit, daß wir alle nach Obdorsk kommen. Wir werden vierzig bis fünfzig Werst am Tag zurücklegen (etwas mehr als vierzig bis fünfzig Kilometer). Von hier nach Obdorsk sind es auf den im Winter befahrbaren Strecken über tausendzweihundert Werst (. . .). Im günstigsten Fall wird unsere Reise also über einen Monat dauern (. . .). An dem Ort unserer Verbannung wird jeder von uns einen Rubel und achtzig Kopeken monatlich erhalten (etwas weniger als fünf Francs, ein Golddollar). (. . .) Man sagt uns, daß unsere Schlitten von Beresow nach Obdorsk Rentiergespanne bekommen werden. Diese Nachricht war vor allem für jene unangenehm, die ihre Familie mitnehmen (. . .). Die Frauen, die freiwillig ihren Männern folgen, haben um die Erlaubnis gebeten, während der drei Tage, die wir in Tobolsk verbringen, das Gefängnis verlassen zu dürfen. Der Gouverneur hat es glatt abgelehnt (. . .). Wir setzen ein Protestschreiben auf, aber was hat das schon für einen Sinn? Die Antwort ist immer die gleiche: Instruktionen aus Petersburg.«

»Man weiß hier nicht mehr über Obdorsk als in Petersburg (. . .). Das einzige, was feststeht, ist, daß dieser Ort irgendwo jenseits des Polarkreises liegt (. . .). Wird es Fluchtmöglichkeiten geben oder werden wir gezwungen sein, zwischen dem Nordpol und dem Polarkreis eine günstige Entwicklung der Revolution und damit eines Regierungswechsels abzuwarten? (. . .) Na schön, wir werden also in Obdorsk warten. Und wir werden arbeiten. Schickt uns nur Zeitungen und Bücher, Bücher und Zeitungen (. . .). Wer weiß, wann sich unsere Voraussagen erfüllen werden? Vielleicht ist die Zeit, die wir in Obdorsk verbringen müssen, eine Atempause, die uns die Geschichte gewährt, damit wir unsere Studien vervollständigen und unsere Waffen vorbereiten können (. . .).«

VIII. Heranbildung des Ideologen

»Einen Monat später erhielt ich ein merkwürdiges, verstümmeltes Telegramm. Leo Dawidowitsch war geflüchtet und gab mir als Treffpunkt eine gottverlassene Station im Osten an, deren Name ausgelassen war! Die Unvorsichtigkeit erschien mir verrückt. (Ich lebte in Terioki, in Finnland, mit unserem Erstgeborenen Leo, der während der Haft seines Vaters zur Welt gekommen war, aber die politische Polizei war auch dort wachsam.) (...) Er gab mir eine Station an, an der die Züge aus beiden Richtungen sich treffen (...). Ich reiste in die Richtung von Wjatka ab, ohne genau zu wissen, wohin ich fuhr (...). Der Waggon war voller reicher Leute, die für den Fasching die feinsten Delikatessen mit sich führten, französische Weine, geräucherten Fisch, die besten Braten. Sie stopften sich damit voll, sprachen als Gourmets darüber. Ich verkehrte nicht mit solchen Leuten; ich erinnere mich an mein Erstaunen, als ich feststellte, daß es solche Menschen gab, während wir das Leben nur als unaufhörlichen Kampf für die Zukunft Rußlands auffaßten. Ich war ihnen aber bald dankbar, denn als sie über ihre Reiseroute sprachen, erwähnten sie auch den Namen des Dorfes, das ich suchte: Samino.«

»Eine kleine Station inmitten verschneiter Wälder und schneebedeckter Ebenen. Leo Dawidowitsch erwartete mich, noch von der Freude über die Flucht erregt (...). Er war auf halbem Weg nach Obdorsk, bei Bresow, mit einem von Rentieren gezogenen Schlitten, den ein betrunkener Syrjäne lenkte, geflohen. Über siebenhundert Kilometer durch weiße Weiten, durch die eisige Einöde, hatten ihn in eine Art Verzückung versetzt (...). Ich hatte Mühe, ihn daran zu hindern, ins Telegraphenamt zu stürzen und den dummen Angestellten auszuschelten, der den Namen der Station ausgelassen hatte. Als Leo Dawidowitsch in den Zug gestiegen war, hatte er geglaubt, in seinem Abteil ersticken zu müssen; er war auf die Plattform gestürzt und dort, angesichts der glitzernden Steppe, hatte er vor Freude laut geschrien.«

»Er war erst achtundzwanzig Jahre alt. Kräftig, braune, dichte und widerspenstige Haare, ein kleiner Schnurrbart. Er hatte scharfe Züge, ein eher knochiges Gesicht, der Ausdruck der blauen Augen verriet seine Lebenslust (...). Seit seiner Jugend trug er einen Zwicker.«

»Wir versteckten uns zuerst in Petersburg, dann in Finnland, wo Leo Dawidowitsch wieder mit Lenin und Martow Kontakt aufnahm. Er schrieb die Geschichte seiner Flucht in einem Zug nieder: *Hin und Zurück.* Die reaktionäre Presse kommentierte das Ereignis beinahe wütend: Der Vorsitzende des Sowjets war geflüchtet, noch ehe er an seinem Verbannungsort eintraf! Was hatten denn die Gendarmen getan? Die Gendarmen mußten ganz Rußland, diesen revoltierenden Gefangenen, bewachen; und von einem Ende des Landes bis zum anderen hielten sie die terroristischen Attentate, die zum Großteil von der Sozialrevolutionären Partei organisiert waren, in Atem (...).«

»Das Manuskript *Hin und Zurück* brachte uns etwas Geld. Leo Dawidowitsch fuhr per Schiff nach Stockholm und begab sich dann von Stockholm nach London, um am geheimen Kongreß der Sozialdemokratischen Arbeiterpartei Rußlands telzunehmen. Es gab keine Visaformalitäten (...). Er lernte im Westen viele Leute kennen: Maxim Gorki, Viktor Adler, Bebel, Hilferding, Liebknecht. Ich reiste ihm nach, und wir ließen uns in Wien nieder. Eine große liberale Zeitung des Südens, die *Kijewskaja Mysl* (Der Kiewer Gedanke), veröffentlichte regelmäßig Beiträge von Trotzki, die mit *Antidoto* gezeichnet waren, und bezahlte sie ziemlich gut. Wir erlebten dennoch in Wien recht schwere Zeiten. Leo Dawidowitsch mußte seine Bücher verkaufen, gegen Ende jeden Monats bedrückte uns wieder die Sorge wegen des fälligen Mietzinses, die Gerichtsvollzieher brachten uns amtliche Schreiben. Unser zweiter Sohn, Sergej, wurde 1908 in Wien geboren. Es war aber auch eine gute Zeit für intellektuelle Aktivitäten und zum Anknüpfen von Freundschaften. Trotzki schloß sich an Dr. Joffe an, der später eine so große Rolle in der sowjetischen Diplomatie spielte. Adolf Joffe, von bürgerlicher Herkunft, kannte ebenfalls die russischen Gefängnisse. Neurotisch, von schwächlicher Konstitution, besaß er die Intelligenz eines Gelehrten und war von glühendem Idealismus beseelt. Gemeinsam mit Trotzki gab er die *Prawda* (Die Wahrheit) heraus, die wir mit Hilfe von Matrosen und Schmugglern nach Rußland bringen konnten.«

»Wir hatten keine Mußestunden; manchmal, am Sonntag, erkundeten wir die ausgedehnte Umgebung Wiens. Wir hatten zuvor eine zweimonatige Fußwanderung durch Süddeutschland unternommen, gemeinsam mit einem aus Rußland geflohenen Genossen, Parvus (Hephand), dem man eine große Zukunft voraussagte. Parvus war um zehn Jahre älter als Trotzki und damals einer der bemerkenswertesten jungen russischen Marxisten. Er war Mitarbeiter des *Vorwärts* in Berlin und schrieb täglich seinen Leitartikel, wenn es sein mußte auch in einem Wirtshaus am Straßenrand. Er war ein wissenschaftlicher, vollkommen westlich orientierter Geist und kühner Denker. Mit Trotzki formulierte er die Theorie der ›permanenten Revolution‹, die die Leitlinie der gesamten ersten Phase der künftigen russischen Revolution werden sollte. Nach dieser Auffassung sollte sich die bürgerliche Revolution in Rußland nicht stabilisieren, sondern über sich selbst hinauswachsen, unter dem unvermeidlichen Druck des Proletariats und des Bauerntums sozialistisch werden und das Zeichen für die sozialistische Revolution in Zentral- und Westeuropa geben.«

Parvus bewies später, während des Ersten Weltkriegs, ein gewisses Geschick für Geschäfte, machte Geld bei den Kriegslieferungen der Mittelmächte. 1918 bat er Lenin um die Erlaubnis, nach Rußland zurückkehren zu dürfen. Lenin erwiderte: »Man macht keine Revolution mit schmutzigen Händen . . .« Parvus starb 1924 in Deutschland.

Der Kreis der revolutionären Gesinnungsgenossen Trotzkis vergrößerte sich. Er hatte in Rußland den Ingenieur Leonid Krassin kennengelernt, der die bolschewistische Organisation im Kaukasus leitete. Er traf Karl Radek, den scharfzüngigen Publizisten des linken Flügels der deutschen Sozialdemokratischen Partei. Er lernte Franz Mehring, den Biographen von Karl Marx, Karl Kautsky, Rosa Luxemburg kennen; er nahm Verbindung mit den österreichischen Sozialisten Otto Bauer, Alfred Adler, Viktor und Fritz Adler auf, die er am Samstagabend im Café Zentral in der engen Herrengasse traf. Die österreichischen Marxisten schienen ihm allerdings zu verbürgerlicht . . . Seit langem kannte er bereits Rjasanow, Lunatscharski und die Mitarbeiter Lenins, Sinowjew und Kamenjew. Letzterer besuchte ihn im Auftrag Lenins in Wien.

Zwischen 1906 und 1914 erlebt Rußland zunächst die schweren Jahre der Reaktion, dann beginnt eine Periode des Wiederaufbaus der Arbeiterbewegung, der Sammlung der Kräfte und einer unbestimmten Hoffnung. Die revolutionäre Emigration hat ihren Anteil an diesen Veränderungen. Der Niederlage von 1905 ist für sie eine Welle der Demoralisierung gefolgt, voll innerer Kämpfe, voll verzweifelter Versuche; die schreckliche Wunde der Polizeiprovokation in den Parteien bricht plötzlich auf . . . Russische Schriftsteller wendeten sich dem Mystizismus zu; andere schwankten zwischen Verzweiflung und sexuellen Ausschweifungen. Die Sozialdemokratische Partei stellte ihre formelle Einheit wieder her, obwohl sie zutiefst gespalten war. Eine marxistische Tendenz empfahl die Liquidierung der Geheimorganisationen ... Trotzki, der sowohl von der bolschewistischen als auch von der menschewistischen Fraktion unabhängig war, identifizierte sich weder mit der gemäßigten Haltung der einen noch mit den Illusionen der anderen, gab sich jedoch niemals dem Pessimismus hin. Er nahm an, daß die wirtschaftliche Entwicklung Rußlands unweigerlich zur Erstarkung der Arbeiterklasse führen müsse und, falls das Wiederaufleben der revolutionären Bewegung in einer Periode der wirtschaftlichen Regression unmöglich war, es dann notwendigerweise in einer Konjunkturperiode eintreten müsse. Er schrieb im Dezember 1909 folgenden Satz, den man als prophetisch bezeichnen könnte: »Sogar heute, unter den dunklen Wolken der Reaktion, sehen wir das siegreiche Licht eines neuen Oktobers voraus.« (Die Anspielung bezog sich auf den Sieg über die Autokratie beim Generalstreik vom Oktober 1905.)

IX. Die Affäre Asew

Die Affäre Asew platzt 1909—1910: das plötzliche Aufdecken eines bisher verborgen gebliebenen Übelstandes, das die junge russische Revolution, die bis dahin auf ihre Integrität und Sauberkeit stolz war, mit der schlimmsten Korruption konfrontiert. Die Partei der Sozialrevolutionäre stand im Gegensatz zu den Marxisten, sowohl durch ihre liberale als auch durch ihre sozialistische Gesinnung und dadurch, daß sie den individuellen Heroismus in den Mittelpunkt stellte. Sie beherrschte oft die politische Szene. Schon vor 1905 war ihre Kampforganisation in eine erbitterte Auseinandersetzung mit dem autokratischen Regime getreten. Nach unvollständigen Angaben haben die Sozialrevolutionäre 1905 achtundfünfzig, 1906 dreiundneunzig und 1907 vierundsiebzig Attentate gegen die prominentesten Exponenten des Regimes und gegen seine am meisten gehaßten Polizisten geleitet. Die Marxisten verurteilten im allgemeinen den individuellen Terrorismus, der in ihren Augen nicht geeignet war, die Aktion der Massen zu ersetzen, und dazu beitrug, wesentliche aktive Kräfte davon abzulenken. Jetzt wurde bekannt, daß einer der Leiter der Sozialrevolutionären Partei, Ewno Asew, in Wirklichkeit von der Geheimpolizei eingeschleust worden war! Die Sache schien unglaublich. Selbst Ewno Asews Frau, die zwei Kinder von ihm hatte, hielt ihn für einen mutigen Revolutionär; seine Handlungen schienen für seine Ehrlichkeit zu bürgen, doch vergaß man über sie die in die Verbannung geschickten jungen Idealisten ... Die Untersuchung war um so peinlicher, als die Mitglieder des Zentralkomitees der SRP, die durch eine jahrelange Zusammenarbeit mit dem Lockspitzel verbunden waren, Vertrauen zu ihm hatten, so daß es zu freundschaftlichen Beziehungen zwischen ihm und jenen gekommen war, die er verraten hatte. Asews Doppelspiel wurde aber unwiderlegbar bewiesen. Und es schien, daß er bei weitem nicht der einzige war, Zweifel und Demoralisierung herrschten in den revolutionären Kreisen.

Trotzki gehörte zu jenen, die unter allen Umständen ihren kühlen Kopf bewahren. Angesichts dieses Verrates verbreiteten sich andere über die düsteren Abgründe der menschlichen Seele. Trotzki schrieb: »Um dieses satanische Spiel siebzehn Jahre lang betreiben zu können, um die Menschen zu täuschen, ohne sich entlarven zu lassen, muß man entweder ein außerordentliches Genie oder aber ein Mensch mit absolut elementarem zerebralem Mechanismus sein, einfach dumm, der primitiv ein simples Spiel spielt, ohne auf die Psyche des anderen einzugehen, ohne sich an Details zu verlieren, und der aus diesem Grund Erfolg hat.«

Asew verblüffte tatsächlich durch sein gewöhnliches und sogar unsympathisches Aussehen. Er war offenkundig beschränkt, von einer unter den Revolutionären seltenen Rohheit, von einer abstoßenden Gefühllosigkeit, aber man schätzte seine »Festigkeit«, seine »hervorragenden praktischen Fähigkeiten ...« Trotzki sah in ihm nur einen primitiven Menschen mit niedrigen Instinkten, der gerade aus der Armseligkeit seines Wesens Vorteile zog. Er betonte auch die Bedeutung der folgenden Zeilen, die dem *Abschlußbericht der Untersuchungskommission* entnommen sind: Der Terrorismus zielte auf die »Bildung einer der Partei übergeordneten Kampforganisation ab, die das gefügige Instrument Asews geworden wäre; anderseits schuf (der Terrorismus) um das Individuum, das den Terror mit Erfolg ausübte, also um Asew, eine Atmosphäre der Unterwürfigkeit und des unbeschränkten Vertrauens«. Asew stützte sich gleichzeitig auf zwei bürokratische Apparate: den der Partei der Sozialrevolutionäre und den der politischen Polizei: daher seine Stärke.

Es wäre leicht, hier eine Parallele mit einer anderen, viel bedeutenderen geschichtlichen Persönlichkeit zu ziehen ... Der Mensch, der für und durch den Terror über eine disziplinierte, geheime, von einer einflußreichen Partei unterstützte Organisation verfügt, der Mensch, der in letzter Instanz den Befehl zum Töten gibt, muß weder über besondere moralische Qualitäten noch über eine besondere Intelligenz verfügen, um das Prestige, das die Macht verleiht, zu erwerben ... Asew bestätigte die Meinung, die Trotzki von ihm hatte. Entlarvt, aber vom Innenministerium reich entlohnt, reiste er in Gesellschaft einer Halbweltdame an das Mittelmeer; anschließend ließ er sich in Deutschland nieder und beschäftigte sich hauptsächlich damit, an der Börse zu spekulieren.

X. Wien. Intellektuelle Tätigkeit

Wien war die Wiege der Psychoanalyse. Trotzki interessierte sich dafür, ohne sich jedoch allzusehr in sie zu vertiefen. Sein Innenleben und seine Tätigkeit waren eine festgefügte Einheit. Er hatte nicht die Zeit, sich dem Studium der Psychologie zu widmen, aber er schrieb immer dem Charakter, der Mentalität, den Sorgen der Menschen eine sehr große Bedeutung zu. Seine Fähigkeit zur psychologischen Analyse erleichterte ihm zweifellos den Kontakt mit den Massen bei den großen Versammlungen und den Volksbewegungen. Er schrieb in der *Kijewskaja Mysl* über die Literatur, die Maler, die Dichter, die Politiker — immer als unerschütterlicher Marxist, das war für ihn selbstverständlich.

Er bewunderte Jaurès. »Er ist kein Doktrinär des politischen Kompromisses, dem er seine Leidenschaft, sein Talent, seine Fähigkeit, bis zum Ende zu gehen, widmet, ohne jedoch den Kompromiß zum Katechismus zu erheben. Wenn es soweit ist, wird er sicherlich seine ganze Kraft entfalten ...« (1909). Die Begeisterung Jaurès' ist von einer »genialen Naivität«. Trotzki hält Jaurès und Clemenceau für die beiden beherrschenden Figuren der französischen politischen Szene.

Mit kritischem Geist, aber voll Bewunderung, steht er Tolstoi gegenüber, dessen Verachtung der Wissenschaft er aber ablehnt. »Ein mystischer Moralist, ein Feind der Revolution, nährt Leo Tolstoi (...) den revolutionären Geist der Gläubigen (...). Er negiert die kapitalistische Kultur (...) und wird von der Bourgeoisie des Auslandes gut aufgenommen (...) als konservativer Anarchist (...) wird er im Alter von achtzig Jahren zum Symbol der Befreiung (...). Die Geschichte hat ihn widerlegt, aber nicht gebrochen. Er bewahrt sich bis ans Ende seiner Tage zur Gänze das kostbare Geschenk der moralischen Empörung (...), und er schleudert der Autokratie sein *Ich kann nicht schweigen!* entgegen. Er verweigert uns seine Sympathie (...). Wir werden in ihm immer das mächtige Genie schätzen, das so lange leben wird, als Kunst und unbeugsamer moralischer Mut existieren« (1908).

Er beschäftigt sich unausgesetzt, optimistisch, voller Energie mit dem Problem des Menschen, ohne jedoch seine Vielseitigkeit zu vernachlässigen. Er bezeichnet die Behauptung der Reaktionäre, daß der Gedanke ein Faktor der Zerstörung ist, als ungeheuren Irrtum. Seiner Meinung nach ist die Psychologie die beständigste Elementarkraft, sie ist träge und hat eine Vorliebe für die Hypnose der Routine. Als Gegensatz zur Routine verteidigt er die Intelligenz, die Phantasie, indem er sich auf Dostojewski beruft: »Der Realismus, der nicht weiter blickt als bis zur Nasenspitze, ist gefährlicher als die zügelloseste Phantasie, weil er blind ist (...).« Er wirft Renan vor, den Menschen herabzusetzen, wenn dieser schreibt, daß »die großen Männer nur durch ihre Fehler oder durch ihre mittelmäßigen Eigenschaften am praktischen Leben teilnehmen«. Er schreibt: »Wenn die Kultur nicht durch den wissenschaftlichen Gedanken beseelt, inspiriert wird, sinkt sie zum Komfort herab« (1911). Er kämpft gegen die »leichtfertige mystische Alchemie Berdjajews« und Mereschkowskis. Da letzterer geschrieben hat, daß »die ersten Christen das Martyrium nicht ertragen hätten, wenn sie im voraus ein wenig von der Geschichte der Kirche gewußt hätten«, fragte ihn Trotzki: »Und wie ist Ihre Einstellung zur Geschichte der primitiven Religionen?« Er betrachtet den Selbstmord »nicht als biologisches, sondern als soziales Phänomen«, indem er die Revolutionäre rechtfertigt, die in den Gefängnissen Selbstmord begehen. Über Kinderselbstmorde: »Die extreme Empfindsamkeit, die oft ein Kind zum Selbstmord treibt, könnte unter anderen, harmonischeren Existenzbedingungen der Ausgangspunkt für eine an Möglichkeiten reiche Entwicklung sein« (1912). Er verteidigt den Rationalismus gegen die Herrschaft des Syllogismus: »Der Rationalismus ist nur dann mächtig, wenn er das Bewußtsein der Massen durchdringt« (1914).

Auf dem Gebiet der Kunst betrachtete sich Trotzki immer als Dilettanten. Seine Kommentare über die Wiener Ausstellungen von Gemälden und Skulpturen, über Frank Wedekind, über Arno Holz, über den *Simplicissimus* wimmeln, von philosophischen Bemerkungen: »Der Seele, die Wege ohne Ziel liebt, sind Leidenschaft und Kraft fremd. Als Ersatz dafür hat sie oft Sehnsucht nach der ursprünglichen Stärke und Vollständigkeit des Menschen (...), und es kommt vor, daß den Darstellungen der Leidenschaft die Leidenschaft fehlt, den Darstellungen der Stärke die Stärke (...).« Rodin »ordnete das Fleisch der Bewegung unter, aber der inneren Bewegung, der im Leib sich ausdrückenden Seele (...). Constantin Meunier entdeckt den Wert der Arbeit (...). Etwas Großes jenseits der Grenzen der Kunst, in der Tiefe unserer sozialen Gemeinschaft, damit die Kunst aus ihrem Exil zurückkehre, bereichert um das Drama der Arbeit und der kämpfenden Menschheit, und damit sie ihrerseits die Arbeit und den menschlichen Kampf bereichert« (1911). Daher: »Kratzen Sie an dem hochmütigen Individualisten, und sie werden darunter nur einen vulgären Zyniker finden.« — »Die Malerei wird durch den Widerspruch zwischen dem Modernismus der Form und dem dem Inhalt gleichgültig gegenüberstehenden Archaismus verflacht.« Denn »der Mensch stellt eine komplizierte psychologische Einheit dar, und er bleibt sich selbst nur treu, wenn er von der Malerei eine ästhetisch ausgeführte Interpretation dessen verlangt, was ihn als soziale und moralische Person bewegt (...). Die Menschen haben nie von der visuellen Betrachtung gelebt, leben nicht von ihr und werden nie von ihr leben« (1913).

Die europäischen militärischen Auseinandersetzungen beginnen 1912 mit dem Balkankrieg. Trotzki bereist als Korrespondent der *Kijewskaja Mysl* Serbien, Bulgarien und Rumänien. Er klagt die von den Bulgaren an den Türken verübten Greuel an. Sein Interesse am Krieg ist das des revolutionären Beobachters der Menschen, nicht das des Strategen. Zur gleichen Zeit zeichnet er ein mitleidloses Bild vom Zaren Nikolaus II., der schuld ist an den Arbeitermassakern, den antisemitischen Pogromen, der Unterdrückung Finnlands, dem russisch-japanischen Krieg, vor dessen Ausbruch der Monarch noch erklärt hat: »Es wird keinen Krieg geben, meine Herrschaft soll friedlich sein ...« Trotzki schließt mit den Worten: »Es lebe die demokratische Republik!« (1912). Fügen wir noch folgende Zeilen hinzu: »Wir schaffen die Ereignisse nicht, wir können sie höchstens voraussehen (...). Im Schoß der angeblich zivilisierten Menschheit wachsen jetzt in einer unerträglichen Spannung ungeheure und schreckliche Geschehnisse heran (...), und man bezeichnet diejenigen, die versuchen, ihnen einen Namen zu geben, als Phantasten (...)« (1908).

XI. Paris während des Ersten Weltkriegs. »Nasche Slowo«. Trotzki wird aus Frankreich ausgewiesen. Spanien

»Am 2. August 1914, dem Beginn des Ersten Weltkriegs, irrte Trotzki auf den Wiener Boulevards herum, auf denen sich eine jubelnde patriotische Volksmenge drängte, die schrie: ›Tod den Serben!‹ Er fragte sich: Was geht im Kopf dieser Leute vor? Unser kleiner, sechs Jahre alter Sergej kam mit blauen Flecken heim, weil er gerufen hatte ›Hoch die Serben!‹ — ›Alle Irren und Halbirren sind heute auf der Straße‹, sagte Viktor Adler traurig. Der Polizeichef von Wien forderte Trotzki auf, noch am gleichen Tag die Hauptstadt Österreichs zu verlassen. Diese Unterredung fand gegen zwei Uhr statt; um sechs Uhr saßen wir schon im Zug nach Zürich.«

»Ende 1914 kamen wir nach Paris. Die Deutschen waren in Compiègne, die Gothas warfen ihre kleinen Bomben über Paris ab, das seine erste Verdunklung erlebte, die meistbedrohte Stadt der Welt, die Hauptstadt des am stärksten betroffenen Landes. Wir wohnten in der Rue Oudry, in der Nähe der Place d'Italie, in einem dicht bevölkerten Viertel. Die Spaziergänge durch Paris waren unsere einzige Zerstreuung. So viele trugen Trauer, daß Trauer Mode wurde und die Straßenmädchen oft Schwarz trugen. Die Hausfrauen, die ich kennenlernte, schienen in Trauer um ihre verschwundenen Männer zu leben. Die Frau eines Urlaubers sagte mir: ›Seit er wiedergekommen und dann wieder fortgegangen ist, ist es noch viel ärger!‹ Vielleicht ist das Warten auf den Tod des geliebten Wesens, mit seinem Wechsel von Hoffnung und Verzweiflung, wirklich schwerer zu ertragen als die Gewißheit von etwas Unabänderlichem. Ich sah in der Straßenbahn einen Soldaten, der fröhlich über die Qualität einer Flasche Wein plauderte und dann plötzlich seine Läuse herzeigte (...). Paris erlebte den schrecklichen Krieg in allen Nervenfasern, in allen Steinen, in allen Schatten seiner Nächte« (...).

»Trotzki schickte seine Berichte nach Kiew; gleichzeitig widmete er sich mit allen Kräften der sozialistischen russischen Tageszeitung *Nasche Slowo* (Unser Wort) in Paris. Vom Januar

1915 an erschienen zweihundertdreizehn Nummern. Unsere Gruppe steckte sich zwei Ziele: die künftige russische Revolution vorbereiten, die uns als unvermeidliche Konsequenz der Schwächung der Autokratie durch den Krieg erschien, und die Auferstehung der sozialistischen Internationale vorbereiten, die durch die Eröffnung der Feindseligkeiten vollkommen zusammengebrochen war. Nichts war bitterer als der Gedanke an die Arbeiter, die gestern Brüder in der Internationalen waren und heute gegeneinander mobilisiert wurden und die ihr Blut für militärische Erfolge vergossen, die sie hätten verfluchen müssen.«

»Die Zeitung *Nasche Slowo* entstand dank dem Idealismus einiger Mitkämpfer, die ihre Arbeitskraft zur Verfügung stellten und ihr Geld, wenn sie welches hatten. Das Papier und den Druck der nächsten Nummer zu finanzieren, wurde für uns täglich zu einem quälenden Problem. Trotzki schrieb bis drei Uhr früh; Leo und Sergej brachten auf dem Weg zur Schule die Artikel in die Druckerei. Die von der russischen Botschaft überwachte französische Zensur strich sie zusammen (...). Einige Bolschewiken in Paris, die dem allgemeinen patriotischen Taumel erlagen, hatten sich zur Fremdenlegion gemeldet; mehrere von ihnen waren getötet worden. Lenin und Sinowjew waren in der Schweiz; Kamenjew und Swerdlow in Sibirien; Bucharin in den Vereinigten Staaten. Wir trafen in Paris den Menschewiken-Internationalisten Martow wieder — intelligent, leidenschaftlich und doch unentschlossen wie immer. Er zog sich schließlich nach langen Diskussionen mit Trotzki aus der Redaktion der *Nasche Slowo* zurück. Antonow Owssejenko übertraf sich selbst, verausgabte sich uneingeschränkt. Er war eher klein, mager, sein Gesicht — das eines überarbeiteten Enthusiasten — war blaß und faltig, er trug einen schlecht sitzenden Zwicker und hatte eine braune Haarmähne. Seine Ehe war nicht gut, seine durch ein Kind erschöpfte Frau verzieh ihm ihre Armut nicht. ›Er hat ja eine schöne Kindheit gehabt‹, sagte sie, ›während ich immer nur Heringe gegessen habe ...‹ Antonow-Owssejenko, Sohn eines höheren Offiziers, selbst aktiver Offizier, hatte 1905 an einem Militäraufstand in Polen teilgenommen und dann 1906 einen Militäraufstand in Sewastopol organisiert. Er wurde zum Tode verurteilt, zu lebenslänglicher Zwangsarbeit begnadigt und floh. Er spielte später während der Revolution eine große Rolle und wurde schließlich 1937 erschossen.«

Antonow-Owssejenko und Trotzki nahmen Kontakt mit der

kleinen Gruppe der französischen internationalistischen Syndikalisten von *La vie ouvrière* auf, Pierre Monatte, Alfred Rosmer, dem Lehrer Fernand Loriot, dem Dichter Marcel Martinet ... Gewerkschafter kamen uns näher: Merrheim von den Metallarbeitern, Dumoulin von den Bergarbeitern, Bourderon. Mit den französischen Sozialisten hatte *Nasche Slowo* fast keinen Kontakt.

Im September 1915 begab sich Trotzki in die Schweiz, um an der Konferenz der Sozialisten-Internationalisten teilzunehmen, die auf Initiative der Italiener einberufen worden war und in Zimmerwald, einem Gebirgsdorf in der Nähe von Bern, zusammentrat. Die Russen waren durch die Bolschewiken Lenin und Sinowjew vertreten, durch die Menschewiken Axelrod und Martow, durch den Delegierten von *Nasche Slowo* Trotzki, durch die Sozialrevolutionäre Natanson und Viktor Tschernow. Ledebour und Hoffmann gehörten zur deutschen Delegation; Kolarow und Rakowski vertraten die Sozialistische Föderation des Balkans. Anwesend waren auch noch Modigliani, Morgari, Lazzari, Serrati (Italien), Henriette Roland-Holst (Holland), Karl Radek (Polen), Merrheim und Bourderon (linke Minderheit der französischen C. G. T.) und ein Delegierter des jüdischen Bundes von Polen, Schweizer und Schweden ... Zwei Meinungen standen einander bezüglich des von Trotzki verfaßten Manifestes gegenüber. Die eine war für die Wiedererrichtung einer sozialistischen Internationalen, die andere für den endgültigen Bruch mit den alten Parteien, die sich an der Kriegspolitik beteiligt hatten, und für die Gründung einer neuen revolutionären Internationalen, der dritten. Die Frage wurde nicht entschieden. Lenin nahm schließlich den von Trotzki verfaßten Text an. Eine sozialistische internationale Kommission mit dem Sitz in Bern wurde gewählt (Robert Grimm, Morgari, Ch. Naine, Angelika Balabanowa).

In Marseille brachen an Bord des russischen Kriegsschiffes *Askold*, das Truppen nach Frankreich brachte, Meutereien aus. Ein Agent-Provokateur behauptete, daß sie durch die Lektüre von *Nasche Slowo* ausgelöst worden waren, was weder wahr noch wahrscheinlich war. Die russische Botschaft bestand auf der Ausweisung Trotzkis. Innenminister Malvy unterschrieb den Erlaß. Jean Longuet intervenierte erfolglos. Briand, Leygues, Painlevé schienen konsterniert durch die Ausweisung eines russischen Journalisten, dessen Zeitung streng zensuriert wurde. Aber ein kleiner Satz erklärte alles: »C'est la guerre!« — »Wenn die Kriegslügen Sprengkörper gewesen wären«, schrieb Trotzki später in *Mein Leben*, »hätten sie die Welt in die Luft gejagt...« England, Italien, die Schweiz verweigerten dem Ausgewiesenen die Einreise. Anständige Polizisten brachten ihn über die Pyrenäen, nach Irun, wo sie ihm empfahlen, sich unauffällig zu verhalten...

Trotzki sprach kein Wort Spanisch. In Madrid lief er in das Prado-Museum... Inzwischen bezeichnete ihn der Untersuchungsbeamte Bidet-Faupas den spanischen Behörden gegenüber als »gefährlichen Anarchisten«. Er wurde verhaftet. Man gab vor, ihn mit Gewalt nach Havanna abschieben zu wollen. Er erreichte schließlich, daß er in — gut bewachter — Freiheit den Dampfer nach New York abwarten durfte. Seine Verhaftung war in Madrid bekannt geworden. Die Republikaner verteidigten ihn, da sie aber seine Ideen überhaupt nicht kannten, warfen sie ihm »Pazifismus« vor. Die Reaktionäre zeigten Sympathie, da sie ihn für eine Art »Germanophilen« hielten; aber warum wurde er als »Anarchist« bezeichnet? Die Agenten der Geheimpolizei waren überaus entgegenkommend... Natalja kam mit beiden Söhnen zu ihm nach Barcelona. Sie schifften sich auf dem spanischen Frachtdampfer *Montserrat* mit dem Ziel New York ein. Stürmisches Meer und sehr schlechte Gesellschaft.

XII. New York. Die Internierung in Kanada

Sie trafen Anfang Januar 1917 bei eisigem Regen in New York ein. »New York«, sagte Trotzki, »ist der vollkommenste Ausdruck unseres modernen Zeitalters« *(Mein Leben).*

»Bucharin empfing uns mit offenen Armen. Bucharin: neunundzwanzig Jahre, die Lebhaftigkeit in Person, ein offenes, lachendes Gesicht, ein freundliches Naturell, sprachgewandt, humorvoll, voller Ideen. Ernster Wirtschaftswissenschaftler, gelehrter, aber schematischer Marxist. Schüler Lenins, aber eher unabhängig. Wir hatten ihn schon in Wien kennengelernt. Kaum waren wir vom Dampfer an Land gegangen, erzählte er uns voller Bewunderung von einer öffentlichen Bibliothek, die bis spät abends offen war, und bestand darauf, daß wir sie sofort besuchten. Gegen neun Uhr unternahmen wir eine lange Reise, um die schöne Bibliothek kennenzulernen; bei der Heimfahrt lernten wir die New Yorker kennen, wenn ihre Gesichter von Müdigkeit gezeichnet sind.«

»Bereits vom nächsten Tag an arbeitete Trotzki mit Bucharin, Tschudnowski, Melnitschanski an der Herausgabe des *Nowij Mir* (Neue Welt). Wir wohnen in einem Arbeiterviertel in der Bronx.«

»Am 8. März 1917 erfuhren wir durch die Zeitungen die so lange erwartete und doch so überraschende Neuigkeit vom Sturz des Zaren Nikolaus II., dem Beginn der russischen Revolution ... Bucharin reiste beinahe sofort über San Franzisko, Tokio und Sibirien nach Rußland ... Trotzki erhielt am 25. März vom russischen Konsulat, das die provisorische Regierung vertrat, einen ordentlichen Paß — zum ersten Mal. Am 27., ›inmitten einer Sintflut von Blumen und Ansprachen‹ *(Mein Leben),* schifften wir uns wieder ein, nach Rußland, diesmal als Bürger einer im Entstehen begriffenen Republik (. . .).«

»Aber die mehr oder weniger geheimen Agenten des Zaren hatten noch immer viel Einfluß. An Bord befanden sich sechs exilierte Revolutionäre: Melnitschanski, Tschudnowski, Trotzki, zwei weitere und ich. Die zaristische Polizei denunzierte uns wahrscheinlich als Germanophile. Die britischen Militärbehörden in Halifax (Kanada), die überhaupt nichts von den Ereignissen in Rußland begriffen hatten und immer nur das ewige *C'est la guerre* auf den Lippen führten, verhafteten uns alle, trotz unserer Proteste, trotz unserer einwandfreien Papiere und trotz der Vorgänge in Rußland, gegen jede Regel des gesunden Menschenverstandes (. . .). Trotzki und unsere Kameraden wurden zusammen mit deutschen Gefangenen im Lager Amhurst interniert; ich wurde mit unseren beiden Kindern bei einem Polizeiinspektor, einem in England naturalisierten Russen, einquartiert, der im Dreck lebte und, ohne ein ausgesprochen schlechter Mensch zu sein, eine schon kriminelle Dummheit an den Tag legte. Obwohl er den Auftrag hatte, mich im geheimen zu überwachen, rühmte er sich vor mir seiner Verkleidungen als Spitzel (. . .).«

»Trotzki hielt vor den internierten Arbeitern und Matrosen Vorträge über die russische Revolution. Die Gefangenen faßten sofort Vertrauen zu ihm. Das trug zu unaufhörlichen Konflikten mit den britischen Offizieren bei. ›Ach‹, rief einer dieser Militärs offenherzig, ›wenn ich diesen Agitator nur in einer afrikanischen Kolonie hätte!‹ Der Außenminister der provisorischen Regierung Rußlands, der Historiker Miljukow, der lebhafte Polemiken gegen Trotzki geführt hatte, gab den Interventionen der Revolutionspartner nach und forderte endlich (im April) die Freilassung des ehemaligen Vorsitzenden des ersten Sowjets von Petersburg sowie die seiner Reisegefährten.«

»Neuerliche Einschiffung, diesmal auf einem kleinen Dampfer, den die Wellen des Atlantiks erbarmungslos durchschüttelten. Tschudnowski machte einer kleinen russischen Tänzerin den Hof (...). Er war ein großer Junge mit blassem Teint, leicht gewellten Haaren, ein für unseren Geschmack vielleicht zu redseliger Student, der sehr rasch in Begeisterung geriet: ›Wird er festbleiben? Wird er durchhalten?‹ fragte sich Trotzki. Tschudnowskis Flamme flackerte aber nicht. Er entfaltete eine verzehrende Aktivität, trennte sich vom Augenblick der Machtübernahme an nicht mehr von seinem Aufständischengewehr, wurde bei der Verteidigung Petrograds verwundet und fiel 1918 in der Ukraine. Der zweite Reisegefährte, Melnitschanski, war ein korpulenter, sanguinistischer, bedächtiger Uhrmacher. Er war Mitglied der amerikanischen sozialistischen Partei gewesen; er nahm am Moskauer Aufstand teil, wurde einer der Führer der russischen Gewerkschaften, schloß sich freundschaftlich an Tomski an und kam aus diesem Grund — wahrscheinlich wurde er erschossen — 1937 ums Leben.«

2. Die Revolution

I. Rückkehr nach Rußland. Die Sowjets und die provisorische Regierung

»Wir kehrten nach zehn Jahren Exil nach Rußland zurück, zu einer siegreichen Revolution, aber in ein durch den Krieg verarmtes und ausgeblutetes Land. Unser erstes Zusammentreffen mit den russischen Behörden in Tornio, an der Grenze zwischen Schweden und Finnland, war eisig, und sicherlich nicht wegen des strengen Winters. Alle Papiere Trotzkis wurden zur Prüfung einbehalten mit dem Versprechen, daß man sie anschließend an den Sitz des Sowjets in Petrograd schicken würde, die einzige provisorische Adresse, die er angeben konnte. Ein Offizier erkundigte sich lange danach, an welchen Zeitungen ›Herr Trotzki‹ mitarbeiten wolle. ›Das interessiert uns ungeheuer‹, erklärte dieser Mann. ›Nun ja‹, antwortete ihm Leo Dawidowitsch höflich, ›an jenen, an denen es mir belieben wird, mitzuarbeiten ...‹ Nicht sehr entgegenkommend, das neue Regime.«

»An der russisch-finnischen Grenze, zwischen Schnee und Wäldern ein mit roten Transparenten geschmückter Bahnhof, eine kleine, frohgestimmte Menge, Fahnen, überströmende Gefühlsausbrüche, Karachan, Uritzki, Fedorow ... Von diesen drei Männern, die uns mit so viel Hoffnung begrüßten, überlebte kein einziger: Moise Uritzki wurde 1918 von einem konterrevolutionären Studenten ermordet; Fedorow ist 1935 in einem Konzentrationslager verschwunden; Karachan wurde 1937 erschossen. In Petrograd bot uns Serebrowski seine Gastfreundschaft an. Wir hatten ihn während der Revolutionskämpfe kennengelernt, denn er verbarg damals seine bürgerliche Herkunft, obwohl er sich in den Straßenkämpfen auszeichnete. Jetzt war er als qualifizierter Techniker und Direktor der Nobel-Fabrik gut versorgt, er gehörte der gemäßigten Mehrheit der sozialistischen Bewegung an. Seine Frau glaubte zu bemerken, daß der große Herr sie kühl behandle, seit ein ›exaltierter‹ Revolutionär bei ihnen wohnte ... Wir fanden ein Zimmer in der Stadt. Ich muß nicht erwähnen, daß wir ohne einen Groschen Geld angekommen waren.«

»Das Zarenreich war Anfang März 1917 unter dem Schock von spontanen Streiks und von Arbeiterkundgebungen in den Straßen von Petrograd innerhalb weniger Tage zusammengebrochen. Das Geschrei der Frauen, die vor den Bäckereien Brot verlangten, hatte, ohne daß damals jemand eine Ahnung davon hatte, das Ende einer dreihundert Jahre alten Autokratie angekündigt. Die kleinen revolutionären Gruppen waren so überrascht, sie begriffen die Tragweite der Ereignisse so wenig, daß die Bolschewiken genau in dem Augenblick die Wiederaufnahme der Arbeit empfahlen, als die Truppen der Garnison mit den Manifestanten zu fraternisieren begannen. Diese Verbrüderung, deren Initiative auf Hunderte unbekannter Helden zurückzuführen ist, entschied schließlich alles. Die Angehörigen der zaristischen Regierung waren wahrscheinlich die einzigen, die nicht wirklich überrascht waren, wie man später aus den Berichten der hohen Beamten entnehmen konnte, die von Tag zu Tag eine immer verzweifeltere Situation schilderten. Der Widerstand der Polizei und der Kosaken gegen die Massenbewegung hatte dennoch zu Blutvergießen geführt: 1382 Tote waren auf dem Pflaster der Hauptstadt zurückgeblieben.«

»Seit dem 27. Februar waren die Kampfgruppen und die Delegierten der Fabriken und der Bataillone im Taurischen Palais versammelt, in dem Flügel des Gebäudes, in dem die Duma des Zarenreiches residierte, dieses Pseudoparlament ohne Rechte und ohne Macht, ohne Prestige und ohne Popularität, dessen liberale Majorität durch die Ereignisse ihre Orientierung völlig verloren hatte und unzählige geheime Versammlungen abhielt. Freiheitskämpfer, Arbeiter und Soldaten hatten die Tradition von 1905 wiederaufleben lassen und das Exekutivkomitee des Sowjets (Rates) der Arbeiterdeputierten konstituiert. Sofort wurde der Sowjet zur in Wahrheit einzigen Macht, eine Art Parlament der Massen. Die anerkannten Parteiführer waren entweder im Exil oder in Sibirien, einige auch im Gefängnis. Kaum bekannte Sozialisten, meist gemäßigte, die jedenfalls nie daran gedacht hatten, eine entscheidende Rolle zu spielen, waren damit zufrieden, die durch die Liberalen der Duma konstituierte provisorische Regierung anzuerkennen. In Wirklichkeit gab es aber zwei Mächte, die provisorische Regierung, also die offizielle, und den Sowjet, also die effektive Regierung. Erstere bemühte sich, die Bewegung der Massen im Zaum zu halten, die Dynastie zu retten; letztere übte die Kontrolle aus, provozierte, brachte erstere in Verlegenheit, indem sie sie zur sofortigen Demokratisierung der Armee und der Verhaftung des Zaren zwang. Kerenski von den ›Trudowiki‹ war als Vertreter des Sowjets in die Regierung eingetreten und hatte damit den Sowjet vor eine vollendete Tatsache gestellt. Ganz Rußland akzeptierte die neue Regierung begeistert und beinahe ohne Widerstand.«

»Von New York aus zeigte Trotzki sofort in seinen Artikeln in der *Nowij Mir* auf, daß die Bildung der ersten provisorischen Regierung ungeheure Sozialkonflikte heraufbeschwor. Die offizielle Macht gelangte dadurch in die Hände der großen Bourgeois, die daran gewöhnt waren, dem Zaren gegenüber eine äußerst gemäßigte Opposition zu bilden und die in keiner Hinsicht als die Exponenten der russischen Demokratie angesehen werden konnten. Fürst Lwow, eine ziemlich neutrale Persönlichkeit, hatte den Vorsitz im Kabinett; der Leiter der konstitutionellen demokratischen Partei, Miljukow, war Außenminister. Er war ein überragender Geist, ein Historiker, ein Politiker, ein verantwortungsbewußter Großbürger, der sich auf den Klassenkampf sehr gut verstand, ohne sich Illusionen über die anzuwendenden Mittel zu machen, wie sich anschließend herausstellen sollte. Das so ungemein wichtige Kriegsministerium fiel Gutschkow zu, der zur äußersten Rechten der Liberalen gehörte und als einflußreiche Persönlichkeit der reaktionären Regierung nach der Revolution von 1905 bekannt war (...). Man konnte von diesem Kabinett weder die Agrarreform und nicht einmal die Errichtung einer auf dem allgemeinen Wahlrecht aufgebauten Republik erwarten, denn es war vom ersten Tag an klar, daß jegliche konstituierende Versammlung es sofort entmachten würde. Kerenski, ein revolutionär-sozialistischer Anwalt und Mitglied des Sowjets, erklärte sich bereit, als ›Minister der Revolution‹ dem Kabinett beizutreten; mit diesem Kabinettseintritt stellte er den Sowjet vor eine vollendete Tatsache, über die er redegewandt hinwegging. Der Reaktionär Gutschkow erwies sich bald als untragbar. Seine Bemühungen, die Disziplin der erschöpften Armee aufrechtzuerhalten, die sich seinem Kommando widersetzte, beschleunigten nur die völlige Auflösung jeglicher Disziplin. Zumindest im Krieg brauchte man jemanden, der es verstand, der in der Lage war, im Guten oder Bösen, mit den Soldaten in einer anderne Sprache als der der Autokratie zu reden. Kerenski übernahm das Kriegsministerium.«

»Je gefährlicher eine Partei für das alte Regime gewesen war, um so grausamer enthauptet zeigte sie sich zu Beginn der Revolution«, schreibt Trotzki in seiner *Geschichte der Revolution*. Der Führer der Sozialrevolutionären Partei, die sich für die Partei der Bauern hielt, Viktor Tschernow, kehrte aus der Emigration zurück; ebenso der internationalistische Sozialdemokrat Martow. Die Sozialdemokraten (Menschewiki) Tseretelli und Dan kehrten aus der Verbannung zurück und auch die Bolschewiki Kamenjew, Swerdlow, Rykow, Stalin. Dserschinski kam aus einem Arbeitslager. Lenin und Sinowjew kehrten am 3. April 1917 aus der Schweiz zurück, nachdem sie Deutschland gemeinsam mit weiteren zweiunddreißig politischen Flüchtlingen im berühmten ›plombierten Waggon‹ durchquert hatten, der im übrigen keineswegs plombiert war, sondern nur von der deutschen Polizei scharf bewacht wurde. Da die britische Regierung es abgelehnt hatte, den russischen politischen Flüchtlingen in der Schweiz die Rückkehr nach Rußland zu erleichtern, hatte der Schweizer Sozialist Fritz Platten mit der deutschen Botschaft in Bern verhandelt und die Durchreiseerlaubnis in einem zu exterritorialem Gebiet erklärten Waggon erreicht. Zehn europäische Sozialisten begrüßten diese Abmachung in einer öffentlichen Erklärung (Paul Lévi, Deutschland; Henri Guilbeaux und Fernand Loriot, Frankreich; Bronski, Polen; F. Platten, Schweiz; Lindhausen, Bürgermeister von Stockholm, Stroem, Türe Nerman, Chilboom, Hansen, Schweden und Norwegen). In seinem Abschiedsbrief an die Schweizer Genossen schrieb Lenin: »Die große Ehre, die Revolutionen zu beginnen, die sich notwendigerweise aus dem Krieg ergeben (...), fällt Rußland zu (...), dessen Proletariat weniger organisiert, weniger bewußt, weniger bereit ist als jenes der anderen Länder (...). Rußland ist eines der zurückgebliebensten Länder Europas (...), aber die bürgerliche Revolution kann dort einen ungeheuren Umfang erreichen, der Prolog zur sozialistischen Weltrevolution werden: ein bescheidener Ansatz zu letzterer (...).«

Europa befand sich im dritten Jahr des Ersten Weltkriegs. Clemenceau trieb Frankreich zu äußersten Kriegsanstrengungen an, die Deutschen bedrohten und bombardierten Paris. Deutschland erklärte England den uneingeschränkten U-Boot-Krieg. Man kämpfte in Mesopotamien, in Palästina, in Mazedonien, in der afrikanischen Wüste. Die Österreicher und Deutschen drückten die italienische Front bei Caporetto ein. Am 6. April 1917 traten die Vereinigten Staaten in den Krieg ein. Über zwei Jahre lang hatte das Zarenreich weder seine Menschen noch seine Reserven geschont, so daß das Land erschöpft war und der Krieg bei den Arbeitermassen der Städte und bei den Massen der Bauern, aus denen sich der Großteil der Armee rekrutierte, denkbar unpopulär war. In Galizien, in der Bukowina waren die russischen Offensiven wegen Munitionsmangels zum Stehen gebracht worden. Die Sanitätseinheiten der russischen Armee waren zweifellos die desorganisiertesten der Welt... Die Garnison von Petrograd, hundertfünfzigtausend Bauern in Uniform, hatte der Revolution zum Sieg verholfen, weil sie, ohne über den Krieg selbst ein klares und begründetes Urteil zu fällen, das alte Regime dafür verantwortlich machte.

Drei politische Mächte standen einander in Rußland gegenüber: die provisorische Regierung, die aus den Repräsentanten der liberalen Bourgeoisie bestand, die mit der Dynastie verbunden waren und in Wirklichkeit nur eine winzige Minderheit der Bevölkerung vertraten, aber die großen Vermögen besaßen, die Spitzenpositionen des Zarenreichs innehatten und ihre alteingesessenen Interessen verfolgten. Der Volkssowjet, der aus Sozialisten bestand, die zu einem Kompromiß mit der Bourgeoisie bereit waren, weil sie die mit der Macht verbundene Verantwortung fürchteten; sie waren menschewistische Sozialrevolutionäre und Sozialdemokraten und wurden gemeinsam die »Versöhnler« genannt. Und schließlich die Volksmassen, die von der Revolution keine Kabinettsumbildung, sondern das Ende des Krieges, das Ende des halbfeudalen Regimes der Großgrundbesitzer, das Ende der Skandale, das Entstehen einer gerechteren Gesellschaft, mit einem Wort die Demokratie erwarteten.

Kriegsminister Kerenski startete am 18. April 1917 in Galizien eine Offensive, die nur zum sinnlosen Opfertod einiger tausend junger Menschen führte und sich rasch in eine Niederlage verwandelte. Vierhunderttausend Arbeiter und Soldaten marschierten auf die Straßen mit der Parole: »Alle Macht den Sowjets!« — »Schluß mit dem Vertrauen zu den Kapitalisten!« Es war eine echte Sturzflut, größtenteils spontan, denn die bolschewistischen Sozialdemokraten waren noch eine relativ kleine Minderheit. Lenin war am 3. April 1917 eingetroffen, es war nicht so, daß sich die Hunderttausende Manifestanten mit ihm einverstanden erklärten, sondern er fühlte sich mit ihnen einig. Ein — allerdings später — an die Soldaten gerichteter bolschewistischer Aufruf lautete wie folgt: »Fordert die gesamte Macht für die Arbeiter- und Soldatenräte! Sofortige Friedensangebote ohne Annexionen oder Kontributionen an alle Völker und alle Regierungen! ... Keine Aufstände, eine bewußte revolutionäre Aktion ... Solange die jetzige Regierung von der Mehrheit des Volkes unterstützt wird, unterwerft euch ihr ... Zersplittert eure Kräfte nicht in Aufständen ...« Die provisorische Regierung befand sich in einem ständigen Krisenzustand. Die Unbeliebtheit der bürgerlich-sozialistischen Koalition beim Volk nahm zu.

Petrograd ist eine große Stadt, die modernste aller russischen Städte, weil sie im 18. Jahrhundert mit breiten, schnurgeraden, von Kanälen unterbrochenen Straßen erbaut wurde; im Zentrum befinden sich zahlreiche Paläste mit herrlicher Barockarchitektur oder im Empirestil. Die Newa mit ihren Kais aus rosa Granit teilte die Stadt in zwei Teile ... Die Arbeitervorstädte hatten nichts von der kaiserlichen Größe; sie waren düster, die Straßen armselig, mit kleinen, bäuerlichen Holzhäusern; aber von dort kam die ganze revolutionäre Kraft, alle Ideen, der ganze Opfermut einer Epoche voll täglicher Sorgen und grenzenloser Hoffnungen. Die Stadt der Beamten, der Militärs, der Großbourgeoisie, des Hofes, der Eleganz und der Affären wurde von den grauen Mänteln der Soldaten, den Mützen der Matrosen, der Menge der Arbeiter, den Meetings und den Kundgebungen überflutet. Nach der vom Despotismus erzwungenen geistigen Lethargie hatten alle den brennenden Wunsch zu denken, zu diskutieren, über ihr zukünftiges Schicksal selbst zu entscheiden. Diese »alle« waren natürlich die Angehörigen der Arbeiterklasse und die revolutionären Freiheitskämpfer.

»Wir lebten genauso bescheiden wie in Paris oder in der New Yorker Bronx. Jeder Tag brachte wichtige oder sensationelle Neuigkeiten und kleine Verpflegungsprobleme (...). Trotzki war wahrscheinlich der beliebteste Redner von ganz Petrograd, der jeden Augenblick von Delegationen der Angehörigen der Flotte, der Regimenter, der Fabriken, der Gewerkschaften dringend angefordert wurde; manchmal sprach er mehrmals an einem Tag, er bemühte sich aber, seine Stimme zu schonen und ausreichend zu schlafen, was nicht oft möglich war. Er hatte im Zirkus Modern seine eigene Tribüne, die — jedoch mit einer größeren Zuhörerschaft — mit der eines Jakobinerklubs während der Französischen Revolution verglichen werden könnte. Dort sprach er im großen Saal zu den Menschen von der Straße, und er fand an ihnen begeisterte, aufnahmebereite Zuhörer, die mit leuchtenden Augen jeder seiner Gesten folgten.«

Bereits am Tag nach seiner Ankunft in Petrograd sprach er im Sowjet und formulierte seine drei »Gebote«:

1. Mißtrauen gegenüber der Bourgeoisie.
2. Kontrolle unserer eigenen Führung.
3. Vertrauen zu unseren eigenen revolutionären Kräften.

Er verweigerte der provisorischen Regierung »kategorisch« das Vertrauen. Zwanzig Tage später brach der Konflikt zwischen dem Sowjet der Matrosen von Kronstadt und der provisorischen Regierung aus; der Sowjet verweigerte den Befehlen der Regierung den Gehorsam. Trotzki empfahl Mäßigung, während die Minister strafrechtliche Verfolgung ankündigten. Er sagte, daß man an die Organisation der lokalen Behörden denken müsse, an die Eliminierung der ultrareaktionären Kommissare, die eines Tages zu den Henkern der Revolution werden könnten ... Anderseits überredete er die Matrosen dazu, einer gütlichen Beilegung des Konfliktes zuzustimmen; er verfaßte ihr Treuemanifest an das russische Volk. Dieses Dokument kündigte an, daß bald die Macht an die Sowjets übergehen würde (31. Mai 1917). Es unterstrich die Unvereinbarkeit der Ziele der provisorischen Regierung und der des Sowjets. »Die zweifache Machtlosigkeit der provisorischen Regierung und des Sowjets führt zu einer Krise unvorstellbaren Ausmaßes« (2. Juni 1917). Er verfaßte ein »Friedensprogramm«, das an die internationale sozialistische Konferenz von Stockholm gerichtet war und das man so zusammenfassen kann: In Streitfällen, wie bei Elsaß-Lothringen, ehrliche Volksabstimmungen; das Recht der Nationalitäten, selbst über ihre Staatsangehörigkeit zu entscheiden; Vereinigte Staaten von Europa ohne Monarchien, ohne ständige Heere und ohne Geheimdiplomatie: »Die Vereinigten Staaten von Europa stellen die einzige vorstellbare Form der Diktatur des europäischen Proletariats dar.« Beim Ersten Allrussischen Kongreß der Sowjets sprach er trotz feindseliger Zwischenrufe weiter und sagte: »Nicht garantiert uns, daß wir nicht zerschmettert werden, daß unsere Revolution nicht durch die Verschwörung des Weltkapitals erstickt wird und daß wir nicht an das Kreuz des Weltimperialismus geschlagen werden ...« Er erblickte die Rettung nur in der europäischen Revolution, zunächst der deutschen. »Und wenn Deutschland sich nicht erhebt oder sich als zu schwach dazu erweist, werden wir unsere Truppen (die durch die revolutionäre Disziplin geeint sind) in Marsch setzen, nicht zur nationalen Verteidigung, sondern zur revolutionären Offensive ...« (9. Juni).

Diese Stellungnahmen brachten Trotzki in Opposition zu den großen politischen Führern der Stunde, zur Mehrheit der Sowjets. Er polemisierte vor allem gegen den Innenminister Tseretelli und gegen Fjodor Dan, zwei menschewistische Sozialdemokraten, begeisterte Anhänger des Koalitionskabinetts und der Kriegspolitik, die vor allem damit beschäftigt waren, die Revolution zu stabilisieren und sie in das Fahrwasser eines parlamentarischen Regimes zu lenken. Trotzki hielt ihre Politik für völlig utopisch; seiner Meinung nach bedeutete sie den Verzicht auf die Volksrevolution und konnte deshalb nur zum unvermeidlich blutigen Triumph der Konterrevolution führen.

II. Der Juli 1917

»Beim Gegner stieg der Haß gegen ihn immer mehr an: Eine Freundin stellte sich beim Einkaufen in der Warteschlange der Frauen vor einer Bäckerei an und hörte beleidigende oder drohende Bemerkungen, von denen sie mir erzählte. In dem Haus, in dem wir wohnten, nahmen die Bewohner uns gegenüber eine feindliche Haltung ein. In dieser Zeit war eine neue Freundschaft für uns von großem Wert, und zwar die mit dem Matrosen Markin, den unsere Söhne Leo, damals zwölf, und Sergej, damals zehn, im Smolny kennengelernt hatten. Sie waren bereits sehr reif für ihr Alter, sie verfolgten das politische Leben mit leidenschaftlichem Interesse; Leo und Sergej waren stolz auf ihren Vater. Markin, ein großer Bursche mit hoher Stirn, eher schweigsam, mit ernstem Blick, der aber herzlich lachen konnte, mochte die beiden Kinder sofort. Er fand in ihnen so zuverlässige Vertraute, daß er ihnen sein durch den Verrat einer Frau zerstörtes Leben erzählte ... Als Markin erfuhr, daß wir in unserem Haus feindselig behandelt wurden, griff er sehr diskret, aber zweifellos auch sehr energisch ein; und da den revolutionären Matrosen großer Respekt entgegengebracht wurde, änderte sich alles von einem Tag auf den anderen; freundliche Grüße anstatt eisiger Mienen ... Markin wurde später ein wertvoller Mitarbeiter und ein tapferer Waffengefährte Trotzkis.«

Eine wirklich spontane Revolution bricht am 2., 4. und 5. Juli 1917 aus. Nicht die revolutionäre Partei, die dagegen ist, ergreift die Initiative, sondern die Revolutionskomitees der Bataillone, der Regimenter, der Fabriken, die von den Massen mehr aufgewiegelt und mitgerissen werden, als daß sie sie leiten. Zu Beginn der Bewegung spielten Anarchisten eine gewisse Rolle. Massive, schwer bewaffnete Kolonnen von Garnisonstruppen und von Fabrikarbeitern, die in geschlossenen Belegschaften marschierten, folgten vor Maschinengewehren starrenden Lastwagen; sie drangen in das Zentrum der Hauptstadt ein, marschierten zum Taurischen Palais, dem Sitz des Sowjets, manchmal in geordnetem Zug, mit einer Kapelle an der Spitze, manchmal mit der Waffe in der Hand, fest entschlossen ... »Nieder mit den kapitalistischen Ministern! Alle Macht dem Sowjet!« Die Matrosen von Kronstadt gingen in geschlossenen Formationen an Land. Nur drei Regimenter verhielten sich gegenüber der provisorischen Regierung neutral; Kosaken und Kadetten der Militärakademien griffen manchmal die Manifestanten an, wenn ihnen diese an Bewaffnung unterlegen waren. Die blutigen Scharmützel hemmten aber die Sturzflut von Menschen nicht, sondern machten sie im Gegenteil noch gefährlicher. Das von der Volksinitiative überraschte bolschewistische Zentralkomitee forderte zunächst die Teilnehmer der Kundgebung auf, friedlich auseinanderzugehen; dann verbündete es sich mit ihnen und versuchte, beruhigend auf sie einzuwirken. Vom Balkon eines kleinen Hotels am rechten Newaufer aus, das einer Tänzerin gehört hatte, sprachen Swerdlow und Lenin in diesem Sinn zu der entschlossenen Menge, über deren Köpfe Bajonettspitzen emporragten.

Im Sowjet und in der Umgebung des Taurischen Palais setzten sich Sinowjew und Trotzki ebenfalls für eine friedliche Lösung ein, und es gelang ihnen, die Erregung der Massen zu zügeln, die die provisorische Regierung und das Exekutivkomitee des Sowjets hinwegfegen wollten. Trotzki beobachtete zunächst vom Gehsteig aus das unerhörte Schauspiel der heranbrandenden Menschenflut, dem eine unwiderstehliche Macht innezuwohnen schien. Soldaten, Matrosen, Arbeiter rückten unter roten Fahnen in Zwanzigerreihen vor, füllten die Straße zur Gänze aus, diszipliniert, mit einer ungeheuren Ruhe. Ein Menschewik, der neben Trotzki stand, fragte ihn: »Nun? Was sagen Sie dazu?« mit bitterem, vorwurfsvollem Ton. »Ich sage, daß wir abwarten müssen!« erwiderte ihm Trotzki, der seine Begeisterung beherrschte, aber besorgt war, weil er wie Lenin der Meinung war, daß die Stunde der Machtübernahme noch nicht gekommen sei und daß im nächsten Augenblick das Blut in Strömen fließen konnte. In Petrograd war die Schlacht anscheinend von vornherein gewonnen. Aber wie würde sich das übrige Rußland verhalten? Wie würde die an den Fronten konzentrierte Armee reagieren? Man mußte Zeit gewinnen, die Manifestanten unaufhörlich auffordern, wieder nach Hause zu gehen. Trotzki stand auf der Schwelle des Taurischen Palais, als eine Gruppe verdächtiger Individuen den Ackerbauminister Viktor Tschernow verhaftete, den großen Mann der Sozialrevolutionären Partei — damals einer der Befürworter der Zusammenarbeit mit der Bourgeoisie. Ein jüngerer bolschewistischer Marineoffizier, Raskolnikow, bemühte sich, Tschernow zu befreien. Trotzki sprang auf den Kühler des Autos, in dem der Minister gefangengehalten wurde. Er wurde erkannt, und mittels eines Hupsignals wurde die Ruhe geschaffen, die er verlangte. Er rief: »Wer für eine Gewaltanwendung gegen den Bürger Tschernow ist, erhebe die Hand!« Keine einzige Hand ging in die Höhe. »Bürger Tschernow, Sie sind frei«, sagte Trotzki.

Dreißigtausend Arbeiter der Putilow-Werke kampierten im Regen um das Taurische Palais. Die bewaffneten Manifestanten betraten es ungehindert. Es heißt, daß ein Arbeiter im blauen Hemd, ohne Gürtel, der ein Gewehr in der Hand hielt, Tschernow mit folgenden Worten anfuhr: »So ergreifen Sie doch die Macht, Sie Hundesohn, wenn man Sie Ihnen gibt!« Der Regen, die Müdigkeit, die Ermahnungen der Revolutionäre trugen dazu bei, daß sich die bewaffnete Kundgebung am 5. Juli auflöste. Sofort ergriffen die provisorische Regierung und die reaktionären Elemente wieder die Initiative. Es gab Ansätze zu Pogromen unter Rufen von »Die Juden und die Bolschewiken ins Wasser!« Die Druckerei der *Prawda* wurde geplündert. Ein Minister machte den Offizieren der regierungstreuen Regimenter eine absolut sensationelle Eröffnung: Lenin und seine Komplizen wären deutsche Agenten, man hätte soeben den unwiderlegbaren Beweis dafür erhalten.

III. Die Zeit der Verleumdung. Trotzki im Kresty-Gefängnis

Eine Tradition, die genauso alt ist wie die Dummheit und die politische Unehrlichkeit, besagt, daß Revolutionäre, die sich während eines Krieges gegen die Regierung wenden, »dem Gegner in die Hand spielen«. Es ist aber klar, daß eine unfähige oder korrupte Regierung viel mehr dem Gegner in die Hand spielt. Von da bis zur Anklage gegen die Opposition, sich an das Ausland verkauft zu haben, ist es nur mehr ein Schritt, der dank der Kriegspsychose und der Fabrikation von gefälschten Dokumenten durch die Geheimdienste leicht zu bewerkstelligen ist. Über die Beschaffenheit der Gegenspionage des Zarenreichs, die die provisorische Regierung übernommen hatte, könnte man die finstersten Romane erfinden, ohne damit auch nur annähernd an die Wahrheit heranzukommen. Diplomaten und Minister besaßen keine anderen Informationen als jene, die ihnen Büros lieferten, die mit Doppelagenten, reaktionären Schurken und geldgierigen Abenteurern besetzt waren. Ein wahrer Sturm an Verleumdungen erhob sich gegen die Bolschewiki, vor allem gegen Lenin, »der in einem plombierten Waggon aus Deutschland gekommen war«. Die Verleumdung hatte zunächst Erfolg. Einige tausend Sozialisten kannten seit fünfundzwanzig Jahren Lenins Rechtschaffenheit wie auch im allgemeinen die absolute Unvereinbarkeit der revolutionären Haltung mit der Tätigkeit der Geheimdienste der Generalstäbe. Aber diese Sozialisten gingen in den Massen unter, in denen die Mehrheit aus Menschen bestand, die überhaupt nichts vom Wesen der Parteien im Untergrund wußten. Außerdem klagte sie die provisorische Regierung an; im Hintergrund erhoben die reaktionären Kräfte um so eifriger Anschuldigungen, als sie die liberalen Minister, die gemäßigten Sozialisten und den »Jupin Kerenski« (wörtlich) selbst mehrfach an das Ausland verkauft hielten ... Die sozialistischen Versöhnler aller Richtungen erklärten, daß sie »der Anklage nicht glaubten«, und versuchten sogar, allerdings ohne besonderen Eifer, ihre revolutionären Gegner ein wenig gegen die Flut von Schmutz zu verteidigen.

Lenin und Sinowjew flüchteten nach Finnland, wo sie kurze Zeit in einer Hütte am Ufer eines Sees lebten. Lenin hatte am Abend des 5. Juli Trotzki gefragt: »Werden sie uns nicht einen nach dem anderen erschießen?« — »Vielleicht nicht«, erwiderte Trotzki.

Die liberalen Staatsmänner hielten blind die Behauptung aufrecht, daß »das deutsche Gold eine bedeutende Rolle in der russischen Revolution gespielt hatte« (Miljukow, Nabokow). Diese Führer der reichen Parteien kannten die Macht der armen Parteien nicht und konnten sie sich zweifellos nicht einmal vorstellen. Die verrückten Anschuldigungen breiteten sich derart aus, daß der Minister Viktor Tschernow abdankte, weil einer der früheren Kommandanten der zaristischen Polizei ihn als »deutschen Spion« bezeichnet hatte. Laut beschuldigte man

Tschernow nur des Defätismus, weil er im September 1915 an der internationalen sozialistischen Konferenz in Zimmerwald teilgenommen hatte. Am 20. Juli verteidigte Trotzki seinen alten sozialrevolutionären Gegner von der Tribüne des vereinigten Sowjets der Arbeiter, der Soldaten und der Bauern aus: »Jeder glaubt, daß er an Lenin hinterrücks Rufmord begehen kann (...). Wer Lenin als deutschen Agenten bezeichnet, ist ein Schuft! Der ehrliche Name Lenin ist uns genauso teuer wie Ihnen der Tschernows (...). Auch Tschernow wird von uns verteidigt.« Tschernow, erklärte er am nächsten Tag, wird verfolgt, weil er versucht hat, ein Agrargesetz durchzubringen, das die bürgerlichen Minister aufgeschoben hatten ... Tschernow hielt seine Demission nur einige Tage aufrecht. Was die Bolschewiki betrifft, so stellt der Historiker Suchanow fest, daß »die absurde Anklage sich nach kurzer Zeit wie Rauch auflöste«. Der Leser, der sich über diese Episoden der Geschichte genauer informieren möchte, kann sie in zwei Büchern Trotzkis nachlesen: *Die Geschichte der russischen Revolution* und *Mein Leben*. Die Debatte darüber dürfte sich durch folgenden Satz, der sich in den *Memoiren* des Generals Ludendorff findet, erledigen: »Ich konnte nicht annehmen, daß (die russische Revolution) das Grab unserer Macht werden würde ...«

»Trotzki war von den Verleumdungen der Regierung nicht betroffen, erklärte sich aber in einem offenen Brief an die provisorische Regierung mit Lenin solidarisch; er veröffentlichte diesen Brief in der Zeitung Maxim Gorkis. ›Sie können‹, schrieb er, ›keinen Grund haben, mich von der Wirkung des Dekrets auszunehmen, kraft dessen Lenin, Sinowjew und Kamenjew der Verhaftung unterliegen (...). Sie können keinen Grund haben, daran zu zweifeln, daß ich ein ebenso unversöhnlicher Gegner der gesamten Politik der provisorischen Regierung bin wie die genannten Genossen (...).‹ Während sich in der Nacht vom 24. Juli 1917 ein Kabinett Kerenski bildete, kam Trotzki spät, gegen zwei Uhr früh, von Versammlungen nach Hause. Er ging zu Bett und schlief sofort tief. Ich hatte einen leichten Schlaf, als ob ich noch im Schlaf die Gefahr spürte. Ich hörte den Lärm von Stiefeln im Hof des Gebäudes. Ich war sofort hellwach, zog die Vorhänge zurück und sah den Hof voller Soldaten. Die weiße Nacht wirkte wie eine sanfte Morgendämmerung. Ich weckte Trotzki. ›Sie sind da!‹ sagte ich. Er zog sich an. Ich verständigte Larin, bei dem wir wohnten. Er beeilte sich nicht mit dem Öffnen. Der Offizier, der eintrat, fragte zuerst nach Lunatscharski; aber trotz unserer telefonischen Interventionen nahm die Truppe Trotzki mit.«

»Man sperrte ihn, wie 1905, ins Gefängnis Kresty. Raskolnikow, Kamenjew und Lunatscharski befanden sich ebenfalls dort (...). Ich versuchte, eine Besuchserlaubnis zu erhalten, aber der Untersuchungsrichter, ein gewisser Alexandrow, ließ sich verleugnen, um mich nicht empfangen zu müssen. Ich steckte einem Gerichtsdiener einen Rubel zu, damit er ihn mir zeige. Er war recht freundlich, als ich ihn dann ansprach, aber ich lehnte es ab, ihm die Hand zu geben (...). Ich durfte Trotzki nur durch ein Gitter sprechen. ›Du hast recht getan‹, sagte er mir, ›man gibt diesen Leuten nicht die Hand ...‹ Die gegen ihn vorgebrachten Anklagen waren eher dumm als schändlich. Man gab vor, ihn über seine Reise durch Deutschland mit Lenin zu verhören; man verwechselte ihn mit dem menschewistischen Führer Martow, der ebenfalls im exterritorialen Waggon nach Rußland zurückgekehrt war. Hatte er nicht aus New York zehntausend Dollar deutschen Ursprungs mitgebracht? In Wirklichkeit hatten ihm die russischen, lettischen, litauischen, finnischen und deutschen Sozialisten New Yorks das Ergebnis einer Sammlung übergeben, das sich auf dreihundert Dollar belief, mit denen die Kosten der Überfahrt für fünf Exilpolitiker bestritten wurden (...). Das Hauptdokument der Anklage war die Aussage des Unteroffiziers Jermolenko von der Gegenspionage, obendrein eines Doppelagenten, der von der deutschen Gegenspionage bezahlt worden war, um Beziehungen zu den ukrainischen Nationalisten aufzunehmen, und der von deutschen Offizieren gehört hatte, daß ›Lenin im gleichen Sinn arbeite ...‹ Trotzki warf dem Untersuchungsrichter die Papiere ins Gesicht und erklärte, daß er es von nun an für unter seiner Würde hielte, auf derartige Vorwürfe zu antworten.«

»Der Botschafter Großbritanniens hatte einige Monate zuvor versucht, die Gefangenhaltung der russischen Exilpolitiker in Kanada mit einer vagen Anklage wegen Deutschfreundlichkeit zu rechtfertigen; er hütete sich aber wohlweislich, sie aufrechtzuerhalten.«

»Unsere Kinder lebten anschließend in Finnland, in der Nähe der Grenze, in Terioki. Von Zeit zu Zeit besuchte ich sie; sie waren ausgeglichen, braungebrannt, begeistert vom Schwimmen, vom Fischen. Eines Tages fand ich sie zusammengekauert in einer Ecke, zwischen düsterer Wut und einer Art Verzweiflung schwankend.

Am Mittagstisch der Pension hatte jemand behauptet, daß Lenin und Trotzki deutsche Spione seien. Die beiden Buben hatten sich auf die Verleumder gestürzt, der eine mit einem Messer, der andere mit einem Stuhl ... Und während sie auf mich warteten, hatten sie den ganzen Tag nichts gegessen. Ich brachte sie nach Petrograd zurück.«

»Trotzki traf in den Höfen des Gefängnisses vor allem junge Arbeiter, Soldaten und Matrosen, die alle verbittert oder empört waren. Sie hatten an die Freiheit geglaubt, sie hatten an die mit Jubel begrüßte Revolution geglaubt, sie konnten sich nicht vorstellen, daß das alles sich durch ein politisches Zauberkunststück in Luft auflösen sollte. Die Kosaken begannen wieder, in den Straßen anzugreifen; die Beamten des alten Regimes leiteten die Prozesse ein; das zaristische Gesindel war wieder losgelassen; die Preise stiegen, das Papiergeld verwandelte die Löhne in eine Mystifikation, es gab weit und breit keine Aussicht auf Besserung! Leo Dawidowitsch diskutierte mit diesen Gefangenen und erklärte ihnen, daß die wahre Revolution erst stattfinden werde, wenn die ausgebeuteten Klassen die Macht im Staate übernähmen. Er nahm an, daß die empörte Reaktion der Gefangenen mit der Stimmung in den Vorstädten identisch war und daß die Regierungskoalition zwischen den Versöhnlern, die eine ›revolutionäre Demokratie‹ errichten wollten, und der liberalen Bourgeoisie, die mit den Reaktionären eng verbunden war, nicht von Dauer sein konnte. Er war sehr gut informiert.«

»Beim Untersuchungsrichter war er der einzige, der eine harte, kämpferische Haltung einnahm und den Beamten beschuldigte, der Komplize von Fälschern und Verleumdern zu sein.«

»Ich traf ihn immer bei guter Laune an. Leo und Sergej brachten ihm Lebensmittel. Da die Straßenbahnen immer überfüllt waren, fuhren sie auf den Puffern mit.«

IV. Der Gewaltstreich des General Kornilow

Die Gefahr wuchs. Das Scheitern der bewaffneten Demonstrationen im Juli hatte die Rechte gestärkt. Die durch die Angst mobilisierte begüterte Klasse hielt den Bolschewismus für vernichtet. Die »revolutionäre Demokratie«, das heißt die Sozialrevolutionäre Partei und die Sozialdemokratische Partei Menschewiki waren eindeutig geschwächt und fühlten, daß sie an Popularität verloren. Im neuen Kabinett Kerenski hatten die sozialistischen Minister die Mehrheit, darunter befand sich vor allem im Ackerbauministerium der Sozialrevolutionär Tschernow, den die Presse beschuldigte, auf dem Land die Bauern zur Besetzung der Güter aufzuwiegeln. In Wirklichkeit besaßen die sozialistischen Minister weniger Macht als zu der Zeit, als sie in der Minderheit gewesen waren. Kerenski erklärte sich zum »Führer der Nation«, aber die Versöhnler unter den Sowjets unterstützten ihn nur als Notlösung; die Partei der liberalen Bourgoisie, die Konstitutionellen Demokraten, mißtraute ihm und setzte von nun an ihre Hoffnung auf die Generäle, die alten Generäle des alten Regimes. All das wirkte nicht so, als ob es längere Zeit Bestand haben würde. Der liberale Staatsmann Miljukow war einer Meinung mit Lenin und Trotzki: Man brauchte eine reale Macht, eine starke Macht — aber welche? Hier begannen die Meinungsverschiedenheiten. Miljukow berichtet in seiner *Geschichte der Revolution*, die eindeutig aus dem Gesichtswinkel der Bourgeoisie geschrieben ist, daß für den Monat August 1917 Geheimversammlungen und Intrigen kennzeichnend waren, die auf die Errichtung einer Diktatur zielten. Kerenski strebte sie in seiner Eigenschaft als Schiedsrichter zwischen den einzelnen Klassen an. Die Generäle, offen von den Industriellen, den Finanziers, den Großgrundbesitzern unterstützt, die durch Reden, durch ihre Presseorgane und durch die Stimmen ihrer autorisierten Wortführer an die Öffentlichkeit traten, schlugen als den kommenden Diktator den General Kornilow vor, »den Helden und Führer des russischen Volkes«.

Kerenski berief in Moskau, weit entfernt, wie er glaubte, von der revolutionären Stimmung der Hauptstadt, eine Staatskonferenz ein, in der alle »sozialen Kräfte« vertreten waren, in der aber kaum die Hälfte der Versammlungsteilnehmer der sowjetischen Demokratie angehörte und in der bereits die Bourgoisie und die Armeebefehlshaber das Übergewicht hatten. Kerenski hütete sich wohlweislich, dort von der Republik zu sprechen; er ergriff das Wort in seiner Eigenschaft als Ministerpräsident des »Russischen Staates«. General Kornilow erschien mit einer Eskorte von Tekiner Kosaken in roten Kaftans, die während seines Einzugs mit gezogenem Säbel Spalier standen. Er benützte die nationale Gefahr als Argument, indem er Besorgnis wegen einer möglichen Einnahme Rigas durch die Deutschen erweckte, und forderte eine starke Regierung. Die Rechte bereitete ihm Ovationen. Aber die demokratische Konferenz war in Moskau von einem so lückenlos durchgeführten eintägigen Generalstreik begrüßt worden, daß die Würdenträger weder eine Straßenbahn benützen noch sich ein Getränk servieren lassen konnten. Und ein aus zwei Menschewiki, zwei Sozialrevolutionären, zwei Bolschewiki bestehendes Geheimkomitee überwachte sie und war bereit, das Proletariat und die Garnison bei jedem Versuch eines Staatsstreiches zu alarmieren. Bezeichnende Zwischenfälle heizten die Spannung zwischen der Rechten und der Linken an. Als sich zum Beispiel ein junger Kosakenoffizier im Namen der Soldaten von einer aggressiven Erklärung des Hetmans* Kaledin distanzierte, stand die gesamte (aus sozialistischen Versöhnlern bestehende) Linke auf und rief »Ehre dem revolutionären Kosakentum!«

Die Rechte protestierte heftig gegen diese Ermutigung zur Disziplinlosigkeit. Ein Offizier rief: »Die deutschen Mark!« Diese dumme Bemerkung entfesselte einen Tumult, diesmal erhob sich die gesamte Linke gegen diese Beleidigung. Der Bürgerkrieg lag in der Luft.

Miljukow, der eine vertrauliche Unterredung mit Kornilow hatte, um das Abkommen der liberalen Partei mit den Generälen vorzuschlagen oder zu besiegeln, zeichnet folgendes Bild von ihm: »Nicht sehr groß, aber kräftig, ein Kalmückengesicht, kleine schwarze Augen, stechender, durchdringender Blick, in dem manchmal ein boshaftes Funkeln liegt ...« Der Kandidat der Reaktion für die Diktatur war nur ein Held der Niederlage. Er hatte seine Division auf ziemlich ungeschickte Weise an der Front verloren; dann war er aus der österreichischen Kriegsgefangenschaft geflüchtet. Sein physischer Mut war unbestritten, er gab sich unerschütterlich hart, aber seine Kollegen, die Generäle Alexejew, Brussilow, Denikin, Russki, hielten ihn für hoffnungslos borniert. Wenig Intelligenz, persönlicher Mut, Härte bis zur Grausamkeit, zweifellos ohne jeden Skrupel, das war in den Augen der Reaktion der ideale Diktator. Die Wiedereinführung der Todesstrafe an der Front und im Hinterland war der wichtigste Punkt seines Programms. Mit anderen Worten, er verhehlte nicht seine Absicht, das Land durch Erschießungskommandos zu retten. Kerenski hatte ihn zum Oberkommandierenden der russischen Armeen ernannt.

Am 21. August nehmen die Deutschen die revolutionäre Stadt Riga ein, die vom Generalstab jämmerlich schlecht verteidigt wurde. Alle offiziellen Zeugen berichten, daß die zum Bolsche-

* Oberster Heerführer der Kosaken.

wismus übergegangenen lettischen Schützen tapfer kämpften, um ihre Hauptstadt zu retten, und anschließend einen mustergültigen geordneten Rückzug antraten. Die Presse machte jedoch »die Arbeiter, die nicht arbeiten, und die Soldaten, die nicht kämpfen« für diese Niederlage verantwortlich. Diese Legende wurde von den großen Zeitungen in ganz Europa aufgeriffen. Am 26./27. August ließ Kornilow die »wilde Division« der unter dem Kommando von General Krymow stehenden kaukasischen Reiter nicht gegen die Deutschen, sondern gegen Petrograd marschieren. Die versöhnlerischen Sozialisten, die in den Sowjets die Mehrheit hatten, begriffen sofort, daß die Versöhnung vorbei war, daß Kornilow Diktatur und Terror gegen die Arbeiterklasse bedeutete. Der menschewistische Minister Tseretelli, der noch am Tag zuvor damit beschäftigt war, die Matrosen von Kronstadt zu entwaffnen, richtete an sie einen Aufruf, zu den Waffen zu greifen.

Im Kresty-Gefängnis war keine Rede mehr von Anklagen aufgrund von gefälschten Unterlagen. Die Atmosphäre in Petrograd hatte sich so verändert, daß Matrosendelegationen zu Trotzki kamen, um ihn um Rat zu bitten; sie boten ihm an, sofort die Tore des Gefängnisses zu öffnen und sogar die Provisorische Regierung zu verhaften. »Nein«, antwortete er ihnen, »nehmen wir in diesem kritischen Augenblick nicht die Verantwortung für eine Meuterei auf uns ... Das Unsrige wird uns nicht entgehen.« Es kamen Stunden, in denen man die überraschende Einnahme Petrograds durch die »wilde Division« und natürlich das sofortige Massaker der politischen Gefangenen befürchten mußte ...

Der Leutnant des Schlachtschiffes Raskolnikow, ein energischer junger Mann mit scharfgeschnittenen Gesichtszügen, der bei den Matrosen von Kronstadt sehr beliebt war, ging mit Trotzki im Hof des Gefängnisses auf und ab. »Welche Feiglinge!« sagte Trotzki von den Mitgliedern der Regierung. »Sie müßten jetzt Kornilow für vogelfrei erklären, damit jeder der Revolution ergebene Soldat in sich das Recht fühlt, mit ihm Schluß zu machen ...«

Die Stadt war vollkommen ruhig. Der frühere Terrorist der Sozialrevolutionären Partei, Sawinkow, erklärte in seiner Eigenschaft als Kriegs- und Marineminister noch am 27. August öffentlich, daß »General Kornilow das absolute Vertrauen der Provisorischen Regierung genieße«. Am gleichen Tag enthob Kerenski Kornilow von seinem Posten als Oberkommandierender. Eigentlich gab es seit einem Tag keine Regierung mehr, da die liberalen (konstitutionell-demokratischen) Minister am Vortag zurückgetreten waren, um Kornilow weder offen unterstützen noch ihn bekämpfen zu müssen ... Das spielte keine Rolle mehr. Der »Diktator-Held« antwortete auf den Erlaß Kerenskis mit einem Manifest, in dem er erklärte, daß »die Provisorische Regierung unter dem Druck der bolschewistischen Sowjetmehrheit im völligen Einverständnis mit den Plänen des deutschen Generalstabs handle«. Er erklärte gleichzeitig die Bolschewiken, die gemäßigten Sozialisten und Kerenski selbst für vogelfrei und klagte sie des Hochverrats an! Der kümmerliche Rest der Provisorischen Regierung tagte, machtlos geworden, im Winterpalais. Der Führer der Liberalen, Miljukow, riet Kerenski zu demissionieren, bewies ihm, daß alle Macht auf seiten Kornilows war, erklärte sich bereit, zu vermitteln. Der Botschafter Großbritanniens, Buchanan, bot ebenfalls seine guten Dienste an. Der Sieg Kornilows schien unmittelbar bevorzustehen.

Inzwischen setzte der Sowjet ein Komitee zur Verteidigung der Revolution ein. In aller Eile bildeten sich in den Arbeitervororten Rote Garden und sie wuchsen fast augenblicklich auf ungefähr vierzigtausend Mann an. Die Putilow-Werke stellten ihnen etwa hundert Kanonen zur Verfügung. Die Eisenbahner ergriffen Maßnahmen, um die Bahnverbindungen der aufrührerischen Armee zu unterbinden. Die Drucker stellten das Erscheinen der linken Zeitungen sicher. Kronstadt erklärte sich bereit, zu kämpfen. Soldaten und Matrosen wußten, daß Kornilow die Exekutionskommandos mitbrachte. In Wyborg erschossen sie höhere Offiziere, die ihnen diese Nachricht unterschlagen hatten. Kerenski richtete eine Botschaft an die Bolschewiki und forderte sie auf, »zur Verteidigung der Revolution einzugreifen«.

Der Führer der »wilden Division« konnte seine Truppen nicht vorrücken lassen, weil die Eisenbahner die Schienen herausgerissen und die Strecke unbenützbar gemacht hatten. Unter den Kosaken Kornilows begannen geheime Zusammenkünfte; sie hörten den vom Sowjet geschickten Rednern zu. Sie pflanzten auf dem Waggon des Generalstabs der »wilden Division« eine rote Fahne mit der Devise »Boden und Freiheit« auf. Die Delegationen der Regimenter von Petrograd strömten den Truppen Kornilows entgegen, nicht in der Absicht, mit ihnen zu kämpfen, sondern um mit ihnen zu diskutieren. Krymow und Kornilow verfügten nur über acht schlecht bewaffnete Schwadronen, die sich so schnell auflösten, daß der die Macht anstrebende Diktator gar keine Schlacht schlagen mußte. Krymow, der von Kerenski nach Petrograd zitiert wurde, hörte sich die Vorwürfe des Ministerpräsidenten der Provisorischen Regierung an und schoß sich eine Kugel durch den Kopf. Es gab keine »wilde Division« mehr, die Roten Garden der Vororte hingegen lösten sich nicht auf. Kornilow wurde einige Tage später verhaftet. Alexejew trat als Oberkommandierender an seine Stelle.

Kornilow wurde rücksichtsvoll behandelt und nur symbolisch in Haft gehalten, aus der er mit Hilfe des Generalhauptquartiers entkam, um dann im Süden Rußlands den Bürgerkrieg anzuzetteln; er fiel schließlich 1918 im Kampf in der Gegend von Jekaterinodar.

»Am 4. September wurde Trotzki gegen eine Kaution von dreitausend Rubel freigelassen. Ich wollte ihn im Gefängnis besuchen und fand ihn dort nicht mehr vor. Er war direkt zur Sitzung des Exekutivkomitees des Sowjets gefahren. Die Aufregung über den Gewaltstreich hatte sich noch nicht gelegt, man fragte sich, wie das Generalhauptquartier der Armee reagieren würde, man sprach über das Einverständnis von Kerenski und Sawinkow mit dem aufsässigen General. Unterdrücker und Unterdrückte des Vortages vereinten sich angesichts der gemeinsamen Gefahr. Einige Tage später gab der Sowjet von Petrograd zum erstenmal den Bolschewiki die Mehrheit. Tseretelli, der seinen Platz an Trotzki abtrat, sagte zu ihm: ›Ich wünsche Ihnen, daß Sie sich wenigstens halb so lange im Sowjet halten können, als wir die Revolution geführt haben.‹«

V. Zwischen zwei Diktaturen. Trotzki wird Vorsitzender des Sowjets von Petrograd

Das jämmerliche Abenteuer des Diktators der Reaktion disqualifizierte die Provisorische Regierung und spaltete sie zugleich tief. In den Augen Miljukows, der am besten die Gefühle der Großbourgeoisie, der Generäle, der Aristokratie, der Arbeitgeberschaft ausdrückte, hatte Kerenski General Kornilow »verraten«, nachdem er ihn zuerst ermutigt hatte; in den Augen der Sozialisten, sogar der Versöhnler, die ihn in Ermangelung einer geeigneteren Persönlichkeit weiterhin unterstützten, war Kerenski zumindest durch den Verdacht, ein Komplize Kornilows zu sein, befleckt. Was seinen Mitarbeiter, den Kriegs- und Marineminister und ehemaligen sozialrevolutionären Terroristen Sawinkow betraf, bewahrheitete sich der Verdacht rasch; Sawinkow wurde gleichzeitig aus der Regierung und aus seiner Partei ausgeschlossen. Miljukow nahm seit damals an, daß das »in zwei unversöhnliche Lager gespaltene Rußland« nur die Wahl zwischen »Kornilow und Lenin« hatte, das heißt zwischen einer energischen Reaktion und einer nicht weniger energischen wahrscheinlich diktatorischen Herrschaft des Proletariats und der Bauern. Natürlich drückte sich der konstitutionell-demokratische Staatsmann nicht öffentlich mit diesen Worten aus; aber er hat sich seither des langen und breiten in seiner *Geschichte der Revolution* darüber ausgelassen. Er hatte eine vertrauliche Unterredung mit Kornilow gehabt, er kannte im vorhinein den Zeitpunkt des Gewaltstreichs. Rjasanow, dem die Drucker Unterlagen lieferten, veröffentlichte einen Artikel Miljukows, den dieser am 29. August an die liberale Tageszeitung *Rjetsch* (Das Wort) geschickt hatte, genau an dem Tag, an dem Kornilow scheiterte; er hatte ihn dann zurückgezogen, so daß die Zeitung mit weißen Flecken erschien. Der Artikel enthielt folgende Zeilen: »Wir fürchten uns nicht zu sagen, daß General Kornilow die gleichen Ziele verfolgte, die wir für die Rettung der Heimat als notwendig erachten.« Die Liberalen, die am Morgen des 29. August »nicht fürchteten zu sagen«, fürchteten allerdings am Abend des 29. August sehr wohl ... Die Industriellen schränkten ihre Produktion ein und sagten eine Hungersnot voraus. In Petrograd erhielten die Einwohner vierhundert Gramm schwarzes Brot pro Tag und in Moskau achthundert Gramm oder etwas mehr in der Woche. In den Zentren der Textilindustrie veranstalteten Arbeiterinnen Kundgebungen mit Transparenten, auf denen einfach zu lesen war: »Wir haben Hunger!«

Der Bolschewismus gewann an Stärke. Die Sozialdemokratische Arbeiterpartei (Bolschewiki) hatte im August, halb noch im Untergrund, ihren Fünften Parteitag abgehalten. In Abwesenheit von Lenin und Sinowjew, die auf der Flucht waren, und von Trotzki, der im Gefängnis war, waren die wichtigsten Referate von Bucharin und Stalin erstattet worden. Der Zusammenschluß mit der sozialdemokratischen Organisation der einzelnen Rayons, zu der Lunatscharski, Joffe, Rjasanow, Uritzki, Karachan, T. Manuilski gehörten, und die viertausend Kämpfer auf die Beine stellte, war verwirklicht worden.

Das neue Zentralkomitee umfaßte Lenin, Sinowjew, Trotzki, Kamenjew, Nogin, Alexandra Kollontay (im Gefängnis), Stalin,

Swerdlow, Rykow, Bucharin, Artem, Joffe, Uritzki, Miljutin, Lomow. Die Partei zählte hundertsechsundsiebzigtausend Mitglieder, Lenin befürwortete einen Kompromiß mit der gemäßigten Sozialdemokratie: »Alle Macht den Sowjets, eine den Sowjets verantwortliche Regierung von Sozialrevolutionären und Menschewiki (...) und nur jetzt (...) könnte eine solche Regierung vollständig friedlich geschaffen werden« (...). Die Sozialrevolutionäre (Tschernow) und die menschewistischen Sozialdemokraten (Tseretelli, Dan) wollten nichts davon hören, wollten nicht ohne die Bourgeoisie gegen die Bourgeoisie regieren. Daraufhin schrieb Lenin, daß die Sowjets durch die Machtübernahme noch — und das wäre wahrscheinlich die letzte Chance — die friedliche Entwicklung der Revolution sicherstellen könnten ... Wenn nicht, trage alles dazu bei, »die Unausweichlichkeit des fürchterlichsten Bürgerkriegs deutlich zu machen ...« (Artikel vom 3. und 26. September 1917).

Im Alexandrinski-Theater wurde vom 14. bis zum 22. September auf Initiative der Versöhnler eine demokratische Konferenz abgehalten. Ihr Ziel war es, ein Vorparlament zu konstituieren, das die Provisorische Regierung stützen, kontrollieren, inspirieren und leiten sollte. Die Konferenz, die aus Repräsentanten aller Organisationen der Volksdemokratie bestand, so daß die »Extremisten« in der Minderheit waren, empfing Kerenski mit »unterschiedlichen Stellungnahmen«, mit heftigen Unterbrechungen und mit dem Beifall seiner Anhänger. Trotzki sprach dort hart, vor einem tobenden Saal, jedoch mit der Unterstützung der Linken. Da Kerenski auf eine Anfrage über die Wiedereinführung der Todesstrafe in der Armee gerufen hatte: »Wartet doch zuerst ab, bis nur ein einziges Urteil von mir unterschrieben sein wird!«, fuhr ihn Trotzki an: »War die Todesstrafe, die Kerenski selbst abgeschafft hat, eine Notwendigkeit, wie wagt er dann sich zu verpflichten, sie nicht anzuwenden? Er verwandelt die Wiederherstellung der Todesstrafe in einen Leichtsinnsakt, der schwerer wiegt als das Verbrechen.« Er rief den Versöhnlern zu: »Ihr macht aus dem verantwortungsbewußtesten Menschen, ob er will oder nicht, den willenlosen Handlanger des künftigen russischen Bonapartismus!« (Lärm, Ausrufe: »Lüge! Demagogie!«) Die widersprüchlichen Abstimmungen der Konferenz zeigten das Umsichgreifen einer entmutigenden Verwirrung: Die Koalition der Minister mit der Bourgeoisie wurde durch eine schwache Mehrheit von tausendvierhundertzweiundneunzig Stimmen aufrechterhalten, aber mit einem Zusatz, der den Ausschluß der Konstitutionell-Demokratischen Partei verkündete, was die Koalition unmöglich machte. Das Vorparlament wurde konstituiert. Kerenski lehnte es ab, an einer rein sozialistischen Regierung teilzunehmen.

Kerenski bildete ein neues Kabinett mit den Konstitutionellen Demokraten: Vizepräsident wurde Konowalow, der in seiner Partei als Mann der Linken galt, Tretjakow war Vorsitzender des Moskauer Börsenkomitees, Smirnow Vorsitzender des Kriegsindustriekomitees und Tereschtschenko, einer der Großkapitalisten der Zuckerindustrie, bekam das Außenamt. Am gleichen Tag änderte sich die Stimmenverteilung im Exekutivkomitee des Sowjets von Petrograd; es gab dreizehn Bolschewiki, sechs Sozialrevolutionäre, drei Menschewiki und Trotzki als Vorsitzenden. Diese Verschiebung der Mehrheit ergab sich aus der Meinungsänderung der Arbeiter; sie übertrug die wahre Macht in der Hauptstadt der unnachgiebigen revolutionären Partei.

Während der demokratischen Konferenz hatte Lenin von seinem Asyl aus den bolschewistischen Kommissaren mehrere in aller Eile geschriebene Briefe geschickt, in denen er sie zur sofortigen Aktion aufforderte: »Die Konferenz des Alexandrinski-Theaters auflösen!« Die Bolschewiki waren der Meinung, daß er keine Ahnung von der Lage in der Hauptstadt hätte. Später wurde im Zentralkomitee darüber gesprochen, daß man diese Briefe vernichten solle; Lenin verwahrte sich dagegen, weil er nicht wollte, daß um ihn eine Legende der Unfehlbarkeit entstand.

Sollte man am Vorparlament teilnehmen, seine Nützlichkeit anerkennen, durch Anwesenheit seine Tätigkeit sanktionieren? Das bolschewistische Zentralkomitee war in dieser Frage uneins. Trotzki, Stalin, Swerdlow waren gegen die Beteiligung, für den Boykott. Rykow, Kamenjew, Nogin waren für eine Beteiligung und erhielten bei der Abstimmung in einer Versammlung von etwa dreihundert Parteimitglieder die Mehrheit. Lenin billigte vollkommen Trotzkis Haltung. Um den 20. September 1917 verlas Trotzki im Vorparlament eine programmatische Erklärung der Partei, und die Bolschewiki zogen sich zurück. Die Erklärung umfaßte folgende Punkte:

»1. Entschädigungslose Enteignung des Grundbesitzes (...). 2. Kontrolle der Arbeiter über die Produktion, die Verteilung der Produkte und die Banken, Verstaatlichung der wichtigsten Industrien (...). 3. Annullierung der Geheimverträge (...), sofortiges Angebot eines demokratischen Friedens an alle kriegführenden Völker (...). 4. Selbstbestimmungsrecht der Nationen; Abschaffung aller in Finnland und der Ukraine ergriffenen Unterdrückungsmaßnahmen« (...). Und sofort: »1. Einstellung der Unterdrückung der Arbeiterklasse; Abschaffung der Todesstrafe in den Armeen (...); Ausschluß der Konterrevolutionäre aus dem Offizierskorps (...). 2. Bestellung der Organe der lokalen Behörden durch Wahl (...). 3. Bewaffnung der Arbeiterklasse, Bildung der Roten Garden. 4. Auflösung des Staatsrates und der Duma des Zarenreichs. Sofortige Einberufung der Konstituierenden Versammlung. 5. Abschaffung der Privilegien des Adels, Gleichheit der Bürger. 6. Achtstündiger Arbeitstag, Sozialversicherung.«

Von Mitte September an schickt Lenin von seinem Refugium in Finnland dem Zentralkomitee Botschaft auf Botschaft, alle in befehlendem Ton gehalten, und er empfiehlt, fordert in allen die sofortige Machtergreifung, wenn nötig durch einen Aufstand. Seit die bolschewistische Partei die Mehrheit in den Sowjets von Moskau und Petrograd besitzt, zweifelt Lenin nicht mehr an einem leichten Sieg.

Das Kabinett Kerenski verkündet inzwischen, daß es »(um die Ordnung aufrechtzuerhalten) auch vor den energischesten Maßnahmen nicht zurückschrecken wird ...« Es spricht die Auflösung des Komitees der baltischen Matrosen aus, bläst aber sofort zum Rückzug. Es läßt die Stadt Taschkent in Turkestan von der Armee besetzen; dort hat der mehrheitlich sozialrevolutionäre Sowjet die Macht ergriffen. Ein Generalstreik empfängt die Armee — und es ändert sich nichts. Die Angst vor einem neuen Gewaltstreich der Rechten wächst.

VI. Porträt Trotzkis

Dieses Buch ist die Geschichte eines Mannes und nicht die der russischen Revolution. Nur ist der Mann so sehr mit den Ereignissen verbunden, daß er von ihnen nicht getrennt werden kann. Er scheint oft ihr Vollzieher zu sein, das bewußte, voll damit einverstandene Instrument. Ist er ein Führer der Massen? Zweifellos. Aber er ist es nur, weil er die Massen versteht, weil er ihre Wünsche, ihren Willen in Worte kleiden und in Taten umsetzen kann. Woher hat er diese Überlegenheit gegenüber so vielen anderen, die das gleiche tun? Aus seinen persönlichen

Fähigkeiten heraus, die er seit seiner Jugend immer nur für die Allgemeinheit einsetzt. Die Presse der ganzen Welt nennt täglich seinen Namen; und oft bezeichnen ihn Journalisten, die absolut unfähig sind, die Mentalität der russischen Revolutionäre zu erfassen, als ehrgeizig. Strebt er nach der Macht? Für die der Arbeiter-, Soldaten- und Bauernräte — ja. Für sich selbst? Für die »Vorteile der Macht«, wie es manchmal heißt? Die Macht bedeutet bereits heute, und noch mehr morgen, nichts als Verantwortung, Gefahr, Probleme. Wenn er bereit ist, sie auszuüben, so nur um zu dienen.

In seinen Reden beruft er sich oft auf die Geschichte. »Die Geschichte verurteilte diese Parteien (. . .). Der Kehrichthaufen der Geschichte erwartet sie (. . .). Die Logik der Geschichte (. . .). Die Geschichte lehrt, daß (. . .).« Er beruft sich nicht auf einen Mythos, sondern auf eine Fülle von nützlichem Wissen, das absolut nicht akademisch oder tot ist — so etwas gibt es bei ihm nicht. Er bezieht sich auf die Französische Revolution, auf die Kommune in Paris. Er meint und er spricht es auch aus, daß das russische Proletariat, wenn es ihm an Intelligenz und an Willen gebricht, das gleiche Los erleiden wird wie die Kommune von Paris. Trotzki kann sowohl als starke Persönlichkeit auftreten, als auch ganz sachlich und unpersönlich sprechen, aber nicht minder stark und aufrecht. Er spricht im Namen der Matrosen von Kronstadt, und man erfährt erst viel später, daß er der Verfasser ihres Manifestes ist. Er spricht im Namen der Sowjets, der Partei, nach Diskussionen mit den Männern der Sowjets und der Partei, bei denen die gemeinsamen Gedanken und Absichten abgestimmt wurden. Bei diesen Debatten hört er zu, schlägt vor, behauptet, gibt nach und wird nur unnachgiebig, wenn es um Meinungsverschiedenheiten geht, die das Wesentliche betreffen. Es wäre absurd, ihn für ehrgeizig, und lächerlich, ihn für bescheiden zu halten. Er kennt seinen eigenen Wert sehr genau. Er fühlt sich vielen anderen klar überlegen. Das merkt man an seinem sarkastischen Lächeln, wenn er gewissen Reden zuhört. Er hat keine Hemmungen, im Privatleben, das keineswegs privat ist, einen großen Mann der Tagespolitik als »unheilbaren Poseur«, als »großsprecherischen Narziß«, als »unerschöpflichen Phrasendrescher« zu bezeichnen. Einem anderen gesteht er hohe Intelligenz zu, die jedoch durch Schüchternheit, durch Willensschwäche gelähmt ist. Seinen Kampfgefährten gegenüber gibt es kein sarkastisches Lächeln, kein lapidares Urteil, nur die brüderliche Bemühung, jede Fähigkeit, jede Gabe, jede Opferwilligkeit auszunutzen, wobei er immer den jeweiligen Charakter im Auge behält. Er fühlt sich nur als einer der ersten einer großen Massenbewegung. Die Geisteshaltung, die wir hier beschreiben, ist nicht ausschließlich auf ihn beschränkt; sie ist in verschiedenen Abstufungen die der gesamten revolutionären Generation, die von dem großen, unpersönlichen »Ehrgeiz« beseelt wird, die Revolution zu vollenden, die Umformung der Welt zu beginnen. Diese geistige Haltung der Revolutionäre hatte sich in den Jahren nach 1860 herausgebildet, und zwar mit den Nihilisten, den Verneinern der alten Werte, und den Bejahern der rationellen Vernunft und der sozialen Verpflichtung zur Zeit Tschernyschewskis. Die Marxisten hatten die sozialistische Objektivität hinzugefügt, indem sie die »Rolle des einzelnen Individuums in der Geschichte« geringer einschätzten, um die Rolle der Persönlichkeit innerhalb der Massen, in Verbindung mit den Massen, um so mehr zu betonen. Der Einfluß dieser Generation endete erst 1936—1937; sie wurde in den Kellern der Lubjanka an die Wand gestellt.

»Während der letzten beiden Monate vor der Machtübernahme wohnten wir bei Genossen im streng bürgerlichen Viertel in der Taurischen Straße. Wir besaßen nur ein Zimmer. Wer die Mittel dazu hatte, ernährte sich bereits vom Schwarzmarkt, den man ›die Spekulation‹ nannte. Wir lebten von den Rationen und seltenen Glücksfällen. Leo Dawidowitsch gönnte sich weder Vergnügungen noch Ruhe. Wir hatten weder die Zeit, Besuche zu empfangen, noch welche zu machen. Die persönlichen Bindungen gingen vollkommen verloren und machten dem Kontakt mit den Genossen Platz. Leo Dawidowitsch ging früh weg. Er arbeitete in seinem Büro als Vorsitzender des Sowjets im Institut Smolny, das heißt in einem großen, kahlen, spärlich möblierten viereckigen Zimmer, in das täglich Hunderte von Delegierten der Organisationen kamen (...). Die Stiegen waren mit den Schalen von Sonnenblumenkernen bedeckt. Plakate und handgeschriebene Mitteilungen hingen an den Wänden. In den Korridoren gingen eine Menge Leute mit Mützen und dunkelgrünen Uniformhemden auf und ab. Die Telefone klingelten ununterbrochen. Es gehörte eine ganz besondere Begabung dazu, die Tatsachen von den Gerüchten zu unterscheiden (...). Leo Dawidowitsch brachte es fertig, seine Kräfte einzuteilen, ohne sich selbst zu schonen. Er war immer darauf bedacht, einen Zusammenbruch wegen Überanstrengung zu vermeiden, sich in der Arbeit auf Notwendiges zu beschränken, um die größtmögliche Leistung aus sich herauszuholen. Damals war nachlässige Kleidung modern: er richtete sich aber nie danach. Obwohl er auf Eleganz keinen Wert legte, obwohl er nicht begriff, daß man sich wegen der Farbe einer Krawatte Gedanken machen konnte, hatte er ein angeborenes Gefühl für Korrektheit, einen Abscheu vor nachlässiger Kleidung — in erster Linie in bezug auf sich selbst, aber auch in bezug auf alle anderen. Er nahm seine Mahlzeiten im Refektorium des Sowjets ein, einem großen Saal mit Holztischen und -bänken. Mittelmäßige klare Suppen mit Kohl, mit Fisch, Kascha (Grützebrei), Kompott, Tee. Er rauchte nicht. Er war etwas über mittelgroß, nicht korpulent, aber kräftig. Er hatte einen hellen Teint, der durch sein dichtes braunes Haar betont wurde, einen kleinen Schnurrbart, ein kleines Bärtchen am Kinn. Durch den Zwicker wirkte sein Blick schärfer. Am 7. November 1917, dem Tag des siegreichen Aufstandes, wurde er achtunddreißig.«

»Im Arbeitsfieber hatte er kaum Zeit, seine Kinder zu sehen. Seine älteren Töchter Sina und Nina, zwei hochgewachsene Mädchen mit leuchtenden Augen, bemerkte er in der Menge der öffentlichen Versammlungen, war aber beim Ausgang so von Menschen umringt, daß er mit ihnen nicht mehr als einen Blick und ein Lächeln tauschen konnte. Unsere beiden Söhne besuchten ein Lyzeum; nach Schulschluß gingen sie manchmal in den Sowjet. Ich meinerseits arbeitete im Verband der Holzarbeiter und hatte durchgesetzt, daß sie mit mir zu Mittag aßen.«

VII. Trotzki wird Vorsitzender des militärischen Revolutionskomitees

Seit der Einnahme Rigas durch die Deutschen verlangte das Oberkommando der Armee in Übereinstimmung mit der provisorischen Regierung die Entsendung der Petrograder Garnison an die Front. Die Verteidigung der Hauptstadt schien diese Maßnahme zu rechtfertigen. Aber konnte man dem Oberkommando vertrauen, das die Verteidigung Rigas versäumt und dann den Fall dieser Stadt zu einem Staatsstreich ausgenützt hatte? War es ihm nicht mehr darum zu tun, das Proletariat der Hauptstadt zu entwaffnen, als einer möglichen Offensive des Feindes standzuhalten? Würde es nicht eher danach trachten, die revolutionären Truppen auszuschalten, als sie entsprechend einzusetzen? Würden durch die Entsendung der Garnison an die Front nicht die Errungenschaften der Revolution dem Krieg geopfert werden, einem Krieg, der — warum und für wen — durch die alten Generäle des Zaren geführt wurde? Die Soldatensektion des Sowjets, die Arbeitersektion, die bolschewistische Partei beschlossen, sich gegen den Auszug der Petrograder Garnison zu stellen. Schließlich konnte sich die Hauptstadt ja an Ort und Stelle verteidigen. Die Revolution konnte sich auf keinen Fall der Willkür der Generäle ausliefern. Leo Dawidowitsch zitierte am Rednerpult des Sowjets eine durch ihren Zynismus und ihre Ungeschicklichkeit bemerkenswerte Erklärung des liberalen, rechten Staatsmannes Michail Rodsjanko, der in den Märztagen Präsident des Komitees der Duma gewesen war. Dieser Herr hatte sich bei einem Interview mit einem Redakteur des *Utro Rossji* (Der Morgen Rußlands) — ein unglücklicher Morgen! — wie folgt ausgedrückt: »Petrograd ist in Gefahr ... Aus Petrograd soll werden, was mag ... Man befürchtet, wenn es fällt, dann könnten dort zentrale Institutionen zugrunde gehen ... Darauf erwidere ich nur, daß ich sehr froh wäre, wenn alle diese Institutionen zugrunde gingen, weil sie Rußland nichts als Böses gebracht haben ...« Man konnte sich kein klareres und eindeutigeres Eingeständnis des Defätismus der Rechten wünschen. Rodsjanko fuhr fort: »Nach der Kapitulation Rigas wurde in dieser Stadt eine Ordnung wiederhergestellt, wie sie dort noch nie geherrscht hat. Es hat genügt, ein Dutzend Rädelsführer an die Wand zu stellen und die Polizei wieder zurückzubringen, damit die Stadt in völliger Sicherheit lebt ...« Auf den Einwand, daß der Fall Petrograds den Verlust der baltischen Flotte nach sich ziehen würde, erwiderte der Ideologe der Partei der Großgrundbesitzer, daß »einige Kriegsschiffbesatzungen vollkommen demoralisiert seien ...« Trotzki kommentierte: »Das eingestandene Ziel der Bourgeoisie ist es also, Petrograd und die Flotte Wilhelm II. auszuliefern!« Der Sowjet beschloß, ein revolutionäres Militärkomitee zu bilden, das die Verbindung mit der Flotte, mit den Garnisonen in Finnland und mit der Front herstellen und alle Verteidigungsmaßnahmen kontrollieren sollte. Die Versöhnler opponierten vergeblich gegen diese Initiative, die sie — mit Recht — als Vorbereitung für die Machtübernahme durch die Bolschewiki bezeichneten.

Das Ineinandergreifen der Kräfte in diesem Augenblick ist kompliziert. Das Kabinett Kerenski erweckt den Eindruck, daß es regiert, glaubt auch zu regieren, hat aber eine einzige wirkliche Autorität hinter sich, nämlich den in Mogiljew stationierten Generalstab. Die Bolschewiki haben die Mehrheit in den wichtigen Sowjets von Petrograd, Moskau, Zarizin, aber die Versöhnler haben noch die Mehrheit im Exekutivkomitee der Sowjets. Die Massen der Bauern, die immer öfter die »Herrennester« in Brand setzen, sich den Boden aneignen, die Häuser der Adeligen und der Großgrundbesitzer plündern, stehen noch beinahe zur Gänze unter dem traditionellen Einfluß ihrer Partei, der von Tschernow, Goz, Axentjew geführten Sozialrevolutionären Partei, sind aber immer mehr enttäuscht darüber, daß das Landwirtschaftsgesetz und die Sitzung der Konstituierenden Versammlung, auf der die Frage der Landreform geklärt werden soll, immer wieder verschoben werden. Im Prinzip sollte die Konstituierende Versammlung am 29. November zusammentreten. Wird sie vielleicht wieder vertagt werden? Wird nicht vielleicht vorher ein reaktionärer Gewaltstreich stattfinden? Aus mehr als neun von zehn Landwirtschaftsdistrikten des ungeheuren Rußlands werden Unruhen gemeldet, manchmal sogar mit Blutvergießen verbunden.

Trotzki spricht am 12. Oktober vor dem Kongreß der Sowjets des Nordens. Dieser Kongreß beschließt, den zweiten Sowjetkongreß für den 20. Oktober einzuberufen. Das zentrale Exekutivkomitee der Sowjets nimmt diesen Beschluß unwillig zur Kenntnis. In Petrograd jagt eine Alarmmeldung die andere. Man spricht nur von dem bevorstehenden Aufstand, die Zeitungen fixieren Daten für ihn, diese Woche, nächste Woche. Der Sowjet dementiert. Die Kosaken kündigen eine patriotische Manifestation an ... Beide Seiten halten ihr Pulver trocken. Trotzki skandiert die Worte: »Diese Abstimmung möge euer Schwur sein — mit allen euren Kräften — um den Preis jeden Opfers — den Sowjet zu verteidigen — der die große Aufgabe auf sich genommen hat — die Revolution zum Sieg zu führen — und dem Volk das Land — das Brot und den Frieden zu geben.« Die unzählbare Menge leistete den Eid mit erhobener Hand.

Eine Delegation der Arbeiter des Arsenals von Sestroretsk hatte Trotzki Gewehre angeboten, und er unterschrieb den Befehl, der Roten Arbeitergarde fünftausend Gewehre zu übergeben. Er hatte nicht das Recht dazu, da das Arsenal dem Staat gehörte; er war glücklich und erstaunt, als die Waffen tatsächlich ausgehändigt wurden. Er übernahm vor dem Sowjet die Verantwortung dafür. Als Trotzki nach der Sitzung im Smolny-Institut in die regnerische Nacht hinaustrat, schlug er den Mantelkragen hoch, winkte lachend den beiden Autos ab, die dem Sowjet zur Verfügung gestellt worden waren, und ging mit großen Schritten quer durch die Pfützen davon ... Swerdlow nahm die Straßenbahn.

Am 21. Oktober, auf der Konferenz der Delegierten der Garnison, ließ Trotzki klare Resolutionen beschließen. Die dritte besagte, daß der »Allrussische Sowjetkongreß die Macht übernehmen muß ...«.

Das militärische Revolutionskomitee (Vorsitzender Trotzki) vollzog seinen offiziellen Bruch mit dem Generalstab der Garnison. Das Komitee gab bekannt, daß von nun an die Befehle der Ortskommandos nur mit seiner schriftlichen Zustimmung vollstreckt werden durften. Das Kommando weigerte sich höflich, dies anzuerkennen.

Der 22. Oktober ist der Tag der großen Massenversammlungen des Sowjets, ein Tag voll fieberhafter Erregung, eine Mobilisierung der Volkskräfte: Arbeiter, Soldaten, begeisterte Kleinbürger. Im Haus des Volkes, unter der großen Metallkuppel, fordert Trotzki die Massen und die Garnison auf, den nächsten Kongreß der Sowjets zu verteidigen, damit er seinen Willen durchsetzen könne. Nikolaus Suchanow schreibt in seinen *Notizen über die Revolution:* »Rings um mich herrschte eine beinahe ekstatische Stimmung. Es schien, als ob die Menge im nächsten Augenblick ohne Diskussion oder ein Zeichen eine religiöse Hymne anstimmen würde (...). Trotzki formulierte irgendeine kurze und allgemeine Resolution, die ungefähr folgendes besagte: ›Wir werden die Sache der Arbeiter und der Bauern bis zu unserem letzten Blutstropfen verteidigen ... Wer ist dafür?‹ Tausende Menschen hoben wie ein Mann die Hand. Ich sah die emporgestreckten Hände und die leuchtenden Augen der Männer, der Frauen, der Jugend, der Arbeiter, der Soldaten, der Muschiks — und der typischen Kleinbürger (...). Als Trotzki weitersprach, streckte ihm die Menge die Arme entgegen ...«

Die Peter-Paul-Festung war auf einer Insel der Newa im Zentrum der Hauptstadt erbaut, mit Kanonen bestückt, und enthielt ein Arsenal von hunderttausend Gewehren; sie war von Truppen besetzt, die dem militärischen Revolutionskomitee feindlich gegenüberstanden. Sie konnte der Provisorischen Regierung als strategische Basis dienen. Trotzki schlug vor, sie von innen, durch Überredung, einzunehmen. Er begab sich in Begleitung eines bolschewistischen Unteroffiziers, Laschewitsch, hin —

und man erwartete im Smolny besorgt das Resultat dieser Mission. Innerhalb der Festung befanden sich Leo Dawidowitsch und Laschewitsch praktisch in der Gewalt ihrer Gegner. Als sie dort eintrafen, wurden gerade Reden gegen sie gehalten. Sie erhielten dennoch das Wort, und die Garnison der Festung beschloß, sich dem militärischen Revolutionskomitee zu unterstellen (23. Oktober).

VIII. Trotzki organisiert und leitet den Aufstand vom 7. November 1917

Lenin, der ein entschiedener Anhänger des sofortigen Aufstandes war, kam aus Finnland nach Petrograd zurück, um an den Sitzungen des bolschewistischen Zentralkomitees teilzunehmen. Natürlich veränderte Lenin sein Äußeres, aber die Zusammenkünfte fanden unter einem Minimum an Vorsichtsmaßregeln statt. Die vom 10. Oktober wurde in der Wohnung des menschewikischen Historikers Suchanow abgehalten, ohne das Wissen des letzteren; seine Frau war Bolschewikin. Lenin erschien rasiert, mit Perücke und Brille. Die zwölf Anwesenden (von einundzwanzig Mitgliedern des Zentralkomitees) tranken Tee und aßen Schwarzbrot mit Wurst, ohne für einen Augenblick die Diskussion zu unterbrechen. Swerdlow informierte über »das Komplott des großen Generalstabs«. Kamenjew und Sinowjew, die beiden treuesten Mitarbeiter Lenins, widersetzten sich dem vorgesehenen Aufstand. Die alten Freunde Trotzkis, Joffe, Uritzki, Sokolnikow unterstützten Lenin, wie es auch Trotzki tat. Für die politische Leitung der Bewegung wurde ein Siebenerkomitee zusammengestellt: Lenin, Sinowjew, Kamenjew, Trotzki, Stalin, Sokolnikow, Bubnow; aber dieses Komitee hatte nie Gelegenheit, zusammenzutreten.

Am 16. Oktober fand eine weitere Sitzung des Zentralkomitees in einer Vorstadt statt. Mit zwanzig Stimmen gegen zwei (Sinowjew und Kamenjew) wurde der Aufstand beschlossen. Diese Mehrheit entsprach nicht der Einstellung einer größeren Anzahl der Parteimitglieder, die einen Aufschub und eine vorsichtigere Taktik vorgezogen hätten. Rykow, Tomski, Nogin, Manuilski, Frunse, Kalinin, Tschudnowski, Wolodarski, Miljutin, Stalin sympathisierten aus verschiedenen Gründen mit Kamenjew und Sinowjew oder suchten Ausflüchte. Die These der Gegner einer Machtübernahme war, daß »wir nicht das

Recht haben, die Karte des bewaffneten Aufstandes auszuspielen«; daß die Kräfte der Provisorischen Regierung stark genug waren, um den Massen eine blutige Niederlage zuzufügen; daß es vernünftiger wäre, in den zukünftigen republikanischen Institutionen, und zunächst in der Konstituierenden Versammlung, eine einflußreiche Opposition zu etablieren, die anschließend die Macht, sei es auf friedlichem Weg oder durch eine Revolution, übernehmen könnte.

Trotzki war der gleichen Meinung wie Lenin, und zwar, daß eine revolutionäre Situation nicht unbeschränkt lange anhalten könne; daß die enttäuschten Massen bald wieder in Gleichgültigkeit verfallen würden; daß die dadurch geschwächte revolutionäre Partei von der Konterrevolution geschlagen oder verdrängt werden würde; daß schließlich die Bourgeoisie einen Separatfrieden mit Deutschland schließen und Rußland »ein halb imperialistisches und halb koloniales Land« bleiben würde. In einem Punkt war Trotzki anderer Meinung als Lenin. Er wollte der Aktion einen defensiven Charakter verleihen; die Intervention der Truppen und der Roten Arbeitergarden sollte nur zur Verteidigung des Sowjetkongresses erfolgen. Lenin fragte mißtrauisch: »Aber werden sie uns nicht zuvorkommen?« Lenin war der Meinung, man solle offen die Initiative ergreifen. Er fürchtete, daß die Konterrevolution jeden Augenblick die Initiative an sich reißen könne. »Sie werden uns überraschen und überwältigen«, sagte er.

Der Ton wurde scharf. »Lenin ist verrückt!« hieß es in gewissen Parteikreisen. Am 17. Oktober wandten sich Sinowjew und Kamenjew an die öffentliche Meinung in Maxim Gorkis Zeitung *Das neue Leben.* Lenin forderte brutal ihren Parteiausschluß, setzte sich aber nicht durch. »Sind Sie dafür oder dagegen?« war die erste Frage bei jedem Zusammentreffen. Die Schwester Leo Dawidowitschs, Olga (Kamenjewa), stellte mir auf der Treppe des Smolny diese Frage. »Natürlich für«, sagte ich. Sie ging mit mißbilligendem Kopfschütteln weiter.

Was unternahm die Provisorische Regierung, die über alles informiert war? Kerenski, Generalissimus und Ministerpräsident, beruhigte das Generalhauptquartier. Vor seinen im Winterpalais zusammengetretenen Ministern sprach er äußerst zuversichtlich und verlieh sogar seiner Befriedigung darüber Ausdruck, daß er bald Gelegenheit haben würde, »ein für allemal mit den Bolschewiki Schluß zu machen«. Wenn sie zur Tat schreiten, »werden sie endgültig vernichtet werden, ich habe mehr Kräfte zur Verfügung, als ich dafür brauche«. *Das Wort*, das Organ der konstitutionell-demokratischen Liberalen, stieß am 21. Oktober in das gleiche Horn. Man nahm an, daß die Niederlage den bolschewistischen Einfluß in der Konstituierenden Versammlung auf Null reduzieren würde. Die Versöhnler beschwichtigten: Sie rieten Kerenski von der Verhaftung des militärischen Revolutionskomitees ab, da sie schwierig durchzuführen war.

An den entscheidenden Tagen des 23., 24. und 25. Oktobers 1917 sank die Provisorische Regierung nach und nach unter dem Druck des Volkes zur Bedeutungslosigkeit herab. Alles spielte sich so ab, als hätte man ein Phantom für ein Wesen aus Fleisch und Blut gehalten; und das Phantom hatte die Vorstellung, die seine Gegner von ihm hatten, selbst geteilt. Das Kabinett Kerenski ergreift Maßnahmen, ruft Truppen von der Front zu Hilfe, die überhaupt nicht reagieren; läßt den Brückenbelag der Newabrücken entfernen, und diese werden von den Aufständischen prompt wieder befahrbar gemacht; Justizminister Maljantowitsch, der beim Prozeß von Petersburg 1906 der Verteidiger Trotzkis gewesen war, befiehlt die Verhaftung der Rädelsführer, vor allem die von »Bronstein-Trotzki«, aber ein Oberst, der sich in Begleitung einiger Soldaten auf der Suche nach Lenin in ein Arbeiterviertel gewagt hat, wird selbst verhaftet. Kerenski spricht noch vor dem im Mariinski-Palais zusammengetretenen Parlament. »Wir stehen einem Aufstand gegenüber!« ruft er aus. Und das in dem Augenblick, in dem »die Provisorische Regierung über die Frage der Übergabe des Bodens in die Hände des Bauernkomitees und über Maßnahmen zur Beendigung des Krieges diskutiert!«. Das war auch an der Zeit! Der Redner stellte fest, daß »der Pöbel« gebändigt werden würde: »Jene Gruppen und Parteien, die es gewagt haben, die Hand gegen den Staat zu erheben, werden wir unverzüglich und restlos liquidieren!« Leere Rhetorik. Kerenski, dem die Rechte applaudierte, erhält von den Versöhnlern nicht einmal ein Vertrauensvotum. Dan und Martow messen ihm genausoviel Verantwortung für die entstandene Situation zu wie den Bolschewiki ...

Am 25., während die Hauptstadt unter die Kontrolle des militärischen Revolutionskomitees gerät, pendelt Kerenski zwischen dem Winterpalais, dem Sitz der Regierung, und dem Generalstab hin und her, der seinen Sitz hundert Meter weiter, auf der gegenüberliegenden Seite des großen, kreisrunden Platzes hat ... Beunruhigte Minister, die weder Ministerien noch Personal noch Dienstwagen besitzen, treffen einzeln ein, weil die Patrouillen der Aufständischen sie gerne passieren lassen. Im Generalstab verzweifeln höhere Offiziere, die großen weißen Treppen leeren sich, General Alexejew zieht sich diskret zurück; von den Fenstern hat man den Ausblick auf einen verlassenen Platz ... Kerenski überträgt dem Ingenieur Paltschinski alle Vollmachten, verspricht ihm, gute Truppen von der Front zurückzurufen, steigt in ein offenes, durch eine amerikanische Flagge geschütztes Auto und fährt mit hoher Geschwindigkeit davon.

IX. Die großen Tage. Die Machtübernahme

Die Stadt ist ruhig, das Leben normal. Was vorgeht, interessiert nur die Arbeiterklasse, die Garnison, die Phantomregierung; die bürgerlichen Kreise sind eher zufrieden, da sich die Situation klärt, sie hoffen auf eine kräftige Revanche. In den Hauptstraßen drängt sich die übliche Menge, die Verwaltung, die Schulen, die Theater funktionieren, die Läden sind geöffnet, die Schieber vom Schwarzmarkt sind ebenfalls in Aktion; die Nachtklubs empfangen ihr Offizierspublikum: man amüsiert sich. Grauer Regen hüllt die Stadt ein.

Das Smolny-Institut liegt gut zwei Kilometer vom Zentrum entfernt, in dem sich das Winterpalais, der Generalstab, die Paläste der Großfürsten, die eleganten Restaurants befinden ... Der Smolny ist der Mittelpunkt einer anderen Stadt. Es ist ein geräumiges Gebäude in düsterem Empirestil; gleich daneben befindet sich inmitten von Gärten ein Kloster im Barockstil, mit hübschen blauen Kuppeln. Der Smolny liegt an der breiten Newa, deren Wasser trüb dahinfließt. Auf dem anderen Ufer liegen die Arbeitervororte Ochta und der Bezirk Wyborg, der zur Festung geworden ist. Die angrenzenden Straßen verlaufen gradlinig, wirken bescheiden, sogar ärmlich. Hier versammeln sich die Männer mit den Schirmmützen, die in ganzen Fabrikbelegschaften herbeigeströmt sind, und Truppenabordnungen. Im bereits kalten Herbstregen herrscht hier ein Gewimmel merkwürdig ernster Menschen. Das Smolny-Institut war früher ein Pensionat für adelige Fräulein. Man kann in den Korridoren noch die Türschilder lesen: »Professorensaal«, »Klassenaufsicht« und darunter Papptafeln »Anarchistisches Komitee«,

»Militärsektion«, »Sozialdemokratische Partei« ... Eine anscheinend chaotische Aktivität, die in Wirklichkeit von unzähligen Initiativen gesteuert wird, herrscht in dem Gebäude. Man stellt Maxim-Maschinengewehre auf. Man bringt Waffen und verteilt sie. Die Schreibmaschinen hämmern Mandate, Befehle, Passierscheine, Botschaften. Die Treppen sind schmutzig. Erschöpfte Männer schlafen neben ihren Gewehren unter den Lustern der weißen Säulenhallen ...

Die Delegierten zum zweiten Allrussischen Sowjetkongreß treffen ein und werden von Swerdlow, einem kleinen Mann mit schwarzem Spitzbart, empfangen, der übermüdet ist und doch nicht aufhört, sie zu befragen, sie zu informieren. Kamenjew, der Gegner des Aufstands, setzt sich voll für dessen Gelingen ein: einunddreißig Jahre alt, ein großflächiges, ein wenig fleischiges Gesicht, Intellektueller, Zwicker, kurzer, blonder, sehr dichter Bart, nachlässige Kleidung. Der zierliche Dserschinski — das Profil durch einen schütteren Spitzbart verlängert —, der noch zu Beginn dieses Jahres in einem Zwangsarbeitslager festgehalten wurde, stürzt herein und stellt mit scharfer Stimme einen Antrag. Antonow-Owssejenko — faltiges Gesicht, verrutschter Zwicker, zerzauster Haarschopf —, Tschudnowski und Podwojski studieren hier den Stadtplan, wegen der Einkreisung des Winterpalais. Trotzki empfängt Delegationen, führt unzählige kurze Gespräche zwischen zwei Türen, auf der Treppe, nimmt an mehreren Konferenzen gleichzeitig teil, indem er von einem Saal in den anderen rennt, gibt in aller Eile Anordnungen ... Es regnet Neuigkeiten folgender Art: Die Konferenz der Roten Arbeitergarde schätzt, daß sie eine Kopfzahl von über zwanzigtausend Mann hat, die sich vielleicht auf vierzigtausend erhöht, daß ihr aber Waffen fehlen. Der Sowjet der Vorstadt Wyborg hat Autos beschlagnahmt. Die Komitees der Fabriken stellen Feldlazarette mit Arbeiterinnen als Krankenschwestern auf. Die in Krassnoje Selo, Nowy-Peterhof, Gdow stationierten Truppen schließen sich der Bewegung an. Auch die dreißigtausend Mann von Luga. Die Sowjets von Schlüsselburg und Kronstadt sind Herren der Lage. Die Garnison von Reval (Tallin) wird für die Revolution gewonnen. In Helsingfors stehen die Flotte und die Armee von Finnland bereit ... Die Matrosen machen sich erbötig, mit ihren Schiffen in die Newa einzufahren.

Am 24. schlägt Trotzki dem militärischen Revolutionskomitee vor, einen Verbindungsdelegierten zum Zentralkomitee der

Eisenbahner zu ernennen, eine Überwachung der provisorischen Regierung einzuführen, in der Peter-Paul-Festung ein Reservehauptquartier zu bilden. Delegierte werden ernannt: für Post, Telegraphie und Telephon Dscherschinski; für die Eisenbahn Bubnow; für die Versorgung Miljutin.

Trotzki begibt sich in den Zirkus Modern, um in einer Gegenversammlung eine Ansprache an das noch immer der provisorischen Regierung die Treue haltende Kraftfahrerbataillon zu halten. Er gewinnt eine starke Mehrheit. Er spricht auch zu den bolschewistischen Deputierten des Zweiten Sowjetkongresses im Smolny. »Wir sind in der Defensive (. . .). Wenn Kerenski sich weigert, sich dem Willen des Kongresses zu beugen, stellt er uns vor ein juristisches, nicht vor ein politisches Problem (. . .).« Er spricht vor dem Sowjet von Petrograd: »Wenn die provisorische Regierung die Absicht hat, der Revolution in den Rücken zu fallen, werden wir Schlag um Schlag vergelten, werden wir auf Gewalt mit Gewalt antworten (. . .).« Inzwischen hat die provisorische Regierung die Druckerei einer Parteizeitung versiegeln lassen. Ein Arbeiter und eine Arbeiterin unterrichten Trotzki auf der Treppe darüber, er schickt eine Abteilung Pioniere hin, läßt die Siegel aufsprengen, erteilt im Namen des militärischen Revolutionskomitees den Befehl, die Zeitung erscheinen zu lassen.

Seine Befehle werden wie durch Zauberei ausgeführt. Lenin ist darüber erstaunt, freut sich aber.

In der Stadt kommt es in der Umgebung der Bahnhöfe, an den Brücken, in der Telephonzentrale zu immer häufigeren — unblutigen — Scharmützeln zwischen den Junkern und der Roten Garde, der Truppe. Unweigerlich enden sie mit der Verhaftung oder dem Rückzug der Junker. Aufständische, die von Druckern und Schriftsetzern begeistert begrüßt werden, beginnen, die Druckereien der rechten Presse zu besetzen.

Das zentrale Exekutivkomitee der Sowjets hält im Smolny eine lange Nachtsitzung ab, die von der stürmischen Kontroverse zwischen der Rechten und der Linken beherrscht wird. Dan ruft den Bolschewiki zu: »Die Konterrevolution wird euch hinwegfegen!« Trotzki kontert: »Es wird keinen Bürgerkrieg geben, der Gegner wird kapitulieren, Genossen, ihr werdet die Herren des russischen Landes sein!« Die Sitzung endet gegen vier Uhr früh. Trotzki ist nervös, beinahe am Ende seiner Kräfte. Er schläft ein paar Stunden auf einem Sofa, ohne sich auszuziehen.

Draußen wachen in der regnerischen Nacht Aufständische in Mänteln, über die sie Patronengurte geschnallt haben, und wärmen sich an offenen Kohlenbecken.

X. Die Einnahme des Winterpalais

Am 25. Oktober gehen die Truppenbewegungen in der Umgebung des Winterpalais in guter Ordnung vor sich. Soldaten und Matrosen verhalten sich einwandfrei. Keine Disziplinlosigkeit. Das militärische Revolutionskomitee hat Vorsichtsmaßnahmen gegen etwaige Entgleisungen getroffen ... Die Überprüfung der Mandate der Deputierten zum Zweiten Sowjetkongreß erfolgt wohl in einem gewissen Wirrwarr, ergibt aber, daß dreihundertneunzig Deputierte von insgesamt sechshundertfünfzig für die Bolschewiki sind. Fünfhundertfünf Sowjets sprechen sich für die Machtübernahme aus, sechsundachtzig für die »Demokratie« ... Im Juni 1917 hatte der Erste Allrussische Kongreß der Sowjets noch eine sehr große Mehrheit von Versöhnlern gehabt. Diese befinden sich jetzt in der Minderheit und sind außerdem uneins. Von der Sozialrevolutionären Partei spaltet sich der zahlenmäßig stärkere linke Flügel ab und berät für sich. Um zwei Uhr fünfunddreißig erklärt Trotzki der Sitzung des Sowjets von Petrograd, daß »die provisorische Regierung nicht mehr existiert, daß das Winterpalais jeden Augenblick genommen werden wird ...«. In diesem Punkt irrt er.

Der Zweite Sowjetkongreß tritt im Festsaal des Instituts zusammen, einem weißen Saal mit Säulen und Lustern. Eine plebejische Menge, in der man zahlreiche schäbige Uniformmäntel sieht, drängt sich darin und raucht billigen Tabak. Um zehn Uhr vierzig aber eröffnet der Menschewist Fjodor Dan die Sitzung im Namen des Exekutivkomitees. Aufgrund des Proporzverhältnisses wird das Präsidium gewählt: vierzehn Bolschewiki, sieben Sozialrevolutionäre, drei Menschewiki, ein Internationalist. Die gegen den Aufstand eingestellten Bolschewiki sind ebenfalls im Präsidium vertreten. Lenin wird an die Spitze der Liste gesetzt. Dan und ein weiterer Menschewik sind aus Versehen in ein Zimmer geraten, in dem eine Besprechung stattfindet, haben jemanden mit Brille und verbundener Wange gesehen — und Lenin erkannt.

Eine ermüdende Nacht. In das kleine, weiße Zimmer, in dem Lenin ungeduldig wartet, hat man Strohsäcke und Decken gebracht. Leo Dawidowitsch legt sich dort neben Wladimir Uljanow-Lenin hin, um sich zwischen den Besprechungen etwas auszuruhen. Das Telephon und die Boten lassen sie nicht zur Ruhe kommen. Leo Dawidowitsch hatte plötzlich das Gefühl, daß er ohnmächtig werde. Er bat Kamenjew um eine Zigarette, murmelte »Das hat gerade noch gefehlt ...« und wurde für einige Augenblicke bewußtlos. Als er wieder zu sich kam, sah er Kamenjew, der sich besorgt über ihn beugte. »Soll ich einen Arzt holen?« fragte Kamenjew. »Nein, suchen Sie lieber etwas zum Essen für mich ...« Er wußte nicht mehr, wann er seine letzte Mahlzeit eingenommen hatte.

Kamenjew führte den Vorsitz bei dem Kongreß. Unter der Wolke aus Tabakrauch, die die Luster verdunkelte, in dem überfüllten Saal, der durch den Atem und die Ausdünstungen der Anwesenden noch stickiger wurde, begannen immer wieder die Debatten zwischen den Versöhnlern und den Revolutionären. Nacheinander beschworen Dan, Martow, Losowski und andere Menschewiki den Kongreß, die Feindseligkeiten einzustellen. »Der Bürgerkrieg droht mit dem Ausbruch der Konterrevolution (...). Wir brauchen eine von der gesamten Demokratie anerkannte Macht (...).« Der Donner der Kanonen der Peter-Paul-Festung und des Kreuzers *Aurora*, die auf das Winterpalais, aber in Wirklichkeit darüber hinweg schießen, ist deutlich zu hören. Die Menschewiki protestieren gegen die Verschwörung der Bolschewiki und ziehen sich dann zurück. Andere folgen ihnen. Erboste Männer rufen ihnen zu »Geht nur! Deserteure!« Martow, der an der Linken seiner Partei (Menschewiki) sitzt, betritt das Rednerpult. Er ist ein Jugendfreund Lenins und wäre beinahe den Bolschewiki beigetreten. Er ist ein schmächtiger Mann mit hoher Stirn, feinen Gesichtszügen, nervös, außerordentlich intelligent, rechtschaffen, begeisterungsfähig. Trotzki warf ihm immer eine merkwürdige Entscheidungsschwäche vor. Auf der Tribüne stehen einander Martow und Leo Dawidowitsch inmitten einer erregten Menschenmenge gegenüber und greifen einander vor der unruhigen, rauchigen Kulisse des unter Hochspannung stehenden Saales an. Martow verlangt einen Kompromiß: »Man muß das Blutvergießen einstellen! Die Kanonen donnern ...« Trotzki hämmert seine Sätze: »Komplott? Nein, Aufstand! Der Aufstand der Volksmassen bedarf nicht der Rechtfertigung. Wir haben die revolutionäre Energie der Petrograder Arbeiter und der Soldaten gestählt (...). Wir haben offen den Willen der Massen für den

Aufstand geschmiedet (...). Unser Aufstand hat gesiegt. Und jetzt schlägt man uns vor, verzichtet auf euren Sieg, geht eine Verständigung ein. Mit wem? Wer?« Martow ging, wütend und verzweifelt. Sozialrevolutionäre verkünden ihre Absicht, sich »unter den Trümmern des Winterpalais begraben zu lassen ...«. Ein großer Matrose mit schwarzem Bart ergriff das Wort und erwiderte ihnen, daß die *Aurora* in die Luft schieße. Die linken Sozialrevolutionäre erklärten sich zögernd für den Aufstand. Unter ihnen erblickte man die zierliche Figur, das gequälte Gesicht Maria Spiridonowas, einer ehemaligen Terroristin, bis vor kurzem im Zwangsarbeitslager. Um die Brücken für eine Einigung endgültig abzubrechen, schlug Trotzki vor, die Versöhnler unter Anklage zu stellen. Sie haben den unheilvollen Angriff vom 18. Juni vorbereitet! Sie haben die Regierung des Volksverrats gestützt; sie haben den Betrug an den Bauern in der Bodenfrage gedeckt! Sie haben den Krieg verlängert. Sie waren die Komplizen der Bourgeoisie!

»Wer fühlt sich denn«, fragte er, »durch den Lärm der Kanonen gestört? Ganz im Gegenteil, wir arbeiten bei ihm nur besser!«

Lenin fluchte in seinem kleinen Zimmer. »Warum ist das Winterpalais noch nicht eingenommen? Handelt! Ihr verdient alle, erschossen zu werden!« In der Kampfzone in der Umgebung des Palais werden die aufständischen Truppen ebenfalls ungeduldig. »Wenn die Bolschewiki beginnen, Diplomatie zu treiben!«, hörte man sie sagen. Durch einen Angriff hätte die letzte Zuflucht der provisorischen Regierung leicht genommen werden können, aber Antonow-Owssejenko, Tschudnowski, Podwojski wollten ein Blutvergießen vermeiden, die Verluste möglichst gering halten. Die Minister tagten in Permanenz, zuerst im Malachitsaal, dessen Fenster auf die Newa hinausgingen, dann in einem im Inneren gelegenen Saal, um einen Tisch, der durch eine einzige Lampe beleuchtet wurde, die auch noch mit Zeitungspapier abgedeckt war. Der energische Paltschinski forderte die Verteidiger des Winterpalais zum Widerstand auf; die von Kerenski versprochenen Verstärkungen seien bereits unterwegs ... Ein paar Dutzend Georgsritter, Kosaken aus dem Ural, Stoßtrupps, ein Frauenbataillon befanden sich im Palais. Livrierte Lakaien gingen herum, Offiziere betranken sich am Buffet, in den Korridoren, in den Ecken, auf den Treppen fanden kleine Versammlungen statt. Widerstand leisten? Sich ergeben? Sich töten lassen? Gruppen von Junkern ergaben sich. Die Ural-Kosaken ergaben sich. Das Licht in den Fenstern erlosch, das Palais fiel in bedrückende Dunkelheit. Tschudnowski betrat es mit einem Ultimatum: So und so viele Minuten, um euch zu ergeben, oder wir beschießen euch. Sollte man ihn erschießen? Man zögerte. Die Kanone der *Aurora* donnerte wieder, was mehr eine Demonstration als eine wirkliche Drohung war. Auf den Kais sahen Leute dem Schauspiel zu; nicht weit davon entfernt fuhren Straßenbahnen. Vom Platz her und aus dem Palais fielen Schüsse. Plötzlich wurde bekannt, daß Aufständische eingedrungen waren, daß in einigen Höfen des Palais die Gegner einander mit Handgranaten in der Hand gegenüberstanden, ohne jedoch den Kampf zu beginnen. Es kam zu einem Sturm, aber zu keinem Angriff. Von einer Truppe Aufständischer gefolgt ging Antonow-Owssejenko die große Treppe hinauf. »Wo ist die provisorische Regierung?« Man bezeichnete ihm einen Saal. Junker mit gekreuzten Bajonetten bewachten den Eingang. Antonow-Owssejenko, ein magerer Zivilist in Mantel und schwarzem Filzhut, schob die Gewehre zur Seite und trat ein ... Die leichenblassen Minister saßen würdevoll im Halbdunkel in ihren Fauteuils rund um den Tisch und erwarteten ihn. Antonow-Owssejenko erklärte sie für verhaftet. Es war für ihn schwieriger, sie auf dem dunklen, von unruhiger Bewegung erfüllten Platz vor dem Lynchen zu bewahren als sie zu verhaften. Er ließ sie mit einer Eskorte in die Kasematten der Peter-Paul-Festung bringen, die den Revolutionären sehr vertraut waren. Die Minister und ihre Verteidiger waren aber bald wieder frei. Die Einnahme des Palais forderte nur eine verschwindend geringe Zahl von Opfern. Gerüchten zufolge wurden die Angehörigen des Frauenbataillons von den Truppen belästigt; die Gerüchte übertrieben, derartige Exzesse waren eher die Ausnahme. Die Plünderung des Palais, die seine Verteidiger begonnen hatten, wurde durch Posten der Aufständischen bald beendet, die jeden genau durchsuchten, der es verließ.

Gegen drei Uhr früh (am 26.) verkündete Kamenjew dem Sowjetkongreß die Verhaftung der provisorischen Regierung. Eine Welle freudiger Erregung durchlief den Saal. Um fünf Uhr siebzehn verkündete Krylenko »vor Müdigkeit taumelnd« den Übertritt der 12. Armee. Ein Zeuge berichtete, daß die Menschen vor Freude weinten und einander küßten. Ovationen wurden dargebracht. Die Sitzung wurde erst gegen sechs Uhr früh geschlossen.

»Diese Tage, diese Nächte haben in mir eine Erinnerung an ein hellwach erlebtes Delirium hinterlassen. So viele Dinge geschahen, vermischten sich im Gedächtnis, daß es später äußerst schwierig war, wenigstens ungefähr die Reihenfolge der Geschehnisse zu rekonstruieren, wer anwesend war, den Anteil jedes einzelnen an den zahllosen Aktionen. Viele der nebensächlichen Ereignisse bleiben daher dem Geschichtsforscher unklar. Am Morgen des 26. ging alles weiter. Niemand hatte länger als einige Augenblicke geschlafen, nervös, ständig lauschend. Ich kam in den Smolny zurück. Ich sah nur von Müdigkeit gezeichnete Gesichter, die durch die Bartstoppeln schmutzig wirkten, Ringe unter den geschwollenen Augenlidern. Leo Dawidowitsch wirkte abgespannt, er war blaß, erschöpft, überreizt. Aber eine große, ernste Freude überwog jedes andere Gefühl — und wir hatten keine Minute mehr zu verlieren, um unserer Aufgabe gerecht zu werden. Wir gönnten uns tatsächlich nur das absolut notwendige Minimum an Schlaf, um nicht vor Müdigkeit umzufallen. Die Stunden, die Tage vergingen in einer von einem leidenschaftlichen Willen getragenen zielsicheren Aktivität, die aber insgesamt verwrirend und voll unerwarteter Improvisationen war. Im Lyzeum hielten sich unsere Kinder gut, obwohl sie von allgemeiner Feindseligkeit umgeben waren; nach der Machtübernahme machten ihnen der liberale Lehrkörper und die Schüler aus bürgerlichen Familien das Leben so schwer, daß wir sie woanders, in einer Volksschule, unterbringen mußten.«

XI. Der erste Rat der Volkskommissare. Trotzki wird Volkskommissar für Auswärtige Angelegenheiten

Das Zentralkomitee beriet am 26. Oktober über die Bildung der Sowjetregierung. Lenin sagte lachend: »Mir schwindelt ...« Der Sieg betäubte sie. Es war Trotzki, der vorschlug, die bürgerliche, in Verruf geratene Bezeichnung Ministerium durch »Rat der Volkskommissare« zu ersetzen. Schlechte Nachrichten trafen ein. Kerenski (gegen den ein Haftbefehl erlassen worden war) sammelte Truppen; General Kornilow und seine Komplizen, die formhalber unter Aufsicht ihrer eigenen Kosaken in Bichow komfortabel eingesperrt waren, machten sich auf den Weg, zweifellos nach dem Süden, um mit dem Oberkommando der Armee den Bürgerkrieg zu organisieren ... Die liberalen Zeitungen der Hauptstadt schrieben, daß »die Taschen der Roten

Garden voller deutscher Mark seien« und so weiter, während bewaffnete Arbeiter, die sich mit bescheidenen Rationen Schwarzbrot ernährten, rund um die Kohlenbecken vor Kälte zitterten ... Man beschloß, die wildesten Hetzblätter einzustellen.

Um neun Uhr abends begann die Sitzung des Zweiten Sowjetkongresses unter dem Vorsitz des unermüdlichen Kamenjew. Die Stimmung war ähnlich der des Vorabends, voller Enthusiasmus, ja Leidenschaft. Kamenjew erteilte sofort Lenin das Wort, den die meisten Delegierten nur vom Hörensagen aus der Zeit kannten, als er, mit Schmähungen überhäuft, in einem Versteck lebte ... Sie sahen einen Mann im Straßenanzug ans Rednerpult treten, »kräftig, eher klein, der sich sehr gerade hielt; außergewöhnlicher Kopf mit einfachen Gesichtszügen, runden Wangen, rasiertem Kinn, kleinen, leicht mongolisch wirkenden Augen mit durchdringendem Blick ...«. Diese Skizze, die Trotzki später entworfen hat, können wir vervollständigen, indem wir sagen, daß Lenin durch seine Einfachheit beeindruckte, dadurch, daß er aussah wie ein Durchschnittsrusse von der Wolga, durch seine breite, glatte Stirn, sein beinahe blühendes Aussehen, seinen kräftigen Gang, einen deutlich erkennbaren Hang zum Lachen, zur Ironie, seine überlegte und entschlossene Haltung, die jede Effekthascherei und jedes Pathos im Ausdruck vermied. Er war damals siebenundvierzig Jahre alt.

Wladimir Iljitsch stützte sich fest auf das Rednerpult und wartete, bis die Ovationen abgeklungen waren. Dann sagte er: »Genossen, jetzt beginnt der Aufbau der sozialistischen Gesellschaft.« Trotzki bemerkt, daß diese Worte, die John Reed berichtet hat, in keinem Sitzungsprotokoll aufscheinen können, da es keines gibt, die Stenographen hatten sich nämlich mit den rechten Sozialisten zurückgezogen; sie entsprechen aber voll Lenins Art zu denken und zu reden. Lenin verlas den Entwurf der Friedensadresse. Der Sowjetkongreß schlug allen kriegführenden Völkern und deren Regierungen einen sofortigen Frieden ohne Annexionen und Kontributionen vor; die neue Regierung Rußlands erklärte sich jedoch bereit, jeden anderen Vorschlag zu prüfen ... Er erklärte alle durch das alte Regime geschlossenen Geheimabkommen für ungültig. Dieser Text wurde einstimmig angenommen. Die *Internationale* und der *Trauermarsch* wurden von allen Anwesenden mit solcher Begeisterung gesungen, daß sich ihre Augen mit Tränen füllten. Das Präsidium und Lenin sangen ebenfalls mit.

Anschließend wurde über das Bodendekret, etwa dreißig Zeilen lang, abgestimmt: Enteignung des Großgrundbesitzes ohne Entschädigung; die großen Domänen, die Domänen der Krone, der Kirche und der Klöster werden dem Bauernkomitee zur Verfügung gestellt, die Kleinwirtschaften bleiben erhalten. Eine Instruktion vervollständigte dieses kurze Dokument über die Agrarrevolution: diese Instruktion verlieh den zweihundertzweiundvierzig Denkschriften über Forderungen der Bauern Gesetzeskraft, die im August auf Veranlassung der Sozialrevolutionären Partei veröffentlich worden waren. Lenins Meinung nach sicherte das Bodendekret den Fortbestand des Regimes, da es ihm sofort die Unterstützung der Bauern eintrug. Hundertvierunddreißigtausend Großgrundbesitzer besaßen ungefähr ein Viertel des gesamten bebauten Landes; von diesen besaßen dreißigtausend Aristokraten mehr als zweitausend Hektar pro Kopf. Der bäuerliche Bodenbesitz, der mit Steuern, Servituten und Schulden schwer belastet war, wurde mit einem Schlag frei.

Erst nach der Abstimmung über diese wesentlichen Maßnahmen wurde die Liste der Mitglieder des Rates der Volkskommissare dem Kongreß vorgelegt und per Akklamation bestätigt. Die Regierung bestand aus Kommissariaten, von denen jedes unter dem Vorsitz eines Volkskommissars stand; sie war dem Sowjetkongreß und dem Zentralexekutivkomitee der Sowjets verantwortlich. Sie wurde wie folgt gebildet und war anschließend zahlreichen unwichtigen Veränderungen unterworfen:

Vorsitzender des Rates: Uljanow-Lenin; Inneres: Alexis Rykow, sechsunddreißig Jahre, »alter« Revolutionär, Mitglied des Sowjets von Petersburg 1905, Veteran der Gefängnisse und Sibiriens, achtmal verhaftet, vier Jahre Gefängnis, etwa acht Jahre Deportation, bäuerliche Herkunft; Landwirtschaft: Wladimir Miljutin, dreiunddreißig Jahre, Wirtschaftswissenschaftler, achtmal verhaftet, fünf Jahre eingesperrt, zwei Jahre Deportation; Handel und Industrie: Viktor Nogin, neununddreißig Jahre, Textilarbeiter, einflußreiches Mitglied des Moskauer Sowjets, Biographie ähnlich wie die obenerwähnten; Äußeres: Trotzki; Justiz: Georgij Lomow, neunundzwanzig Jahre, Jurist, Organisator der Metallarbeitergewerkschaft in Moskau, zahlreiche Gefängnisse; Nationalitäten: Josef Dschugaschwili-Stalin, achtunddreißig Jahre; Volksbildungswesen: Anatol Lunatscharski, zweiundvierzig Jahre, Schriftsteller; Ernährung: Iwan Teodorowitsch, einundvierzig Jahre, adeliger Herkunft,

Intellektueller, ehemaliger Zwangsarbeiter; Arbeit: Alesander Schljapnikow, dreiunddreißig Jahre, Metallarbeiter, Aufständischer von 1905, Teilnehmer an der Märzrevolution 1917, Vorsitzender der Gewerkschaft der Metallarbeiter; Post, Telegraphie und Telephon: Glebow-Awilow; für die Finanzen wurde der Wirtschaftswissenschaftler Skwortsow-Stepanow in Erwägung gezogen, ohne eine endgültige Entscheidung darüber zu treffen; das Kommissariat für Verkehrswesen wurde, wegen des Konflikts mit dem Zentralexekutivkomitee der Eisenbahner, nicht besetzt; ins Kriegs- und Marineamt delegierte man Antonow-Owssejenko, den Matrosen Dybenko, den Unteroffizier Krylenko.

Sinowjew wurde mit der Herausgabe des offiziellen Organs *Iswestija* (Nachrichten) betraut; Kamenjew sollte den Vorsitz des neuen Allrussischen Zentralexekutivkomitees der Sowjets übernehmen.

Alle Mitglieder der Regierung gehörten der Partei der Bolschewiki an. Der Kongreß stellte keine Gegenkandidaten auf. Die linken Sozialrevolutionäre weigerten sich immer noch, an der Regierung teilzunehmen. Die gemäßigte Fraktion der Partei, die vorher dem Aufstand ablehnend gegenübergestanden war, war auf den wichtigsten Posten durch Sinowjew, Kamenjew, Rykow, Nogin vertreten. Der Name Josef Dschugaschwili (Stalin) wurde damals zum ersten Mal der Öffentlichkeit bekannt. Stalin war der Sohn eines georgischen Schuhmachers, im Kaukasus aufgewachsen und hatte natürlich sowohl Gefängnisse als auch die sibirische Verbannung kennengelernt. Er hatte in der Redaktion der bolschewistischen Zeitung mitgearbeitet. Während des Aufstandes war er immer wieder kurz im Smolny aufgetaucht, hinterließ aber keine Spuren seiner Tätigkeit, außer daß er sich mit der Zeitung befaßte. Er hatte im Kaukasus 1907 bis 1908 zur Zeit der bewaffneten »Enteignung« von Geldern zweifellos bedeutende Dienste geleistet. Es war sehr wahrscheinlich Lenin, der als erster daran dachte, ihm einen Posten in der Regierung anzuvertrauen.

Ein rechter Sozialist war auf der Tribüne des Kongresses erschienen, um die Versöhnung mit der »revolutionären Demokratie« vorzuschlagen, das heißt mit jenen Parteien, die Kerenski unterstützt hatten. Trotzki antwortete ihm in einer langen Rede. Er wies die Zusammenarbeit mit jenen zurück, die ihrerseits die Absicht hatten, mit der Reaktion zusammenzuarbeiten. »Unsere ganze Hoffnung«, sagte er, »setzen wir darauf, daß unsere Revolution die europäische Revolution entfesseln wird. Werden die aufständischen Völker Europas den Imperialismus nicht erwürgen, dann werden wir erwürgt werden. Das ist unbestreitbar. Entweder wird die russische Revolution einen Sturm des Kampfes im Westen hervorrufen, oder die Kapitalisten aller Länder werden unsere Revolution erdrosseln ...« Er schloß dennoch nicht die hypothetische Möglichkeit eines baldigen Friedens mit den bürgerlichen Regierungen aus, doch betonte er, daß »die Fristen nicht gesetzt sind«.

Man hat der Oktoberrevolution 1917 oft vorgeworfen, daß sie ein demokratisches Regime gestürzt hätte. Die Geschichtsforscher jedoch — sogar die der Rechten — geben im Gegenteil zu, daß Rußland in diesem Augenblick keinerlei auch noch so unbedeutende demokratische Institutionen besaß. Nur die Sowjets und die Parteien vertraten eine weitreichende revolutionäre Demokratie. Die von Offizieren des autokratischen Regimes befehligte Armee, die von Beamten der Autokratie geleiteten Verwaltungen und Ministerien, die auf ein bestürzendes Niveau herabgesunkene Presse, die sich in den Händen der früheren Herrscher befand, die monarchistische Bourgeoisie und die noch reaktionärere Aristokratie bildeten eine bedrohliche Gemeinschaft. Diese Rechte verhehlte nicht ihre Absicht, eine »starke Macht« aufzustellen, mit einem Wort eine Diktatur, die zum Mittel des Terrors hätte greifen müssen, um die Bauern, die Arbeiterklasse, die Linksparteien zu bändigen. Rußland, das keine stabilen Institutionen besaß, lebte unter der Drohung des Faschismus noch vor dessen eigentlichen Auftreten. In diesem Sinn war der Aufstand der Sowjets tatsächlich eine Defensivmaßnahme.

Im gesamten Gebiet des ehemaligen zaristischen Rußlands ging die Macht auf die lokalen und regionalen Sowjets über, nicht ohne Konflikte mit den rechten Sozialisten, aber ohne Kämpfe. In Kasan hatte der von Truppen in einer Gesamtstärke von vierzigtausend Mann unterstützte Sowjet die Macht schon vor den Ereignissen in Petrograd übernommen.

Während einer ganzen Woche an Kämpfen floß in Moskau Blut. Ein Freund Trotzkis spielte in dieser Schlacht die vielleicht entscheidende Rolle. Es war der gutmütige Riese Muralow, der mit dem dicken Schnauzbart. Er war Agronom und Offizier, Teilnehmer an der Revolution von 1905, ein unternehmungslustiger Mensch, ein vernünftiger, entschlossener Geist ... Während des Kampfes ereigneten sich schreckliche Episoden. Während sich in Petrograd die Rotarmisten damit begnügten, ihre Gegner zu entwaffnen und ihnen die Freiheit auf das einfache Versprechen hin schenkten, nicht mehr die Waffen gegen die Revolution zu erheben, erschossen die Weißen in Moskau oft ihre Gefangenen. Der von den Roten besetzte Kreml kapitulierte, weil das Komitee für das öffentliche Wohl diesen das Leben garantiert hatte. Aber kaum hatten die Junker den Platz besetzt, stellten sie die Arbeiter des Arsenals vor ihre Maschinengewehre und erschossen sie. Das war die erste Massenhinrichtung von Besiegten im Verlauf einer Revolution, die bis zu diesem Tag bei allen Tumulten und Konflikten bemüht war, kein Blut zu vergießen; es war der eigentliche Anfang des weiteren Terrors. Die Begeisterung des Volkes war noch so groß, daß nach dem Sieg des Sowjets die Schuldigen an diesem Verbrechen nicht gesucht wurden. Die Junker wurden nur einfach entwaffnet ... Das militärische Revolutionskomitee von Moskau »garantierte die Freiheit und Unverletzlichkeit« aller Bürger.

3. Die Macht

I. Probleme, Gefahren, Mühsal. Trotzki und Murawjew erringen den Sieg von Pulkowo

Durch die Machtübernahme wurde vorerst auch nicht das kleinste Problem gelöst, im Gegenteil, die Schwierigkeiten wurden während der folgenden Tage noch größer. Der Streik der Beamten und der Techniker legte teilweise den öffentlichen Dienst lahm. Die telegraphische Verbindung war unterbrochen, und da es an verläßlichen Nachrichten fehlte, kamen die böswilligsten Gerüchte auf. Kerenski marschierte an der Spitze einer Armee auf die Hauptstadt zu und beabsichtige zweifellos, ihr das gleiche Los zu bereiten, das seinerzeit die Kommune von Paris erlitten hatte ... Verworrene Informationen, dringende Probleme, unbestimmte Gefahren, politische Streitigkeiten, Zwischenfälle, Improvisationen schienen wie vom Sturm verwehte Blätter durcheinanderzuwirbeln. Der Smolny blieb das Hauptquartier der Revolution, voller erdfarbener Uniformen, übermüdeter Gesichter, Beratungen, Telephongeklingel; man schlief auf den Sofas, ernährte sich hastig und schlecht, beriet in Wolken von Tabakrauch, alle Fäden des Chaos und der freiwilligen Organisation, die inmitten dieses Chaos entstand, liefen schließlich in den beiden Zimmern Lenins und Trotzkis zusammen.

Einen Augenblick lang hatte sich Trotzki nach der extremen nervösen Anspannung während des Aufstandes gelöster gefühlt und daran gedacht, sich einer Arbeit als Publizist zu widmen, der Leitung der Presse vielleicht, statt einer aktiveren Regierungstätigkeit. Sein schriftstellerisches Temperament, seine Vorliebe für die Formulierung von Ideen drängte ihn in diese Richtung; er war auch der Meinung, daß es sich für ihn als Jude nicht schickte, zu direkt an der Machtausübung teilzunehmen. Lenin schob seine Einwände jedoch beiseite und bot ihm den Posten des Vorsitzenden des Rates der Volkskommissare an ... Jede Stunde hatte ihre gebieterische Forderung. Vergessen wir nicht, daß bis dahin noch keine sozialistische Bewegung einen dauerhaften Sieg davongetragen hatte. Die Presse billigte dem Bolschewismus eine Herrschaftsdauer von vierzehn Tagen bis zwei Monaten zu.

Trotzki ließ die Stadt in Verteidigungszustand versetzen: Schützengräben wurden gegraben, Barrikaden errichtet, die Arbeiter mobilisiert. Am 29. Oktober fielen im Zentrum Kanonenschüsse. Ein von den Sozialrevolutionären geleitetes Komitee zur Rettung des Vaterlandes hatte die Junker aufgewiegelt, die ein paar Gebäude besetzten. Junge Menschen rannten sinnlos in den Tod. Trotzki ermahnte die Rote Garde zu vernünftiger Mäßigung: »Lebende sind mehr wert als Tote! Die Gefangenen werden uns zum Austausch nützlich sein . . .«

Er sammelte Kräfte gegen Kerenski. Man wußte nicht, über welche Truppen Kerenski verfügte, aber man beschloß, die Offensive gegen ihn zu ergreifen. Eine kleine Gruppe von Offizieren bot ihre Dienste an, oft vom Haß getrieben, den sie gegen den Sprecher der »revolutionären Demokratie« empfanden; einige hofften, daß der Kampf zwischen den Sowjets und der provisorischen Regierung zum Triumph der Konterrevolution führen würde. Ein Oberst Murawjew, ein Sozialrevolutionär, entfaltete plötzlich eine intensive Aktivität. In der bitterkalten Nacht des 30. Oktober fuhren Murawjew und Trotzki mit dem Auto an die Front, ins Unbekannte, wo sie sofort das ungewöhnliche Schauspiel erlebten, daß ihre Befehle befolgt wurden. Die Energie der Arbeiter setzte sich überall durch. Konvois fuhren durch die Nacht, Männer mit Schirmmützen hielten an allen Kreuzungen Wache. Ein alter Oberst Walden stellte Artillerie auf den Höhen von Pulkowo auf, etwa fünfzig Kilometer von Petrograd entfernt. Die zögernde Offensive der Kosaken wurde mühelos zum Stillstand gebracht. Trotzki schickte sein erstes Siegesbulletin in den Smolny. Am nächsten Morgen besetzte er, ohne auf Widerstand zu stoßen, mit Soldaten, Matrosen, Roten Garden das Zarenpalais von Gatschina, das von Panzerwagen und Kosaken umgeben war; aber diese wollten nicht mehr kämpfen. Ihr General, der Monarchist Krassnow, erwartete seine Verhaftung in einem verschwenderisch getäfelten Saal. Er erklärte, daß er Kerenski immer wieder geraten habe, sich den Sowjets zu ergeben, daß er ihm sogar eine Eskorte zur Verfügung gestellt habe, die ihn nach Petrograd begleiten sollte; daß aber Kerenski sich seiner Überwachung entzogen habe und wieder einmal geflohen war. Dieser Krassnow, ein alter Soldat des Zaren, ein mit den Methoden der Repression vertrauter Reaktionär, wurde auf Ehrenwort freigelassen. Er begab sich sofort in das Dongebiet und wurde dort mit Unterstützung der Deutschen einer der erbarmungslosesten Führer der Konterrevolution; er richtete einen Appell an alle Kosaken, in dem er sie aufforderte, Rußland von den »düsteren Ignoranten zu befreien, die sich Wilhelm II. verkauft haben«.

Als Volkskommissar des Äußeren machte sich Trotzki wenig Illusionen über seine Aufgabe. »Ich muß nur die Geheimverträge veröffentlichen und dann die Bude schließen!« Er nahm an, daß kein Staat die Sowjetregierung anerkennen würde, zumindest nicht vor ihrer Konsolidierung. Er fand ängstliche Beamte in einem leeren Ministerium vor. Er mußte einen Fürsten Tatischew verhaften lassen, damit dieser ihm die Aktenschränke aufschloß. Er beauftragte den Matrosen Markin mit der Verwaltung des Gebäudes. Er unterschrieb en bloc die Entlassung von dreiunddreißig desertierten hohen Beamten, dann die von achtundzwanzig Diplomaten, die im Ausland, angefangen von den Großmächten bis hin zu Staaten wie Paraguay, akkreditiert waren.

Er befahl dem Oberkommandierenden der russischen Armee, dem General Duchonin, sofort Waffenstillstandsverhandlungen mit dem Feind aufzunehmen. Duchonin weigerte sich. Die Volkskommissare ersetzten ihn durch den Leutnant Krylenko, der mit einer Sonderabteilung der Petrograder Truppen in das Hauptquartier in Mohilew einzog, während die höheren Offiziere desertierten. Duchonin wurde von seinen Soldaten gelyncht.

Innerhalb der sowjetischen Regierung kam es zu einer Krise. Mehrere Bolschewiki kritisierten die auf die Initiative Lenins und Trotzkis hin ergriffenen Maßnahmen gegen die bürgerliche Presse. »Die Kapitalisten dürfen nicht mehr die Möglichkeit haben, die öffentliche Meinung nach ihrem Gutdünken zu gestalten«, entschied Trotzki. Hatte nicht eine Zeitung wieder einmal veröffentlicht, daß es »deutsche Generäle in der Regierung« gebe? Die gemäßigten Bolschewiki erklärten sich für die Bildung einer »sozialistischen Regierung, die alle sowjetischen Parteien umfaßt«. Da sie durch Lenin und Trotzki in die Minderheit gedrängt wurden, demissionierten sie im Zentralkomitee und im Rat der Volkskommissare (Kamenjew, Sinowjew, Rykow, Miljutin, Nogin). Nach einigen Tagen kehrten sie wieder zurück, da sie die Unmöglichkeit einer Verständigung mit den rechten Sozialisten erkannt hatten.

Der Streik der Beamten und Techniker verschärfte die Lage

in der Hauptstadt. Trotzki warnte die Saboteure: »Sie spielen mit dem Feuer! Dem Land und der Armee droht eine Hungersnot (...). Wir werden die Vorräte requirieren, wir werden den Besitz konfiszieren (...).« Seine Lösungen sind immer von einer energischen Unbeugsamkeit. Die Weißen ziehen ins Feld; im Dongebiet unter dem Hetman Kaljedin, im Ural unter dem Hetman Dutow; Trotzki verbietet Verhandlungen mit ihnen: Sie sind vogelfrei, man muß sie besiegen.

Kaum ist die Krise im Zentralkomitee beigelegt, als die Massen beginnen, die Keller der Palais zu plündern, sich mit teurem Wein und Likören zu betrinken, sich durch die Straßen zu wälzen. Trotzki läßt die Vernichtung der Wein- und Likörvorräte beschließen. Ausgewählte Rote Garden werfen Handgranaten in die Keller; als sich die Wut der betrunkenen Menge gegen sie richtet, stellen sie Maschinengewehre auf. Um an diesen Operationen teilnehmen zu können, läßt der Matrose Markin für kurze Zeit sein Außenministerium im Stich.

»Während dieser Tage fragte Lenin Trotzki bei einer Unterredung unter vier Augen plötzlich: ›Und wenn die Weißen uns töten, Sie und mich? Werden Swerdlow und Bucharin es schaffen?‹ Leo Dawidowitsch begann zu lachen: ›Wir wollen hoffen, daß man uns nicht töten wird ...‹ — ›Der Teufel weiß, wozu die Weißen fähig sind›, schloß Lenin nun ebenfalls lachend.«

»Aus der kleinen Wohnung in der Taurischen Straße übersiedelten wir, aus Gründen der Zweckmäßigkeit und Sicherheit, ins Institut Smolny. Wir erhielten zwei viereckige, hohe Zimmer mit großen Fenstern. Ich erinnere mich, daß ich, weil ich keinen Stoff gefunden hatte, aus dem ich unseren beiden Söhnen Blusen machen konnte, die vielfarbigen Samtstoffe verwendete, die auf den Tischen lagen. Leo und Sergej waren mit meinen Improvisationen nicht einverstanden und trugen die Blusen nur unwillig ... Eines Tages kam Lenin, der mit seiner Frau und seiner Schwester Zimmer auf dem gleichen Korridor bewohnte, im Vorübergehen zu uns herein und sah die Kinder mit diesen Blusen. Er blieb vor ihnen stehen, stellte sie nebeneinander, trat zurück, um sie besser bewundern zu können, und rief: ›Aber das gefällt mir sehr gut ...‹ Ich war durch diese unerwartete Bemerkung verblüfft, war angenehm überrascht, daß Lenin sich für etwas so Nebensächliches überhaupt interessierte. Und von diesem Tag an waren die Kinder bereit, die Blusen ohne Protest anzuziehen (...). Überall rings um uns tagten Komitees; das Gebäude war mit Maschinengewehren gespickt.«

In Rußland wie im Ausland sprach man nur von der »Diktatur Lenins und Trotzkis«. Das war ganz und gar falsch. Das Zentralkomitee, die sowjetischen Komitees, die lokalen Komitees berieten frei und leidenschaftlich über alle Entscheidungen und oft brachen wilde Meinungsverschiedenheiten aus. Alle Entscheidungen wurden den Versammlungen der Partei, der Kongresse, der Exekutivkomitees vorgelegt. So funktionierte — mit zu vielen Beratungen — eine leidenschaftliche Demokratie, die im übrigen ihren sozialistischen Gegnern keine Freiheiten vorenthielt. Anarchisten, rechte Sozialrevolutionäre (die offen mit der Konterrevolution verbündet waren), linke Sozialrevolutionäre (die schließlich nicht mehr zögerten, sich mit fünf Portefeuilles an der Regierung zu beteiligen), in zahlreiche Schattierungen gespaltene menschewistische Sozialdemokraten hatten ihre eigenen Klubs, ihre eigene Presse, ihre eigenen Vertretungen. Die sozialistische Zeitung Maxim Gorkis *Nowaja Schisn* (Neues Leben) veröffentlichte immer noch Kommentare folgender Art: »Lenin, Trotzki und ihre Nachfolger haben das Gift der Macht getrunken (...). Diese blinden Fanatiker und gewissenlosen Abenteurer scheinen sich kopfüber in die ›soziale Revolution‹ zu stürzen. In Wirklichkeit treiben sie in die Anarchie, in den Schiffbruch des Proletariats und der Revolution« (...). Das Zentralexekutivkomitee der Eisenbahner, das von den Rechtssozialisten beherrscht wurde, blieb eine anerkannte Macht. Das Machtmonopol war weder eine Tatsache noch ein Ziel. Im Gegenteil, die »Diktatur des Proletariats« wollte wirklich »die größte Demokratie der Arbeiter« sein. Die gesamte Politik der Führer beruhte auf einem ständigen Appell an die Massen, an ihre Mitarbeit, an ihre Initiative, und die Ergebnisse waren jeden Tag ergreifend. Die Autorität Lenins und Trotzkis hatte keine andere Grundlage als ihr persönliches Prestige. Wenn sich Lenin gelegentlich mit seiner Meinung in der Minderheit befand, war seine ärgste Drohung, er werde demissionieren. Die erbittertsten Diskussionen in der Partei führten nur zu diesen wirkungslosen »Demissionen«, denn die alte Kameradschaft der Männer, die einander seit vielen Jahren kannten, trug dazu bei, Unstimmigkeiten ohne Mühe beizulegen.

Trotzki war immer der Meinung, daß er unter diesen Umständen voll die kollektive Verantwortlichkeit des Zentralkomitees und des Rats der Volkskommissare teilte, auch wenn seine Arbeit es ihm nicht erlaubte, an der Ausarbeitung der wichtigsten Maßnahmen mitzuwirken, wie es oft während der Jahre des Bürgerkriegs der Fall war. Die Geschichte seines Lebens müßte daher eigentlich die Aufzählung aller Maßnahmen der Sowjetregierung enthalten.

II. Auflösung der Konstituierenden Versammlung

Über die Auflösung der Konstituierenden Versammlung war er mit der Mehrheit des Zentralkomitees einer Meinung. Bei den Wahlen Ende November erhielten die Rechtssozialisten 22,600.000 Stimmen gegen etwas über 9 Millionen für die Bolschewiken; die bürgerliche Partei der Konstitutionellen Demokraten erhielt 4,600.000 Stimmen. Die Sozialrevolutionäre errangen einen glänzenden Sieg mit 20,900.000 Bauernstimmen und 267 Mandaten, während die Menschewiki nur 1,700.000 Stimmen erhielten. Allerdings waren die Sozialrevolutionäre in eine sowjetische Linke und eine der Bourgeoisie nahestehende Rechte gespalten. Stürmische, aber eindeutig die Minderheit vertretende Kundgebungen gingen der Eröffnung der Konstituante am 18. Januar 1918 voraus. Die Konstituante wählte den ehemaligen Bauernminister Viktor Tschernow zu ihrem Vorsitzenden. Nach einem kurzen Wortgefecht verlas der junge Raskolnikow die endgültige Erklärung der 161 bolschewistischen Deputierten (von 520 gewählten): »Da wir nicht damit einverstanden sind, einen Schleier über die Verbrechen der Volksfeinde zu breiten, werden wir uns zurückziehen und es den Sowjets überlassen, über die Haltung zu entscheiden, die man gegenüber den konterrevolutionären Elementen dieser Versammlung einnehmen soll ...« Ein Matrose, der Anarchist Schelesnjak, forderte den Präsidenten Tschernow auf, die Sitzung aufzuheben, weil »der Ordnungsdienst müde sei«. Von den Tribünen rief man: »Genug! Genug!« Präsident Tschernow spürte den Beginn einer Meuterei. Er zog sich zurück. Eine terroristische Gruppe der Sozialrevolutionäre hatte die Entführung Lenins und Trotzkis vorbereitet, aber das Zentralkomitee der Sozialrevolutionären Partei verbot Attentate gegen diese zu populären Männer. Einige Tage zuvor hatten zwei Sozialrevolutionäre auf Lenins Auto geschossen. Sie wurden verhaftet, und ich glaube mich erinnern zu können, daß sie anschließend der bolschewistischen Partei beitraten.

Trotzki rechtfertigte die Auflösung der Konstituante, indem er bewies, daß die bäuerlichen Massen für »Boden und Freiheit«

gestimmt hatten, ohne genau zu wissen, was in der Hauptstadt vor sich ging, und daß sie in der Verwirrung für eine Liste gestimmt hatten, die gleichzeitig Kerenski, seine Freunde und seine entschiedenen Gegner, die linken Sozialrevolutionäre, umfaßte.

Die Konstituierende Versammlung brachte jene an die Macht zurück, die die Revolution vertrieben hatte; aber jetzt waren sie von Revanchegelüsten beseelt und offensichtlich geneigt, mit den Generälen gemeinsame Sache zu machen. »Man hätte in einigen Wochen wieder eine Revolution veranstalten müssen«, schrieb Trotzki. Die Auflösung der Konstituante zeitigte keine sofortigen Folgen im Land; aber die Sozialrevolutionäre machten sich bereit, zu den Waffen zu greifen.

III. Die Verhandlungen von Brest-Litowsk. Trotzki an der Spitze der russischen Delegation

Die Armee konnte nicht mehr und wollte nicht mehr kämpfen. 1914, 1915, 1916 hatte das russische Heer innerhalb von dreißig Monaten mehr Verluste erlitten als jede andere am Ersten Weltkrieg beteiligte Armee. In Galizien und in der Türkei hielten die Russen noch Feindgebiet besetzt. Die Unfähigkeit der zaristischen Regierung, Versorgung, Verpflegung und Sanitätswesen zu sichern, die Führung der Armee, in der die Offiziere die Soldaten haßten; die Unpopularität eines langen Krieges, dessen Berechtigung die Massen nie begriffen hatten, waren die Gründe für den Sturz der Autokratie gewesen. Seither war die Zahl der bäuerlichen Soldaten, die »das Bajonett in den Boden steckten« und einfach in ihr Dorf zurückkehrten, von Woche zu Woche unaufhörlich angewachsen. Bald darauf kämpften sie erbittert, um den Boden in ihren Besitz zu bringen und zu behalten, und hatten nicht die Absicht, den Krieg für eine provisorische Regierung fortzusetzen, die ihnen gerade diesen Boden verweigerte, und noch weniger für die Einnahme der Dardanellen. Andererseits betrachteten die an der Macht befindlichen Internationalisten den Kampf für den Völkerfrieden, gegen »den imperialistischen Krieg zur Aufteilung der Welt«, als ihre erste Pflicht.

Die Mittelmächte, das heißt die Vierer-Allianz, bestehend aus Deutschland, Österreich-Ungarn, Bulgarien und der Türkei, beantworteten als einzige das Friedensangebot der Sowjets.

Mitte Dezember 1917 wurde ein vierundzwanzigstündiger Waffenstillstand unterzeichnet. Eine erste sowjetische Delegation unter der Führung Joffes, dem Kamenjew und Karachan zur Seite standen, begab sich nach Brest-Litowsk und wurde dort vom Prinzen Leopold von Bayern und dem General Hoffmann empfangen. Die Deutschen und Österreicher taten, als akzeptierten sie grundsätzlich das Prinzip des »Friedens ohne Annexionen und Kontributionen«, und verpflichteten sich formell, ihre Truppen nicht von der russischen Front an die Westfront zu verlegen, dachten aber im übrigen nicht daran, sich tatsächlich an diese Verpflichtung zu halten ... Auf beiden Seiten überlegte man, suchte man Zeit zu gewinnen, die Revolutionäre für ihre Propaganda, die Österreicher und Deutschen im Hinblick auf ihre strategischen Ziele und weil sie versuchten, eine vollkommen neue Situation zu verstehen. Sie hatten geglaubt, sagte Trotzki, Politiker kennenzulernen, die zu scheinbaren Verhandlungen bereit, aber bestechlich waren und geneigt, »realistische« Geschäfte abzuschließen. Sie lernten eine ganz neue Art von Menschen kennen. Daraufhin faßten sie ihre Entschlüsse. Im Namen des »Rechtes der Nationen« wollten sie die getarnte Annexion Polens, Litauens und der baltischen Länder durchsetzen.

Die sowjetische Delegation schlug vor, die Verhandlungen nach Stockholm, also auf neutrales Gebiet, zu verlegen, und stieß auf eine als Ultimatum abgefaßte Ablehnung. Nach einer kurzen Unterbrechung der Verhandlungen stieg Trotzki in den Zug nach Brest-Litowsk, in Begleitung von Joffe, Kamenjew, Karachan, Stellvertretern und Sachverständigen. Karl Radek nahm auch an der zweiten Phase der Verhandlungen teil, die am 1. Februar 1918 begann.

Die Konferenzen wurden in einer beinahe vollkommen zerstörten Stadt abgehalten, in einem von Stacheldrahtverhauen umgebenen Hauptquartier. Die erste sowjetische Delegation hatte es zu Höflichkeitskontakten zwischen den Bevollmächtigten während der gemeinsam eingenommenen Mahlzeiten kommen lassen. Trotzki brach kurzerhand mit diesen Gepflogenheiten. Keine Privatgespräche, keine Liebenswürdigkeiten mehr! Er verlieh den Gesprächen sofort einen Ton höflicher Nüchternheit ... Das geschah nicht nur aus Absicht; er fühlte sich tatsächlich unbehaglich, abwechselnd empört und dann voller Verachtung den bürgerlichen Diplomaten gegenüber, die er für Schufte und Militaristen hielt, wie den korpulenten General

Hoffmann, der wahrscheinlich in der Spionage besser bewandert war als in der Politik, da er gut russisch sprach. Beiden Seiten war klar, daß es unmöglich war, zu einem echten Übereinkommen zu gelangen. Die Verhandlungen zogen sich sinnlos in die Länge. Trotzki bemühte sich, sich für das Ausland, und vor allem für den europäischen Sozialismus möglichst klar auszudrücken. Täglich kam es zu zahlreichen, zeitraubenden, ihn bis zur Weißglut reizenden Zwischenfällen, und mehr als einmal zeigten die Bevollmächtigten der Feindseite, der deutsche Minister von Kühlmann, der österreichische Graf Czernin, der General Hoffmann offen ihre Entrüstung. Trotzki setzte seine ideologischen und juristischen Erklärungen mit ruhiger Festigkeit fort. Er bekannte sich absolut zur Formulierung Joffes: »Wir werden den Ausdruck eines Volkswillens nur dann für authentisch halten, wenn er einer vollkommen freien Abstimmung entspringt, bei der keine fremde bewaffnete Macht in dem Land anwesend war.«

Hoffmann erlaubte sich, den Russen ihre Propagandatätigkeit vorzuwerfen. Trotzki antwortete ihm: »Als Revolutionäre behalten wir uns wie unseren Mitbürgern das Recht der Propaganda für unsere republikanische und revolutionäre Überzeugung vor ...« Er erklärte »unsere Sympathie für die arbeitenden Massen Deutschlands« und aller kriegführenden Länder, und die vollkommene Unabhängigkeit der russischen Politik von derjenigen der Alliierten: »Unsere Politik hat keine Kulissen, die Revolution hat sie beseitigt ...« Man wies ihn darauf hin, daß die russische Delegation die Sprache eines Siegerstaates führe, was der tatsächlichen Situation ja nicht entspräche. »Wir bestreiten nicht«, sagte Trotzki, »daß die Politik der Klasse, die bis vor kurzem unser Land regierte, es geschwächt hat (...), aber eine vorausblickende Politik beruht auf den Entwicklungsmöglichkeiten eines Landes und auf seinen inneren Kräften, die, erst einmal zum Leben erweckt, früher oder später ihre Stärke beweisen werden ...« Die feindlichen Bevollmächtigten riefen gelegentlich aus: »Unerhört!« General Hoffmann beendete eine weitere Debatte darüber mit einem »Genug!«

Trotzki erklärte, daß Rußland den Völkern des früheren russischen Zarenreichs, den Ukrainern, Armeniern, das Recht der Selbstbestimmung zuerkenne. Seine Worte über das damals von deutschen Truppen besetzte Polen, dessen Unabhängigkeit jedoch die Mittelmächte verkündet hatten, sind es wert, wiederholt zu werden: »Wir haben keineswegs die Absicht, die Unabhängigkeit Polens anzufechten, sondern sehen darin das Beispiel für die Bildung einer Regierung gemäß einem Prinzip, das auch nicht die konservativsten Politiker irgendeines Landes zufriedenstellen könnte. Wir anerkennen das Recht des polnischen Volkes, sein Schicksal selbst zu bestimmen, wir werden als erste der Wiedergutmachung der an dem polnischen Volk verübten ungeheuren politischen Verbrechen zustimmen, aber wir werden nie anerkennen, daß die territorialen Vorstellungen eines polnischen Ministeriums (...) wirklich den Willen des polnischen Volkes ausdrücken« (...). (Es handelte sich um die Machenschaften einer austrophilen »polnischen Regierung« unter dem Vorsitz eines Herrn Kucharzewski.) Der Rat der Volkskommissare hatte ohne Debatte die Unabhängigkeit Finnlands anerkannt (31. Dezember 1917).

Lange juristische Auseinandersetzungen fanden vollkommen unnötigerweise — abgesehen vom Zeitgewinn — zwischen Trotzki, von Kühlmann, Czernin und Hoffmann statt. Diese bemühten sich zu beweisen, daß die reaktionären und deutschfreundlichen Regierungen, die sich in den besetzten Gebieten gebildet hatten, sehr wohl den Willen der Bevölkerung vertraten. Trotzki forderte mit unermüdlicher Geduld freie Abstimmungen, nach einem Abzug aus den besetzten Ländern. »Aber Sie regieren ja auch mit Hilfe der Gewalt!« rief ein deutscher Bevollmächtigter aus. »Zweifellos«, erwiderte er, »alle Regierungen beruhen auf der Gewalt; aber bei Ihnen wendet man die Gewalt gegen die Streikenden an und bei uns gegen die Kapitalisten ...« Er sagte schließlich: »Wir sind nicht nur Revolutionäre, sondern auch Realisten: Wir ziehen es vor, Annexionen beim Namen zu nennen.«

Ende Januar besetzte die von einem russischen General unterstützte rumänische Armee Bessarabien und bedrohte die Küste des Schwarzen Meeres. Trotzki ließ sofort die rumänischen Diplomaten aus Rußland ausweisen und den in Moskau deponierten rumänischen Staatsschatz beschlagnahmen. Die Sowjets verpflichteten sich, diesen Schatz bis zu dem Tag in Verwahrung zu nehmen, an dem er den rumänischen Arbeitern zurückgegeben werden könne.

In den Ländern der Entente, die bis gestern Verbündete des russischen Reichs gewesen waren, führten die Verhandlungen von Brest-Litowsk zum Vorwurf des Verrats, der immer wieder wiederholt wurde. Die Bolschewiki, die sich an Deutschland verkauft hatten! In Deutschland riefen sie Zweifel hervor und führten beinahe zu den gleichen Beschimpfungen. Die Berliner *Tägliche Rundschau* schrieb, daß »weder Lenin noch Trotzki den Frieden wollen, der (...) für sie den Galgen oder das Gefängnis bedeuten würde. Sie bemühen sich, in der ganzen Welt und vor allem bei den Mittelmächten zu provozieren ...« Der Ton der deutschen sozialdemokratischen Zeitungen war auch nicht anders ... In Rußland selbst verdammten die zum großen Teil germanophile Konterrevolution und die Rechtssozialisten den »unwürdigen Frieden« ...

IV. »Weder Krieg noch Frieden.« Unterzeichnung des Vertrages von Brest-Litowsk

Das peinliche Diplomatenspiel der Verhandlungen konnte nicht länger fortgesetzt werden. Trotzki kam mit dem Vorschlag zu einer völlig neuen Lösung nach Petrograd zurück: »Weder Krieg noch Frieden.« Das bolschewistische und das linke Sozialrevolutionäre Zentralkomitee und die Kader der beiden an der Macht befindlichen Parteien hielten stürmische Versammlungen ab. Unter den Bolschewiki trat Sinowjew für eine unverzügliche Unterzeichnung des Friedensvertrages ein. Er gab zu, daß dadurch die deutsche revolutionäre Bewegung geschwächt würde, hielt es aber für wichtiger, der russischen Revolution eine sofortige Waffenruhe zu verschaffen. Lenin empfahl, bis zu dem Augenblick zu verhandeln, in dem der Feind ein Ultimatum stellen würde, und dann zu unterschreiben. »Wenn es notwendig ist«, sagte Wladimir Iljitsch, »müssen wir uns für die deutsche Revolution opfern, denn diese steht weit über der unseren ...« Aber wann würde sie stattfinden? Eine starke bolschewistische Linke mit Bucharin, Pjatakow, Karl Radek, Bela Kun, Uritzki, Unschlicht, Wladimir Smirnow wendete sich gegen jedes Übereinkommen mit dem Imperialismus und befürwortete den revolutionären Krieg ... Bei einer Versammlung der Kader am 21. Januar 1918 erhielt diese Linke zweiunddreißig Stimmen gegen fünfzehn für Lenin und sechzehn für Trotzki. Die Mehrheit des bolschewistischen Zentralkomitees billigte Trotzkis Vorschlag. Große Streiks in Deutschland schienen ihnen recht zu geben. Lenin blieb in der Minderheit.

Am 10. Februar ergriff Trotzki bei der Friedenskonferenz von Brest-Litowsk das Wort. Er hielt den Text seiner Rede in der Hand, den er mit wenigen Korrekturen in seiner kleinen, regelmäßigen Schrift niedergeschrieben hatte: »Die Völker«, sagte er, »fragen, wann diese Selbstzerstörung der Menschheit aufhören wird, die durch die Gewinn- und die Herrschsucht der oberen Klassen aller Länder entfesselt wurde (...). Wir wollen nicht mehr an diesem rein imperialistischen Krieg teilnehmen, in dem die Ansprüche der besitzenden Klasse mit Menschenblut bezahlt werden (...). Wir ziehen unser Volk und unsere Armee aus dem Krieg zurück. Unsere Bauernsoldaten kehren zu ihrer Arbeit zurück, um friedlich den Boden zu bebauen, den die Revolution aus den Händen der Großgrundbesitzer in die der Bauern übergeben hat (...). Wir demobilisieren unsere Armee. Wir lehnen es ab, einen Frieden der Annexionen zu unterzeichnen. Wir erklären den Kriegszustand zwischen den Mittelmächten und Rußland für beendet.«

Und die russische Delegation zog sich zurück und überließ den Feind seiner Überraschung. Bei einer außerordentlichen Versammlung der Regierungschefs der Viererallianz und ihrer Generalstäbe waren von Kühlmann und die Österreicher gegen die Wiederaufnahme der Kriegshandlungen mit Rußland. Ludendorff setzte sich durch. Deutschland brauchte das ukrainische Getreide, mußte den Bolschewismus vernichten, ehe es in Frankreich seine letzte Offensive startete.

Trotzki befand sich mit mehreren linken Sozialrevolutionären im Smolny in Lenins Zimmer, als eine Depesche Lenin erbleichen ließ. Die deutsche Offensive hatte wieder begonnen, ohne auf Widerstand zu stoßen. Die russischen Schützengräben waren leer, es existierte kein Kommando. Die deutsche Armee folgte den Eisenbahnlinien und besetzte eine Stadt nach der anderen ... Lenins Unruhe erreichte ihren Höhepunkt. »Diese Bestie springt schnell«, wiederholte er. Das Zentralkomitee trat am 18. Februar zweimal zusammen. Am Morgen wurde Lenin überstimmt. Am Nachmittag schrie er verzweifelt, daß »die Zeit der revolutionären Phase vorbei sei« und stieß seine wirksamste Drohung aus: »Ich demissioniere!« Die Neuigkeiten von der Front berichteten nur von Zusammenbrüchen. Der von Lenin gewünschte »sofortige Frieden« drang durch, dank der Stimmen Trotzkis, Swerdlows, Sokolnikows, Stalins, Wladimir Smirnows, Sinowjews gegen Uritzki, Lomow, Bucharin, Joffe, Krestinski, Dserschinski.

Am 3. März 1918 überschritt Sokolnikow in Begleitung Tschitscherins, Joffes, Karachans die Linien und unterschrieb den Vertrag, genauer das deutsche Diktat, ohne ihn zu lesen, indem er jegliche Diskussion ablehnte, um klarzustellen, daß Rußland der Gewalt weiche. Ein außerordentlicher Sowjetkongreß ratifizierte den Vertrag am 16. März. Der Reichstag folgte einige Tage später seinem Beispiel. In Rußland erfuhr man voll Empörung, daß die deutsche Sozialdemokratie für die Ratifizierung gestimmt hatte. Nur die unabhängigen Sozialdemokraten waren dagegen gewesen.

Inzwischen hatte Trotzki, während der Tage des Bangens, für den Rat der Volkskommissare die Proklamation des »sozialistischen Vaterlandes in Gefahr« verfaßt. Er hatte drakonische Instruktionen für den Krieg vorbereitet:

»Alles, was nicht evakuiert werden kann, muß zerstört werden. Das Getreide wird abtransportiert oder vergraben. Was man nicht verstecken kann, wird zerstört. Ganze oder zerlegte Maschinen werden abtransportiert. Die man nicht abtransportieren kann, werden zerstört. Die Metalle werden vergraben. Lokomotiven und Waggons werden evakuiert. Die Schienen werden abgerissen. Brücken werden vermint und in die Luft gesprengt. Wälder und Ernten im Hinterland des Feindes werden in Brand gesetzt (. . .). Es werden Hinterhalte gelegt. Man kämpft mit Schuß- und Hiebwaffen. Das Hinterland wird gesichert. Spione, Provokateure, konterrevolutionäre Verräter, die den Feind direkt oder indirekt unterstützen, werden ohne Ausnahme hingerichtet (. . .). Indem sie ihre Freiheit und ihre Existenz verteidigt, wird die Republik der Sowjets die Arbeiter aller Länder zum Kampf gegen alle Ausbeuter und alle Freibeuter veranlassen.«

Trotzki erhielt von britischen und französischen Militärkommissionen Angebote einer Unterstützung. In diesem Zusammenhang sandte Lenin dem Zentralkomitee einen in aller Eile abgefaßten Brief: »Zählt bitte meine Stimme für die Annahme der Unterstützung und der Waffen der imperialistischen anglofranzösischen Banditen. Lenin.« Lenin sprach zu Trotzki: von einem Rückzug in den Ural, von einer Verteidigung in Sibirien, von Widerstand sogar in Kamtschatka . . . In dem Korridor des Smolny küßte der erschütterte Bucharin mit Tränen in den Augen Leo Dawidowitsch und flehte ihn an, sich für den revolutionären Krieg auszusprechen . . .

Der Vertrag von Brest-Litowsk entriß Rußland die baltischen Staaten. Er bestätigte die Abhängigkeit Polens von Deutschland. Er erzwang die »Unabhängigkeit« der Ukraine, durch die die deutschen Kolonnen zum Don und zum Kaukasus marschierten. Er erzwang die Evakuierung der russischen Garnisonen in Finnland, das heißt die Opferung der finnischen Revolution, die ohne Kampf gesiegt hatte. Er erzwang unter verschiedenen Vorwänden die Zahlung von drei Milliarden Goldrubel (über eineinhalb Milliarden Golddollar).

Trotzki gab zu, daß die Republik der Sowjets bei einer früheren Unterzeichnung, mit weniger Widerstand, weniger vernichtende Bedingungen erzielt hätte; aber der deutsche Imperialismus wäre nicht vollkommen demaskiert worden. Die Legende des Einverständnisses des Bolschewismus mit ihm wäre nicht vernichtet worden. Er bedauerte nicht, daß er alle Propagandamöglichkeiten der Verhandlungen ausgeschöpft, dem deutschen Sozialismus den Puls gefühlt und die Arbeiterklassen des Westens von der absoluten Unnachgiebigkeit der Bolschewiki dem österreichisch-deutschen Imperialismus gegenüber überzeugt hatte. Er fand immer, daß die Verhandlungen von Brest-Litowsk eine entscheidende Rolle bei der inneren Auflösung der Mittelmächte gespielt hatten.

V. Das Leben im Kreml. Besuch des Vaters, David Leontjewitsch Bronstein

Eine Division unter Graf Rüdiger von der Goltz landete in Finnland. Der Rat der Volkskommissare übersiedelte nach Moskau. Da Petrograd nicht mehr die Hauptstadt war, bot es für die Deutschen und das konterrevolutionäre Finnland ein weniger lohnendes Ziel. Trotzki gab das Kommissariat für Auswärtige Angelegenheit auf und nahm auf Aufforderung Lenins das Portefeuille für Krieg und Flotte an.

»Er kannte von Moskau nur das Butyrki-Gefängnis. Die alte Hauptstadt, die in konzentrischen Kreisen um die hohen, mit Zinnen gekrönten Mauern, die Türme, die vergoldeten Kuppeln des Kreml erbaut war, bewahrte noch ihr buntes Aussehen einer christlichen, handeltreibenden, feudalen Stadt von gestern. Wir bewohnten im Kreml die Wohnung eines hohen Beamten, mehrere Zimmer nebeneinander. Das Arbeitszimmer Leo Dawidowitschs war zur Gänze mit glänzender karelischer, beinahe vergoldet wirkender Birke ausgekleidet. Cupido und Psyche veranlaßten zu Neckereien; wir hatten am wenigsten an sie gedacht und sicherliche paßten diese Attribute bourgeoisen Glücks keineswegs zu unseren Sorgen. Als ich mit den Kindern ankam, empfing mich Leo Dawidowitsch sehr vergnügt über diese Einrichtung. ›Endlich‹, sagte er gut gelaunt, ›eine schöne Wohnung!‹ Kurze Zeit war Lenin unser Nachbar, dann richtete er sich in den kleinen Zimmern eines anderen Gebäudes in unmittelbarer Nachbarschaft der Regierungsbüros ein. Die Kontakte zwischen ihnen waren häufig und freundschaftlich, obwohl sie nie genügend Zeit hatten, um sich länger zu unterhalten. Das Speisezimmer der Volkskommissare stand mit unserer Wohnung in Verbindung, und dort wurden gelegentlich die Zusammenkünfte des Politbüros abgehalten; etwa zehn alte Kameraden trafen einander ohne Formalitäten oder Intrigen, ohne Rivalitäten oder Zeremoniell. Die Kinder rauften eines Tages in einem unserer Zimmer; sie fielen zusammen gegen eine Tür, die nur angelehnt war, und rollten ganz außer Atem mitten in die Sitzung des Politbüros! Die höchste Autorität der Partei empfing sie mit Vergnügen.«

»Stalin besetzte eine Wohnung, die der unseren gegenüber lag. Jenukidse und Kalinin quartierten sich auf dem gleichen Korridor ein. Der verschlossene, oft sehr kühle Stalin, der sich wenig aus Höflichkeit machte, unterhielt zu Trotzki nur die unumgänglich notwendigen Beziehungen. Mich grüßte Stalin kaum oder gar nicht. Seine junge Frau Nadja Allilujewa, die Tochter eines revolutionären Eisenbahners aus dem Kaukasus, war hingegen ein entzückendes Wesen, von einer angeborenen Intelligenz, die sie später unndlich leiden ließ und schließlich zum Selbstmord trieb. Abelji Jenukidse, ein Jugendfreund Stalins und eine Zeitlang sein Gefährte in Sibirien, war ein ausgeglichener Mensch, zuvorkommend, von auffallender Vornehmheit; und seine Züge entsprachen seinem Charakter (. . .).«

»Vor allem in der ersten Zeit war die Verpflegung der Bewohner des Kreml eher frugal; Leo Dawidowitsch sagte mir: ›Wir dürfen nicht besser leben als in der Emigration . . .‹ Ich war ganz seiner Meinung, und im übrigen durch meine Funktion zu beschäftigt, und auch zu gut über die Entbehrungen der Arbeiter informiert. Ein wenig Wohlstand war nur den ehemaligen besitzenden Klassen und den nicht zahlreichen Privatpersonen geblieben, die sich vom Schwarzen Markt ernährten. Als Trotzki sich einmal zu Tisch setzte, bemerkte er Butter. ›Woher kommt diese Butter?‹ fragte er erstaunt. Der Sekretär des Zentralkomitees, Leonid Serebrjakow, der durch unseren Arzt über unsere Diät informiert worden war, hatte uns eine Ration zuteilen lassen, die uns wie ein wahrer Luxus erschien. Erst nach langen Monaten erhielten die Mitglieder der Regierung eine etwas bessere Verpflegung. Die für den Export bestimmten Vorräte an Kaviar, die man nirgends mehr hinschicken konnte, leisteten gute Dienste (. . .).«

»In dieser Zeit lebten zahlreiche Beamte besser als die Führer der Revolution, weil sie ›sich halfen‹ und dafür sogar eine Organisation aufzogen. Ich erfuhr durch Zufall, daß es exklusive Geschäfte für verschiedene Kategorien der ›verantwortlichen Genossen‹ gab. Unzählige Mißbräuche rissen bei der Versorgung ein, Privilegien wurden errichtet. Das Politbüro erwog, Vorschriften für das Leben der mit einer gewissen Autorität betrauten Revolutionäre herauszugeben (. . .). Es geschah aber nichts; es war nicht nur schwierig, irgendwelche Normen festzulegen, es wäre auch unmöglich gewesen, sie in der Praxis durchzusetzen. Mitglieder der Regierung und Leiter aller möglichen Kategorien erhielten das gleiche Durchschnittsgehalt eines qualifizierten Arbeiters; und, soweit dies möglich war, die zur Durchführung ihrer Aufgaben erforderlichen Einrichtungen.«

»Vergnügungen oder sogar Ruhe gehörten für uns zu den unerreichbaren Dingen. Leo Dawidowitsch kam aus dem Kommissariat zum Mittagessen in den Kreml. Dann streckte er sich für eine Dreiviertelstunde auf dem Diwan aus. Seine Töchter Nina und Sina besuchten ihn manchmal in diesen Augenblicken, und seine Weigerung, mit ihnen über Politik zu sprechen, ärgerte sie.«

»In der Anfangszeit unseres Aufenthalts im Kreml traf Trotzkis Vater in Moskau ein. Der alte, siebzigjährige Mann, der durch die Revolution plötzlich ruiniert war, hatte sein Dorf Janowka verlassen und die etwa zweihundert Kilometer zwischen Cherson und Odessa durch ein gefährliches Gebiet zu Fuß zurückgelegt. Er war auf den Straßen mehrere Male von Partisanengruppen angehalten und beinahe zusammengeschlagen worden. Für die Roten, die nur den Namen Trotzkis kannten, war der Alte ein Bauernbourgeois, ein Kulak. Die Weißen erkannten in ihm den Vater des abscheulichen Juden Bronstein-Trotzki. Vater und Sohn waren bei ihrem Wiedersehen voller Zuneigung. Er erzählte uns, daß man ihm alles weggenommen habe und daß er im übrigen alles freiwillig der Revolution überlassen habe: Boden, Gebäude, Pferde, Rinder. Sein Gerechtigkeitssinn nahm ihn für die Sache des Volkes ein. Die Rolle, die sein Sohn spielte, machte ihn vielleicht stolz, aber er ließ es sich nicht anmerken. Er sagte mit einem kleinen boshaften Blitzen in den Augen etwa: ›Die Väter arbeiten, arbeiten, um ein bißchen Bequemlichkeit für ihre alten Tage zu erwerben; und dann machen die Söhne die Revolution ...‹ Er erhielt Arbeit in einem nationalisierten Landwirtschaftsbetrieb. Er bewies seine Eignung dafür. Er starb in Erfüllung seiner Aufgabe um 1922, beinahe fünfundsiebzig Jahre alt (...). Er war knochig, vierschrötig, mit scharfen Gesichtszügen, weißem Bart, blauen, tiefliegenden Augen; sehr vital, willensstark und unternehmungslustig. Ich erinnere mich an ihn als an eines der Gesichter des russischen Menschen, das die Maler auf ihren Bildern den Mystikern und den Dorfältesten zugedacht haben.«

VI. Trotzki organisiert die Rote Armee

Der harte Friede von Brest-Litwosk bestärkte alle in der Überzeugung, daß die Revolution am Anfang einer langen Periode blutiger Auseinandersetzungen stehe, daß man lange und unbarmherzig werde kämpfen müssen. Der Bürgerkrieg erfaßte die Ukraine, das Dongebiet, den Ural, Turkestan, Sibirien. Trotzki widmete sich der Organisation einer Roten Armee, die er praktisch aus dem Nichts schaffen mußte, da sich die ehemalige zaristische Armee vollkommen aufgelöst und nichts hinterlassen hatte als die verhaßte Erinnerung an Epauletten, Tressen, Sorglosigkeit, Brutalität der Offiziere gegenüber den Soldaten, an die Niederlage und an die Reaktion ... Die ersten neuen Truppen wurden aus dem Boden gestampft, um die Ukraine gegen ihre eigenen deutschfreundlichen Nationalisten und deren Verbündeten, die Deutschen, zu unterstützen. Antonow-Owssejenko und Muralow zeichneten sich bei der Organisation und auf den Schlachtfeldern aus. Trotzki schmiedete große und neuartige Pläne. Vom freiwilligen Militärdienst ging er zur allgemeinen Wehrpflicht für gewisse Kategorien junger Arbeiter über, schloß aber die Jugend der besitzenden Klassen davon aus. Es ging darum, eine auf Überzeugung beruhende Disziplin einzuführen, den Kämpfern eine politische Schulung mitzugeben, ihre Moral aufrechtzuerhalten, Befehlshaber auszubilden, die fähig waren, eine egalitäre Moral und Kameradschaft zu pflegen — ohne Ränge oder Titel, ohne Ehren- oder Privilegienhierarchie.

Trotzki war gleichzeitig Vorsitzender des revolutionären

Kriegsrates und mußte zunächst einmal seinen eigenen Mitarbeiterstab rekrutieren und schulen.

Nach dem Muster seiner Zentraldienststelle bildeten sich parallel dazu revolutionäre Kriegsräte für die einzelnen Regionen und Armeen, die dem Kriegsrat unterstellt waren. Für diese Aufgabe benötigte man »eine große schöpferische Vorstellungsgabe« *(Mein Leben)*. Ein junger, sechsundzwanzig Jahre alter Militärarzt, Skljanski, ein bescheidener Junge, »genau, unermüdlich, aufmerksam und gut informiert«, wurde Trotzkis Stellvertreter als Zweiter Vorsitzender des revolutionären Kriegsrats. Skljanski war einer der wahren Organisatoren der Roten Armee, »unser Lazare Carnot«. Während Trotzki die Fronten bereiste, kontrollierte Skljanski in direkter Zusammenarbeit mit Lenin, dem Vorsitzenden des Verteidigungskomitees, die gesamte Aktivität der Zentralstelle. (Er starb jung durch einen Unfall; er ertrank 1925 in den USA während eines Spaziergangs.) Unter den alten Kämpfern der Partei fand man sofort Kader von begeisterten und fähigen Strategen. Das waren vor allem: Antonow-Owssejenko, ein früherer Offizier, der Agronom und Offizier Muralow, Iwan Smirnow, ein Feinmechaniker, Sergej Mratschkowski, der Matrose Markin, der Fähnrich Raskolnikow, der Nationalökonom Smilga (der während des Oktoberaufstandes einer der Führer der baltischen Flotte gewesen war), der Unteroffizier Blücher, Rosengoltz, Eugenie Bosch; und schließlich Stalin und Woroschilow, deren Verhalten allerdings von einer gewissen Eigenart zeugte.

Trotzki bemühte sich, Berufsoffiziere um sich zu sammeln. Die Kriegskunst besteht nicht aus Improvisation; höhere Offiziere sind Techniker. Oberst Murawjew, Befehlshaber einer kleinen Armee im Osten, revoltierte im Juli 1918, während in Moskau Unruhen ausbrachen; er wurde während einer Sitzung des Sowjets von Simbirsk* getötet. Ein anderer Generalstabsoffizier, Watsetis, erwies sich als unfähig, wurde aber für den militärischen Unterricht eingesetzt. Ein dritter, Sergej Kamenjew, wurde ein wertvoller Mitarbeiter Trotzkis und erhielt 1919 den Oberbefehl über die gesamte Rote Armee. Im Mai 1918 ließ Trotzki den Admiral Schtschastny verhaften, den Befehlshaber der baltischen Flotte, der sich eines aufsehenerregenden Hochverrats schuldig gemacht hatte. Dieser Admiral hatte den Befehl erhalten, die Flotte lieber zu versenken, als sie den Deut-

* bis 1924 Name von Uljanowsk

schen in die Hände fallen zu lassen, und unter Umständen auch das Fort Ino in die Luft zu sprengen; er sprengte das Fort, als hätte er den unbedingten Befehl dazu erhalten, und informierte die Besatzungen über die bevorstehende Zerstörung der Schiffe auf Geheiß der Deutschen. Trotzki sagte vor dem Militärgericht aus: »Wenn die Herren Admiräle oder Generäle während einer Revolution beginnen, ein persönliches politisches Spiel zu spielen, müssen sie bereit sein, im Fall des Scheiterns die gesamte Verantwortung auf sich zu nehmen.« Schtschastny wurde erschossen.

Ein sechsundzwanzig Jahre alter Offizier, der aus der deutschen Gefangenschaft geflohen war, Tuchatschewski, erhielt 1918 den Befehl über die I. und II. Armee an der Wolga. Im Herbst 1918 hielt etwa ein Dutzend Armeen ausgedehnte bewegliche Fronten, vom Weißen Meer bis zum Ural, bis zur Wolga, bis zum Kaukasus, und vom Baltikum bis zum Don; Kalinin sagte in Privatgesprächen: »Leo Dawidowitsch zieht ganz allein den Karren des Bürgerkrieges ...«

Im Mai 1918 zählte die Rote Armee dreihunderttausend Mann. Ende 1920 überstieg ihre Friedensstärke fünf Millionen.

VII. Die inneren Gefahren. Erhebung der linken Sozialrevolutionäre. Die Bolschewiki übernehmen allein die Macht (1918)

Mit dem Sommer 1918 beginnt eine Ära von tödlichen Gefahren, von Kämpfen innerhalb der Revolution. Der Frieden von Brest-Litowsk erregt Verzweiflung. Die Sozialrevolutionäre sammeln sich im Osten, um dort mit den Generälen und den tschechoslowakischen Kräften ein »Demokratisches Direktorium« zu gründen, dessen Nachfolge sehr bald und brutal die monarchistische Reaktion antritt. Durch die französische Militärmission ermutigt, konspirieren Militärligen. Sie besetzen Jaroslawl, nördlich von Moskau, ermorden die dortigen Kommunisten, halten sich eine Woche lang, veranlassen weitere Massaker, hinterlassen schließlich ein Ruinenfeld ...

Während des Krieges hatten sich die in der österreichischen Armee dienenden Tschechoslowaken in Massen ergeben. Unter der Provisorischen Regierung hatten sie in Rußland eine reguläre Armee gebildet. Der Rat der Volkskommissare war mit ihrer Evakuierung über Wladiwostok einverstanden, hatte aber Bedenken, größere Einheiten fremder Truppen mit der transsibirischen Eisenbahn zu befördern, und verlangte deshalb ihre vorherige Entwaffnung. Der Konflikt brach in dem Augenblick aus, als die Japaner, die Tschekisten und die Weißen Wladiwostok besetzten. Die Tschechoslowaken erhoben sich an der Wolga, im Ural, in Sibirien ... Rechte Sozialrevolutionäre wiegelten im Namen der Konstituierenden Versammlung die Bauern von Tambow auf. In der Ukraine konnten die Deutschen die chaotische Situation immer weniger beherrschen. In ihrem Rücken entstanden anarchistische Partisanenverbände; die ukrainischen Nationalisten kämpften gegen die sowjetischen Truppen. Im Dongebiet und im nördlichen Kaukasus siegte die Konterrevolution der Kosaken; eine »Armee von Freiwilligen« organisierte sich unter den Zarengenerälen. Die Engländer und Franzosen landeten in Murmansk.

In der bolschewistischen Partei spielte ein linker Flügel mit dem Gedanken der Abspaltung; er war gut organisiert, veröffentlichte eigene Zeitungen und umfaßte über die Hälfte der Kader der Partei, darunter Bucharin, Pjatakow, Bubnow, Preobraschenski, Lomow, Sapronow, Uritzki, Unschlicht, Bela Kun und sogar die beste Freundin Lenins, Ines Armand. Die Linkskommunisten forderten den revolutionären Krieg gegen das deutsche Kaiserreich, die sofortige Sozialisierung der großen Industrien; sie verurteilten Lenins »Opportunismus« als Verrat an der sozialistischen Unbeugsamkeit. Die an der Macht beteiligte linke Sozialrevolutionäre Partei unter der Leitung von Maria Spiridonowa verlangte ebenfalls den Bruch des »unwürdigen Friedens«. Die sowjetische Demokratie war in Gefahr, plötzlich durch diese Unstimmigkeitigen zu zerfallen.

Am 4. Juli, beim Fünften Sowjetkongreß, stand Trotzki einem Sturm gegenüber. (Der Kongreß umfaßte 733 Kommunisten, 353 linke Sozialrevolutionäre, 17 Maximalisten, 10 Parteilose, 4 Anarchisten, 4 Menschewiki-Internationalisten, 3 Deputierte der Nationalitäten.) Trotzki berichtete über die Zwischenfälle an der ukrainischen Front, über die Drohungen gegen seinen Freund Rakowski, den Vorsitzenden der Friedenskommission in der Ukraine, über einen Meuchelmord. »Ich habe befohlen«, sagte er, »die feindlichen Agenten zu erschießen, die diese Unruhen schüren. Ich ersuche um die Zustimmung des Kongresses.« Die Linke brüllte wütend »Henker, Kerenski!«, der Sprecher der linken Sozialrevolutionäre, Kamkow, bezeichnete »die mächtige gesunde Bewegung, die die russische Revolutionäre veranlaßt, ihren Brüdern in der Ukraine zu Hilfe zu kommen, als gerechtfertigt«. Maria Spiridonowa sprach von der »gemarterten und verratenen« Ukraine, beschuldigte die Bolschewiki des Einverständnisses mit den Deutschen und der Ungerechtigkeit gegenüber den Bauern. Lenin antwortete ihr ernst und kündigte Wirtschaftsmaßnahmen an, wobei er betonte, daß die Sache des Sozialismus gegenüber den Nöten des hungrigen Individuums den Vorrang habe ...

Während diese Debatten noch im Gang waren, ließen sich Jakob Blumkin und Andrejew, zwei linke Sozialrevolutionäre, vom deutschen Botschafter in Moskau, dem Grafen Mirbach, empfangen und töteten ihn mit Handgranaten. Die Sonderabteilung der Außerordentlichen Kommission für die Unterdrückung der Konterrevolution — die Tscheka —, die unter dem Befehl von linken Sozialrevolutionären stand, ergriff die Offensive gegen die sowjetische Regierung. Die Aufständischen, die das Telegraphennetz in der Hand hatten, gaben bekannt, daß die »linke Sozialrevolutionäre Partei von nun an die einzige Regierungspartei ist«, und daß »das Volk den Krieg gegen Deutschland will«. Die Bevölkerung Moskaus blieb gleichgültig. Die Aufständischen gaben ein paar Kanonenschüsse auf den Kreml ab und wurden prompt besiegt. Ein einziger ihrer Führer wurde erschossen: Alexandrowitsch, der als Stellvertreter Dserschinskis bei der Tscheka seine Stellung mißbraucht hatte, um den Aufstand vorzubereiten.

Dieser politische Selbstmord der linken Sozialrevolutionären Partei überließ den Bolschewiki das Monopol der Macht. Deutschland ersuchte um die Genehmigung, eine Sicherheitsabteilung nach Moskau schicken zu dürfen, die seine Botschaft schützen sollte. Die sowjetische Antwort war eine kategorische Ablehnung, die Lenin in einer Rede durch die uneingeschränkte Androhung des Krieges unterstrich. Deutschland verlegte seine Botschaft nach Pskow. Der Fünfte Kongreß nahm eine demokratische Verfassung an, die die Freiheiten der Arbeiter und die Kontrolle der gesetzgebenden und ausübenden Institutionen durch die Massen garantierte ...

Die tschechoslowakische Intervention entschied das Los des Zaren Nikolaus II. und der kaiserlichen Familie, die zu diesem Zeitpunkt in Jekaterinenburg (heute Swerdlowsk) im Kampfgebiet interniert waren. Das Exekutivkomitee der Sowjets beabsichtigte, den Prozeß des Exzaren Ende Juli im Gebiet des Urals vor einem Volksgericht abrollen zu lassen. Trotzki hätte das Amt des öffentlichen Anklägers übernehmen sollen. Der Sowjet des Urals unter der Leitung von Belorodow, der befürchtete, die Befreiung des Zaren und seiner Familie nicht verhindern zu können, befahl aus eigener Machtvollkommenheit ihre sofortige Hinrichtung. In der Nacht vom 15. zum 16. Juli wurden die Romanows und ihr Gefolge, insgesamt elf Personen, im Erdgeschoß des von ihnen bewohnten Hauses erschossen. Die Nachricht erreichte die Regierung erst drei Tage später, während einer Debatte über das öffentliche Gesundheitswesen. Das Büro des Exekutivkomitees der Sowjets billigte die Initiative der Revolutionäre des Urals und ging zur Tagesordnung über.

VIII. Der Bürgerkrieg. Trotzki erringt den ersten entscheidenden Sieg bei Swjaschsk

An der Wolgafront wurde die Situation außerordentlich ernst. Die Tschechoslowaken und die Weißen hatten an mehreren Stellen die wichtigste Wasserstraße Rußlands unterbrochen. Es wurde beschlossen, daß Trotzki sofort nach Kasan gehen solle. Er ließ den Zug des Ministeriums für Verkehrswesen den Erfordernissen der Feuerlinie anpassen. Lenin bestand darauf, daß er gute Autos mitnehme. Als er sich bereits in der Nähe der Wolga befand, erfuhr Trotzki vom Debakel von Kasan, das von den Weißen eingenommen worden war. Der Zug hielt am Ufer des Stroms, in der kleinen Station Swjaschsk, im Rücken von der schlagkräftigen, beinahe zur Gänze aus Offizieren bestehenden Truppe des Monarchisten Oberst Kappel bedroht.

Die roten Kräfte waren schwer demoralisiert, ohne gesicherte Verpflegung, ohne Nachrichtenverbindungen; die Bauern hielten das Sowjetregime für besiegt. Trotzki beschloß standzuhalten und die Offensive zu ergreifen. Kasan beherrschte den Weg nach Nischnij-Nowgorod und somit den Weg nach Moskau. Das soziale Kräfteverhältnis rechtfertigte allerdings den revolutionären Optimismus. Am Telefon versprach Skljanski Lebensmittel, Munition, Verstärkungen. Trotzkis Zug brachte Kommandos entschlossener Männer mit, er selbst stellte ein Kraft dar, die in einem Partisanenkrieg nicht unterschätzt werden durfte. Während Trotzki eine in Stellung gegangene Artilleriebatterie inspizierte, geriet er plötzlich unter sehr genau gezielten feindlichen Beschuß. Als er am gleichen Tag in seinen Waggon zurückkehrte, erlebte er einen nicht weniger präzisen Fliegerangriff. Der Gedanke an Verrat kam ihm erst viel später.

Trotzkis Zug blieb fünfundzwanzig Tage in Swjaschsk; in diesen fünfundzwanzig Tagen wurde die Republik zum ersten Mal gerettet. Rosengoltz, Iwan Smirnow, etwa vierzig junge Kommunisten, das Kommando des Generalstabs waren damit beschäftigt, die Disziplin, die Verbindungen wiederherzustellen. Das 4. Regiment lettischer Füsiliere weigerte sich zu kämpfen. Trotzki ließ den Kommandanten und den Kommissar des Regiments verhaften. Die beiden Führer einer — demoralisierten — Elitetruppe ließen sich in Trotzkis Zimmerchen in Anwesenheit des Zugskommandanten entwaffnen. Das Revolutionstribunal verurteilte sie zu Gefängnisstrafen. Trotzki hielt eine Ansprache an die Letten, ermahnte sie streng. Der Feind ist fünfzehnhundert Meter entfernt, und Kasan ist der Schlüssel zu Moskau! Sie verpflichteten sich daraufhin, durchzuhalten.

Ein anderes Regiment verließ seine Stellungen, bemächtigte sich eines Dampfers und wollte den Rückzug antreten. Markin kletterte an Bord und forderte die Deserteure auf, sich zu ergeben. Sie ergaben sich. Das Revolutionstribunal verurteilte den Kommissar, den Kommandanten und eine Anzahl kommunistischer und nichtkommunistischer Soldaten zum Tod; sie wurden sofort erschossen.

Trotzkis Stimme wirkte, das Beispiel wirkte; man verteilte Stiefel, Medikamente, Feldstecher, im Zug gedruckte Flugblätter. Ein anarchistischer Pilot organisierte ein Fliegergeschwader, das Aufklärungsflüge durchführte und Bomben auf Kasan abwarf. Die Abteilung Kappels führte einen Überraschungsangriff auf den Zug durch. Trotzki leitete selbst die Verteidigung. Köche, Schreibkräfte, Telegraphisten, Sanitäter, jeder, der ein Gewehr halten konnte, lagen im Geschoßhagel längs des Bahndamms. Die doppelt so starken Weißen zogen sich nach achtstündigem Kampf zurück. Um es ganz deutlich zu machen, daß man nicht nachgeben würde, hatte Trotzki davon Abstand genommen, eine Lokomotive an den Zug ankoppeln zu lassen ...

Dieser Erfolg bewirkte einen allgemeinen Stimmungsumschwung. Kanonenboote trafen ein, die von Kronstadt über Kanäle herangeschafft worden waren. Bereits am Tag nach dem Sieg fuhren Trotzki und Raskolnikow an Bord eines dieser Schiffe in der Dunkelheit die Wolga hinunter, drangen unter wildem Geschieße in den Hafen von Kasan ein, setzten die feindlichen Boote in Brand. Ihr Steuerruder wurde beschädigt, es gelang ihnen wie durch ein Wunder, sich auf den Fluß zurückzuziehen, der durch brennendes Petroleum beleuchtet war. Die

Arbeiter der Pulverfabrik von Kasan erhoben sich gegen die Weißen: Sie wurden niedergemetzelt. Aber am 10. September 1918 nahmen die Roten Kasan endgültig ein.

IX. Der Terror. Polemik gegen Karl Kautsky

Am 30. August 1918 schoß die rechte Sozialrevolutionärin Dora Kaplan auf Lenin, als er eine Versammlung in einer Fabrik verließ. Trotzki wurde durch ein Telegramm nach Moskau zurückberufen, blieb aber nur einige Tage dort. Lenin war dagegen, daß die Terroristin hingerichtet werde; man meldete zwar ihre Erschießung, aber wir haben guten Grund anzunehmen, daß sie lange in Sibirien lebte, und es ist sogar möglich, daß sie noch am Leben ist. Dieses Attentat stand im Zusammenhang mit der Ermordung des jungen Redners Wolodarski durch die gleiche Partei in Petrograd; mit der Ermordung Uritzkis, ebenfalls in Petrograd, durch einen konterrevolutionären Studenten; mit der Ermordung Nachimsons in Jaroslawl ... Der weiße Terror setzte an vielen Stellen zugleich ein. Am 25. November waren die Mitglieder des Sowjets von Taganrog durch die Kosaken ermordet worden. Wir haben bereits die Erschießung der Arbeiter des Arsenals im Kreml erwähnt. Im Mai befahlen General Mannheim und die siegreichen Deutschen die Hinschlachtung von mehr als zehntausend Proletariern, und Ende Juli zählte man in den Gefängnissen fünfzigtausendachthundert Ermordete. Die siegreiche muselmanische Konterrevolution und ihre britischen Verbündeten erschossen am 20. September ohne Gerichtsverhandlung sechsundzwanzig bolschewistische Kommissare. Der Bürgerkrieg war unmenschlicher als die Kriege zwischen den Staaten, aber die Initiative dazu war nicht vom Proletariat ausgegangen. Die Tscheka beschränkte sich im allgemeinen noch auf Verhaftungen.

Als Lenin verwundet wurde, ging die Revolution zu ihren Septembertagen über. Die Tscheka von Petrograd gab am 7. September die Hinrichtung von fünfhundertzwölf Konterrevolutionären bekannt. Die lokalen Tschekas verhielten sich ähnlich. Die Partei bemühte sich, die Härte des Vorgehens der örtlichen Institutionen zu mildern ... Während die Außerordentlichen Kommissionen (Tschekas) in den ersten sechs Monaten ihrer Tätigkeit seit Dezember 1917 nur zweiundzwanzig Todesurteile verhängt hatten, fanden den wahrscheinlich ungenauen offiziellen Statistiken zufolge in den letzten sechs Monaten des Jahres 1918 über sechstausend Hinrichtungen statt. Der rote Terror, wie immer er gewesen sein mag, war zahlenmäßig unvergleichlich mit dem weißen Terror, der im kleinen Finnland wütete. Im Süden metzelte die Konterrevolution die Revolutionäre nieder und hielt von vornherein jeden Arbeiter für probolschewistisch eingestellt. Die Roten antworteten darauf mit dem Massaker der Offiziere und der angesehenen Bourgeois. Dserschinski, Vorsitzender der Tscheka, war bemüht, die lokalen Kommissionen, in die sich Verrückte und Verbrecher eingeschlichen hatten, erbarmungslos zur Einhaltung der Disziplin zu zwingen.

Leo Dawidowitsch war Anfang August, ohne es zu wissen, einem sehr geschickt eingefädelten Attentat der Sozialrevolutionäre entgangen. Sein Waggon sollte auf der Strecke nach Kasan in die Luft fliegen; er fuhr aber über die Strecke nach Nischnij-Nowgorod (Gorki). In der Armee galten seine Ansprachen stets der Aufrüttelung des Gewissens und der unerbittlichen Haltung. »Ich weise darauf hin«, sagte er in Swjaschsk, »daß der politische Kommissar als erster und danach der Kommandant erschossen wird, wenn eine Einheit die Flucht ergreift (. . .). Die Feiglinge, die Schieber und die Verräter werden den Kugeln nicht entgehen. Dafür bürge ich vor der ganzen Roten Armee.« Insgesamt war das nichts anderes als die Anwendung der Kriegsregeln, die in allen Armeen befolgt werden. Aber da Trotzki die Offiziere aufforderte, in den Dienst der Roten Armee zu treten, mußte er sie auch gegen den Verdacht, gegen die Demagogie, gegen die Böswilligkeit verteidigen, und er verteidigte sie erfolgreich, wie wir später sehen werden. So wurde der Oberkommandierende der Roten Armee, Oberst Watsetis, verdächtigt, war sogar einige Zeit in Haft, wurde aber schließlich Professor an der Kriegsakademie. Ein bolschewistischer Offizier, Blagonrawow, den Trotzki in dem Augenblick überraschte, als er gegen ihn agitierte, wurde aus dem Sonderzug gejagt, was ihn aber nicht daran hinderte, eine blendende Karriere in der GPU zu machen. Die Erbitterung, mit der der Klassenkampf geführt wurde, war so groß, daß Trotzki oft energisch eingreifen mußte, um die Exekution von Gefangenen oder Verwundeten zu verhindern . . . Er gewährte dem Feind, der die Waffen streckte, immer vollständige Amnestie. Manchmal sprach er zu Deserteuren, wie im Gebiet von Charkow, wo er in Begleitung eines einzigen bewaffneten Begleiters vor einen Haufen demoralisierter Soldaten trat; er wurde mit Rufen wie »Krepiere!« empfangen, dann trat drohende Stille ein; aber während er, auf einem Tisch stehend, zu ihnen sprach, änderte sich ihre Haltung, er drehte die merkwürdige Versammlung um, brachte sie zu Beifallsäußerungen, schließlich zu leidenschaftlicher Zustimmung ...

Während sein Zug von einem strategischen Brennpunkt zum nächsten unterwegs war, diktierte Leo Dawidowitsch ein polemisches Werk gegen Karl Kautsky, den Theoretiker der deutschen Sozialdemokratie. Dieser verurteilte im Namen des Marxismus die Diktatur des Proletariats und den roten Terror. In *Terrorismus und Kommunismus* erzählte Trotzki die Geschichte der Revolutionen: die englische Revolution, die Französische Revolution, der Sezessionskrieg der Vereinigten Staaten, die Kommune von Paris. Keine lief ohne Gewaltanwendung, Diktatur und Terror ab, außer die Kommune von Paris, an der sich die französische Bourgeoisie durch den fürchterlichsten Terror rächte. »In der Revolution, wie im Krieg, muß man den Willen des Feindes brechen ...« »Der Grad der Erbitterung des Kampfes hängt von den inneren und internationalen Umständen ab. Je erbitterter und bedrohlicher der Widerstand der besiegten Klasse war, um so mehr wird sich ihre Unterdrückung in ein System des Terrors verwandeln ...« »Während einer Revolution läßt sich die von der Macht vertriebene Partei, die die Etablierung der Führungspartei auf Dauer nicht anerkennen will (...), nicht durch Verhaftungen einschüchtern, an deren längere Dauer sie nicht glaubt. Diese einzige entscheidende Tatsache erklärt die häufige Anwendung der Todesstrafe in Bürgerkriegen.« »Ein gewonnener Krieg vernichtet im allgemeinen nur einen geringen Teil der besiegten Armee, demoralisiert aber den Rest (...). Die Revolution tötet nur wenige Menschen, versetzt aber tausend in Angst.« »Man kann den Regierungsterror der revolutionären Klasse nur dann verurteilen, wenn man im Prinzip (mit Worten) jede Gewalt verurteilt (...), jeden Krieg, und jeden Aufstand.« »Bei einer Revolution ist die überlegene Entschlossenheit genau so viel wert wie die überlegene Humanität.« Diese Zeilen bringen klar die Vorstellungen des Autors zum Ausdruck. Wir wollen nur eine weitere Überlegung hinzufügen: Die Revolutionäre wußten, daß im Fall ihrer Niederlage der weiße Terror die aktiven Kräfte der Arbeitermassen vernichten und unabwendbar eine Ära unvorstellbarer Reaktion einleiten würde.

X. Trotzkis Kriegszug. Die »militärische Opposition«. Konflikte mit Stalin

Trotzki lebte beinahe zweieinhalb Jahre in seinem Zug, nämlich bis 1920, und legte dabei zwischen hunderttausend und zweihunderttausend Kilometer zurück. Der »Zug Trotzkis« wurde legendär; schon bei seiner Annäherung hob sich die Moral der erschöpften Truppen. Der später durch einen Hilfszug ergänzte Zug transportierte Autos, Kanonen, Waffenlager, Munition, Lebensmittel, Medikamente, Schriften. Er war mit zwei Lokomotiven ausgerüstet, enthielt eine Druckerei, eine Bibliothek, eine Telegraphen- und Radioabteilung, leicht anzuschließende Telefone und Badekabinen. Er führte ein Sekretariat, einen Generalstab, ein Gericht, Elitetruppen in schwarzen Lederuniformen mit. Als absolute Regel galt, daß keine Frauen zugelassen waren. Peterson, ein Lette, kümmerte sich um die Sicherheit und die Verteidigung. Zwei Sekretäre, Glasmann und Sermux, halfen Leo Dawidowitsch bei seiner Arbeit. Der Zug tauchte in den kritischesten Augenblicken oder vor großen Operationen an der Front auf. Er durchquerte die Ukraine, die Gebiete an der Wolga, um Smolensk und an der Dwina, man sah ihn in Rostow am Don und an unruhigen Tagen in Petrograd.

Man kann sagen, daß Trotzki in diesen Jahren kein Familienleben, kein Privatleben außerhalb seiner Arbeit hatte. Er ging viele Risiken ein, ohne überhaupt die Zeit zu haben, sich darüber klarzuwerden.

Er erzählte, daß er eines Nachts, als er in seinem Waggon schlief, durch ein Erdbeben aufgeschreckt wurde. Die Türen des Waggons klemmten. Notdürftig bekleidet sprang er mit dem Revolver in der Hand durch das Fenster in die Nacht hinaus. Jemand stöhnte, das Krachen von splitterndem Holz und Metall hielt in der Dunkelheit an. Der Zug war entgleist, acht Waggons zerstört. Zum Glück gab es keine Todesopfer ... Unfall oder Attentat?

Vom Zug aus leitete er die Organisation der Roten Armee und zu einem großen Teil auch die Kriegshandlungen. Er hielt sich nicht für einen Strategen, er holte den Rat von Spezialisten ein, beurteilte, beriet, beschloß, indem er sich von ihrer Meinung beeinflussen ließ. Der soziale und politische Aspekt des Kampfes war für ihn das Wichtigste, und sein gleichzeitig klarer und intuitiver Verstand verlieh ihm eine unbestreitbare Überlegenheit über die Berufssoldaten und auch über einige mehr begeisterte als fähige Bolschewiken. Seit dem Sommer 1918 gab es in der Roten Armee eine Art Opposition »gegen Trotzki« sowie Differenzen über die bei der Schaffung der neuen bewaffneten Kräfte zu beobachtenden Grundsätze.

Er hatte sich entschlossen, sich an die Spezialisten des Krieges, das heißt an die Offiziere des früheren Regimes zu wenden. Er nahm an, daß es eine Technik des Krieges gibt, der die Arbeiter und die revolutionären Intellektuellen nur mit Improvisationen nicht gewachsen sein würden. Andererseits würde eine große Zahl der ehemaligen Offiziere, dessen war er sicher, ehrlich und redlich ihre Dienste zur Verfügung stellen, sei es aus Patriotismus, aus Realismus, aus der Gewohnheit des Gehorchens oder einfach aus Interesse. Das Zentralkomitee beschloß, ihnen politische Kommissare zur Seite zu stellen, die sie überwachen und unter den Kämpfern die neuen Formen der Kameradschaft aufrechterhalten sollten.

Die »Militärische Opposition« wollte in diesen Offizieren nur Verräter sehen; in ihren Augen war es ein Verbrechen, ihnen teilweise Führungsaufgaben zu übertragen. Die Opposition war für die Methoden des Partisanenkriegs. Die Republik herrschte nur über ein Gebiet mit »fließenden« Grenzen, das gelegentlich so sehr zusammenschrumpfte, daß es nicht größer war als das Gebiet des ehemaligen Großherzogtums Moskau; in seinem Zentrum lag die Hauptstadt. Trotzki sah in dieser Situation einen erheblichen Vorteil. Da die Rote Armee gegenüber den zersprengten Feinden über ein gut zentralisiertes Eisenbahn- und Straßennetz verfügte, konnte sie ihre Kräfte den jeweiligen Erfordernissen entsprechend konzentrieren, nach Belieben zuschlagen. Das erforderte die Zentralisierung der Operationen und des Nachschubs.

Die Opopsition verteidigte die lokale Autonomie der Armeen und vor allem ihre eigene, das sie nur über eine Armee verfügte, die an dem Unterlauf der Wolga Zarizyn verteidigte. Der Führer dieser Armee war ein ehemaliger Dreher aus Lugansk, Woroschilow; ein Mitglied des Zentralkomitees, Stalin, beteiligte sich an der Verteidigung Zarizyns und an den Intrigen der Gruppe.

Zarizyn verteidigte sich gegen die Kosakenarmee des Generals Krassnow, den wir bereits kennen: Er war bei Petrograd besiegt und auf Ehrenwort freigelassen worden, er hatte sich verpflichtet, nicht mehr gegen die Revolution zu kämpfen; in diesem

Augenblick verfügte er über beinahe hunderttausend Mann*. Zarizyn verteidigte sich tapfer, unter großer Verschwendung seiner militärischen Mittel, ohne mit den anderen Frontabschnitten zusammenzuarbeiten und ohne die Befehle des Obersten Kriegsrates zu befolgen. Der Konflikt verschärfte sich derart, daß sich Trotzki dorthin begeben mußte; er fand eine gefahrvolle Situation und eine prächtige Unordnung vor. Er zitierte Stalin zu sich, der ihm sehr demütig gegenübertrat und sich auf den guten Willen seiner Freunde berief. Trotzki drohte Woroschilow mit der sofortigen Verhaftung: Woroschilow unterwarf sich, aber die Zwischenfälle dauerten weiterhin an. Lenin griff einige Male als Friedensstifter ein; er bewies eine unleugbare Hochachtung für Stalin. Schätzte er in ihm den »Mann der Praxis«, den harten und zähen Nichtintellektuellen? Wie auch immer, das Politbüro und die Regierung sprachen Trotzki neuerlich ihr Vertrauen aus, ergriffen aber nur mäßige Sanktionen gegen Stalin. Man vergißt im allgemeinen, daß inzwischen die wichtige Stadt Zarizyn, die durch den Wasserweg der Wolga Rußland mit dem Kaukasus und Asien verband, verlorenging: Die Weißen eroberten es Ende Juni 1919 und hielten es einige Monate lang besetzt.

Stalin benützte die Rückschläge der Roten Armee, um dem Politbüro die massive Absetzung aller Berufsoffiziere vorzuschlagen, die er — damals schon! — in seiner Manie des Mißtrauens zumindest für potentielle Verräter hielt. Lenin erwähnte diesen Vorschlag Trotzki gegenüber. »Kindereien!« erwiderte dieser. »Wissen Sie, wie viele Offiziere bei uns dienen?« — »Nein.« — »Dreißigtausend mindestens (...). Und für jeden Verräter haben wir etwa hundert vertrauenswürdige Männer. Für jeden Deserteur können wir auf zwei oder drei Spezialisten zählen, die für unsere Sache in den Tod gehen. Wie sollen wir sie alle ersetzen?« Von der Politik des Mißtrauens wurde nicht mehr gesprochen.

Die Zwischenfälle häuften sich jedoch. Woroschilow und seine Freunde forderten die Schaffung einer unabhängigen Armeegruppe im Süden; sie monopolisierten die Vorräte; Stalin richtete eine Denkschrift an das Zentralkomitee, in der er »die Leitung des Krieges« kritisierte. Entrüstet bot Trotzki seine

* Der General Hetman Krassnow flüchtete nach der Niederlage der Konterrevolution ins Ausland. Während des Zweiten Weltkriegs kollaborierte er mit den Nazis bei der Aufstellung von russischen Truppen. Er wurde im Alter von achtundachtzig Jahren in der UdSSR gehängt.

Demission an. Das Zentralkomitee lehnte sie am 5. Juli 1919 ab, indem es ihm neuerlich sein volles Vertrauen aussprach und ihn mit außerordentlich weitreichenden Vollmachten ausstattete — und dieser Beschluß wurde von Stalin genauso wie von den übrigen anwesenden Mitgliedern unterschrieben ...*

Im Verlauf dieser Debatten gab Lenin Trotzki den größtmöglichen Beweis seines Vertrauens. Die Hinrichtung des Kommandanten, des Kommissars und einer Anzahl von Soldaten des Regiments, das während der Schlacht von Swjaschsk zurückgewichen war und versucht hatte sich einzuschiffen, rief immer noch empörte Kommentare über »die harten Maßnahmen Trotzkis« hervor. Während einer Sitzung des Politbüros reichte Lenin Trotzki ein Blatt Papier und sagte: »Ich werde Ihnen so viele davon geben, als Sie wollen!« Unten auf das weiße Blatt hatte Lenin folgendes geschrieben und unterzeichnet:

»Ich kenne den strengen Charakter der Verfügungen des Genossen Trotzki und bin so tief überzeugt, in so vollkommenem Maße überzeugt von der Richtigkeit, Zweckmäßigkeit und Notwendigkeit des vom Genossen Trotzki im Interesse der Sache erteilten Befehls, daß ich diesen voll und ganz unterstütze. W. Uljanow-Lenin.«

Die Gruppe Stalin-Woroschilow unterwarf sich verärgert den Entscheidungen der Partei und der Regierung, ohne jedoch abzurüsten. Wir werden noch sehen, daß diese Gruppe während des Feldzugs in Polen 1920 eine überraschende und unheilvolle Rolle spielte. Stalin konnte nicht daran denken, auf Lenins Stellung eifersüchtig zu sein, der um zehn Jahre älter war als er, Gründer der Partei und ihr unbestrittener Führer war, und dies dank seiner Fähigkeiten, seiner Integrität, seiner Vergangenheit, der liebevollen Zuneigung, die ihn allgemein umgab. Aber das Prestige Trotzkis, der genauso alt war wie er, ein Neuankömmling in der bolschewistischen Partei, Redner, Volkstribun, Schriftsteller, Politiker, Soldat, ärgerte ihn um so mehr, als ihre beiden Persönlichkeiten in jeder Beziehung Gegensätze darstellten. Der eine war der im Westen wie in Rußland herangereifte Ideologe, eher der Mann der Massen als der Komitees, gleichbegabt in Wort, Schrift, Tat; der andere, beinahe unbekannt

* Es ist ganz interessant, hier die Unterzeichner der definitiven Erklärung des Zentralkomitees über die Leitung des Bürgerkriegs aufzuzählen: Lenin, Kamenjew, Krestinski, Serebrjakow, Stalin, Stassowa. Kamenjew, Krestinski, Serebrjakow gehören zu den in den Jahren 1936 bis 1937 Hingerichteten; wir wissen nicht, was mit Helena Stassowa geschehen ist.

außerhalb des Führungsgremiums der Partei, ohne die Fähigkeit sich auszudrücken, ohne persönliche Ausstrahlung, hatte sein Leben mit nebensächlichen Tätigkeiten in den Komitees verbracht und war nicht einmal während der Revolutionen von 1905 und 1917 hervorgetreten. Stalin verdankte seine Stellung im Zentralkomitee und in der Regierung ausschließlich Lenin. Zweifellos war er bereits 1918 von Ehrgeiz zerfressen, verbittert und eifersüchtig.

XI. Der Bürgerkrieg. Trotzki leitet die Verteidigung Petrograds (1919)

Der Generalstab entwarf Operationspläne, der Revolutionäre Kriegsrat beriet darüber und fällte Entscheidungen. Die Stimme des Vorsitzenden hatte bei diesen Beratungen besonderes Gewicht, aber Trotzki berief sich nie auf seine Autorität, wenn es galt, eine persönliche Meinung durchzusetzen. Sobald es sich um die allgemeine Strategie handelte, daß heißt um den Einsatz der Kräfte des ganzen Landes, entschied das Zentralkomitee der Partei. Es kam zu Meinungsverschiedenheiten über die Kriegsführung und es kam vor, daß Trotzki in der Minderheit blieb. Die Ergebnisse gaben ihm recht oder unrecht, ohne daß jemand daran dachte, ihm deswegen Vorwürfe zu machen oder ihm zu gratulieren. Das war der normale Lauf der Dinge!

Im Sommer 1919 wurde die Lage außerordentlich kritisch. Im Ausland hatte man den Eindruck, daß die Sowjetrepublik binnen kurzem zum Tod verurteilt war. Die Folge der Hungersnot war ein langsames Dahinsiechen der Städte. Typhus und typhusähnliche Epidemien breiteten sich über das gesamte Gebiet aus; an einzelnen Stellen brach die Cholera aus. Die von Frankreich und England verhängte Blockade verhinderte jeden Kontakt mit dem Ausland: kein Brief, keine Zeitung, keine Sendung mit Medikamenten kam an. Die Japaner griffen im Fernen Osten an, die Tschechoslowaken waren entlang der Eisenbahnlinien zwischen dem Ural und Wladiwostok stationiert, die Briten besetzten Archangelsk. Die Finnen fielen in Karelien ein, ein deutsches Korps führte in den baltischen Ländern Krieg, die Rumänen und Franzosen besetzten Odessa und gaben es wieder auf. Die von den Großmächten ermutigten und versorgten weißen Armeen der Konterrevolution umzingelten das von den Roten gehaltene Gebiet: im Norden, unterstützt von den Briten, General Miller; an der estnischen Front General Judenitsch, der

Petrograd angriff; im Westen weiße Banden und ein feindliches Polen; im Süden die starke Armee des Generals Denikin; im Dongebiet die Kosaken; im Osten Admiral Koltschak, der »Oberste Gouverneur« Rußlands, der den Ural und Sibirien besetzt hielt ... Das ist nur eine schematische Aufzählung.

Admiral Koltschak und General Denikin verfügten über die stärksten Kampfkräfte. Unter der Konterrevolution vollzog sich die Niederlage der Demokratie, die Sozialrevolutionäre hatten den monarchistischen Militärs, das heißt der entschiedensten Reaktion, nur als Steigbügelhalter gedient. Im vorhergegangenen Jahr, im September 1918, hatte eine Konferenz von Mitgliedern der Konstituierenden Versammlung mit liberaler Majorität in Ufa ein aus fünf Personen bestehendes Direktorium gewählt, in dem die sozialrevolutionären Führer Awxentjew, Argunow und Sensinow saßen (die beiden letzteren als Stellvertreter). Diese Liberalen übertrugen den Befehl über die Armee Admiral Koltschak, der die erforderlichen Eide ablegte, seinen von einigen Morden begleiteten Staatsstreich durchführte, die Mitglieder des Direktoriums ins Exil schickte und der Bevölkerung durch einen grausamen Terror seinen Willen aufzwang. Und nun, nachdem er seine Zusammenarbeit mit der liberalen Demokratie gebührend beendet hatte, bedrohte er Moskau.

Die Rote Armee fügte ihm mehrere Niederlagen zu. Sollte man ihn, zu Beginn des Herbstes 1919, über den Ural hinweg verfolgen und ihn in Sibirien vernichten? War das möglich? Oder war es besser, ihm eine Atempause zu gönnen, in der er vielleicht seine Kräfte wieder sammeln konnte, und eine große Offensive gegen Denikin im Süden zu starten? Trotzki unterstützte die zweite Alternative, wurde aber im Zentralkomitee überstimmt, und die Rote Armee konzentrierte sich nun ganz auf Koltschak, um ihn zu vernichten. In bezug auf die Südfront kam es zu weiteren Meinungsverschiedenheiten, und auch hier blieb Trotzki eine Zeitlang in der Minderheit, man griff das von den Kosaken kontrollierte Gebiet an, ohne entscheidende Erfolge zu erzielen, erleichterte dadurch im Gegenteil Denikin die Offensive auf Kursk, Orel, Tula ... Angesichts dieser Katastrophe griff man Trotzkis Projekt wieder auf.

In der Zwischenzeit aber, bevor Koltschak besiegt war, während die Armee der weißen Freiwilligen in Zentralrußland eindrang, brach die ausgehungerte und erschöpfte VII. Rote Armee unter dem Ansturm des Generals Judenitsch zusammen, der im

Oktober 1919 seine Vorhuten bis vor die Tore Petrograds trieb. Sinowjew, der Vorsitzende des Stadtsowjets, geriet in Panik und war für Evakuierung. Ebenso Lenin. Wozu Kräfte in einer im vorhinein verlorenen Schlacht verschwenden? Eine Offensive der Finnen aus dem Norden gegen Petrograd schien bevorzustehen; ein englisches Geschwader kreuzte im Golf von Finnland. (Die Evakuierung der zweiten Hauptstadt war im übrigen praktisch unmöglich, man konnte sie nur dem weißen Terror überlassen ...) Trotzki beharrte auf seiner Ansicht, daß der Sieg möglich war, weckte Optimismus, begab sich mit seinem Zug nach Petrograd, weckte binnen weniger Tage wieder den Widerstandswillen, den Willen, Widerstand bis zum Äußersten zu leisten. Die Stadt wurde zur Verteidigung mit einem Netz von Barrikaden überzogen, die mit Artillerie bestückt waren; kampfstarke Regimenter trafen von der polnischen Front ein. Im Taurischen Palais, im Halbkreis der weißen Säulen skandierte Trotzki wie 1917 seine Sätze, sprach zu den bewaffneten Proletariern, zum Sowjet, zur Garnison. Er richtete eine präzise Warnung an Finnland: »Von Petrograd nach Helsingfors ist der Weg nicht weiter als in umgekehrter Richtung!« Für den Fall, daß es den Weißen gelingen sollte, in die Stadt einzudringen, bewies er, daß diese infolge der Kanäle, der Barrikaden an den Kreuzungen, der Kanonen und der Schützengräben ihr Grab werden würde. Er erweckte heroische Begeisterung. In Begleitung eines einzigen Kavalleristen ritt er in die Feuerlinie, verhinderte eine Panik, führte überraschte Infanteristen, die ihm zujubelten, wieder gegen den Feind. Am 23./24. Oktober 1919, in einer Entfernung von weniger als fünfzig Kilometern vor Petrograd, verwandelte sich die Offensive der Weißen in einen Rückzug ... Beinahe gleichzeitig wurde Denikin geschlagen, noch ehe er Tula erreicht hatte, Koltschak wurde im Osten vernichtet. Die größte Gefahr hatte sich in einen Sieg verwandelt. Überall verfolgten die Verbände der Roten Armeen, unterstützt von den aufständischen Bauern, den Feind. Sie erreichten die estnische Grenze, sie gelangten ans Schwarze Meer; Koltschak, von den sibirischen Partisanen verfolgt und im letzten Augenblick von seinen alliierten Beratern verlassen, wurde 1920 in Irkutsk festgenommen und erschossen.

XII. Der polnische Angriff von 1920. Meinungsverschiedenheiten zwischen Trotzki und Lenin über die Offensive gegen Warschau. Die Rolle Stalins

Kurz vor diesen entscheidenden und eigentlich unerwarteten Ereignissen hatte die Regierung der Sowjets die Annahme der Bedingungen für einen Friedensschluß erwogen, selbst wenn er mit Nachteilen verbunden wäre. Auf Initiative des Präsidenten Wilson lud die Pariser Konferenz am 23. Januar 1919 alle de facto auf dem Territorium des ehemaligen russischen Zarenreiches existierenden Regierungen ein, Bevollmächtigte zu einer allgemeinen Friedenskonferenz zu entsenden, die auf der Insel Prinkipo im Marmarameer abgehalten werden sollte, um dort einen Generalfrieden abzuschließen, der die Zerstückelung Rußlands verewigt hätte. Die Sowjetrepublik erklärte sich damit einverstanden. In der Note Tschitscherins an die Alliierten und an die Weißen hieß es: »(. . .) Die Regierung der Sowjets ist bereit, die Forderungen der Entente bezüglich der Frage der russischen Anleihen zu akzeptieren«; sie ist auch bereit, »Bergbau-, Forst- und andere Konzessionen zu bewilligen (. . .), wobei die interne Verwaltung dieser Konzessionen keinerlei Einfluß auf die wirtschaftliche und soziale Ordnung Sowjetrußlands haben darf«; auch bereit, Gebietsabtretungen zuzustimmen . . . Grundsätzlich wurde Trotzki zum Leiter der sowjetischen Delegation in Prinkipo bestimmt. Die Führer der Konterrevolution fühlten sich noch zu stark, hatten zu sehr das Gefühl, von den ausländischen Mächten unterstützt zu werden, sie wußten, daß Poincaré und Clemenceau gegen die Initiative des Präsidenten Wilson waren; sie lehnten es daher ab, sich an den Verhandlungstisch zu setzen.

Das Jahr 1920 schien das Ende des Bürgerkriegs zu bringen. Die Briten hatten sich aus Archangelsk zurückgezogen und die Franzosen aus Odessa. In Sibirien wurden die letzten weißen Banden verfolgt. Es war nur mehr eine kleine konterrevolutionäre Armee auf der Krim übriggeblieben, die des Barons Wrangel . . . Große Hoffnungen erwachten. Der Rat der Volkskommissare verkündete die Abschaffung der Todesstrafe (die nur mehr ausnahmsweise in den Kampfgebieten beibehalten wurde). Die Partei erwog die baldige Aufhebung des Ausnahmezustands. Eine Sowjetdemokratie war im Begriff zu entstehen. Dies verhinderte Marschall Pilsudski durch seine Aggression. Er hielt das junge Polen für stark genug, um die Ukraine annektieren und vielleicht die sowjetische Regierung stürzen zu können. Beinahe gleichzeitig unterstützten London und Paris den Baron Wrangel.

Die Sowjetrepublik hatte die Unabhängigkeit Estlands und Lettlands anerkannt; die Friedensverträge waren unterschrieben. Mit Litauen waren Verhandlungen im Gang.

Bis dahin hatte das Polen Pilsudskis alle Friedensangebote Moskaus zurückgewiesen. Am 7. April 1920 erklärte Marschall Pilsudski den Ukrainern, daß sich die polnischen Armeen in Marsch setzten, um sie zu »befreien« ... Zunächst errang er Siege. Mohilew, Winniza, Podolsk, Schitomir fielen; am 6. Mai nahmen die Polen Kiew ein ... Trotzki war mit der Vorbereitung der Gegenoffensive beschäftigt. Alte Generäle wie Brussilow und Poliwanow boten ihm ihre Dienste an. Pilsudskis Rückschläge begannen Ende Mai. Die Offensive des Barons Wrangel im Süden der Ukraine verlangsamte wohl den Vormarsch der Roten Armeen, brachte ihn aber nicht zum Stillstand. Im Juni und Juli geben die Polen eine Stadt nach der anderen auf, sie öffnen ihre Grenze. Der britische Premierminister Lloyd George verlangt von Sowjetrußland, Warschau nicht anzugreifen; im gegenteiligen Fall würde die englische Flotte mit Operationen gegen Rußland beginnen. In diesem Augenblick, während in Moskau der Zweite Kongreß der Dritten Internationalen zusammentritt, diskutiert das Politbüro über die Kriegsführung und Trotzki ist anderer Meinung als Lenin. Tuchatschewski und Smilga, ein Mitglied des Zentralkomitees, rücken gegen Warschau vor. Trotzki hält es für vernünftiger, einen vorteilhaften Frieden abzuschließen, bevor die Kräfte der Roten Armee erschöpft sind. Lenin glaubt, daß die Einnahme Warschaus einen proletarischen Aufstand in Polen entfesseln, die Revolution bis vor die Tore Deutschlands bringen und den Versailler Vertrag zunichte machen würde, in dem er eine dauernde Quelle von Schwierigkeiten für ganz Europa erblickt. Lenin setzt sich durch, die Eroberung Warschaus wird beschlossen. Aber in Polen erfolgt keine revolutionäre Erhebung der Arbeiter und der Bauern; der nationale Patriotismus ist stärker. Andererseits marschieren während der kritischen Tage, in dem Augenblick, als Tuchatschewski vor Warschau steht, die I. Kavalleriearmee unter dem Kommando von Budjonny und die XIV. Rote Armee unter dem Kommando von Woroschilow und Stalin auf Lwow (Lemberg), anstatt die Offensive auf

Warschau zu unterstützen, was Weygand und Pilsudski die Möglichkeit gibt, eine Gegenoffensive zu starten, von deren Erfolg sogar sie selbst überrascht sind. Augenscheinlich wollten Budjonny, Woroschilow und Stalin, die die Einnahme Warschaus für sicher hielten, Lwow (Lemberg) einnehmen, um selbst zu Kriegslorbeeren zu gelangen. Das Ergebnis war eine Katastrophe.

Trotzki kehrte von der Front in der Südukraine zurück, nachdem er Vorbereitungen zur großen Offensive gegen Wrangel getroffen hatte, die schließlich zur schrecklichen Schlacht von Perekop und dann zum Zusammenbruch der weißen Armee führte. Sein Zug machte einen Abstecher an die polnische Front. Im Zentralkomitee ergaben sich neue Meinungsverschiedenheiten. Mehrere Mitglieder der Partei, darunter Rykow, waren für eine Umgruppierung der Streitkräfte und für einen neuerlichen Feldzug gegen Polen. Trotzki und Lenin, der seinen Irrtum eingestand, setzten einen Beschluß durch, demzufolge sofort Friedensverhandlungen beginnen sollten. Im Oktober unterzeichneten Joffe, Kirow, Manuilski, Obolenski und die polnischen Bevollmächtigten den Vertrag von Riga, der Polen einen etwas günstigeren Grenzverlauf zugestand, als ihn die Entente empfohlen hatte.

Im Laufe dieser Ereignisse tritt der Charakter Trotzkis, des Organisators und Führers der Roten Armee, klar hervor. Er verzweifelte nie, auch nicht in der aussichtslosesten Situation; er griff dann immer zu aktiven Maßnahmen, appellierte an die Massen, an das revolutionäre Vertrauen. Der Erfolg eines siegreichen Feldzugs berauschte ihn nicht. Der Politiker in ihm ist stärker als der Stratege, und dieser Politiker neigt überhaupt nicht zu Abenteuern, das heißt, er geht nie ein größeres Risiko ein, ehe er sich nicht ein Maximum an Chancen gesichert hat. Der Internationalist verkennt nicht die Bedeutung der Bajonette; aber sein Internationalismus beruht nicht auf der Macht.

XIII. Die deutsche Revolution. Trotzkis Tätigkeit in der Dritten Internationale

Das Beispiel der russischen Revolution und die Appelle von Brest-Litowsk waren nicht vergeblich gewesen. Ein Jahr und zwei Tage nach der Machtübernahme durch die Sowjets weigerten sich die Matrosen in Kiel weiterzukämpfen, Hindenburgs

Soldaten bildeten Revolutionsräte, in ganz Deutschland wehten rote Fahnen ... Es wurde sofort deutlich, daß sich die deutsche Revolution an einem Idealbild inspirierte, das dem der Bolschewiki diametral entgegengesetzt war. Die starke reformistische Sozialdemokratie, die die Kriegspolitik Wilhelms II. unterstützt hatte, behielt innerhalb der Arbeiterklasse die Majorität und bewies, wie man es nennen könnte, eine »großartige Unfähigkeit«. Sie fürchtete nichts so sehr, als ihr Programm in die Tat umsetzen zu müssen. Sie wollte eine Revolution, die den Klassenkampf mäßigte, sie hütete sich zunächst, sich der Volksströmung entgegenzustellen, ließ die Arbeiterräte ins Leere rennen und ihre Aktionen wirklungslos verpuffen, dagegen betrieb sie gegenüber der Bourgeoisie, der Militärkaste und der reaktionären Beamtenschaft eine Politik der Versöhnung und der Zusammenarbeit. Gegen die revolutionäre Minderheit des deutschen Volkes, die unter der Führung von Rosa Luxemburg, Karl Liebknecht, Karl Radek, Georg Ledebour stand, verbündete sich die Sozialdemokratie sofort mit der Militärkaste. Man weiß, daß der sozialdemokratische Führer Friedrich Ebert, der »Reichskanzler« (9. November 1918) geworden war, am 10. November 1918, während der Kaiser nach Holland floh und Karl Liebknecht vom Balkon des Kaiserschlosses aus die Republik ausrief, einen Pakt mit dem Generalhauptquartier abschloß, um »sofort eine ordentliche Regierung aufzustellen, die von der Armee und der Nationalversammlung unterstützt wird« (...). »Denn die Wiederherstellung der Monarchie war unmöglich (...). Wir verbündeten uns, um den Bolschewismus zu bekämpfen (...). Die Parteien der Rechten waren verschwunden (...).« (Zitiert von Franz Neumann in »Behemoth«, *The Structure and Practice of National-Socialism*, New York, Oxford University Press, 1942 — nach deutschen Dokumenten.)

Die deutsche Sozialdemokratie schlug damit im Grunde genommen den gleichen Weg ein, der Kerenski zum Komplott mit Kornilow und die russischen Sozialrevolutionäre in Sibirien dazu veranlaßt hatte, den Monarchisten der äußersten Rechten, Koltschak, in den Sattel zu heben ... Im Januar 1919, als der Spartakisten-Aufstand in Berlin ausbricht, ruft der Sozialdemokrat Noske das Freikorps, also eine militärische Einheit, gegen das Proletariat der Hauptstadt zu Hilfe. Der Aufstand wird unterdrückt, die verhafteten Karl Liebknecht und Rosa Luxemburg werden von Offizieren kaltblütig ermordet ... Unter diesen Umständen ist die Weimarer Demokratie nur mehr eine Farce. Sie dient dazu, die Arbeiterklasse zu beruhigen, indem sie sie täuscht, während die reaktionären Kräfte sich neu organisieren. Ein politischer Mord zieht den nächsten nach sich: Die äußerste Rechte geht systematisch gegen den deutschen Liberalismus vor und ermordet, so oft sich die Gelegenheit dazu bietet, die revolutionären Kämpfer. Es ist eine lange und tragische Geschichte, die unserer Meinung nach zu Unrecht in Vergessenheit geraten ist. Noske stellt darin einen Vorläufer Hitlers dar: Ohne den einen wäre der andere nicht möglich gewesen. Man muß sich diese Tatsachen vor Augen halten, wenn man die Haltung der russischen Revolution und der kommunistischen Internationalen in ihren Anfängen begreifen will.

Am 3. Oktober 1918, noch vor dem Zusammenbruch des deutschen Kaiserreichs, schrieb Lenin, der die kommenden Ereignisse bereits voraussah, dem Exekutivkomitee der Sowjets, daß »das russische Proletariat alle Kräfte anspannen müsse, um den deutschen Arbeitern zu Hilfe zu kommen (. . .). Man muß für die deutsche Revolution eine Reserve an Getreide anlegen, man muß die Bildung einer schlagkräftigen Roten Armee beschleunigen.« (. . .) Trotzki sagte: »Die Geschichte vollzieht sich, vielleicht gegen unseren Willen, aber indem sie der Linie folgt, die wir vorgezeichnet haben (. . .). Die Kanonen der 420 haben der Welt den Willen Deutschlands aufgezwungen (. . .). Und nun, nachdem die Geschichte den deutschen Imperialismus zu dieser Höhe emporgehoben hat, nachdem sie die Massen hypnotisiert hat, stürzt sie ihn in einen schwindelerregenden Abgrund der Ohnmacht und der Demütigung, wie um zu sagen: ›Seht! Er ist vernichtet, säubert doch Europa, die Welt, von seinen Trümmern.‹« (. . .) Er bewies, daß das Heil Deutschlands — und Europas — in der Machtübernahme durch das sozialistische Proletariat lag. »Wenn das Proletariat Deutschlands versucht, die Offensive zu ergreifen, wird es die wichtigste Pflicht Sowjetrußlands sein, in dem revolutionären Kampf die nationalen Grenzen zu ignorieren. Das Rußland der Sowjets ist nur die Vorhut der deutschen und der europäischen Revolution (. . .). Das deutsche Proletariat und seine Technik einerseits, und unser unorganisiertes, aber mit so viel Schätzen ausgestattetes und so dicht bevölkertes Rußland andererseits, werden einen unbesiegbaren Block bilden, an dem alle Wogen des Imperialismus zerbrechen werden.«

Ein Jahr zuvor hatte die Sozialdemokratische Arbeiterpartei Rußlands (Bolschewiki) die arg in Mißkredit geratene Bezeichnung »sozialdemokratisch« abgelehnt, wieder an die Tradition des *Kommunistischen Manifests* von Karl Marx und Friedrich Engels angeknüpft und beschlossen, sich von nun an »Kommunistische Partei« zu nennen. Die zweite Sozialistische Internationale hatte sich am 2. August aufgelöst, als ihre Parteien, anstatt sich gemeinsam gegen den Krieg zu stellen, sich gegen einander für die Kriegspolitik ihrer Regierungen einsetzten. Die russische Revolution knüpfte an die Tradition des Internationalismus an, die in der Devise »Proletarier aller Länder, vereinigt euch« zusammengefaßt ist. Vom 2. bis 6. März 1919 (am Tag nach der Niederlage der deutschen Spartakisten, dem Sieg Noskes, der Ermordung Karl Liebknechts und Rosa Luxemburgs) trat der Erste Weltkongreß der Dritten Internationalen in Moskau zusammen. Trotzki kam eigens von der Front zurück, um daran teilzunehmen. Die russische Kommunistische Partei war durch Lenin, Trotzki, Sinowjew, Bucharin und Tschitscherin vertreten.

Die Spaltung zwischen den revolutionären und den reformistischen Marxisten hatte in Wirklichkeit schon vorher stattgefunden; das Blut, das die mit dem monarchistischen Freikorps verbündeten Sozialdemokraten in den Straßen von Berlin vergossen hatten, bewies das deutlich.

Sinowjew wurde auf Empfehlung Lenins zum Vorsitzenden des Exekutivkomitees der Dritten Internationalen gewählt. Er war ein ausgezeichneter Agitator und Propagandist, der seit vielen Jahren an die Zusammenarbeit mit Lenin gewöhnt war. Trotzki widmete von 1919 bis 1923 der Kommunistischen Internationalen viel Arbeit. Er verfaßte die Manifeste der ersten vier Kongresse, nahm an der Ausarbeitung der Statuten, der einundzwanzig Bedingungen für den Beitritt und schließlich an der Arbeit in den Kommissionen teil. Die Kongresse wurden im Großen Palais des Kremls abgehalten. Von 1920 an gewinnt die neue Internationale in der ganzen Welt zahlreiche Sympathien: die französische und die italienische sozialistische Partei treten ihr grundsätzlich bei, Gewerkschaften der Vereinigten Staaten, die spanische Arbeitskonföderation, die norwegische Arbeiterpartei — um nur einige zu nennen — entsenden Delegierte zu ihr. Auch aus China, Korea, Indien kommen Teilnehmer ... In Deutschland entsteht aus dem spartakistischen Kern die Kommunistische Partei, der auch eine große Zahl unabhängiger Sozialdemokraten beitreten. Trotzki ist für ideologische Härte, und für den kategorischen Bruch mit den Traditionen des

Reformismus, das heißt des verbürgerlichten Sozialismus. Wenn wir die dominierende Idee herausarbeiten wollen, die ihn leitet, so ist es die Bildung einer proletarischen marxistischen Partei, die in ihren Aktionen diszipliniert, auf eine wirksame internationale Solidarität ausgerichtet, dem Kampf für den Sozialismus verschworen ist. »Der Krieg«, stellt er 1924 fest, »hat in Westeuropa nicht zum Sieg des Proletariats geführt. Man erkennt genau, was 1919 und 1920 zum Sieg gefehlt hat: eine revolutionäre Partei.« Er versteht die Partei als das bewußte Werkzeug der Geschichte, den Wegbereiter der Zukunft. Diese Partei muß aus tapferen, sich ihr freiwillig zur Verfügung stellenden Menschen bestehen, die von gemeinsam erarbeiteten Ideen beseelt sind, fern von jedem Fatalismus, vom Zaudern, vom Hang zum leichten Leben, von der Sorge um ihre persönliche Karriere; sie müssen sich mit den höheren, das heißt den internationalen Interessen der arbeitenden Klasse voll identifizieren. Auf den Gedanken, daß die kommunistischen Parteien eines Tages zu bürokratischen Organisationen werden könnten, die sich auf ihre Geheimdienste stützen, keines kritischen Gedankens mehr fähig sind, hingegen durch blinden Fanatismus und Korruption die verschiedensten Verbrechen unterstützen, konnte in jener Zeit allgemeiner Begeisterung niemand kommen ...

Trotzki interessierte sich besonders für die Probleme des französischen und des deutschen Sozialismus. Er setzte sich brieflich mit seinem alten Freund, dem französischen Gewerkschafter Pierre Monatte auseinander; mit dem Lehrer Fernand Loriot; er brach, nach einer heftigen Polemik, mit Jean Longuet; er ließ Ernst Lafont aus Moskau ausweisen, weil er während einer Reise polnische Sozialisten besucht hatte, die sich Pilsudski angeschlossen hatten. Er warf Marcel Cachin und L. O. Frossard ihre Parlamentarierallüren vor. 1921 unterstützte er auf dem Dritten Kongreß der Kommunistischen Internationalen Lenin, der die Fehler der revolutionären Taktik Deutschlands aufzeigte: eine Initiative der Minoritäten konnte nur zu Niederlagen führen, man mußte die Massen durch Propaganda, Überredung, durch den täglichen Kampf für ihre aktuellen Forderungen gewinnen ...

XIV. Der Kriegskommunismus. Die Arbeitsbataillone. Die Gewerkschaftsfrage. Die Besetzung Georgiens. Der Aufstand von Kronstadt. Die Neue Ökonomische Politik

Die Führer der Revolution hatten nicht die Absicht, die Produktionsmittel sofort und gänzlich zu nationalisieren. Sie beschränkten sich darauf, bei der Machtübernahme die Kontrolle der Arbeiter über die Produktion und die Banken einzuführen. Es sind die Linkskommunisten, die die sofortige Sozialisierung verlangen; und es ist der Bürgerkrieg, der sie notwendig macht. Die Arbeitgeber verlassen die Fabriken oder schließen sie oder schränken die Produktion ein; die Arbeiterkomitees greifen ein und setzen die Produktion in Gang oder versuchen es zumindest. Der Besitz dient dazu, den sozialen Krieg zu finanzieren. Am 1. Mai 1918, sechs Monate nach der Oktoberrevolution 1917, wird durch Dekret das Erbrecht abgeschafft. Zwei Monate später, am 30. Juni, werden durch ein Dekret die großen Industrien nationalisiert. Am 24. August wird das private Hauseigentum in den Städten abgeschafft. Zwangsweise drängt sich während des Kampfes die Enteignung der besitzenden Klassen als einziges Mittel zu ihrer Unterwerfung auf. Die Linkskommunisten sind jetzt zufrieden und mit Lenins Politik ausgesöhnt.

Es war nicht beabsichtigt, den bäuerlichen Besitz anzutasten. Aber die einflußreiche Minderheit der reichen, im allgemeinen reaktionär eingestellten Bauern stellte ein tatkräftigeres, zahlenmäßig stärkeres, gefährlicheres Bürgertum dar als die wohlhabenden Städte. Die revolutionären Machthaber führten auf dem Land gleichsam die Diktatur der Komitees der Dorfarmut ein. Die Zerrüttung der Industrie und des Verkehrswesens durch den Bürgerkrieg, die Inflation, die bereits unter der vorhergehenden Regierung eingesetzt hatten, führten dazu, daß die Städte vom Schwarzen Markt der Landbewohner abhängig wurden. Möbel, Kleidung, Werkzeuge, sogar Kunstgegenstände — die Landbewohner zogen den Besitz der Städter an sich und versorgten sie dafür eher schlecht als recht mit Mehl und Kartoffeln ... Die Verpflegung der Armee, der Flotte, des Proletariats und der Regierung mußte durch Requisition sichergestellt werden; die Rationierung war überaus streng. Solange die Bauern zwischen den Weißen und den Roten wählen konnten, entschieden sie sich immer und überall, nach Verlust wertvoller Zeit durch Zögern und örtlichen Racheaktionen, für die Roten; das war das große soziale Ereignis, das den endgültigen Sieg der Sowjets über die Konterrevolution sicherstellte. Sobald dieser Erfolg errungen war, war dann das wirtschaftliche System des »Kriegskommunismus«, das auf Requisition und eiligen Verstaatlichungen beruhte, noch lebensfähig? Insgesamt sank die Industrieproduktion des Landes 1920 auf ein Viertel ihres Standes von 1913; die metallurgische Produktion und die der Bergwerke war noch viel niedriger. Ende 1919 waren sechzig Prozent der Lokomotiven reparaturbedürftig.

Zu diesem Zeitpunkt leitete Trotzki die wirtschaftliche Reorganisation im Uralgebiet. In einem Telegramm forderte Lenin ihn auf, sich um das Transportwesen zu kümmern, und er erreichte tatsächlich, daß es besser funktionierte, obwohl die Techniker einen Erfolg auf diesem Gebiet für ausgeschlossen hielten ... Die Rote Armee und die Reisen des Militärzuges brachten ihn in direkten Kontakt mit den Bauern. Dabei wurde er sich der heraufkommenden Gefahren bewußt. Im Februar 1920, ein Jahr bevor Lenin angesichts der bevorstehenden Katastrophe die Einführung der »Neuen Ökonomischen Politik« vorschlug, forderte Trotzki das Zentralkomitee auf, die Requisition der landwirtschaftlichen Produkte durch eine Naturalsteuer zu ersetzen, die so berechnet sein sollte, daß sie dem Bauern eine Gewinnspanne ließ, die ihn zu einer Vergrößerung seiner Anbaufläche anregen sollte; die Versorgung der Landbevölkerung mit Industrieprodukten sollte der Getreidemenge entsprechen, die an den Staat abgeliefert wurde. Es hat sehr wohl den Anschein, daß diese Maßnahmen, wenn sie angewendet worden wären, Rußland die schmerzliche Krise des Frühjahrs 1921 erspart hätten, die sich mit der Revolte von Kronstadt ankündigte. Das Zentralkomitee lehnte Trotzkis Vorschlag mit elf gegen vier Stimmen ab.

Ein Jahr lang verband Trotzki seine Funktionen als Vorsitzender des Revolutionsrates für den Krieg, als Volkskommissar für die Armee und die Marine, mit denen eines tatsächlichen Diktators für das Transportwesen. Der Ingenieur Lomonossow hatte zu Lenin gesagt, indem er ihm »einen ganz bestimmten Zeitpunkt des Jahres 1920« nannte: »Und hier tritt der Tod ein ...« — »Was muß man also tun«, fragte Lenin. Lomonossow erwiderte: »Wunder können auch die Bolschewiki nicht vollbringen.« — »Wir wollen es dennoch versuchen«, schloß Lenin. (Leo Trotzki, *Mein Leben.*) 1920, während des polnischen Angriffs, wurde das Verkehrswesen vor dem gänzlichen Zusammenbruch bewahrt. Trotzki hatte durch ununterbrochene Appelle an das Gewissen und durch eine eiserne Disziplin von den Arbeitern andauernde heldenhafte Anstrengungen erreicht, die er durch die Verbesserung der Verpflegung und die Koordination der einzelnen Dienste ermöglichte.

Mit den Siegen entstand gleichzeitig das Problem der Demobilisierung der Roten Armee. Konnte man die jungen Arbeitersoldaten in ihre Heimatgemeinden zurückschicken, ohne ihnen das tägliche Brot, die Arbeitsmöglichkeit zu sichern? Es fehlte an allem. Konnte man sie überhaupt abrüsten lassen, ehe der Friede gesichert war? Trotzki schlug eine Zwischenlösung vor: die Umwandlung der III. Roten Armee, die Admiral Koltschak geschlagen hatte, in die I. Armee der Arbeit. Man beschloß, das Experiment zu wagen; ein aus Vertretern der Kommissariate für die Produktion, die Landwirtschaft und die Versorgung bestehender Generalstab unter der Leitung Trotzkis setzte die Truppen zur Arbeit in den Wäldern, den Bergwerken, auf den Feldern, im Eisenbahn- und Straßennetz ein. Mehrere andere Armeen wurden ebenfalls in Arbeitsbataillone umgewandelt und erst 1921 aufgelassen.

1920 war auch das Jahr heftiger Diskussionen in der Partei über die Funktion der sowjetischen Gewerkschaften. Trotzki hielt die These der Integrierung der Gewerkschaften in den Arbeiterstaat aufrecht, da es von nun an ihre Aufgabe sein würde, an der Leitung der Produktion und des Transportwesens teilzunehmen. Lenin und Sinowjew wandten sich gegen diesen Standpunkt, indem sie für eine gewisse Autonomie der Gewerkschaften eintraten, die sie als »Schulen des Kommunismus« und Organe zur Verteidigung der unmittelbaren Interessen der Arbeiter betrachteten. Dadurch gaben sie stillschweigend zu, daß der Sowjetstaat und die Partei keine genügende Schule für die Arbeiter darstellten und ihre Rechte im Alltagsleben nicht in ausreichendem Maße garantierten. »Wir haben keinen Arbeiterstaat«, erwiderte Lenin, »sondern einen Arbeiter- und Bauernstaat, der durch bürokratische Deformationen belastet ist ...« Wenn Trotzki bei dieser Debatte unrecht hatte, dann deshalb, weil seine Aktivität ihn zum Optimismus verleitete. Die Arbeiteropposition unter der Führung von Schlapnikow, Medwjedew, Alexandra Kollontay wandte sich heftig gegen die »bürokratischen Auswüchse« und betonte die schwierige Lage des Proletariats, das durch die oft an eine Hungersnot grenzende Lebensmittelknappheit, durch die Epidemien, durch die Mobilisierungen, die ihm seine besten Kräfte entzogen, durch die Zerstörung der Industrie, durch die häufige Unfähigkeit der mittleren und subalternen Beamten des neuen Staates belastet war ...

Die ersten Monate des Jahres 1921 sind durch mehrere Ereignisse gekennzeichnet, die auf verschiedene Art das Abebben der großen revolutionären Flut deutlich machen ...

Das sind: 1. Die Sowjetisierung Georgiens; 2. Der Aufstand von Kronstadt; 3. Das Scheitern der Aufstandsbewegung der Berliner Kommunisten, auf das die Änderung der Taktik der Dritten Internationalen erfolgte.

Bis zur Errichtung des Sowjetregimes hatten sich die georgischen Sozialdemokraten, die in der russischen Arbeiterbewegung eine sehr wichtige Rolle spielten und deren Exponenten Tschcheidse und Tseretelli 1917 zu den Führern der russischen Demokratie gehört hatten, für die Unteilbarkeit Rußlands ausgesprochen, das heißt für enge föderalistische Bindungen zwischen ihrem Land und der großen russischen Republik. Aber sofort nach der Machtergreifung durch den Bolschewismus hatten sie die Unabhängigkeit Georgiens ausgerufen, eine Unabhängigkeit, die sie anschließend durch einen Friedensvertrag mit der RSFSR besiegelt hatten. Die georgischen Menschewiki genossen daheim eine echte Popularität; sie bemühten sich, demokratisch zu regieren, obwohl sie — manchmal mit Härte — die probolschewistische Agitation unterdrückten. Sie bemühten sich um die Unterstützung der Westmächte. Die Türkei hatte ihre Unabhängigkeit befürwortet. Es gab einen sowjetischen Botschafter in Tiflis (Tbilisi), Kirow. Am 17. Februar 1921 wurde die Regierung in Moskau vor ein *Fait accompli* gestellt: die II. Rote Armee war in Georgien eingedrungen, ohne auf nennenswerten Widerstand zu stoßen. Lenin, Trotzki, der Oberkommandierende der Roten Armee, Sergej Kamenjew, das Zentralkomitee hatten keinen derartigen Befehl erteilt; sie konnten nur mehr die vollendeten Tatsachen anerkennen. Trotzki sah keinerlei Gefahr von georgischer Seite; er war, wie Lenin, der Meinung, daß dieses Land sich nicht von Rußland lösen konnte, ohne unter den Einfluß oder die Herrschaft einer anderen Macht zu gelangen, und daß seine Sowjetisierung in näherer oder fernerer Zukunft unvermeidlich war; aber er erwartete sie von den georgischen Massen selbst und nicht von einer militärischen Eroberung. Ordschonikidse und Stalin, beides Georgier, hatten es anders beschlossen. Ihr zu leichter Sieg ließ die gesamte Nationalitätenpolitik der Revolution scheitern, wie man bald erkennen mußte; er war der Beginn einer Periode blutiger innerer Kämpfe in Georgien. Und wegen der georgischen Frage brach Lenin auch mit Stalin.

Am 1. März 1921 gingen die von Kalinin ungeschickt behandelten Matrosen und Arbeiter von Kronstadt zum Aufstand über und verlangten eine freie Wiederwahl der Sowjets, die Legalisierung der sowjetischen Parteien, die Freiheit der persönlichen Lebensmittelversorgung und des Kleinhandels, die Freilassung der politischen Gefangenen. Anarchisten und linke Sozialrevolutionäre standen hinter dieser Bewegung. Offiziere boten ihr ihre Dienste an. Rechte Sozialrevolutionäre trafen in Tallin und in Finnland ein. Die Auslandspresse schrieb von einer Ära von Schwierigkeiten in Rußland. Kronstadt verfügte über beträchtliche Kräfte: die Festung, das Arsenal, die baltische Flotte — und bedrohte direkt Petrograd, wo die Hungersnot bereits zu Streiks führte ...

Trotzki erhielt vom Zentralkomitee den Auftrag, einer Bewegung Einhalt zu gebieten, deren Reichweite eine Bedrohung für das Sowjetregime darstellte; er begab sich nach Petrograd und blieb dort einige Tage, um die Lage zu sondieren. Da eine Aufforderung an die Aufständischen, sich zu ergeben, ohne Wirkung blieb, wurde die Durchführung der erforderlichen Maßnahmen Tuchatschewski übertragen. Ein erster Angriff über das Eis des Finnischen Meerbusens wurde verlustreich zurückgeschlagen. Am 18. März fiel Kronstadt im Kampf. Viele seiner Verteidiger flüchteten nach Finnland.

Da dieses Drama Gegenstand heftiger Auseinandersetzungen war, mußte Trotzki wiederholt über seine tieferen Ursachen sprechen. Der Verschleiß der revolutionären Massen machte sich gefährlich bemerkbar. Kronstadt war nicht mehr die Heimstatt der politischen Leidenschaften und Ideen von 1917 und 1918. Arbeiter und Matrosen, die treuesten Anhänger, waren verschwunden, über ganz Rußland verstreut, im Kampfeinsatz an verantwortlichen Stellen. Man traf Männer aus Kronstadt am Kaspischen Meer, in Wladiwostok, an allen Fronten; die, die sich noch in der Festung und bei der Flotte befanden, waren mit wenigen Ausnahmen nicht gerade die Fortschrittlichsten ... Andererseits traten auch an anderen Stellen ähnliche Erscheinungen auf: Sie spiegelten die Unzufriedenheit und Kriegsmüdigkeit der hauptsächlich bäuerlichen Massen wider, die unter Entbehrungen und ständigen Kämpfen litten: Unruhen an der

Wolga, Bandenaktionen in der Ukraine, die anarchistischen Partisanen Machnos. Im Süden von Moskau im Gebiet von Tambow schlachtete eine Bauernarmee unter dem Kommando des Sozialrevolutionärs Antonow in der Stärke von beinahe fünfzigtausend Mann die Kommunisten im Namen der Konstituante ab. Der Wahlspruch von Kronstadt: »Freie Wahlen zu den Sowjets« verwandelte sich in »Sowjets ohne Kommunisten«. Wenn Kronstadt nicht vor dem Tauwetter fiel, konnte die aufständische Flotte in Petrograd eindringen. Welche Kader, welche politische Formation wollten die Revolution wiederherstellen? Eine Handvoll Anarchisten, einige anarchistische linke Sozialrevolutionäre — und hinter ihnen unausweichlich die Parteien, die Emigranten, die Generäle der Konterrevolution, die die schwache Minorität der menschewistischen Sozialdemokraten überrennen würden. Wenn Kronstadt und die Bauernbewegungen den Sturz der Diktatur des Proletariats herbeiführten, würden sie dann der Reaktion, dem weißen Terror — oder welcher anderen Zukunft die Tore öffnen? Die Lehren der letzten Jahre waren im Gedächtnis der Bolschewiki noch frisch und schmerzlich eingegraben. Überall, wo die proletarische Revolution unterlegen war, in Finnland, in Bayern, in Ungarn, wie auch zeitweise in der Ukraine, an der Wolga, am Don, in Baku, in Sibirien, waren die demokratischen Elemente mühelos verdrängt worden, die ärgste Reaktion hatte sich mit Hilfe des Terrors und des Blutvergießens etabliert. So hatten es Mannerheim in Finnland, General Hoffmann in München, Admiral Horthy in Ungarn, Admiral Koltschak in Sibirien, Baron Wrangel auf der Krim geschafft ... Schwach werden war gleichbedeutend mit untergehen.

Während am Finnischen Meerbusen die Kanonen donnerten, trat der Zehnte Parteitag zusammen. Er verurteilte die Arbeiteropposition als »anarcho-syndikalistische Tendenz« und bedrohte sie mit dem Ausschluß ... (Aber es gab keine Verhaftungen, obwohl die Polemiken sehr erbittert waren; schon die Vorstellung, Parteimitglieder wegen ihrer politischen Haltung verhaften zu lassen, wirkte zu dieser Zeit ungeheuerlich.) Lenin ließ die »Neue Ökonomische Politik« billigen, die das Land befrieden sollte: Naturalsteuern, Freiheit des Handels, Konzessionen an ausländische Kapitalisten unter genau festgelegten Bedingungen, Ausnahme von der Verstaatlichung für kleine Privatunternehmen. Trotzki war auf Anhieb für diese Reform, die er schon ein Jahr früher vorgeschlagen hatte. Die Befriedung des Landes erfolgte schnell, obwohl man bedeutende Kräfte mobilisieren mußte, um Antonows Banden im Schwarzerdegebiet von Tambow zu vernichten; und obwohl bis zum Herbst in der Ukraine zwischen der Roten Armee und der kleinen »Armee der Aufständischen Bauern« des Anarchisten Machno Kämpfe stattfanden. Dieser hatte gegen die Deutschen, gegen die Roten, gegen die Weißen gekämpft. Er hatte bei der Niederlage der Generäle Denikin und Wrangel mit der Roten Armee zusammengewirkt. Trotzki hatte den Pakt zwischen der Südarmee und Machno gebilligt, »unter der Bedingung, daß er loyal eingehalten werde«. Bei seinen Unterredungen mit Lenin war davon die Rede gewesen, den ukrainischen Anarchisten eine Art territorialer Autonomie zu gewähren. Der »Pakt« wurde nicht loyal eingehalten, wie zu erwarten war. Beide Seiten haßten einander. Frunse, Gussjew und Bela Kun waren die Befehlshaber in diesem Operationsgebiet.

Ende 1921 befiel eine neue Plage das Land: Die große Dürre war die Ursache für eine schreckliche Hungersnot in den sonst fruchtbaren Gebieten an der Wolga.

Anfang 1922 beginnt die Neue Ökonomische Politik der Versöhnung mit den Bauernmassen Früchte zu tragen. Nur mehr im Fernen Osten und in einigen entlegenen Winkeln Zentralasiens wird gekämpft. Von der ehemaligen Regierung ist nichts übriggeblieben. Kaiserliche Autokratie, Kasten, Adel, Beamtentum, Verwaltung, das alles ist zusammen mit der Feudalherrschaft der Großgrundbesitzer und dem russischen Kapitalismus hinweggefegt worden; auch der ausländische Kapitalismus ist verschwunden, der früher in Rußland so fest installiert war, daß man die Wirtschaft des Landes als semikolonial bezeichnen konnte. Die ersten Anzeichen für das Wiederaufleben der Landwirtschaft zeigen sich in den von der Trockenheit verschonten Gebieten. Die Lähmung der Industrie, des Handwerks, des Transportwesens weicht einer zwar noch schwachen, aber doch oft optimistischen Aktivität. Mit den baltischen Ländern und Polen wird Frieden geschlossen, mehrere Staaten anerkennen die *Russische Sozialistische Föderative Sowjetrepublik*; ohne sie offiziell anzuerkennen, empfängt Großbritannien doch ihre diplomatischen Vertreter. In der Welt der Arbeiter und Sozialisten, selbst bei den am bolschewistenfeindlichsten eingestellten Menschen, wächst der Wunsch nach Versöhnung. Die Sozialistische Arbeiterinternationale, eine weniger bedeutende Internationale, die aus linken Gruppen besteht, und die Dritte Kommunistische Internationale beginnen zu verhandeln. Der Internationale Gewerkschaftsbund (Amsterdamer Internationale), der beinahe alle Arbeiterorganisationen der Welt umfaßt, fordert die Arbeiter auf, Rußland zu unterstützen, denn »die Niederlage der Sowjetregierung wäre das Signal für eine massive Offensive der Konterrevolution« (. . .). »Die Reaktion, die sich in Deutschland und vor allem in Bayern sehr arrogant gebärdet, die in Spanien, Rumänien, Ungarn, Jugoslawien der Arbeiterklasse ihre Regimes aufzwingt, die zu blutiger Gewalt greift, würde triumphieren, wenn es den offenen und versteckten Feinden der russischen Revolution gelänge, die Sowjetregierung zu stürzen und an ihre Stelle eine konterrevolutionäre Staatsführung zu stellen, die unter der Schutzherrschaft des westeuropäischen Kapitalismus und der bourgeoisen Regierungen stünde« (. . .). Das ist die Sprache der gemäßigten Gewerkschafter.

In der bolschewistischen Partei gärt es. Die Arbeiteropposition, die Tendenz zum demokratischen Zentralismus, die Gruppe *Arbeitswahrheit* rühren sich, klagen die entstehende Bürokratie an, wehren sich gegen den Ausnahmezustand und gegen die erzwungene Disziplin . . . Die leitenden Mitglieder des Zentralkomitees haben die gleichen Sorgen. Eine Partei, die während einer Revolution an die Macht gelangt, wächst schnell durch den Zustrom von Hasardeuren, Abenteuerlustigen, Schiebern und unbeständigen Elementen. Viel mehr als die echten Kämpfer neigen diese Elemente zu Übergriffen, Exzessen, sogar zu Verbrechen. Die große Säuberung der Partei richtet sich gegen sie. Von 658.839 Mitgliedern werden 159.355 ausgeschlossen. Andere sind unzufrieden und gehen von selbst. Der Ausschluß entspricht einer Rüge, er bringt den Verlust der sogenannten »verantwortlichen«, das heißt mit der Machtausübung verbundenen Funktionen mit sich. Er hat keine weiteren Folgen, vorausgesetzt, daß er nicht auf Grund von Verbrechen oder Vergehen ausgesprochen wurde. Die Ausgeschlossenen können jeder beliebigen Beschäftigung nachgehen und werden nicht behelligt. In zahlreichen Fällen verdienen qualifizierte Arbeiter und Intellektuelle daraufhin mehr, weil ihr Einkommen nicht mehr durch die Höchstgrenze beschränkt wird, die Parteimitgliedern vorgeschrieben ist: hundertfünfundachtzig oder zweihundertfünfundzwanzig Rubel, was wirklich nicht viel ist.

Man beklagt sich wiederholt über die disziplinären Maßnahmen, die innerhalb der Partei gegen jene ergriffen werden, die es sich erlauben, das Zentralkomitee zu kritisieren; diese Maßnahmen beschränken sich auf die Entfernung der Unzufriedenen aus der Hauptstadt; manchmal in entfernte Gebiete; sie erhalten dort Vertrauensposten.

Die Führungspositionen in der Regierung sind in diesem Augenblick wie folgt verteilt: Lenin ist auf Grund seiner intellektuellen und moralischen Autorität der anerkannte Führer der Partei und der Regierung. Trotzki befaßt sich mit der Armee, der Flotte, dem Transportwesen, Wirtschaftsfragen und sogar mit antireligiöser Propaganda; Sinowjew ist Vorsitzender des Petrograder Sowjets, Kamenjew des Moskauer Sowjets. Rykow leitet den Obersten Volkswirtschaftsrat; Bucharin die Presse; Tschitscherin die Diplomatie; Rakowski regiert die Ukraine, Iwan Smirnow befaßt sich mit den sibirischen Angelegenheiten; Stalin vereint zwei Kommissariate auf sich: das der Arbeiter- und Bauerninspektion und das der Nationalitätenpolitik. Hier werden die bezeichnendsten Konflikte entstehen. Krassin führt Wirtschaftsverhandlungen mit dem Ausland. Lunatscharski ist für das Unterrichtswesen zuständig, Serebrjakow, Krestinski, Preobraschenski, Sokolnikow, Smilga, Pjatakow, Joffe vervollständigen den Personenkreis an der Führungsspitze. Die Leitung der Kommunistischen Internationale wird Sinowjew, Karl Radek, Bucharin anvertraut.

4. Die Opposition

I. Lenin gegen das bürokratische Regime. Konflikte mit Stalin. Letzte Phase der Zusammenarbeit Trotzkis mit Lenin

Der Tenor der Reden und Schriften Lenins in den Jahren 1921 bis 1922 ist voll Zuversicht und Entschlußkraft, zeugt aber gelegentlich von einer manchmal mit Bitterkeit durchtränkten Unruhe. Wenn man die Erinnerungen und die Schriften zusammenfaßt, merkt man, daß Wladimir Iljitsch, wie zahlreiche andere Kämpfer, deren Kritiken und Vorschläge er jedoch zurückweist, eine oppositionelle Haltung dem Verhalten und den Ansichten zahlreicher Parteiführer gegenüber einnimmt, die deutlich zur bürokratischen Diktatur neigen. Lenins Realismus wird brutal, wenn er diese Männer aufrütteln will — und zweifellos auch, weil er Angst hat. »Was für Fehler haben wir doch begangen!« wiederholt er, »es wäre ein Verbrechen, uns nicht einzugestehen, daß wir über das Ziel hinausgeschossen sind« (...). Und weiter: »Wir sind in unserem Versuch, den Sozialismus auf Anhieb zu verwirklichen, gescheitert« (...). Ferner: »Die Diktatur des Proletariats bedeutet, daß sich das Proletariat noch nie in einer so schrecklichen Situation wie heute befunden hat« (...). Wir müssen den Gedanken an »die sofortige Errichtung des Sozialismus aufgeben und uns auf vielen wirtschaftlichen Gebieten wieder nach dem staatlichen Kapitalismus orientieren« (...). Wir sind »ungebildet«, wir leben in einem »administrativen Chaos«, in »Fluten der Illegalität«. Lenin bildet neue Wortschöpfungen wie den *Kom-tschwanstwo* »Kom-dumme Selbstgefälligkeit« oder »Kom-Prahlerei«, den *Kom-wranjo* oder »unverschämte Kom-Lüge«; er vergleicht gewisse Leiter — wir werden noch sehen, welche — mit den mittelmäßigen brutalen Satrapen der früheren Regierung, die man *djerschimordi,* Despoten, genannt hat ...

Nach der Beilegung der Meinungsverschiedenheiten, die zwischen Lenin und Trotzki in der Frage der Gewerkschaften geherrscht hatten, waren ihre Beziehungen wieder ausgezeichnet geworden. Beide hatten das Gefühl, Anfang 1921 eine Katastrophe vermieden, die wesentlichsten Errungenschaften der

Revolution bewahrt zu haben. Beide erkannten die ungeheuren Probleme des Wiederaufbaus, des Elends, des Allzu-Menschlichen, der Beschaffenheit der Organisationen. Gemeinsam faßten sie den Beschluß über das Urteil in dem aufsehenerregenden Prozeß gegen die Sozialrevolutionäre. Die »Bauernpartei« hatte sich im Namen der Konstituante am Bürgerkrieg beteiligt; sie war für mehrere terroristische Attentate verantwortlich, vor allem für jene, die zum Tod Wolodarskis und beinahe auch dem Lenins geführt hatten. Etwa zehn Mitglieder ihres Zentralkomitees, alles alte Revolutionäre, befanden sich im Gefängnis. Überläufer lieferten erdrückende Beweise gegen sie. Die Todesstrafe war unvermeidlich. Sollte man sie anwenden? Viele weniger bedeutende Feinde waren dem Terror zum Opfer gefallen. Es wurde beschlossen, die Durchführung des Urteils von der Haltung der Sozialrevolutionären Partei abhängig zu machen. Die Verurteilten würden nur dann hingerichtet werden, wenn ihre Partei ihre terroristische Tätigkeit wiederaufnahm*.

Im Zentralkomitee nimmt Lenin den Kampf um die Wiedererrichtung des revolutionären Regimes in zwei wesentlichen Punkten auf. Unglücklicherweise erleidet Lenin infolge der Überanstrengung einen gesundheitlichen Zusammenbruch. Er ist erst zweiundfünfzig, aber eine bösartige und vorzeitige Arterienverkalkung wird akut ... Im Mai liegt Trotzki, der sich beim Fischen den Fuß verstaucht hat, im Kreml zu Bett. Bucharin besucht ihn. »Auch Sie im Bett!« ruft er bei seinem Eintreten entsetzt aus. Und er berichtet, daß Lenin einen Schlaganfall erlitten hat; Wladimir Iljitsch ist halb gelähmt und kann weder sprechen noch gehen. Man hatte Leo Dawidowitsch diese traurige Nachricht einige Tage lang verschwiegen, »um ihn nicht zu beunruhigen«. Bucharin umarmt ihn und bittet ihn herzlich: »Seien Sie nicht krank, ich flehe Sie an, seien Sie nicht krank (...) es gibt zwei Menschen, an deren Tod ich stets mit Entsetzen denke ... das sind Iljitsch und Sie.« ... Trotzki erinnert sich an die Worte Lenins: »Die Alten werden sterben, und die Jungen werden kapitulieren ...« »Wie viele von uns

* Die meisten Mitglieder des Zentralkomitees der Sozialrevolutionären Partei, die anschließend freigelassen, aber unter Aufsicht gestellt wurden, erhielten Vertrauensposten als Wirtschaftssachverständige oder Techniker in den sowjetischen Verwaltungen. Der geistige Führer der Partei, Abraham Gotz, arbeitete lange und einwandfrei in den Wolgastädten für die Staatsbank. Stalin ließ ihn 1937 foltern und hinrichten.

wissen, was Europa bedeutet, was die Arbeiterbewegung ist?« Lenins Organismus und sein Wille kämpfen noch zwanzig Monate lang. Die Geschichte dieser Agonie und dieses letzten Kampfes müssen wir hier zusammenfassen, weil sie ein Bestandteil der Biographie Trotzkis ist.

1922, während des Elften Parteitags, ist Stalin zum Generalsekretär des Zentralkomitees ernannt worden. Lenin zeigt noch keine Anzeichen einer Erkrankung; er verteidigt Stalin gegen Kritiker, aber den Notizen Leo Dawidowitschs zufolge akzeptiert er die Ernennung des Georgiers mehr als daß er sie wünscht. Das neue Generalsekretariat verleiht seinem Inhaber nur Verwaltungsmacht; es ist ein technischer Exekutivposten, der dem Zentralkomitee und dem Politbüro untergeordnet ist. Lenin, der weiter arbeitet, verläßt sich darauf, daß er ihn persönlich überwachen wird. Aber da fällt Lenin aus ... Ende Juli beginnt er sich wieder zu erholen. Er kann wieder sprechen und gehen, er nimmt am 2. Oktober 1922 seine Funktionen in Moskau wieder auf. Inzwischen hat der neue Generalsekretär eine Reise nach Georgien unternommen, wo er aus eigener Machtvollkommenheit rücksichtslos die Führung und Leitung der Partei umbildet. Das Zentralkomitee der Partei in Georgien verteidigt seine Autonomie und appelliert an Lenin. Budu Mdivani, Okudschawa, Kavtaradse, die wohl in Tiflis an der Macht bleiben, sind über Stalins unerhörtes Vorgehen empört. Lenin, der merkt, daß sein Gehirn angegriffen ist, ist niedergeschlagen und verfaßt am 25. Dezember 1922 ein vertrauliches Dokument für das Zentralkomitee, in dem er klar und vorsichtig die Frage seiner Nachfolge anschneidet, und das später, sehr ungenau, als sein »Testament« bezeichnet wird. Er fällt darin sehr überlegte Urteile über seine Mitarbeiter: Sinowjew und Kamenjew, die dazu neigen, in entscheidenden Augenblicken schwach zu werden — was man ihnen nicht vorwerfen darf; Bucharin ist zu starr doktrinär, zu wenig »dialektisch«; Pjatakow, der überaus fähig ist, neigt zu sehr zu Bürokratismus. Er erkennt in Trotzki die stärkere Persönlichkeit, die aber auch dazu neigt, administrative Methoden anzuwenden. Was muß man darunter verstehen? Zweifellos die Neigung, Probleme autoritär durch die Organisation zu lösen. Lenin sieht voraus, daß eine Spaltung im Bereich der Möglichkeit liegt und durch einen Konflikt zwischen Trotzki und Stalin ausgelöst werden könnte. »Die Beziehungen zwischen ihnen (Trotzki und Stalin)«, schreibt er, »stellen meiner Meinung nach gut die Hälfte der Gefahr der Spaltung dar«, und er empfiehlt als Vorbeugung gegen diese Gefahr die Erweiterung des Zentralkomitees, das anstatt siebenundzwanzig Mitgliedern und neunzehn Stellvertretern etwa fünfzig oder sogar hundert Mitglieder umfassen sollte, das bedeutet also eine Demokratisierung der obersten Autorität. Zitieren wir Lenins Text:

»Dadurch, daß Genosse Stalin Generalsekretär geworden ist, hat er eine ungeheure Macht in seinen Händen konzentriert, und ich bin nicht davon überzeugt, daß er immer mit genügender Vorsicht von ihr Gebrauch machen wird (. . .). Andererseits zeichnet sich der Genosse Trotzki (. . .) nicht nur durch hervorragende Eigenschaften aus (. . .). Er ist zweifellos der fähigste Mann des derzeitigen Komitees, aber er ist zu selbstsicher, und er neigt zu sehr dazu, die rein administrative Seite der Angelegenheiten zu stark zu betonen (. . .). Diese Wesenszüge der beiden markantesten Leiter des jetzigen Komitees können, ohne daß sie es wollen, zu einer Spaltung führen; wenn die Partei keine Maßnahmen ergreift, um sie zu verhindern, kann diese Spaltung unerwartet eintreten.«

Heben wir die Bedeutung des ersten Satzes hervor: der Generalsekretär hat »eine ungeheure Macht in seinen Händen konzentriert«. Lenin stellt diese Tatsache fest, indem er deutlich zu verstehen gibt, daß die »ungeheure Macht« Stalin nicht vom Zentralkomitee verliehen wurde, sondern daß Stalin sie sich selbst angeeignet hat. Zur gleichen Zeit hat Lenin schwere Auseinandersetzungen mit Stalin über die ernste Frage der Nationalitäten. Am 4. Januar 1923 fügt er seiner Botschaft ein kategorisches Postskriptum an:

»Stalin ist zu brutal, und dieser Fehler, der ohne weiteres in den Beziehungen der Kommunisten untereinander toleriert werden kann, ist in seiner Funktion als Generalsekretär nicht tragbar (. . .). Ich fordere die Genossen auf, die Möglichkeit zu überdenken, Stalin dieses Postens zu entheben und ihn durch einen Mann zu ersetzen, der sich in jeder Beziehung von Stalin durch seine Überlegenheit unterscheidet, daß heißt, daß er geduldiger, loyaler, höflicher, aufmerksamer seinen Genossen gegenüber, weniger launenhaft usw. sein muß.«

Der von Stalin und seinem Anhang in Georgien verübte Mißbrauch der Macht hat Lenin plötzlich klar sehen lassen und ihn veranlaßt, mit vorsichtigen Worten — denn er ist nicht »brutal« — die Absetzung des Generalsekretärs zu empfehlen. Der Vorsitzende der Tscheka, Dserschinski, und der Vertreter des

Zentralkomitees, Ordschonikidse, haben sich ebenfalls in Tiflis kompromittiert, indem sie Gewalt angewendet haben. Ordschonikidse ist ein gewalttätiger Sanguiniker, selbst Georgier, ehemaliger Zwangsarbeiter in Schlüsselburg, ehemaliger Deportierter in Jakutien ... »Wie tief sind wir gesunken!« ruft Lenin in einer Geheimbotschat an das Komitee aus. Er wirft Dserschinski und Ordschonikidse vor, daß sie Anhänger des russischen Chauvinismus sind, daß sie von den sozialistischen Lösungen der Nationalitätenfrage nichts verstehen, daß sie »sich an den Interessen der proletarischen Solidarität vergehen ... « Er befürwortet für Ordschonikidse »eine exemplarische Bestrafung« (den Ausschluß aus der Partei auf zwei Jahre), er schlägt »eine Revision der unzähligen ungerechten Urteile Dserschinskis vor.« Man muß »Stalin und Dserschinski für diese nationalistische großrussische Kampagne politisch verantwortlich machen«. Lenin schreibt Trotzki mehrmals zu dem gleichen Thema und beauftragt ihn, beim Zwölften Parteitag die Nationalitätenfrage aufs Tapet zu bringen. Den georgischen Kämpfern Budu Mdiwani, Macharadse »und anderen« schickt er eine Botschaft: »Ich verfolge Ihre Sache mit Anteilnahme. Über Ordschonikidses Brutalitäten und Stalins Übergriffe empört. Ich bereite Anweisungen und eine Rede vor (...).« Dieser Kampf um die Rechte der Nationalitäten im sowjetischen System verbraucht die letzten Kräfte des Mannes, den man liebevoll »den Alten« nennt. Am 12. Dezember erleidet er einen Rückfall mit einer Lähmung der rechten Hand und Schwierigkeiten beim Sprechen; am 23. Dezember fühlt er sich besser; am 31. Dezember schreibt er die Botschaft an das Zentralkomitee ... Die Briefe an Trotzki und die Botschaft an die Georgier entstehen später, sie sind mit 23. März 1923 datiert, denn die Angelegenheit zieht sich natürlich in die Länge.

Einige Zeit vor Lenins Rückfall findet bei ihm eine bedeutungsvolle Unterredung zwischen ihm und Trotzki statt. »Unsere Bürokratie ist etwas Ungeheuerliches«, sagt Lenin. »Ich war darüber entsetzt, als ich die Arbeit wiederaufgenommen habe.« Die Unterhaltung wendet sich der Notwendigkeit zu, den bürokratischen Apparat »aufzurütteln«. Trotzki hielt es für notwendig, nicht nur die Bürokratisierung des Staates zu bekämpfen, sondern auch die der Partei, und mit dem Organisationsbüro des Zentralkomitees anzufangen. »Na schön«, sagt Lenin, »ich schlage Ihnen einen Block vor: gegen Bürokratismus überhaupt und gegen das Organisationsbüro im besonderen (...).« Dieses Büro bildet das Zentrum des Stalinschen Apparates.

Die neuen Institutionen funktionierten schlecht, besaßen keine Erfahrung, neigten zum Amtsmißbrauch; die Arbeiter- und Bauerninspektion sollte ihre Tätigkeit kontrollieren und rationalisieren; in Wirklichkeit hatte sie nicht viel praktischen Wert... Ende Januar 1923 unterzog Lenin sie einer harten, wenn auch im Ton höflichen Kritik. Er verlangte ihre durchgreifende Reform, schrieb aber, daß »der Volkskommissar auf seinem Posten bleiben kann — und sogar soll (...).« Lenin verließ sich in bezug auf die Verteidigung der inneren Demokratie der Partei sehr auf die Zentrale Kontrollkommission, ein dem Zentralkomitee parallel geschaltetes Organ, aber von letzterem unabhängig. Man diskutierte im Politbüro über Lenins Artikel, und die Mehrheit hielt ihn nicht für eine Veröffentlichung geeignet, wogegen Leo Dawidowitsch energisch auftrat. Lenin zensurieren? Seine Publizierung einfach ablehnen? Kujbyschew schlug vor, den Artikel in einer einzigen Nummer der *Prawda* abzudrucken und diese Nummer dann dem großen Kranken zu schicken... Kamenjew unterstützte Trotzki, der Artikel wurde veröffentlicht, da das Politbüro erkannt hatte, daß es unmöglich war, ihn vor der Partei geheimzuhalten. Einige Wochen später schrieb Lenin nach seinem Rückfall seinen letzten Artikel *(Lieber weniger, aber besser...)*, in dem wir folgende Zeilen finden: »In unserem Staatsapparat sind die Zustände so traurig, um nicht zu sagen so widerlich, daß (...)« und »Die Arbeiter- und Bauerninspektion besitzt nicht den Schatten einer Autorität. Jeder weiß, daß es keine schlechtere Verwaltung als diese gibt und daß man unter den gegenwärtigen Umständen nichts von ihr erwarten kann.« Das wurde am 2. März geschrieben. Lenin läßt Trotzki ausrichten, daß er »eine Bombe gegen Stalin« vorbereitet, das heißt einen Artikel über die georgische Frage, der wie ein Keulenschlag wirken soll; aber man kann Kamenjew darüber nicht informieren, denn er würde es Stalin hinterbringen, und dieser »würde ein faules Kompromiß abschließen und uns dann betrügen (...).« Er läßt seine Unterlagen Trotzki überbringen. Er schreibt Stalin einen Brief, in dem er mit ihm bricht — und am 9. März erleidet er einen dritten Anfall, seine rechte Seite ist gelähmt, er kann nicht mehr sprechen, er kann nicht mehr lesen ... Man bringt ihn in das Dorf Gorki.

Leo Dawidowitsch hat Wladimir Iljitsch nur selten an seinem

Krankenlager besucht. Aber einmal kam er aus Gorki verdrießlich und sogar verlegen zurück. Als er aus dem Haus trat, hatte er sein Auto voller Blumen vorgefunden! In dieser Geste der Beamten, die ein Gewächshaus geplündert hatten, erblickte er mehr eine Liebedienerei als echte Aufmerksamkeit. In Moskau herrschte der Hunger, in Moskau war das Leben hart, Iljitsch versuchte, seine letzten Kräfte zu sammeln ... Die Blumen, die er nicht gut ablehnen konnte, störten Leo Dawidowitsch.

Wir wollen hier einen Charakterzug Lenins festhalten. Er hatte beschlossen, die menschewistischen Führer Martow, Abramowitsch und noch einige andere ins Exil in westliche Länder zu schicken. Er war nach wie vor in seiner Haltung zu den Rechtssozialisten unerbittlich und gestattete nie, daß man ihnen gegenüber auch nur die geringste Konzession machte. Er erfuhr, daß Martow, dessen Gesundheit angegriffen war, in Berlin in äußerster Not lebte. Er fragte bei einer Unterredung, der Leo Dawidowitsch und Stalin beiwohnten, ob es nicht möglich wäre, Martow indirekt zu unterstützen. »Ach, der soll doch krepieren«, sagte Stalin, aber nicht vor Lenin.

Der Generalsekretär, der sich so über einen besiegten sozialistischen Gegner äußert, obwohl dieser einer der Gründer der russischen Arbeiterbewegung, ein exzellenter Geist und die personifizierte Redlichkeit war, versucht 1922 selbst, sich eine Art geographisches Denkmal zu setzen. Ungeachtet des mißbilligenden Staunens der meisten Führer setzten seine Freunde einen Erlaß durch, mit dem Zarizyn, »Stadt des Zaren«, in Stalingrad umbenannt wird ... Niemand dachte daran, gegen diesen Akt der Selbstverherrlichung Einspruch zu erheben, der schließlich ja wirklich eher nebensächlich war.

II. Die Nachfolge Lenins. Trotzki fordert die innere Erneuerung und Demokratisierung der Partei

Die Krankheit Wladimir Iljitschs wirft die Frage seiner Nachfolge auf. Unauffällig haben Sinowjew, Kamenjew und Stalin zueinandergefunden und das »Triumvirat« gebildet, das stillschweigend, aber ausdrücklich mit der Absicht verbunden ist, den bekanntesten und populärsten Exponenten der Partei, Trotzki, aus dem Vordergrund zu verdrängen und selbst gemeinsam die schwere Nachfolge anzutreten ... Kamenjew, der mit Lenins Weisungen nach Tiflis abgereist ist, erfährt unterwegs, daß die Arteriosklerose »den Alten« zum drittenmal niedergeworfen hat, und hütet sich wohl, die aufgetragenen Weisungen in Tiflis auszuführen ... Beim Zwölften Parteitag, im April 1923, gelangt man zu einer Scheinlösung der georgischen Frage, Stalin fügt sich anscheinend stillschweigend — und nichts ändert sich. (Der blutige georgische Aufstand im Herbst 1924 ist das Ergebnis, und im übrigen wird Georgien nie gänzlich unterworfen werden.) Trotzki legt als Berichterstatter über die Industrieproduktion das ökonomische und wirtschaftliche Problem in seiner ganzen Tragweite dar. Die Industrie ist so wenig leistungsfähig, daß der Bauer für Industrieprodukte beinahe dreimal soviel bezahlt wie 1913 (2,75mal, um genau zu sein). Der Abstand zwischen den Preisen der landwirtschaftlichen Produkte und denen der Industrieerzeugnisse ist erschreckend, denn er führt zur Gleichgültigkeit der Bauern, zu einem Konflikt mit ihnen, schließlich zur Stagnation der Landwirtschaft. Was soll man tun? Den Aufschwung der Landwirtschaft erleichtern, die Bauern zu einem gewissen Wohlstand gelangen lassen, die Steuern vereinfachen und herabsetzen. Auf der anderen Seite sollte man die Industrieproduktion steigern und ausbauen, indem man das Verkehrschaos beendet, die willkürlichen und falschen Kalkulationen bekämpft, einen Generalplan ausarbeitet ... Teilpläne sind entworfen worden, ein Elektrifizierungskonzept angenommen, aber der Gedanke der Erstellung eines Gesamtplans auf lange Sicht ist merkwürdig neu und stößt auf dumpfe Feindseligkeit. Leo Dawidowitsch erhält auf dem Kongreß den üblichen Applaus, noch weist nichts darauf hin, daß im geheimen Fäden gegen ihn gesponnen werden, daß man im kleinen Kreis seine wahren und erfundenen Irrtümer bespricht, daß man sich daran erinnert, er sei kein echter Altbolschewik, daß man vorgibt, besorgt zu sein, ob er nicht eine Art Diktatur auf wirtschaftlichem Gebiet anstrebt.

In Wirklichkeit hat das »Triumvirat« Sinowjew-Kamenjew-Stalin bereits begonnen, ihn unter den verschiedensten Vorwänden einzukreisen und zu isolieren. Seine Freunde und seine alten Genossen werden auf Vertrauensposten ins Ausland versetzt. Rakowski, Vorsitzender des Rates der Volkskommissare der Ukraine seit 1919, wird Botschafter in London; Krestinski ist Botschafter in Berlin; Joffe Botschafter in China, in Japan, in Österreich; Jurenjew in Italien ... Weniger bekannte Parteifunktionäre werden nicht ganz so ehrenvoll aus den zentralen Positionen entfernt, zur Pflichterfüllung und Parteidisziplin ermahnt. Das Generalsekretariat und das Organisationsbüro verstehen es, Personen umzugruppieren.

Unruhe breitet sich im Land aus, die Basis der Partei gerät in Bewegung, es bilden sich mehrere Oppositionsgruppen, und alle weisen auf die Willkür der Komitees und der Büros hin, auf die Unterdrückung der freien Meinung, die elende Lage der Arbeiter. Es kommt zu zahlreichen Streiks. Es gibt die Arbeiteropposition Schlapnikows, Medwjedews, Alexandra Kollontays, die Tendenz zur »demokratischen Zentralisierung« von Sapronow und Wladimir Smirnow; es gibt den hervorragenden und schwer einzuordnenden Preobraschenski, der gemeinsam mit Bucharin das in verschiedene Sprachen übersetzte *Abc des Kommunismus* verfaßt hat. Fünfundvierzig einflußreiche Parteifunktionäre schicken dem Zentralkomitee ein Kommuniqué über den Ernst der wirtschaftlichen Lage und die bürokratische Verkalkung. Allgemein zeigt sich das Bestreben nach einer inneren Demokratisierung der Diktatur des Proletariats. In der gesamten Regierungshierarchie ernennen die Sekretäre Sekretäre; man möchte doch zur Bestellung dieser Posten durch die Wahl zurückkehren, zur freien, nicht mehr offiziellen Kritik, zu wahren, nicht zu Scheindiskussionen.

Am 8. Oktober legt Trotzki dem Zentralkomitee alle diese ernsten Fragen in einem Schreiben vor. Die Teilnehmer am Zwölften Parteitag sind zum Großteil durch den Zentralapparat ausgewählt worden. Das Unbehagen in der Partei wächst im gleichen Ausmaß wie die Unzufriedenheit der Bauern. Die wirtschaftlichen Probleme werden im Politbüro nur ganz allgemein behandelt. Das Generalsekretariat wählt die Leiter der Produktion nicht nach ihren Fähigkeiten oder ihrem Fachwissen aus, sondern nach seinen eigenen politischen Vorstellungen. Die Demokratie in der Partei ist nur mehr ein Aushängeschild. Das Politbüro denkt an die Wiedereinführung des Wodkamonopols, um zu Steuereinnahmen zu kommen. Die Aufstellung des revolutionären Kriegsrats wird hinausgeschoben, damit man Personen einschleusen kann, die dem Vorsitzenden Trotzki feindlich gesinnt sind. Die innere Demokratie der Partei muß wiederhergestellt werden.

Dieser Brief bleibt natürlich geheim, wie auch die Antwort, die darauf erfolgt, und die bereits eine vom Politbüro verfaßte Schmähschrift gegen Trotzki darstellt. Die Ereignisse in Deutschland würzen die Debatte. Eine von der Schwerindustrie abhängige Reichsregierung hat versucht, den Friedensvertrag von

Versailles und vor allem die Klausel über die Reparationszahlungen an die Alliierten zu torpedieren, und hat eine enorme Inflation entfesselt. Eine Briefmarke kostet Milliarden von Mark, das heißt, die Mark ist wertlos. Die Inflation ruiniert die Mittelschicht und läßt die Lohnempfänger verhungern. Natürlich verlieren Grundbesitz und Fabriken nichts von ihrem Wert; nur schwache Unternehmungen brechen zum Vorteil der Starken und der Glücksritter zusammen. Die schreckliche Wirtschaftskrise scheint eine kraftvolle Initiative vom sozialistischen Proletariat zu fordern. Das Exekutivkomitee der Kommunistischen Internationale hält in einer Sitzung, an der Lenin nicht mehr teilnimmt, die Machtübernahme durch die Kommunistische Partei Deutschlands für möglich und legt das Datum sogar mit 7. November 1923 fest. In kommunistischen Kreisen Deutschlands und Rußlands hat man daran gedacht, Trotzki nach Deutschland zu entsenden, damit er dort den Aufstand oder die Verteidigung der Arbeiterregierung leitet. Sinowjew, der Vorsitzende der Dritten Internationale, ist beleidigt, weil man dabei nicht an ihn gedacht hat. Aber die Bürokratisierung der Internationale, die bedauerliche Schwäche ihrer offiziellen Information, die Unfähigkeit einiger ihrer Führer spielen eine wichtige Rolle beim Zusammenbruch der revolutionären Mobilisation. In München tritt erstmals eine winzige Partei von antimarxistischen und antisemitischen Demagogen mit dem Versuch eines Staatsstreichs ans Licht der Öffentlichkeit; ihre Führer sind der Kriegstreiber Ludendorff und der bis zu diesem Tag unbekannte Agitator Adolf Hitler ... Anscheinend hat das Rußland der Sowjets in Europa die Möglichkeit verspielt, aus seiner Isolierung herauszutreten, und anscheinend schließen vier Jahre Arbeit der Kommunistischen Internationale mit einer schweren kampflosen Niederlage ab ...

Trotzki veröffentlich in der *Prawda* Artikel, in denen er energisch für einen »neuen Kurs« eintritt ... Eine am 5. Dezember 1923 angenommene Entschließung des Politbüros gibt ihm — wie auch den übrigen Befürwortern der Demokratisierung innerhalb der Partei — völlig recht, sowohl was den Plan als auch die innerparteiliche Demokratie betrifft. Im Politbüro fragt man sich einen Augenblick lang, ob man vom »neuen Regime«, dem »neuen Kurs«, den »neuen Methoden« sprechen soll ... Diese Entscheidung wird getroffen, aber das »Triumvirat« Sinowjew-Kamenjew-Stalin denkt nicht im Traum daran, sie durchzuführen, denn durch Freiheit der Rede, der Kritik, der

Wahl würde es prompt seine Macht verlieren ... In der Partei, vor allem in Moskau, beginnt es zu brodeln; es sind wahre Tage der Freiheit.

III. Das Leben im Kreml. Freundeskreis. Gesundheitskrisen. Reisen in den Kaukasus. Ein Unfall in Kislowodsk, 1924. Der Tod Lenins

»Das Leben ist geregelter geworden. Wir bewohnen im Kavallerieflügel des Kreml immer noch die gleichen vier Räume wie bei unserer Ankunft, sie sind aber unseren Bedürfnissen besser angepaßt worden. Wie immer ist Leo Dawidowitsch bei seiner Arbeit überaus methodisch; er will eine größtmögliche Leistung erreichen, ohne sich voll zu verausgaben. Zu den seit seiner Jugend feststehenden Gewohnheiten gehören Pünktlichkeit, Aufmerksamkeit, eingehaltene Stundenpläne, und er zwingt diese Ordnung auch seiner Umgebung auf. Er gestattet keine Verspätung bei Sitzungen und Besprechungen. Er verabscheut bloße Konversation, Sich-gehen-Lassen, schlampige Arbeit, und es macht ihm keine Mühe, sich mit erstklassigen Mitarbeitern zu umgeben, so daß in einer Zeit der Unordnung das Kriegskommissariat, der Oberste Kriegsrat, die übrigen Büros, die er leitet, und sein persönliches Sekretariat ein Beispiel für tadelloses Funktionieren sind, was man in Moskau teils lobend, teils böswillig kommentiert.«

»Er steht gegen halb acht auf und begibt sich genau um neun Uhr ins Kriegskommissariat. Er kommt oft zum Mittagessen in den Kreml zurück, gegen halb zwei, und kann sich manchmal zu Beginn des Nachmittags einen Augenblick Ruhe gönnen. Dann nimmt er sich ein wenig Zeit, um im Kreis der Familie zu lachen, zu scherzen — um sich von der laufenden Arbeit etwas zu erholen. Die Nachmittage und der Abend gehören oft Sitzungen und der Arbeit im Kommissariat. Wenn Lenin den Vorsitz führt, hat er eine Uhr vor sich liegen, er beschleunigt die Debatte, die Volkskommissare haben zwei oder drei Minuten, selten fünf, um ihre Meinung zu äußern; und während sie sprechen, geht die Diskussion mit Bleistiftnotizen weiter, die von Hand zu Hand wandern. Wenn Leo Dawidowitsch von den Fronten oder den Komitees nach Hause kam, hatte er beinahe nie Zeit, seinen Familienangehörigen zu erzählen, was er gesehen hatte. Lieber sprach er über Menschen, über Charaktere, meist, wie es seiner Art entsprach, mit Wohlwollen. Er wollte an den Menschen vor allem ihre Vorzüge, ihre Fähigkeiten sehen, selbst wenn er — wenn ihn die Umstände dazu zwangen — strenge Urteile über sie fällte, die er aber immer unpersönlich, objektiv gestaltete. Während des Bürgerkriegs hatte er viele bedeutende Menschen kennengelernt, die beinahe oder gänzlich unbekannt waren, und das bestärkte ihn in seinem wohlbegründeten Vertrauen zu den Massen. Der berühmte Partisan aus dem Ural, Tschapajew, hatte Leo Dawidowitsch in seinem Zug besucht. Die Unterredung hatte mit einem Streit begonnen und in vollkommener Übereinstimmung geendet. »Ich gehorche!« sagte der Partisan, und die beiden Männer umarmten einander. Später zeichneten Literatur und Film einen Tschapajew, den Leo Dawidowitsch nicht wiedererkannte. Er war in Wirklichkeit unendlich lebendiger, positiver, ein Naturbursche, sagte er, der kaltblütig, mit untrüglichem Instinkt den größten Gefahren entgegentreten konnte ...« Tschapajew war an der Front gefallen.

»Leo Dawidowitsch selbst war oft in Gefahr gewesen, ohne sie zu suchen oder zu meiden, indem er sich mit einer Art optimistischer Zuversicht seiner täglichen Arbeit widmete. Er war der Ansicht, daß ein militärischer Führer dazu bereit sein muß, sein Leben aufs Spiel zu setzen, wenn es die Moral der Truppe verlangt. Die Sorge für die Sicherheit im Kriegszug war einem Letten, Peterson, übertragen, der jetzt die Garde des Kreml befehligte und die Reisen Leo Dawidowitschs organisierte. Die Vorsichtsmaßnahmen, die im vorhinein festgelegten Reiserouten störten Leo Dawidowitsch manchmal; er sagte: ›Ich habe das Gefühl, zu einer Sache zu werden‹, fügte sich aber aus Disziplin. Dazu eine Anekdote. In der ersten Zeit unseres Aufenthalts im Kreml verweigerte ein Posten Lenin, den er nicht kannte, den Zutritt zu dem Kavallerieflügel, in dem wir wohnten. Wladimir Iljitsch versuchte vergeblich, ihn zu überreden und holte sich schließlich beim Posten am Eingang einen Passierschein, aber er war darüber richtig entzückt und traf lachend bei uns ein.«

»Man hat Leo Dawidowitsch häufig einen gewissen Mangel an Geselligkeit vorgeworfen. Er hat tatsächlich beinahe niemanden geduzt, wir haben weder Besuche gemacht noch welche empfangen — vor allem aus Zeitmangel —, er ist nur sehr selten ins Theater gegangen, kurz, der Kreis unserer persönlichen Bekannten war sehr klein und die Auswahl von der Arbeit oder dem politischen Kampf bestimmt. Dennoch festigten sich auf diese Weise wahre Freundschaften. Die engsten Mitarbeiter Leo

Dawidowitschs, die jünger waren als er und die nur bei der Arbeit mit ihm zusammentrafen, schätzten ihn und wußten, wie zugetan er ihnen war. Skljanski, Butow, Glasmann, Sermux, Posnanski, Viktor Ezin blieben ihm unerschütterlich treu und gingen nach langen Jahren eines Alptraums dieser Treue wegen zugrunde. Pjatakow empfahl Leo Dawidowitsch, sich ›umgänglicher zu geben‹, denn seine Art fordere dazu heraus, ihn als hochmütig und arrogant zu bezeichnen. ›Sie müssen Ihren Charakter ändern‹, bestand Pjatakow. 1926 ging Leo Dawidowitsch zu einer Neujahrsfeier zu Kamenjew im Stockwerk über uns, um sich unter anderem auch über die Ansichten der sogenannten Leningrader Opposition klar zu werden. Er kam sofort wieder zurück. ›Ich halte das nicht aus‹, sagte er. ›Liköre und Abendkleider! Konversation! Man könnte glauben, in einem Salon zu sein . . .‹ Er mochte auch nicht die zweideutigen, manchmal vulgär wirkenden Witze, die die anderen sich gerne erzählten; Radek, der sie erfand und mit Vergnügen weitererzählte, verstummte, wenn Leo Dawidowitsch in Hörweite kam, obwohl dieser sehr wohl Sinn für Humor hatte, allerdings für eine ganz andere Art von Humor.«

»Er rauchte nicht. Er trank nur in Ausnahmefällen Alkohol. Sein Tag ging zwischen Mitternacht und zwei Uhr früh zu Ende. Seine einzigen wirklichen Vergnügungen waren die Jagd und das Fischen, das er erst vor kurzem mit Preobraschenski, Muralow, Pjatakow entdeckt hatte. Bei Tagesanbruch im Schilf in Gesellschaft eines alten, erfahrenen Jägers, dessen Vater und Großvater bereits diesen Beruf ausgeübt hatten, auf Wildenten zu passen oder Netze auszulegen; den Hang eines vereisten, prächtigen, geröllübersäten Waldes hinaufzusteigen und schließlich einen Braunbären zu schießen, das war für ihn echte Entspannung und kraftspendende Berührung mit der Erde, dem Baum, dem Wasser, dem Schnee, dem Wind . . . Es war auch eine Art Kampf und eine Zeit des Besinnens.«

»Sein Freundeskreis ist klein. Er umfaßt vor allem Christian Rakowski, der auf Empfehlung Leo Dawidowitschs 1919 zum Vorsitzenden des Rates der Volkskommissare für die Ukraine ernannt wurde. Sie kannten einander seit 1913, als sie in Bukarest zusammengetroffen waren. Rakowski ist fünfzig (1923) und wirklich eine außergewöhnliche Persönlichkeit, einfach und doch anziehend. Sein Gesicht ist edel, die Sprache lebhaft, das Lächeln geistreich. Er ist seiner Abstammung nach Bulgare, seiner Erziehung nach Franzose, seiner Kultur nach Russe, und er war seiner Staatsbürgerschaft nach Rumäne. Er beherrscht alle Sprachen des Balkans, er hat in den sozialistischen Parteien Bulgariens, Rußlands, Frankreichs und Rumäniens gekämpft. Seine erste revolutionäre Rede hielt er in einer Kirche in Sofia im Alter von sechzehn Jahren. In Rußland schrieb er unter dem Pseudonym Chr. Insarow. Er war ein geborener Internationalist und wurde von den Soldaten der russischen Revolution 1917 aus dem Gefängnis von Jassy geholt. In der Ukraine war er Soldat, Staatsmann, militanter Soziologe und ein guter Genosse gewesen, und das alles unter außerordentlich schwierigen und gefahrvollen Bedingungen. Er wird in London und Paris einen erstklassigen Diplomaten abgeben, ohne daß ihn die Privilegien der Macht je berauschen.«

»Nikolaus Muralow (damals sechsundvierzig) ist ein gutmütiger, schnurrbärtiger Riese mit den Zügen eines kräftigen Bauern. Er ist Landwirt und Soldat. Er hat während der Aufstände von 1905 und 1917 in Moskau gekämpft. Er ist ein alter Bolschewik, durch seinen Mut und seinen gesunden Menschenverstand berühmt und ist Gouverneur des Militärgebiets von Moskau. Ich höre noch, wie Leo Dawidowitsch mit Lenin telefoniert: ›Ich brauche Muralow für die Front. Ich brauche dort jemanden starken und beliebten, Nikolaus Iwanowitsch kann die Leute duzen, einen saftigen Fluch brüllen, er wird sich sicherlich besser durchsetzen als ich ...‹«

»Iwan Nikititsch Smirnow ist um zwei Jahre jünger als Leo Dawidowitsch: erst vierzig. Er ist ein Bolschewik der ersten Stunde, seit 1903, nahm an der Revolution von 1905 teil und hat eine lange Reihe von Gefängnissen, Deportationen nach Sibirien und Ausbrüchen hinter sich. Er hat die V. Rote Armee im Ural organisiert, und wir verdanken zum größten Teil ihm die Siege über Koltschak, die Sowjetisierung und Befriedung Sibiriens. Er war früher Feinmechaniker, ist ein gebildeter, besonnener Mann, so rechtschaffen, daß man ihn manchmal ›das Gewissen der Partei‹ genannt hat. Er ist groß, schlank, hat ein vornehmes Gesicht, Brille, dunkelblonde Haare, ist wohlwollend und fleißig (...).«

»Jurij Pjatakow ist erst fünfunddreißig Jahre alt, aber er hat bereits mit siebzehn Jahren am Kampf teilgenommen. Er hat sich an der ukrainischen und an der polnischen Front ausgezeichnet, anschließend bei den ersten Versuchen zur wirtschaftlichen Reorganisation wie auch durch seine leidenschaftliche revolutionäre Haltung als Linkskommunist 1918. Ein faltiges, knochiges

Gesicht, dichtes, blondes Haar. Er ist ein gelehrter Marxist, ein Wirtschaftsexperte voll Initiative, ein gleichzeitig autoritärer und disziplinerter Charakter. Leo Dawidowitsch warf ihm eine gewisse Leichtfertigkeit vor, eine Neigung, den politisch-sozialen Aspekt der Probleme zu vernachlässigen und eher theoretische Lösungen zu finden. Sie waren uneins, sie stritten sogar am Telefon miteinander, aber dann kam Pjatakow, um alles freundschaftlich aufzuklären, und damit war alles wieder gut. ›Eine beachtliche Intelligenz‹, sagte Leo Dawidowitsch.«

»Adolf Joffe (1923 vierzig Jahre alt), ein Freund noch aus der Emigrationszeit in Wien, der 1919 gemeinsam mit Leo Dawidowitsch im feindlichen Feuer über ein Schlachtfeld bei Petrograd rannte, ist meist abwesend. Er hat ein Geschick für diplomatische Aufgaben, verhandelt über Friedensverträge, reist dann in den Fernen Osten, lernt 1923 Sun Yat-sen in Shanghai kennen und erreicht, daß dieser mit der russischen Revolution sympathisiert (...). Er ist groß, kränklich, eine eindrucksvolle Erscheinung, mit assyrischem Gesicht, ein unabhängiger und unbestechlicher Charakter.«

»Die Beziehungen zu Preobraschenski, Sewe, Antonow-Owssejenko, Swjakow sind herzlich; von letzterem sagt er: ›Ein guter Kopf, ein Mann mit Menschenkenntnis.‹ Gelegentlich verträgt er sich sehr gut mit Bucharin; Karl Radek, Kalinin, Alexis Rykow, Dserschinski sind gute Genossen; die Beziehungen zur Krestinski und dem bemerkenswerten Journalisten Sosnowski, einem unternehmungslustigen Charakter, sind enger; auch zu dem ehemaligen Zwangsarbeiter Woronski, dem jetzigen Direktor der *Krasnaja Now*, einer Zeitschrift mit gehobenem literarischem Niveau, die echte Talente bringt, ohne ihnen Vorschriften zu machen. Woronski ist blond, eher klein, fröhlich, liebt die Literatur, zu intelligent für die Zeiten, die da kommen (...). Leo Dawidowitsch mag Leonid Borissowitsch Krassin, mißbilligt aber dessen Lebensweise, die für seinen Geschmack zu bourgeois ist. Aus dem gleichen Grund benimmt er sich Sokolnikow gegenüber eher kühl, der sich sehr verändert hat, sich amüsiert, auf Bälle geht.«

»1922—1923 sind die Beziehungen zu Kamenjew noch eher ungetrübt, der zweifellos noch zögert, grundsätzlich gegen Leo Dawidowitsch aufzutreten und zwischendurch die härtesten Urteile über Stalin fällt. Stalin hatte die Verhaftung eines muselmanischen Kommunisten, Sultan Galiew, durchgesetzt, der Mitglied der halb geheimen pantürkischen Bewegung war. Kamenjew sprach am Telefon mit Leo Dawidowitsch darüber: ›Wir haben ihm erlaubt, Blut zu lecken ...‹, sagte er von Stalin. Es ging noch nicht darum, Sultan Galiew erschießen zu lassen, aber die Verhaftung eines Parteimitgliedes verstieß gegen ein ungeschriebenes Gesetz und erregte Aufsehen. (Galiew wurde wahrscheinlich später erschossen.) Stalin selbst versuchte, eine Annäherung an Leo Dawidowitsch herbeizuführen. Mehrere Male vor, während und nach den agitatorischen Kampagnen gegen den ›Trotzkismus‹, die er mit beinahe frenetischer Heftigkeit führte, machte Stalin Anbiederungsversuche, die Leo Dawidowitsch zurückwies. Diese Persönlichkeit mißfiel ihm zutiefst wegen ihres servilen Charakters.«

»Während der Krankheit Lenins führte Leo Dawidowitsch nur kurze Gespräche mit ihm, weil die Ärzte nicht zuließen, daß man den allzu sehr Kranken ermüdete, bei denen er sich herzlich und voll Vertrauen zeigte. Lenin wußte, daß sich die Anfälle wiederholen würden und ahnte sein baldiges Ende. Im Zusammenhang mit der georgischen Frage sagte Lenin privat den berühmten Satz über Stalin: ›Dieser Koch wird uns nur scharf gewürzte Speisen zubereiten ...‹«

»Leo Dawidowitschs Arbeitsenergie war immer sehr groß, man könnte schon sagen außerordentlich. Er lebte buchstäblich ständig unter Druck, bearbeitete manchmal zwanzig Angelegenheiten gleichzeitig, informierte sich, studierte, beschäftigte sich mit Literatur, Wirtschaft, Innen- und Außenpolitik. Sein Gesundheitszustand verschlechterte sich jedoch merkwürdig, ganz merkwürdig, er litt unter Fieberanfällen, die ihn schwächten, ihn oft dazu zwangen, das Bett zu hüten oder sich in die Sanatorien im Kaukasus zurückzuziehen. Die Ärzte, und vor allem unser Freund Dr. F. A. Guetier, stellten eine Art Malaria fest, wiesen aber darauf hin, daß es sehr schwierig sei, zu einer genaueren Diagnose zu gelangen. Es war wahrscheinlich so, daß sich die nervöse Anspannung, die starke Empfindsamkeit Leo Dawidowitschs trotz seines starken Willens in Zeiten geistiger Überbeanspruchung so äußerten. Er hatte schon vorher oft am Vortag von Versammlungen, auf denen er sprechen sollte, unter Magenbeschwerden gelitten. Er wurde diese Fieberanfälle nie mehr los, sie überkamen ihn manchmal während der Auseinandersetzungen im Politbüro, in der Partei und später im Exil. Im Bett arbeitete er aber weiter, las, machte sich Notizen und diktierte.«

»Während unserer Aufenthalte im Kaukasus — 1923 in

Kislowodsk und 1924 in Suchumi — fanden wir uns in einer ganz anderen Atmosphäre als in Moskau wieder. Die Landesbehörden wußten noch nichts von der Änderung in Trotzkis Stellung. Seine Bilder hingen immer noch neben denen Lenins in den Klubs und den Büros. Die meisten auf Erholungsurlaub befindlichen Kommunisten waren glücklich, ihn kennenzulernen und baten ihn um eine Unterredung. Einige wenige besser Informierte gaben sich eisig (...). Oft fragten wir uns: Waren wir von lächelnden Feinden oder von guten Genossen umgeben? In Suchumi, an einem felsigen, begrünten Hang, verfügten wir über eine unter Palmen und Zedern gelegene Villa des Zentralkomitees. Der Leiter der Regierung von Abchasien, Nestor Lakoba, war voll rührender Fürsorge. Er war ein kleiner, flinker, gebildeter Mann, der sich während der Revolution bewährt hatte, aber das gute Leben liebte. Er war auf einem Ohr taub und verwendete bei Gesprächen einen Hörapparat; er erzählte, daß Abchasien im 13. Jahrhundert einen blinden Zaren gehabt hatte — und jetzt werde es von einem tauben Gouverneur regiert (...). Später, als wir isoliert waren und von den offiziellen Stellen als Staatsfeinde behandelt wurden, brachte uns Nestor Lakoba immer noch Kisten mit Obst, wenn er nach Moskau kam (...). Er endete, wie sein Bruder, 1937 vor den Gewehren eines Erschießungspelotons.«

»1924 ereignete sich in Kislowodsk ein Zwischenfall, den wir glücklicherweise nur mit leichten Prellungen überstanden, der uns aber das Leben hätte kosten können. Wir hatten mit Muralow einen Jagdausflug ins Gebirge unternommen; wir fuhren auf einer offenen Draisine zurück: Schon im Bahnhofsbereich entgleiste sie plötzlich in der Dunkelheit und wir fielen alle in einen ziemlich tiefen Graben (...). Es konnte ein gewöhnlicher Unfall gewesen sein, er konnte aber auch mit Absicht herbeigeführt worden sein: Leo Dawidowitschs Tod hätte für Stalin vieles vereinfacht. Dieser Verdacht kam uns allerdings erst später.«

1922, während einer Periode der Rekonvaleszenz und der Erholung im Kaukasus, schreibt er *Literatur und Revolution*, ein Buch, das Diskussionen auslöst und einen beträchtlichen Einfluß auf das literarische Leben in Rußland und im Ausland hat. Auch auf diese Weise gerät er in einen Gegensatz zu dem bürokratischen Regime. Er erbringt den Beweis, daß eine von der Partei autoritär geleitete Literatur nicht möglich ist. Er lehnt die damals sehr moderne Idee einer »proletarischen Kultur« ab.

»Es gibt keine proletarische Kultur und es wird keine geben, denn das Proletariat hat die Macht ergriffen, um der Kultur der Klassen ein Ende zu bereiten« (...). Dennoch »darf man die Kunst aus der Revolutionszeit, die notwendigerweise die Widersprüche eines sozialen Übergangsstadiums widerspiegelt, nicht mit der sozialistischen Kunst verwechseln, deren Grundlage noch geschaffen werden muß« (...). »Der neue Künstler wird die Methoden und Hilfsmittel der Vergangenheit und noch einiges mehr benötigen, um das neue Leben zu erfassen« (...). »Das Über-Ich ist vor allem sozial. So lange der Mensch nicht gelernt hat, die soziale Organisation zu beherrschen, beherrscht ihn das Über-Ich wie ein Verhängnis... Babeufs Kampf um einen Kommunismus, dessen Voraussetzungen in der Gesellschaft noch nicht gegeben waren, gleicht dem Kampf des antiken Helden gegen das Schicksal« (...). Wenn man heute in diesem Buch blättert, erweckt es ein Gefühl von Tragik. Etwa ein Dutzend Namen großer russischer Schriftsteller und Dichter stehen dort an vorderster Stelle. Von ihnen sind nur drei eines natürlichen Todes gestorben: Andrej Bjelyj, Alexander Blok, Demian Bjedny. Zwei Dichter der Revolution haben Selbstmord verübt: Jessenin und Majakowski. Ein Dichter starb bei der Entlassung aus dem Gefängnis: Klujew. Der Schriftsteller Woronski wurde erschossen; etliche andere sind verschwunden, zum Beispiel Pilnjak.

IV. Trotzki fordert »den neuen Kurs«. Die Opposition von 1923 unterliegt dem Triumvirat Sinowjew-Kamenjew-Stalin. Trotzki wird aus allen Machtpositionen entfernt

Die von Trotzki veröffentlichte Broschüre *Der neue Kurs* entfesselte einen Sturm von Vorwürfen, Angriffen, Polemiken, Anklagen. Sie enthielt jedoch nur ganz einfache Feststellungen, und das, was in ihr dargelegt wurde — abgesehen von einigen heftigeren Stellen —, äußerten die Redner des Zentralkomitees selbst ziemlich oft. Zweifellos gibt es mehrere Arten, wie man ein und dasselbe ausdrücken kann: mit überzeugender Ehrlichkeit oder mehr oder weniger zweideutig. Und die Wut des Triumvirats, die schwelende Unzufriedenheit der Hierarchie der Sekretäre bewiesen, wie krank das Regime war.

Der neue Kurs war nur eine Rechtfertigung der vom Zentralkomitee im Dezember 1923 beschlossenen Resolution. Trotzki stellt fest, daß die Partei seit der Machtübernahme abnormal gewachsen ist. Eine Zeitlang war es natürlich notwendig, die Diktatur der alten bolschewistischen Garde aufrechtzuerhalten; jetzt muß die neue Generation — die aus dem Bürgerkrieg hervorgegangen ist — das Wort ergreifen. Es ist notwendig, eine Beschneidung der Machtbefugnisse der Komitees und der Sekretäre ins Auge zu fassen. Der bürokratische Parteiapparat, der aus einigen tausend Funktionären besteht, zielt darauf ab, an die Stelle der Partei zu treten. Man muß eine »opportunistische Entartung der alten Garde oder zumindest eines Teils der alten Garde« erwarten. Diese Veränderung kann »sich langsam, sogar unmerklich vollziehen, und dann plötzlich zutage treten«. Schon die Erwähnung dieser Möglichkeit wird von einigen als Beleidigung empfunden. Ein Zeichen für die »Arroganz der Bürokraten«. »Das Proletariat übt die Diktatur mit Hilfe des sowjetischen Staates aus. Die kommunistische Partei ist die führende Partei des Proletariats und daher des Staates«; um die »bürokratische Entartung« zu vermeiden, muß man »in der Partei eine lebendige und aktive Demokratie« verwirklichen. Um die Bildung von geheimen oder öffentlich-organisierten Fraktionen zu vermeiden, muß die Partei ihren Mitgliedern — wie in der Vergangenheit — Freiheit der Kritik und Meinungsfreiheit gewähren; wenn nicht, wird der Apparat in die Kontrolle der konservativen Elemente geraten, unter denen dann Stillschweigen herrschen wird. »Die Bürokratie ist ein soziales Phänomen, sie stellt eine Möglichkeit dar, Dinge und Menschen zu verwalten«, die Menschen wie Dinge, können wir hinzufügen. Der Mangel an Kultur bei den Massen verschlimmert das Übel. Kann man aus diesen Thesen einen Angriff auf die Tradition des Bolschewismus herauslesen? Man möge doch die Vergangenheit der deutschen Sozialdemokratie ins Gedächtnis rufen, die zur Zeit Bebels so groß und so mutig war, anschließend infolge ihrer konservativen Tradition verknöcherte und korrumpiert wurde, die schließlich jeden revolutionären Willen erstickte. Lenins Dynamik bietet das entgegengesetzte Beispiel: Er erhält die Tradition am Leben, indem er sie unaufhörlich erneuert und bereichert ...

Es nützt nichts; das organisierte Geschrei der Funktionäre übertönt Trotzkis Stimme. Trotzki beleidigt die Partei! Er wagt es, vom Verfall der alten Bolschewiki zu sprechen! Er wagt es, die Partei mit der deutschen Sozialdemokratie zu vergleichen! Er ist ja nie ein echter Bolschewik gewesen! Die »früheren Irrtümer« spuken wieder in seinem Kopf! »Wir sind die wahre Demokratie, die unbestechliche alte Garde, die unantastbare Partei!« Diese Leitmotive kehren in unzähligen Reden und in Fluten von bedrucktem Papier wieder.

Inzwischen ist in Moskau die Partei mit einer solchen Vielfalt an Ideen aufgewacht, daß die Funktionäre in Panik geraten. Sinowjew wird später erzählen, daß »alle die Fassung verloren« und daß er ein (geheimes) Komitee der Sieben bilden mußte, um dem Sturm standzuhalten. Unglücklicherweise trat Trotzki nicht in den Versammlungen auf; er war krank und reiste in den Kaukasus. Die Angriffe gegen ihn erreichten eine solche Heftigkeit, daß das Triumvirat Sinowjew-Kamenjew-Stalin Angst vor den Folgen bekam und offiziell die Gerüchte, denen zufolge der Ausschluß Trotzkis aus den leitenden Stellen bevorstehe, als »böswillige Verleumdungen« bezeichnete. »Niemand kann sich die Arbeit des Politbüros, des Zentralkomitees und des Staates ohne die aktivste Mitarbeit des Genossen Trotzki vorstellen.« (*Prawda,* 18. Dezember 1923.)

Bevor Trotzki in den Zug nach dem Kaukasus einstieg, wurden Zusammenkünfte des Politbüros bei ihm abgehalten. Er versuchte zu überzeugen, er sprach leidenschaftlich zu undurchdringlichen Gesichtern, für die alles schon vorher feststand. Nach diesen Sitzungen war er schweißgebadet, erschöpft.

»Er notierte später, daß einer seiner Konflikte mit dem Triumvirat im Anschluß an die Proteste entstand, die er ›gegen die systematische Korrumpierung der Führer der Arbeiterbewegung in Westeuropa‹ erhob, die Sinowjew, Kamenjew und Stalin während Lenins Krankheit zu ›bezahlen‹ begonnen hatten. ›Aber‹, erwiderten ihm Stalin und Sinowjew, ›die Bourgeoisie kauft ihrerseits die Gewerkschaftsführer, die Parlamentarier, die Journalisten! Warum sollen wir nicht das gleiche tun?‹ Er antwortete ihnen, daß die Korruption die Arbeiterbewegung demoralisieren, aber keine Revolutionäre heranbilden kann. Lenin hat uns geraten, uns vor der Aufnahme von gehorsamen Idioten in die Kommunistische Internationale zu hüten. Man müßte noch die Zyniker dazuzählen, die zu allem bereit sind — bis zur ersten Feuerprobe.«

Das Triumvirat ließ überall die Aufzählung der angeblichen Irrtümer Trotzkis verbreiten: Er versucht, die Partei gegen ihre Kader aufzuwiegeln, die Jungen gegen die Alten; er verlangt Freiheit der Gruppenbildung; er wirft dem Bolschewismus vor, zu degenerieren . . . Es kommt noch mehr dazu. Der »Trotzkismus« wird erfunden; er ist der Gegensatz zu dem seit seinem Entstehen unfehlbaren Bolschewismus-Leninismus, eine Aufeinanderfolge verderblicher Irrtümer. Die Zeitungen schreiben immer gehässiger.

»Im Bahnhof von Tiflis betritt Sermux, ein schlanker, rotblonder junger Mann, ein loyaler Mitarbeiter Leo Dawidowitschs, unser Abteil; er ist bleich und hält ein Telegramm in der Hand. Lenin ist am 21. Januar 1924 gestorben. Der erste Gedanke Leo Dawidowitschs ist, sofort nach Moskau zurückzukehren; ein Telegramm Stalins beschwört ihn, nichts dergleichen zu tun, er würde zu spät kommen, um an den Begräbnisfeierlichkeiten teilnehmen zu können, er solle sich schonen. Es hat ja wirklich keinen Sinn, dadurch jetzt seine gesundheitliche Krise zu verlängern. Aber Stalins Telegramm sagt nicht die Wahrheit. Moskau ist die Hauptstadt der Kälte, Lenin wird einbalsamiert, die Vorbereitungen für die Trauerfeierlichkeiten dauern eine ganze Woche. Das Politbüro beschließt die Einbalsamierung, den Kristallsarg, die Errichtung eines Mausoleums auf dem Roten Platz, vor der Kremlmauer.«

»Man führt den Mumienkult ein (...). Leo Dawidowitsch, der zu spät davon erfährt, um dagegen einzuschreiten, wiederholt immer wieder: ›Wie muß Nadjescha Konstantinowna leiden, sie, die am besten weiß, was Lenin von all diesen Neuerungen halten würde!‹ Aber die Witwe Lenins schweigt bedrückt und niedergeschlagen. Sie hat Leo Dawidowitsch einen kurzen Brief geschrieben: ›Ich möchte Ihnen sagen, daß Wladimir Iljitsch einen Monat vor seinem Tod in Ihrem Buch blätterte (...) und mich bat, ihm den Abschnitt über Marx und Lenin vorzulesen, ihn sich sehr aufmerksam anhörte und dann über ihn nachdachte. Ich möchte Ihnen auch sagen, daß sich die Einstellung Wladimir Iljitschs Ihnen gegenüber von dem Tag an, als Sie aus Sibirien nach London kamen, bis zu seinem Ende nicht geändert hat. Ich wünsche Ihnen Gesundheit und Kraft und umarme Sie herzlich.‹ Der letzte Beweis der Zuneigung Lenins bedeutete wohl einen moralischen Trost, aber Leo Dawidowitsch verlor bereits die Macht. Das Politbüro nahm eine Neubesetzung des Obersten Kriegsrates vor, um seinen Vorsitzenden zu isolieren. Der zweite Vorsitzende Skljanski wurde in die Leitung der Moskauer Textilindustrie versetzt; an seine Stelle traten Woroschilow und Laschewitsch, ersterer mit Stalin liiert, letzterer mit Sinowjew; Frunse, ein ausgezeichneter Soldat, und Unschlicht von der GPU wurden in den Rat aufgenommen.«

Die lebhaften Diskussionen in den Parteiorganisationen verstummten als Folge der Trauer und zahlreicher kleiner heuchlerischer Sanktionen. Studenten wurden aus der Partei ausgestoßen, vom Universitätsstudium ausgeschlossen, Arbeiter brotlos gemacht, Parteimitglieder in den Norden, nach Sibirien oder nach Zentralasien verschickt ... Auf der anderen Seite öffnete man 240.000 Arbeitern den Zugang zur Partei, die bis dahin keine Aufnahmeansuchen gestellt hatten, das heißt sich der kämpfenden Partei der gefährlichen Jahre gegenüber reserviert verhalten hatten. Vor dieser Rekrutierungskampagne hatte die Partei nur mehr ungefähr 350.000 Mitglieder gezählt, davon 300.000 Funktionäre (darunter viele ehemalige Arbeiter) und 50.000 Arbeiter. Der Zustrom der Proletarier hätte sich bei einer lebendigen inneren Ordnung großartig und positiv auswirken können; einer starren und gehässigen Bürokratie, die ihre errungenen Positionen gefährdet fühlte, konnten die Neuzugänge eine zahlreiche passive und sogar servil ergebene Komparserie liefern. Beim Dreizehnten Parteitag, der nach einer politischen Flaute abgehalten wurde, kamen die Meinungsverschiedenheiten nicht zum Ausbruch. Leo Dawidowitsch wurde von einem noch immer begeisterten Haus sehr herzlich begrüßt und bestand auf der Durchführung der Beschlüsse über die innere Demokratie sowie die Stellung der Partei als oberste Instanz, da sie trotz ihrer eingestandenen Schwächen die gesamte Hoffnung der Revolution trage. »Niemand will gegen die Partei rechtbehalten«, sagte er (...). »Man kann nur mit der Partei recht haben, denn die Geschichte hat uns keinen anderen Weg gezeigt. *Right or wrong, my country*, sagen die Engländer ... und wir: ob sie in dieser oder jener bestimmten Frage recht oder unrecht hat, es ist meine Partei ...« Wenn auch die beunruhigenden Symptome zahlreich waren, die Partei wirkte noch intakt, sie profitierte von dem Prestige ihrer Siege, von den im täglichen Leben deutlich spürbar werdenden wirtschaftlichen Verbesserungen, von dem errungenen Frieden, sogar von der Trauer. Der Parteipatriotismus, dem Leo Dawidowitsch seine Stimme lieh, hatte vorher der sozialistischen Arbeiterbewegung in allen Ländern Europas ihre Kraft verliehen; er hatte alle revolutionären Parteien Rußlands zusammengeschweißt; er stellte in sich ein tiefes Zusammengehörigkeitsgefühl, eine moralische Macht dar.

August/September 1924 flackerte die georgische Revolte auf. Sie wurde grausam unterdrückt, aber sie entlockte Stalin, der gemeinsam mit Ordschonikidse die schwere Verantwortung dafür trug, Worte der Vernunft, die im übrigen ohne Auswirkungen und Konsequenzen blieben: »Entweder wir gestatten den Arbeitern und Bauern offiziell uns zu kritisieren, oder wir werden ihre Kritik in Form eines Aufstands zu spüren bekommen (...), entweder werfen wir den Optimismus und die bürokratische Vorgangsweise über Bord oder« (...) usw. Es war nichts anderes als eine Paraphrase der Worte Marx' von der Waffe als Kritik und der Kritik der Waffen. Es war nichts als eine nichtssagende rhetorische Phrase.

V. Trotzkis Schriften. Der Kampf innerhalb des Politbüros. Die Eroberung der Macht durch den Generalsekretär der Partei, Stalin

Trotzki erwog voller Zuversicht eine intellektuelle Aktion: die junge Generation in der Partei erziehen, nicht durch Polemiken, sondern durch das Beispiel, die Bevölkerung ansprechen, sie die Geschichte mitgestalten lassen. Er veröffentlichte ein Porträt Lenins und etwas später, im Oktober 1924, sechzig Seiten Einführung zu den beiden Bänden seiner *Gesammelten Werke,* die sich auf das Jahr 1917 bezogen. Diese sechzig Seiten trugen den Titel: *Die Lehren der Oktoberrevolution;* sie kommentierten die bekannten geschichtlichen Tatsachen vom Standpunkt der Verantwortlichkeit der Führer aus, ihre Berufung, ihre Fähigkeiten, ihre Beziehungen zu der arbeitenden Klasse. Trotzki erinnerte die Leser an Sinowjews und Kamenjews Stellungnahme gegen die Revolution. Stalin kam darin nicht vor, da es keine Möglichkeit gab, ihn in einer Geschichte der Revolution zu erwähnen oder auch nur mit Gewißheit festzustellen, was er während der entscheidenden Tage getan hatte. Die »Triumviren«, die den Parteikongreß nicht über die testamentarischen Notizen Lenins informiert hatten, fühlten sich offen angegriffen, und das traf auch zu, da jede objektive Darstellung der Tatsachen für sie nur von Nachteil sein konnte.

Sie reagierten mit äußerster Heftigkeit, sowohl in Worten als auch in Taten. Sie erklärten, daß das Buch ein Attentat auf die Parteiideologie, auf den (erst kürzlich erfundenen) Leninismus, auf die Einigkeit, die Regierung sei, kurz, ein Verrat, den sie aber noch nicht als solchen zu bezeichnen wagten. Es war bald vergriffen und es war nicht ratsam, es zu lesen oder darüber zu sprechen. Zeitungen, Illustrierte, Konferenzen, die Redner auf Zusammenkünften der kleinsten Zellen der Partei in den unbedeutendsten Städten, aber auch in Paris, in Prag, in Berlin, überall, hatten kein anderes Thema, als den wiedererstehenden »Trotzkismus« zu widerlegen. Dieser bewußt neugeschaffene *-ismus* brauchte einen doktrinären Rückhalt. Man grub aus den Archiven — sogar aus denen der zaristischen Polizei — alte Briefe aus, um die Meinungsverschiedenheiten zwischen Lenin und Trotzki in den Jahren vor der Revolution aufzuzeigen, man holte die Polemiken der Emigrationszeit wieder hervor, man fügte »die trotzkistische Unterschätzung des Bauerntums« hinzu, die auf tausenderlei Arten bewiesen wurde. Es war echter Machiavellismus in einem Agrarland, in dem die Bauern weit davon entfernt waren, zufrieden zu sein. Lenin, der in seinem Mausoleum lag und wie ein Heiliger verehrt wurde, hatte immer die Anliegen der Bauernschaft verstanden, Trotzki nie! Diese Simplifizierung darf man nicht für übertrieben halten: Man belegte sie mit unzähligen, unsäglich langweiligen, unsäglich dummen Texten, die alle summarisch nach den Direktiven der Agitations- und Propagandaabteilungen des Zentralkomitees zusammengekittet waren. Niemand hat je berechnet, wie viele tausend, ja zehntausend Tonnen Papier diese finstere Schlacht einer Staatsmaschinerie gegen das Gehirn und die Feder eines einzigen Mannes verschlungen hat. Daß es Trotzki unmöglich gewesen wäre, die Rote Armee zu schaffen und zum Sieg zu führen, wenn er nicht die Fähigkeit gehabt hätte, zu den Bauern zu sprechen, die Bauern zu verstehen; daß Trotzki als erster die Einführung der Neuen Ökonomischen Politik von 1921 gefordert hatte, um die Bauern mit der Revolution auszusöhnen — das wagte niemand oder beinahe niemand zu sagen; aber es war jetzt leicht, in der Partei Karriere zu machen, indem man, ganz gleich wie miserabel, das offizielle Thema ausnutzte.

Von diesem Zeitpunkt an zeichnet sich das Ende der Dritten Internationalen ab, die bis dahin unter der natürlichen Hegemonie der Russen versucht hatte, eine Vereinigung der revolutionären marxistischen Parteien zu sein, und die sich binnen weniger Monate vollständig der führenden Clique des Politbüros unterordnete. Die Sendboten Sinowjews, des Vorsitzenden des Exekutivkomitees, tragen die Botschaft vom Antitrotzkismus in alle Länder; sie bringen auch Befehle, Gelder, sie veranlassen Ausschlüsse, sie kontrollieren die Zeitungen, sie wählen die Führer der Parteien aus, nicht nach ihrer Beliebtheit, nach ihren

Fähigkeiten, sondern nach dem einzigen Kriterium: für oder gegen Trotzki. Die französische, belgische, deutsche, holländische, luxemburgische, spanische, italienische, tschechische — und alle anderen — kommunistische Partei verstehen zunächst überhaupt nicht, was gemeint ist, sie sind einfach für Versöhnung, für Einigkeit; jede in diesem Sinn von Kommunisten, die der Anti-Trotzki-Kampagne fassungslos gegenüberstehen, verfaßte Resolution wird vom Exekutivkomitee als Herausforderung betrachtet, führt zu Diskreditierungskampagnen und zu Sanktionen. In die Redaktionen kommen neue Leute, das Exekutivkomitee der Kommunistischen Internationale selbst wird neu besetzt, denn in seiner vorherigen Zusammensetzung hätte es die neuen Thesen verurteilt oder sich mehrheitlich für Trotzki ausgesprochen. Die Parteien überwinden diese Krise, aber eigentlich vegetieren sie mit ihr dahin, jahrelang führerlos, uneinig, geschwächt, aber »hundertprozentig bolschewisiert«, gemäß dem Lieblingsausdruck Sinowjews; in Wirklichkeit beginnen sie durch die sklavische Zustimmung, durch den Verzicht auf jegliche eigene Meinung, durch die tägliche Zusammenarbeit mit den Geheimdiensten, zu den zu allem bereiten Kadern einer streng dem russischen Staat untergeordneten Komintern zu werden.

Am 2. Januar enthob das Politbüro Trotzki seiner Funktionen als Vorsitzender des Obersten Kriegsrates, als Volkskommissar für die Armee und die Marine, und ersetzte ihn durch Frunse. Er wurde zum Vorsitzenden des Komitees für ausländische Konzessionen, Chef der elektrotechnischen Verwaltung und zum Vorsitzenden des wissenschaftlich-technischen Büros der Industrie ernannt. Er empfand sogar eine gewisse Befriedigung darüber, die Leitung der Armee abgeben zu können, weil er damit den gemurmelten Andeutungen von »Bonapartismus« entgehen konnte. Er dachte, er äußerte es auch privat, daß die sozialistische Revolution sich nicht uneingeschränkt militärischer und polizeilicher Gewaltmittel bedienen könne; daß es ihre Aufgabe sei, andere Methoden zur Aufrechterhaltung der inneren Ordnung zu finden, die Überredung, den Appell an die Massen, den Aufruf an das Gewissen der Parteimitglieder.

Im Politbüro ist er isoliert. Sinowjew, Kamenjew, Stalin, Bucharin, Rykow, Tomski (und Kalinin, Molotow, Dserschinski, die Stellvertreter) bilden eine Front gegen ihn, sind sich aber in ihrer Meinung über ihn uneins. In ihren persönlichen Beziehungen zu ihm geben sie sich ziemlich höflich, aber eisig. Bucharin sagte ihm eines Tages: »Sie sind schuld, daß es keine

Demokratie in der Partei gibt!« und deutete damit an, daß auch nur ein Hauch von Freiheit Trotzki zum Sieg verhelfen würde. Man fürchtet ihn so sehr, vor allem seine Popularität, daß sich Sinowjew und Kamenjew für entscheidende Maßnahmen ausgesprochen haben: zuerst Parteiausschluß, später Gefängnis. Stalin, der vorsichtiger war, weniger selbstsicher — vielleicht behielt er sich auch nur die Möglichkeit eines Umschwenkens gegen seine derzeitigen Verbündeten vor —, hat sich dagegen ausgesprochen. Er hat aber dabei angedeutet, daß es notfalls möglich wäre, sich des großen Ruhestörers »durch die florentinische Methode« zu entledigen, ohne Skandal und sogar mit einem schönen Staatsbegräbnis. Sinowjew und Kamenjew werden später eine Zeugenaussage über diese Episode unterschreiben. Die Moral, die Mentalität der Männer in der Partei sind noch absolut unvereinbar mit der florentinischen Methode. Dennoch hat zum erstenmal der Tod in der Umgebung Leo Dawidowitschs zugeschlagen. Einer seiner Sekretäre, Glasmann, ein junger, ihm ergebener Mensch, der unter einem ehrenrührigen Vorwand aus der Partei ausgeschlossen wurde, hat 1924 Selbstmord begangen. Glasmann hatte Trotzki oft an die Front begleitet. In der Nähe von Charkow in der Ukraine hatte der Militärzug 1918 oder 1919 in einem verkommenen Bahnhof gehalten, der voll desertierter Soldaten war, den »Grünen«, die weder für die Weißen noch für die Roten kämpfen wollten und sich die Farbe der Wälder zugelegt hatten. Rufe wurden laut »Trotzki verrecke!« Leo Dawidowitsch stieg aus seinem Waggon, nur von Glasmann begleitet, der sein Gewehr umgehängt hatte, einen Notizblock und einen Bleistift in der Hand trug, und friedlich unter seiner Brille hervorblinzelte. Die »Grünen« diskutierten und ließen sich schließlich überzeugen ... Jetzt weigerte sich die *Prawda,* die dreißig herzlichen Zeilen zu veröffentlichen, die Leo Dawidowitsch dem Gedenken seines jungen Kampfgenossen widmete. Es blieb nicht der einzige Selbstmord. Der so brutal verletzte Idealismus der Parteikämpfer war so groß, daß schon der Ausschluß sie oft zum Selbstmord veranlaßte. Alte, verzweifelte Revolutionäre begingen ebenfalls Selbstmord: so Lutowinow und Eugenie Bosch.

Die Ausschlüsse der »Trotzkisten« wurden offiziell nie mit politischen Motiven begründet. Die unter dem Oberbefehl Ordschonikidses stehenden Kontrollkommissionen verwenden stereotype Phrasen. »Demoralisiertes kleinbürgerliches Element«, oder »korrumpiert«, oder »Kriegsgewinnler«. Manchmal genügt es, daß ein Student sich in Moskau ein einigermaßen bewohnbares Zimmer verschafft hat, daß man neue Kleidung besitzt, daß man die »Tochter eines ehemaligen Kapitalisten« geheiratet hat. Was bei niemandem sonst als Verbrechen gilt, wird es für denjenigen, der es bei einer Zusammenkunft der Partei gewagt hat, den »Neuen Kurs« zu verteidigen oder einem Sekretär zu widersprechen.

Ein Autor, der diese Entwicklungen genau verfolgt, wirft Leo Dawidowitsch vor, daß er Stalin damals nicht durchschaut hat ... Die analytische Geschichte hat gegenüber der zeitgenössischen Geschichte eben alle Vorteile der Autopsie. Leo Dawidowitsch notiert zu diesem Thema, daß »Stalin sich selbst nicht kannte«; er wuchs mit den Handlungen, die er setzte, muß einige Male über seine Macht und seine Erfolge erstaunt gewesen sein. Der Weg, den er verfolgt, beschreibt eine Reihe von Kurven und Zickzacklinien, sogar kleine Rückzüge kommen vor. Das Triumvirat hatte sich nur ein genau umrissenes Ziel gesetzt: die Verdrängung Trotzkis von der Macht. Und das geschah auch noch mit Hintergedanken, denn Sinowjew, Kamenjew und Stalin fragten sich, ob es ihnen wirklich gelingen würde, und wünschten, hofften manchmal, Trotzki zu einem Kompromiß veranlassen zu können, so daß er mit ihnen regieren würde, allerdings in einer ihnen untergeordneten Stellung. Sinowjew und Kamenjew besprachen diese Möglichkeit während eines Ausflugs in Kislowodsk (Kaukasus) »in einer Höhle« mit einigen zuverlässigen Freunden. Wie wir bereits erwähnt haben, suchte Stalin, der zweifellos seine Mit-Triumviren für willensschwach hielt, eine Annäherung an Leo Dawidowitsch, und zwar eindeutig ohne Hintergedanken, denn Stalin waren die realen Probleme durchaus bewußt. Aber als Generalsekretär verfügte er über eine so weitreichende, so wirkungsvolle, zum Teil unsichtbare Macht, daß er sich bald zum absoluten Herrn der Situation aufschwang. Dieser herrschsüchtige Mann formte seine Persönlichkeit gleichsam empirisch, von einen Tag auf den anderen, indem er einen Gutpunkt nach dem anderen für sich buchte, obwohl er es oft nicht wagte, alle in seinen Händen befindlichen Trumpfkarten auszuspielen. Auf die Frage Skljanskis: »Wer ist Stalin?« hat Leo Dawidowitsch, wie er erzählt, geantwortet: »Die größte Mittelmäßigkeit unserer Partei.« Sinowjew, mit Lenin einer der Gründer der Partei, Mitarbeiter Lenins seit 1908, Vorsitzender der Kommunistischen Internationale, hielt sich für die wichtigste Person im Politbüro; Kamenjew, ein ausgezeichneter Schriftsteller, ein Redner im parlamentarischen Stil, ein gewandter Verhandler, ein liebenswürdiger und sogar charmanter Mann, war augenscheinlich der zweite; im Triumvirat befand sich Stalin scheinbar auf dem dritten Platz. Er war im Land und sogar in der Partei außerhalb der Führungsequipe sehr wenig bekannt, ein primitiver Schriftsteller, trockener und schulmeisterhafter Redner, der überdies das Russische mit einem unangenehmen georgischen Akzent sprach, wirkte er wie ein gedungener Verbrecher, nicht wie ein Politiker; seine Kollegen hatten ihn nur ausgewählt, weil er trotz ausgeprägter Mittelmäßigkeit ein entschlossener und schlauer Praktiker war. Dieses allgemeine Urteil bedrückte ihn sicherlich und verstärkte seinen aggressiven Minderwertigkeitskomplex. Von außen gesehen kommt sein Sieg nicht überraschend. Er birgt kein Geheimnis.

Das Land war müde. Dreieinhalb Jahre Krieg, zwanzig Monate revolutionäre Begeisterung, ein mehr als dreijähriger Bürgerkrieg, eine große Hungersnot, ständige Entbehrungen, die außerordentlichen Anstrengungen, um den wirtschaftlichen Wiederaufbau erfolgreich durchzuführen, hatten die Arbeitermassen erschöpft. Im Vergleich dazu stellten die geschulten Revolutionäre und im besonderen die Marxisten nur eine kleine Fraktion dar, und die meisten von ihnen hatten 1917 schon zwanzig Jahre sozialistischen Kampf und Verfolgung hinter sich. Die überwiegende Mehrheit der Kämpfer der Revolution, die von der Verwaltung, von Staat und Partei aufgesogen worden war, hatte den direkten Kontakt mit den Arbeitermassen verloren; viele, und dazu die besten, waren im Kampf gefallen. Die sowohl nervliche als auch soziale Reaktion bestand darin, daß man nach Ruhe, Entspannung, einem ruhigen Leben strebte. Der Mißerfolg der Kommunistischen Internationale in Estland, Bulgarien, Ungarn, Deutschland förderte uneingestandenermaßen die Tendenz zur Aufgabe der internationalen Solidarität, zum Prinzip des »Denken wir endlich an uns selbst, es ist an der Zeit«. Der herrschenden Partei traten nun Leute bei, die sich davon persönliche Vorteile versprachen, Emporkömmlinge, die sich in ihrer gesellschaftlichen Rolle wohlfühlten (und von diesen waren etliche die Helden von gestern), und nicht wenige jener Konformisten, die unter allen Regimes an die Macht kommen. Es gab in ihr auch viele politische Analphabeten, was die Diskussion der großen Probleme erschwerte und das Regime der Sekretäre erleichterte. An der Spitze ernannte der Generalsekretär die Gebietssekretäre: Allein durch die Tatsache, daß er eine Unzahl von Ernennungen selbst vorschlug und diese Vorschläge durch ein Vertrauensvotum sanktionieren ließ, füllte er die Komitees mit seinen Kreaturen, oft Männern, die ihm alles verdankten. Die Gebietssekretäre ihrerseits ernannten andere, die wieder ihrerseits — usw. usw. Der »Apparat« der Partei wurde »stalinisiert«, bevor diese Wortschöpfung noch existierte. Es war keine Eroberung der Macht, es war kein Gewaltstreich, es war eine allmähliche Infiltration, eine unsichtbare bürokratische Ansteckung. Der sie Tag für Tag vorantrieb, wußte nicht, wohin sie ihn schließlich führen würde. Er ergriff die Macht, weil er dazu nur ein wenig Schlauheit und etwas beharrliche Illoyalität benötigte. Er wußte nicht, was er mit ihr anfangen würde. 1925 ist Bucharin Stalins Ideologe geworden. Sinowjew und Kamenjew wird es klar, daß sie hinters Licht geführt wurden, daß sie entmachtet sind.

VI. Festigung des bürokratischen Regimes. Sinowjew und Kamenjew schließen sich Trotzki in der Opposition an

Als im Dezember 1925 der XIV. Parteitag zusammentritt, der bürokratischer vorbereitet ist als alle vorangegangenen, waren alle Delegationen — mit Ausnahme einer einzigen — in Wirklichkeit von den Sekretären zusammengestellt worden, die vom Generalsekretär abhängig sind! Außer einer, der aus Leningrad, wo Sinowjew die Führer der Dritten Internationale, des Gebietskomitees, der Partei und des Sowjets versammelt. Der unsichtbare Staatsstreich ist beendet. Er hat seit Jahren täglich stattgefunden, mit Unterschriften unter den Ernennungen, wobei jede Unterschrift zu weiteren führte und den Ernannten Vorteile schaffte, kleine Privilegien der Macht und des Wohllebens trotz der Armut des Landes. Die Kampagne gegen das Phantom des »Trotzkismus« hat dazu gedient, die indessen vor sich gehende Verstärkung der Bürokratie zu tarnen; und da man mehr damit beschäftigt ist, sich in den Komitees einzunisten, als die Produktion zu leiten, erkannten die alten, erfahrenen Marxisten Gefahren, die die breite Masse noch nicht sieht ... Der Abstand zwischen dem Preis der Industrieerzeugnisse und der landwirtschaftlichen Produkte ist noch immer der gleiche, so daß der Bauer gelegentlich Getreide hortet; es hat sich eine Schicht wohlhabender Bauern gebildet, denen der Staat nichts bieten kann, was sie nicht schon hätten. Die Lebensbedingungen der Arbeiterklasse sind besser geworden, sind aber immer noch ziemlich schlecht. Das Konsumniveau unter der zaristischen Regierung ist gerade erst erreicht worden, und auch das nicht überall. Der Privathandel erweist sich deutlich als wendiger und geschickter als der verstaatlichte Handel. Seit der Finanzreform von 1922, mit der eine stabile Währung — der Tscherwonetz — geschaffen wurde, ist das Geld ein Faktor der Korruption geworden. Der Bürger weiß, daß er, um zu irgend etwas zu gelangen, irgend jemanden in einem Büro bestechen muß. Die NEP (Neue Ökonomische Politik) hat die wirtschaftlichen Kräfte wieder zum Leben erweckt, aber sie geraten auf Abwege.

Auf dem XIV. Parteitag kommt es zu einer verworrenen Redeschlacht über allgemeine Ideen und über die Macht, die Delegationen bleiben gleichmütig — sie haben strikte Anweisungen und werden von Funktionären überwacht, die vom Generalsekretär geschult sind. Die Vernichtung des »Trotzkismus« hat die Partei eingeschüchtert und die beiden profiliertesten Führer des Politbüros, Sinowjew und Kamenjew, diskreditiert. Umsonst wies Kamenjew, wie der Rufer in der Wüste, auf das Wiedererstarken der Kräfte der kapitalistischen Kleinproduktion hin und schlug, um die Lage der Arbeiter zu verbessern, eine Beteiligung an den Einnahmen der Industrie vor ... Die Industrie war oft defizitär, das war richtig, oft, aber nicht immer, und würde sie es bleiben? Ein neuer Ansporn, der die Lohnempfänger zu einer Leistungssteigerung veranlaßte, konnte dazu beitragen, sie aus dem Sumpf zu ziehen. Zum erstenmal hatte Stalin an Stelle Lenins im Namen des Zentralkomitees gesprochen. Sinowjew verlangte gleichfalls im Namen des ZK das Wort. Man empfand das als Verbrechen gegen die Einheit der Partei, als persönlichen Ehrgeiz; er sprach in einer Atmosphäre der Feindseligkeit, die nach altbewährter Methode erzeugt worden war. Schließlich kam Kamenjew auf den Kernpunkt der Debatte zu sprechen, indem er ohne Umschweife erklärte: »Wir sind dagegen, daß die Notwendigkeit eines ›Führers‹ theoretisch untermauert wird (...). Wir wollen nicht, daß das Sekretariat (...) über der politischen Organisation steht (...). Wir haben die Absicht, das Sekretariat (...) dem Politbüro unterzuordnen (...). Der Genosse Stalin ist nicht fähig, die Einheit des Generalstabs des Bolschewismus zu schaffen« (...). In diesem Augenblick brach ein Tumult los, die Leningrader Delegation war vollkommen isoliert. Die wenigen

Mitglieder dieser Delegation riefen: »Es lebe das Zentralkomitee!« Die Masse des Parteitags brüllte: »Stalin! Stalin!« Trotzki saß auf der Tribüne und schwieg. Die Witwe Lenins, Krupskaja, solidarisierte sich bedrückt mit der Minderheit.

Stalin antwortete geschickt, zeitweise war seine Redeweise eigenartig, voller verbaler Übertreibungen, in denen der Psychologe mühelos die Manifestationen des Unterbewußten erkennt. Er trat als Vermittler auf, warf seinen bisherigen Mit-Triumviren Sinowjew und Kamenjew vor, daß sie in der Partei eine Politik der »Amputationen«, des »Aderlassens« hatten einführen wollen, indem sie den Ausschluß Trotzkis vorschlugen. »Und jetzt«, rief er, indem er sich auf die Zwischenfälle um Bucharin bezog, »wollen sie das Blut Bucharins!« Niemand — nicht einmal Stalin! — hätte auch nur einen Augenblick lang die Möglichkeit erwogen, das Blut eines Parteimitgliedes zu vergießen, das wegen Meinungsverschiedenheiten ausgeschlossen worden war. Die Worte »Amputation, Aderlaß, Blut« wurden nur gebraucht, um rein politische Sanktionen anschaulicher zu machen, wie zum Beispiel die Vertreibung aus dem Politbüro oder aus dem Zentralkomitee, notfalls auch den Parteiausschluß, den man auch als »politischen Tod« bezeichnete. Aber mehr oder weniger liberale Emigranten, wie der Schriftsteller Alexej Tolstoj, konterrevolutionäre Generäle wie Slastschew, eindeutig bürgerliche Intellektuelle waren vor kurzem nach Rußland zurückgekehrt und hatten Posten erhalten. Menschewiki leisteten wertvolle Arbeit in den Wirtschaftsorganisationen. Die Beharrlichkeit, mit der Stalin terroristische Metaphern verwendete, enthüllte ihre tiefe psychologische Bedeutung erst etwa zwölf Jahre später, so sehr lehnten in Wirklichkeit die Mentalität und die Sitten der Partei diese Art von Abrechnungen ab, die 1925 absolut unvorstellbar waren.

Die Auflösung des Triumvirats und die Enthüllungen des Parteitags gaben Trotzki ein Prestige wieder, das nur offiziell, das heißt an der Oberfläche und durch Verleumdungen, angekratzt gewesen war. Im April 1926 unternimmt Stalin wieder Annäherungsversuche an Trotzki. Bei einer Sitzung des Politbüros meint Stalin sichtlich bewegt nach der Verlesung von Trotzkis Thesen: »Diese Thesen sind zu neun Zehntel richtig« (. . .). Es geht das Gerücht um, daß Trotzki die Leitung der Wirtschaft übernehmen wird.

Andererseits kommen Kamenjew, der seiner Funktionen als Vorsitzender des Moskauer Sowjets enthoben ist, und Sinowjew, dessen Leningrader Organisation durch den Druck der Bürokratie zerbrochen ist, dem Mann, der in den letzten Jahren ihr Feind gewesen ist, mit Vorschlägen. Sie geben zu, daß Trotzki 1923 in bezug auf die Bürokratisierung der Partei, auf die Unterdrückung der inneren Demokratie, auf die Dringlichkeit eines echten neuen Kurses absolut recht gehabt hatte! Die Opposition von Leningrad schlägt ein Bündnis vor, sogar eine Verschmelzung mit der Opposition von 1923. Einige Kämpfer der letzteren kommen zu einer Beratung zusammen. Mratschkowski, der im Gefängnis geboren wurde und eine lange Reihe von Verfolgungen hinter sich hat, ein großer Soldat aus dem Ural, ist gegen jedes Bündnis, sei es mit Sinowjew, sei es mit Stalin, denn, sagt er: »Sinowjew wird schließlich nachgeben und Stalin wird uns niederwalzen!«

Trotzki ist der Ansicht, daß die Richtigkeit der allgemeinen Prinzipien wichtiger ist als die Schwäche des einzelnen; daß der Appell an die Massen die Unschlüssigen stärken wird; daß trotz der Ereignisse der jüngsten Vergangenheit Sinowjew, Kamenjew, die Opposition von Leningrad in verschiedenen wichtigen Fragen, in der Wirtschaftspolitik, in der Konzentration der Macht in den Händen des Generalsekretärs, in der Außenpolitik, in der marxistischen Betrachtungsweise recht hat. In der herrschenden Bürokratie wird bereits über eine neue These über »die Errichtung des Sozialismus in einem einzigen Lande« gesprochen, mit anderen Worten über die sozialistische Autarkie, die mit der internationalen Solidarität unvereinbar ist, und schon gar nicht mit der wirtschaftlichen Realität der Welt ... Die neue Opposition entsteht aus der Vereinigung der Leningrader Opposition und der des Neuen Kurses.

Sinowjew hatte in Leningrad einige tausend Anhänger, die durch alte Freundschaften und die Geschlossenheit des Parteiapparates verbunden waren. In der Internationale hatte er einflußreiche Gruppen in der Führung mehrerer Parteien auf seiner Seite: Ruth Fischer und Arkadi Maslow in Deutschland, Albert Treint in Frankreich. Die linke Tendenz, deren berufenster Sprecher Trotzki war, hatte keine wirkliche Geheimorganisation aufgestellt. In Moskau zählte sie etwa sechshundert Mitglieder, in Leningrad an die fünfzig, in Charkow einige hundert. Sehr aktive Gruppen unterstützten sie im Ausland. Die Opposition besaß in diesem Augenblick weder Geldmittel noch die Möglichkeit zu Veröffentlichungen; alle ihre Mitglieder waren, was ihre Posten betraf, das heißt ihren Lebensunterhalt, von der Partei abhängig. Da es viele Arbeitslose gab, hatten die Arbeiter Angst, eine Meinung zu äußern, um nicht sofort ihren Arbeitsplatz zu verlieren.

Sinowjew wurde prompt mit Zustimmung eines gefügigen Exekutivkomitees der Vorsitz in der Kommunistischen Internationale entzogen. Man wählte keinen neuen Vorsitzenden; Bucharin übernahm die Leitung des Sekretariats der Kommunistischen Internationale. Sinowjew wurde auch als Vorsitzender des Leningrader Sowjets abgesetzt und in Moskau zum Zweiten Direktor des Zentrosojus ernannt, der Handelsorganisation der verstaatlichten Kooperativen. Man wollte ihm dadurch die Zusammenarbeit mit Leningrad erschweren. Eine diskrete — und manchmal auch indiskrete — polizeiliche Überwachung kreiste die Führer der Opposition ein.

VII. Persönliche Beziehungen zu den Gegnern von gestern. Die Neue Opposition gegen das bürokratische Regime

Sobald die persönlichen Beziehungen zwischen Trotzki, Sinowjew, Kamenjew und der Leningrader Gruppe wieder aufgenommen waren, gestalteten sie sich sofort sehr herzlich und sogar innig. Unter den Leningrader Führern müssen wir hier den vierzig Jahre alten Iwan Bakajew erwähnen, der 1906 der Organisator des Aufstandes von Kamischin, Oktoberkämpfer, militärischer Führer während des Bürgerkriegs und Vorsitzender der Tscheka von Petrograd gewesen war; Grigori Jewdokimow, vierundvierzig Jahre alt, früherer Matrose, dann Arbeiter in Sibirien, alter Bolschewik, Veteran aus der Zeit der politischen Verfolgung, Mitglied des Zentralkomitees, der populärste Mann des Proletariats der zweiten Hauptstadt; Michael Laschewitsch, auch ein Veteran, ein ehemaliger Unteroffizier, später Kommandeur einer Armee, bekannt durch seinen Unternehmungsgeist. Bakajew, der sehr jung wirkt, sieht aus wie ein russischer Arbeiter, der gerne lächelt. Jewdokimow ist groß, graumeliert, geht gebückt wie ein alter Bauer, und er hat einen großen Fehler: er trinkt. Laschewitsch ist ein kleiner, dicker, freundlicher Mann. Diese Männer — und noch einige — bilden den intimen Kreis um Grigorij Sinowjew (wahrer Name Radomysslski), dreiundvierzig Jahre alt, der alle anderen durch seine Allgemeinbildung, seine lange Erfahrung als Emigrant in Westeuropa, seine Begabungen überragt: Er ist ein gemeinverständlicher Theoretiker, ein vielsprachiger Redner, ein geübter Schriftsteller, ein anerkannter Führer. Sinowjew ist kräftig, sein Gesicht eher blaß und breit, die Haare dicht und zerrauft, die Augen blaugrau. Er hat zahlreiche Beweise physischen Muts geliefert, aber man weiß, daß er in schwierigen Situationen dazu neigt, den Kopf zu verlieren; er braucht jemanden als Stütze, der stärker ist als er. Eine enge Freundschaft verbindet ihn mit Kamenjew (Rosenfeld), dreiundvierzig Jahre alt, dichter Bart, der bereits zu ergrauen beginnt. Kamenjew hat in Rußland lange die Geheimorganisation der Bolschewiki geleitet und dann geraume Zeit in der Emigration gelebt. Er spricht mehrere Fremdsprachen. Er ist ein Gelehrter, ein Stubenhocker. Er war Führer der Parteifraktion in der Duma des Zarenreichs und war in dieser Eigenschaft wegen seiner Opposition gegen den Krieg nach Sibirien geschickt worden. Er ist ein nachgiebiger Charakter, von liebenswürdigen Umgangsformen, und neigt zu einem durchdachten Liberalismus. Er ist bürgerlicher Abstammung. Er leitet das Lenin-Institut, arbeitet an einer Biographie Tschernyschewskis ...

Anscheinend bedrückten die Kampagnen gegen den »Trotzkismus«, die für die Partei und die Internationale ein wirrer Alptraum waren, auch diese Männer, obwohl die Initiative dafür von ihnen selbst ausgegangen war. Daß sie dieser sie belastenden Vergangenheit entrinnen können, erfüllt sie mit unverhohlener Erleichterung, sie erweisen Trotzki Aufmerksamkeiten und Freundschaftsdienste. Das leidige Gestern ist vergessen. Daß Revolutionäre sich bei Diskussionen untereinander kein Blatt vor den Mund nehmen, ist selbstverständlich ... Die neuen Verbündeten Trotzkis erzählen ihm gutgelaunt, wie sie den »Trotzkismus« erfunden haben. »Wenn Sie nicht die *Lehren der Oktoberrevolution* veröffentlicht hätten«, sagt Sinowjew, »hätten wir eben einen anderen Vorwand gefunden ...« — »Wir mußten«, sagt er auch, »die alten Meinungsverschiedenheiten auf die jetzigen Meinungsverschiedenheiten abstimmen ...« Laschewitsch ärgerte sich über die Fehler der Vergangenheit: »Wir haben also«, warf er seinen ältesten Freunden zornig vor, »selbst den Trotzkismus erfunden!« Diese ideologische Erfindung hatte nur mehr einen großen Nachteil: Sie war der Partei und dem Leningrader Proletariat eingebläut worden und man fürchtete, daß es einigermaßen schwierig sein werde, sie wieder rückgängig zu machen, indem man zugab, daß Trotzki schon vor Jahren in bezug auf die Bürokratisierung der Partei und des Regimes recht gehabt hatte. Aber die Massen empfanden die gleiche Erleichterung wie die Führer: Das Ende einer unpopulären Legende wurde als Heilung von einem Übel empfunden.

»Unaufhörlich wurden im Kreml Konferenzen abgehalten, sei es bei uns, sei es in den Wohnungen Kamenjews, Sinowjews oder Karl Radeks. Die Aufrichtigkeit Kamenjews und Sinojews war eindeutig, genau wie ihre überschäumende Freude, endlich frei reden zu können, alle Probleme ohne Hintergedanken besprechen zu können (. . .). Die Zusammenarbeit mit Stalin, dem man immer mißtrauen mußte, und mit dem man infolge seiner andersartigen geistigen Entwicklung, seinem Mangel an Allgemeinbildung schlecht über Ideen diskutieren konnte, hatte sie bedrückt. Kamenjew rächte sich gelegentlich, indem er kleine Anekdoten erzählte und die Ungeschicklichkeit, den Akzent, die primitive Redeweise Stalins nachäffte. Dann bemühte sich Leo Dawidowitsch meist, das Gespräch auf andere Themen zu lenken. Es mißfiel ihm, wenn man die Mängel einer anderen Person in die Debatte einbezog. ›Und außerdem‹, kommentierte er abschließend, ›der Mann ist so schon genügend unangenehm, wenn man mit ihm zusammentrifft . . . Wenn man ihn auch noch nachahmt, wenn er nicht da ist, das ist einfach zuviel!‹«

Trotzki brachte Pjatakow, Preobraschenski, Muralow, den alten Boris Elzin, Anhänger Hegels, einen der Gründer der Partei, den unermüdlichen, beweglichen, über das ganze Universum und besonders über Zentraleuropa informierten Karl Radek, den von den Botschaften zurückgekehrten, kranken Adolf Joffe mit; ferner Rakowski, Krestinski, Antonow-Owssejenko, aber diese drei hatten Botschafterposten in Paris, Berlin, Warschau inne; auch Sokolnikow und Smilga gesellten sich zur Opposition. Mit Ausnahme von Bucharin und des Vorsitzenden der sowjetischen Gewerkschaften, Tomski, versammelte sich alles, was die Partei an Köpfen besaß, in der Opposition, zur Erneuerung der Partei. Lenins Witwe Nadjeschda Konstantinowna Krupskaja sympathisierte stark mit ihr.

Sinowjew und Kamenjew machten sich Illusionen. Trotzkis Popularität schien ihnen so tief verwurzelt und lebendig, daß sie keine Schwierigkeiten darin sahen, die Partei aus ihrer Betäubung herauszureißen, in ihr eine Volksbewegung, eine Explosion der Begeisterung zu entfachen. »Sie müssen nur bei den Versammlungen erscheinen!« — »Nein«, erwiderte Trotzki, »die

Stimmung hat sich geändert. Die Massen sind nicht mehr dieselben wie 1917. Sie sind müde (...). Die Arbeiterklasse hat die Orientierung verloren, sie hat Angst vor etwaigen Änderungen, die ihre Situation verschlechtern könnten« (...). Er rechnete mit einer ziemlich langen politischen Auseinandersetzung, erwartete die Verwirklichung des Wirtschaftsprogramms und Erfolge in der Außenpolitik; er hielt die Rettung der Partei und der Revolution für möglich, aber er erkannte deutlich die damit verbundenen Risiken. Er sagte einmal einem Genossen, dem Autor dieser Zeilen: »Es ist unsere Pflicht, die Möglichkeiten für eine Erneuerung auszuschöpfen. Wir können wie Lenin oder wie Liebknecht enden. Wir müssen beiden Eventualitäten gewachsen sein« (...).

Die Angst gebiert immer neue Gespenster und Legenden. Im Politbüro befürchtete man einen Gewaltstreich, da Trotzkis Einfluß bei der Armee immer noch sehr stark war. Es gab von seiten der an der Macht befindlichen Clique unaufhörlich Anspielungen, die in diese Richtung zielten. Die Opposition zog nie Gewaltanwendung, Komplotte oder eine Revolte in Betracht, außer um sie sogleich grundsätzlich abzulehnen. Die Opposition organisierte sich in aller Öffentlichkeit, mit einigen Vorsichtsmaßnahmen wegen der zu dieser Zeit noch vorsichtigen Überwachung durch die politische Polizei (GPU); sie hatte eine »leitende Zentrale« in Moskau, untergeordnete »Zentralen« in den großen Städten, wie seinerzeit, 1918, die Linkskommunisten und noch vorher die bolschewistische Fraktion in der Sozialdemokratischen Partei. Die Opposition verließ sich darauf, durch Widerstreit der Ideen innerhalb der Partei eine starke Minderheit für sich gewinnen zu können, die fähig wäre, ihre Legalisierung zu erreichen, Einfluß auf die Presse zu erlangen und bei dem nächsten Parteitag die Mehrheit zu erhalten. Sie wollte nicht an die Arbeiterklasse und an die nicht zur Partei gehörenden Intellektuellen appellieren, da sie bewußt oder unbewußt annahm, daß die konterrevolutionären Ideen noch zu lebendig waren.

Im Juli 1926 fühlt sich Dserschinski während einer Sitzung des Zentralkomitees nicht wohl, nachdem er eine leidenschaftliche Rede gegen die Opposition gehalten hat. Er legt sich im Vorzimmer auf ein Sofa und stirbt an einer Herzattacke...

VIII. Wirtschaftliche Probleme

Dieser Bericht wäre unverständlich, wenn wir nicht kurz auf die Probleme eingingen, denen die Diktatur des Proletariats 1926 bis 1927 gegenübersteht. Zunächst, ist das überhaupt noch eine Diktatur des Proletariats? Die Gruppe der demokratischen Zentralisten, Sapronow und Wladimir Smirnow, bestreitet es, indem sie auf die gehobene Position der Bürokratie und der Techniker, die wachsende Bedeutung der politischen Polizei, die den Arbeitnehmern entzogene Redefreiheit, die niedrigen Löhne hinweist: bürokratische Diktatur des Sekretariats! Trotzki stellt dagegen fest, daß die Armut des Landes das Erbe der Zarenzeit und die Folge des Krieges ist; daß die Bürokratie wohl oder übel, indem sie das verstaatlichte Eigentum an den Produktionsmitteln und die Macht der Partei der sozialistischen Arbeiterklasse aufrechterhält, noch eine positive Funktion in einer unstabilen Welt erfüllt, in der die Sowjetunion isoliert und von Feinden umgeben ist. Die Bürokratie entsteht aus der Armut und der Unkultur; die Revolution wird sie durch die Steigerung der Produktion, Vorantreiben der Demokratisierung und das Erwachen der Partei beseitigen — und die sozialistische Revolution wird erst dann wirklich gefestigt sein, wenn sie auf andere Industriestaaten übergreifen wird. Es gibt keine andere Möglichkeit, als die große innere Erneuerung zu versuchen. Wenn nicht, kommt es zum Thermidor. In der Französischen Revolution enthaupteten die Neureichen, die Korrumpierten, die von den passiv und müde gewordenen Massen unterstützt wurden, die jakobinische Partei in dem Augenblick, als Robespierre und Saint-Just Maßnahmen zugunsten der unterprivilegierten Klassen vorbereiteten, und konsolidierten damit das bourgeoise Regime; genauso würde die Bürokratie das Steuer nach rechts herumreißen und vielleicht einer Restauration des Kapitalismus den Weg bereiten ... Das Wort Thermidor wird in die politische Terminologie aufgenommen. Es bringt das Politbüro zur Verzweiflung. 1926 veröffentlichte Trotzki dennoch eine Broschüre *Zum Kapitalismus oder zum Sozialismus,* in der er nachweist, daß die sowjetische Wirtschaft die Schwierigkeiten der Periode ihres Wiederaufbaus gut überwunden hat und sich auf dem Weg zum Sozialismus befindet.

Seit 1921 hat das befriedete Land eine großartige schöpferische Energie entfaltet. Dank der zähen Arbeit der Bauern erreicht die relativ blühende Landwirtschaft wieder das Niveau von 1913. Es entsteht eine Schicht reicher Bauern: die Viehzüchter haben große Vermögen angesammelt.

Der Viehbestand ist wieder aufgestockt worden, ein Beweis für den guten Stand der Landwirtschaft. 1916 gab es 35,8 Millionen Pferde und 60,6 Millionen Rinder. 1922 hatten Kriege und Hungersnöte diese Zahlen katastrophal gesenkt; 24,1 Millionen Pferde und 45,8 Millionen Rinder. 1928 wird dank dem Wiederaufbau der ursprüngliche Viehbestand mit 33,5 Millionen Pferden und 70,5 Millionen Rindern teilweise übertroffen.

Der Partei und der Arbeiterklasse ist es gelungen, die gesamte verstaatlichte Industrie wieder in Schwung zu bringen. Die »Fähigkeit der Arbeiterklassen«, gemäß dem Ausspruch von Proudhon, ist bei der Leitung der Produktion, beim Einsatz der Transportmittel und in etwas geringerem Ausmaß bei der Warendistribution damit bewiesen.

In den Augen der westlichen Reisenden bleibt die Armut Rußlands erschütternd; aber es ist nicht mehr das frühere Elend; im allgemeinen ist es eine mutig ertragene Armut, die im Begriff ist, überwunden zu werden. Tatsächlich hat sich die Lage der Armen seit 1921 dauernd gebessert. Das Monatseinkommen der Arbeiter in Goldrubel (zwei Goldrubel sind etwas mehr als ein Golddollar) hat sich wie folgt erhöht: 1913, im Zarenreich, betrug es durchschnittlich 24,3 Goldrubel; 1925 bis 1926 54; 1926 bis 1927 60,4. Es stimmt, daß die Goldpreise der Lebensmittel und der Industriewaren gestiegen sind, aber nicht in diesem Ausmaß. Wenn man die Ausgaben der Arbeiter nach einer Liste der lebensnotwendigen Waren berechnet, erkennt man, daß sich der russische Arbeiter 1926 bis 1928 mehr kaufen kann als zur Zarenzeit. Für ihn ist die Bilanz der Revolution positiv, trotz der allgemeinen Lasten der heroischen Jahre, weil der Wohlstand wächst. Die Überbelegung der Wohnungen ist ein ernstes Problem, und es gibt auch Arbeitslose. Die Arbeitslosen erhalten eine Unterstützung, die meist ausreichend ist.

Die Marxisten der Opposition sind ohne Ausnahme über die wirtschaftlichen Probleme informiert. Sie stellen fest, daß die Periode des Wiederaufbaus zu Ende geht und daß man für die Zeit danach planen muß. Die Industrie ist zu wenig leistungsfähig, um die Bauern zu versorgen; bei den wohlhabenden Bauern oder *Kulaken* sammeln sich ungenützte und für die Allgemeinheit unzugängliche Reserven an Getreide und Rohstoffen an. Das Politbüro stoppt die Lohnerhöhungen und beschließt, daß die Löhne sich nicht mehr mit der allgemeinen Produktionssteigerung erhöhen, sondern von der Steigerung der Arbeitsleistung des Arbeiters abhängig sein sollen (der ohnehin bereits die größtmöglichen Anstrengungen mit veralteten Produktionsmitteln unternimmt). Die von der Regierung verfügten Preissenkungen sind natürlich nicht durchzuführen. Die in der Verwaltung und den Fabriken eingeführten »Einsparungskommissionen« haben nur wenig Erfolg ... Geschickter, mobiler, auch mit weniger Skrupeln behaftet als der verstaatlichte Handel, spekuliert der Privathandel mit den Produkten der verstaatlichten Industrien und gibt sie mit überhöhtem Profit an den Verbraucher weiter; die Zwischenhändler bereichern sich und die neuen Kapitalisten können ihre Gewinne in kleine Unternehmungen investieren oder bei der Staatsbank einlegen, die ihnen vernünftige Zinsen zahlt. Diese *Nepleute* — »Leute der Neuen Ökonomischen Politik« — bilden eine parasitäre und demoralisierende soziale Schicht. Wenn man keine vernünftigen und energischen Schritte gegen sie unternimmt, sieht die Opposition folgendes voraus: einen Konflikt mit den von den Neureichen beeinflußten Bauern; gefährliche Stagnation der Industrie; Schwierigkeiten bei der Versorgung der Städte und der Armee; eine Geldkrise und Inflation; das Entstehen einer konterrevolutionären Bourgeoisie, bestehend aus Kulaken und Nepleuten; weitere bürokratische Verfilzung des Staates und der Partei, Korruption, und schließlich die Kapitulation der Bürokratie.

Welche Mittel gibt es gegen diese sichtbaren und voraussehbaren Übel? In der Landwirtschaft, die Befreiung der armen Bauern (50 Prozent der Gesamtheit) von allen Steuern; eine stärkere Besteuerung der wohlhabenden oder reichen Landwirte; die zwangsweise Zeichnung einer Anleihe, die aber erkennbare Vorteile bietet, um sie dazu zu zwingen, die angesammelten Vorräte an den Staat abzuliefern. Für die Arbeiterpartei eine Änderung der Lohnpolitik, die Rückkehr zur Gewerkschaftsdemokratie, das heißt die Wiedereinführung und die Vermehrung der formellen Rechte der Arbeiter. Für die Verbraucher: Maßnahmen gegen die Spekulation, gegen die ungesetzlichen Profite des Privathandels. Für die Produktion als Ganzes: die Einführung gestaffelter Fünfjahrpläne, um das Land rascher zu industrialisieren.(Bis zu diesem Augenblick hat die Kommission nur wenig Einfluß; sie beschränkt sich darauf, jährliche Prognosen, genannt »Kontrollziffern«, auszuarbeiten.) Die Mittel für die Industrialisierung sollen teilweise aus den ländlichen Reserven kommen, teilweise aus einer echten Rationalisierung, zum Teil aus der Wirtschaft, den Ausfuhren. Erste Bedingung, damit Partei und Staat ihre neuen Aufgaben erfüllen können: den Parteimitgliedern die Initiative, die Redefreiheit, das Recht zur Kritik und zur Äußerung von Vorschlägen wiedergeben, von der Basis bis zur Spitze; so die Begeisterung wieder erwecken, die Abstumpfung und die Verkalkung durch das bürokratische Regime abschütteln. Das ist das Programm der Opposition, das sie in einer Anzahl Dokumente darlegt, vor allem in der Erklärung der dreiundachtzig Bolschewiki, die anschließend von dreitausend Parteimitgliedern unterschrieben wurde, und in der *Plattform* von 1927, die etwa zwölftausend Unterschriften erhielt.

Stalin hatte kein eigenes Wirtschaftsprogramm. Trotzki bezeichnet ihn als »den Politiker, der unter der Peitsche der Umstände marschiert und dabei an die Mauern rennt. Wenn die Peitsche rechts pfeift, geht er nach links; wenn die Peitsche links pfeift, wendet er sich nach rechts« (...). Der Generalsekretär hatte Reden gegen die Industrialisierung gehalten. In bezug auf das große Kraftwerk am Dnjepr in Dnjeprostroj wurde ein Ausspruch von ihm kolportiert: »Rußland hat es gebraucht wie der Muschik einen Phonographen.« Sein Hang zum Weg des geringsten Widerstandes hatte gute Gründe: Es war eine gute Taktik, sich durchzusetzen, indem man ruhige Tage versprach. Gegen die Opposition wollte er mit Bucharin, Rykow, Tomski, Kalinin, Woroschilow, Jagoda regieren, die alle eine Art rechten Flügel bildeten. Die ersten drei, gebildete Ideologen, sprachen sich zunächst für die Förderung der Landwirtschaft, die Besserstellung der Bauern sowie für eine gemäßigte, langsame Industrialisierung aus, die eher mit der unsicheren Weltwirtschaftslage vereinbar war. Unterhalb dieser Führungsspitze ersehnten die kleineren Funktionäre der Partei ganz allgemein den Weiterbestand ihres ruhigen täglichen Trotts. Das Politbüro wendete sich unter Aufbietung von reichlich viel Literatur voller zurechtfrisierter Zahlen gegen die »trotzkistischen Superindustrialisatoren«, die die »Ausraubung der Bauern« befürworteten; und zugleich gegen die »Kleingläubigen«, gegen die »kleinbürgerlichen Intellektuellen«, die angesichts der wirtschaftlichen Probleme von »Panik« ergriffen werden. In der besten aller sozialistischen Republiken war alles zum Besten bestellt. Die Arbeiterdemokratie gedieh prächtig; Beweis: die Millionen von Anträgen, die in Parteiversammlungen geschulte Aktivisten stellten ... Papierfluten verbreiteten diese amtliche Literatur überall. Die Opposition, die kein Medium für ihre Publikationen zur Verfügung hatte, konnte ihre maschingeschriebenen Stellungnahmen nur im kleinen Kreis zirkulieren lassen.

IX. Der politische Kampf in den Arbeitervororten. Meinungsverschiedenheiten bezüglich der chinesischen Revolution (1926 bis 1927)

Im Sommer 1926 beschloß die Opposition, eine Kampagne privater Zusammenkünfte von Parteimitgliedern zu veranstalten, vor allem in den proletarischen Vororten. Theoretisch hatten die Parteimitglieder sehr wohl das Recht, gemeinsam Tee zu trinken und über alles zu diskutieren, was sie interessierte. Sinowjew, Kamenjew, Trotzki, Preobraschenski, Smilga und noch viele andere sprachen in Arbeiterwohnungen, in kleinen Zimmern, in denen sich fünfzig aus der Fabrik gekommene Arbeiter zusammendrängten. Die Führer der Partei hatten schon lange nicht mehr diesen direkten Kontakt mit dem Mann von der Straße gehabt. Die Arbeiter, die ihre Führer nur von Bildern kannten, empfingen sie mit großer Sympathie. Die brennendsten Probleme wurden offen wie in einem Kreis von Vertrauten besprochen, während Studenten den Eingang bewachten. Das war beinahe eine Wiedergeburt der Partei. Ähnliche Versammlungen wurden in Garagen, in Wäldern, auf Friedhöfen abgehalten ... Das Politbüro wagte es nicht, die GPU eingreifen zu lassen, aber es befahl den Komitees, Aktivistenbrigaden zu bilden und die privaten Zusammenkünfte durch Provokationen zu zerstreuen. Lastwagen brachten mit Pfeifchen und Knüppeln bewaffnete Trupps von Fanatikern zu den Versammlungen ... Um Schlägereien unter Kommunisten und vielleicht auch ernstere Zwischenfälle zu vermeiden, schloß die Opposition am 19. Oktober 1926 einen Vergleich, in dem sie sich verpflichtete, nur von der Rednertribüne der Partei aus zu sprechen und sich diszipliniert zu verhalten; man sagte ihr eine demokratische Diskussion vor dem nächsten Parteitag zu. In jedem zivilisierten Land, in jeder Arbeiterpartei, wird auf Worte wieder mit Worten geantwortet; die reaktionären Regierungen verlegten sich auf die gesetzliche Einschränkung der Versammlungsfreiheit. Da das Politbüro der Clique Stalin-Bucharin-Rykow weder eine Debatte akzeptieren konnte, die unweigerlich zu seinem Nachteil ausgegangen wäre, da es auch fürchten mußte, sich zu kompromittieren, wenn es neue Rechtsmittel erfand, nahm es unter diesen Umständen zu einer in Italien von den Schwarzhemden erfundenen Methode Zuflucht.

»Inzwischen hatte Trotzki, der immer noch unter unerklärlichen Fieberanfällen litt, im Frühjahr 1926 eine Reise nach Deutschland unternommen.«

»Doktor Krause, der nach Moskau gekommen war, um mehrere Regierungsmitglieder zu behandeln, schlug einen Beobachtungsaufenthalt in seiner Klinik vor. Wir begaben uns als Ehepaar Kusjmenko nach Berlin, wobei nur die deutsche Regierung über unsere wahre Identität unterrichtet war. Leo Dawidowitsch unterzog sich einer Mandeloperation ohne Narkose — und auch ohne daß auch nur die geringste Besserung in seinem Gesundheitszustand eintrat. Wir gingen gemeinsam durch die Straßen Berlins, wir wohnten einer Arbeiterkundgebung auf dem Alexanderplatz bei (. . .). Die weißen Emigranten und die internen Polizeidienststellen erfuhren auf mysteriöse Weise von Trotzkis Anwesenheit, plötzlich sprach man von einem bevorstehenden Attentat, und wir mußten uns in die Gesandtschaft zu Krestinski flüchten. Leo Dawidowitsch schrieb sein Buch *Wohin treibt England* während eines Klinikaufenthalts, zum Zeitpunkt des Generalstreiks in England.«

Ein ungeheures Ereignis in Asien beeinflußte ab dem Frühjahr 1926 das Schicksal der russischen Revolution: Die Partei spaltet sich nicht nur in bezug auf ihre eigenen wirtschaftlichen und politischen Fragen, sondern auch in bezug auf ihre Einstellung zur chinesischen Revolution. Von Turkestan bis zum Pazifik hat die Sowjetunion endlose gemeinsame Grenzen mit dem chinesischen Riesenreich. Seit dem Mittelalter treibt Rußland mit China Handel. Mongolische Einfälle im 13. Jahrhundert haben es schwer mitgenommen. Das russische Imperium hat systematisch Eroberungen zum Nachteil Chinas angestrebt, so wie die Erweiterung seines Einflusses in China selbst. Nach der Machtübernahme haben die revolutionären Marxisten als erste die Forderung nach dem Ende des Kolonialismus und nach der Befreiung der ganz und halb kolonisierten Völker in ihrer ganzen Tragweite gestellt; sie haben erklärt, daß diese Befreiung möglich ist und mit Hilfe der sozialistischen Länder siegreich zu fortschrittlichen sozialen Veränderungen führen kann. Wir werden nicht versuchen, die Zusammenhänge zwischen den russischen Revolutionen und dem Erwachen Asiens zu erforschen;

sie sind spontan, direkt, zahlreich, unvermeidlich. Am Ende seines Lebens hat Sun Yat-sen bei einem Zusammentreffen mit Adolf Joffe in Schanghai uneingeschränkt die Notwendigkeit anerkannt, daß sich die ohnmächtige chinesische Revolution auf die sowjetische Revolution stützen muß. Die Kuomintang beherrscht nur ein Territorium im Gebiet von Kanton, aber sie hat dort mit Hilfe der vom roten Rußland unterstützten chinesischen Kommunisten eine kleine moderne Armee geschaffen. Ein junger nationalistischer Führer macht durch sein Organisationstalent auf sich aufmerksam: Tschiang Kai-schek. Er organisiert einen Gewaltstreich gegen die Kommunisten und schließt dann mit ihnen den Kompromiß vom Mai 1926. Von da an wird die Kommunistische Partei Chinas streng vom Politbüro aus geleitet — das heißt von der Gruppe Stalin-Bucharin —, die es meist verabsäumt, das Exekutivkomitee der Dritten Internationale zu informieren. Das Kompromiß zwingt den Kommunisten den Anschluß an die Kuomintang auf, die offiziell zu einer mit der Kommunistischen Internationale sympathisierenden Partei geworden ist. Trotzki hat sich vergeblich gegen die gefährliche Taktik ausgesprochen, die Volksbewegung der nationalistischen Bourgeoisie unterzuordnen. Stalin verheimlicht nicht, daß er Tschiang Kai-schek überlisten will, dessen Sohn an der Kriegsschule in Moskau studiert hat. Russische Militärexperten nehmen am Aufbau und an den Operationen der Kuomintang-Armee teil: so der Führer der Uralpartisanen, Blücher, unter dem Namen Gallen, ein Armeeführer aus Turkestan, Rasgon, unter dem Namen Olgin — und noch einige andere. Politische Berater wie Borodin (Alexandrow, der in Lateinamerika gearbeitet hatte) beeinflussen die Regierung; andere, wie Wojtinski und Bubnow, leiten die Kommunistische Partei Chinas; andere, weniger bekannte, organisieren die Gewerkschaften. Der holländische Marxist Sneevliet hat Missionen in China durchgeführt; der französische Kommunist Jacques Doriot wird hingeschickt ... Sun Yat-sens Witwe unterstützt die Politik Moskaus. Tschiang Kai-schek erhält eine gewisse technische Hilfe. Die Bolschewiki sind davon überzeugt, daß die Revolution ein neues China schaffen kann, das den Weg aus der Stagnation und der Unterdrückung in eine große Zukunft finden wird; daß sie in ihm einen natürlichen Verbündeten haben werden; daß die alten Kolonialherren dadurch geschwächt werden; daß sie China und ganz Asien gegenüber eine Pflicht der internationalen Solidarität zu erfüllen haben.

Das letzte Gefühl geht sehr tief. Es durchdringt die Partei bis in die kleinsten Zellen. Schlecht gekleidete und schlecht ernährte russische Arbeiter kommen aus der Fabrik und diskutieren leidenschaftlich über die Bauernbewegung Tschiang Kai-scheks, die Roten Spieße, das Ministerium Wu-Hans, die Probleme von Schanghai ... In Moskau leitet Karl Radek die chinesische Universität. Geheim, vertraulich, direkt strömen die Informationen zumindest in die Führungsgremien der Partei. Die linke Opposition verbreitet sie weitgehend, denn sie sieht eine Katastrophe voraus und verurteilt Stalins Politik.

Stalins Ziel scheint es zu sein, die Macht innerhalb der Kuomintang an sich zu reißen, indem er die Bewegung der Massen weitgehend verrät und einen möglichen Konflikt mit den Großmächten vermeidet. Zu diesem Zweck stellen die in seinen Diensten stehenden Theoretiker die These vom »Block der vier Klassen« auf, eine Art früher »Volksfront«, die das Politbüro nach seinem Gutdünken leiten will, indem es zweckmäßige Tarnungen verwendet. In Wirklichkeit werden Marxismus und Solidarität durch die Regierungsformen der Bürokratie ersetzt, und es geht weniger darum, daß man der chinesischen Revolution hilft, eine neue Gesellschaftsordnung aufzurichten, als Einfluß auf sie zu gewinnen.

Tschiang Kai-scheks und Gallens (Blücher) Feldzug gegen die Generäle im Norden, die die Regierungsgewalt in den Provinzen an sich gerissen haben, beginnt im Juli 1926 und wird von den arbeitenden Massen mit außerordentlicher Begeisterung und Aufopferung unterstützt. Unter den schwierigsten Bedingungen eilen sie von Sieg zu Sieg. Zum größten Erfolg wird der Arbeiteraufstand von Schanghai im März 1927, der von den Gewerkschaften und ihren russischen Beratern geleitet wird. Die Armee der Kuomintang besetzt die großen Städte am Jangtsekiang und zieht siegreich in Schanghai ein ... Unterwegs schlachten die reaktionären Generäle unter einer Regierung, in der auch kommunistische Minister sitzen, die aufständischen Bauern ab. Die chinesischen Kommunisten senden Botschaft um Botschaft nach Moskau. Sie fühlen sich der Vernichtung preisgegeben. Sie verlangen eine Änderung der Taktik, sie bitten darum, daß man ihnen gestatten möge, sich zu verteidigen, solange eine Rettung möglich ist ... Die Opposition unterstützt sie. Sie fordert die Bildung von Volksräten in China, die Unterstützung der Bauernbewegung, die Unabhängigkeit der Kommunistischen Partei. Sie prophezeit die Niederlage und den Triumph der

Reaktion. Die Polemiken über dieses Thema werden außerordentlich heftig geführt. Sinowjew, Radek, Trotzki verfolgen die Ereignisse täglich und vervielfachen ihre Warnungen und Ermahnungen ... Stalin befiehlt den Kommunisten Schanghais, ihre Waffen abzuliefern oder zu vergraben; er glaubt, Tschiang Kai-scheks sicher zu sein. Die Kulis, Proletarier und Handwerker Schanghais gehorchen ihm. Und die Tragödie nimmt ihren Lauf.

Im März 1927 hält Stalin vor den »Aktivisten« in Moskau, das heißt vor den Funktionären der Partei, eine Rede, in der er gegen die Opposition polemisiert. Über Tschiang Kai-schek sagt er: »Wir haben ihn fest in der Hand; wir werden uns seiner bedienen und ihn dann wegwerfen wie eine ausgepreßte Zitrone« (. . .). Diese Rede wird etwas feiner stilisiert und an die *Prawda* geschickt, aber noch in der gleichen Nacht wird bekannt, daß Tschiang Kai-schek die Schanghaier Gewerkschaften gewaltsam entwaffnet, genauer gesagt, daß er die Kommunisten umbringt ... Stalin nimmt der *Prawda* seinen durch die Ereignisse schrecklich überholten Text wieder weg und weigert sich sogar, ihn den opponierenden Mitgliedern des Zentralkomitees zur Kenntnis zu bringen.

Nach diesem Mißerfolg, der ihn in Mißkredit bringt, ist Stalin noch weniger zu einer Diskussion bereit, das wiederum bringt die Opposition noch mehr auf. Einige ihrer Mitglieder glauben, daß der Generalsekretär der allgemeinen Empörung zum Opfer fallen wird. Trotzki ist nicht dieser Ansicht. Er ist der Meinung und spricht das auch aus, daß die Niederlagen die Massen entmutigen, eher ihre Tendenz zur Untätigkeit verstärken und den Geist des Widerstandes ersticken werden.

X. Der Beginn der Unterdrückung. Letztes Eingreifen Trotzkis im Zentralkomitee. Er wird aus der Partei ausgeschlossen. Die Kundgebungen vom 7. November 1927. Der Selbstmord Joffes

Tatsache ist, daß der stalinistische Apparat in dem Durcheinander von Debatten im Politbüro, im Zentralkomitee, im Exekutivkomitee der Dritten Internationale, in den Ausschüssen, in den Parteizellen systematisch die Argumentation durch die Drohung, die Unterdrückung, die Sanktionen ersetzt, und er ist beinahe überall erfolgreich. Eine Art kaschierter Terror herrscht in der Partei. Wenn Oppositionelle in ihr das Wort ergreifen können, dann nur für wenige, genau festgelegte Minuten, und sie sprechen unter dem Gebrüll der von den Sekretären ausgewählten »Aktivisten«. Die Kontrollkommissionen sprechen Ausschlüsse wegen »Undiszipliniertheit« und »Fraktionstätigkeit« aus. Eine Folge des Ausschlusses ist immer die Arbeitslosigkeit und manchmal die Verhaftung. Andere Opponenten werden zu Hunderten versetzt, das heißt in die Eis- oder Sandwüsten geschickt... Im September 1927 veröffentlicht die bereits zur Gänze unter der Leitung von Geheimagenten stehende kommunistische Presse in Moskau, Paris, London, New York, überall, eine sensationelle Neuigkeit: Ein Komplott der Opposition, die gemeinsame Sache mit der Konterrevolution gemacht hatte, war in Moskau entdeckt, eine geheime Druckerei ausgehoben worden; ein ehemaliger weißer Offizier der Wrangel-Armee ist in die Affäre verwickelt... Ein Rundschreiben an die Parteiorganisationen erwähnt ein »Militärkomplott«. Sinowjew, Jewdokimow, Smilga und Trotzki erscheinen beim Leiter der GPU, Menschinski, einem Schwerkranken, der nur mehr auf einem Sofa liegend arbeiten kann. Sie fordern ihn auf, ihnen den Akt vorzulegen, aber dieser ist dem Politbüro übergeben worden und außerdem enthält er so gut wie nichts. In der offiziellen Information ist alles falsch dargestellt, falsch oder grob entstellt, kriminell übertrieben und verdreht. Es existiert keine geheime Druckerei: es gab drei oder vier Schreibmaschinen in einer armseligen Arbeiterwohnung. Trotzki verlangt: »Wo ist die Konterrevolution? Wer ist der ehemalige Wrangel-Offizier? Geben Sie ihn heraus!« Menschinski ist überaus beschämt und verwirrt, entschuldigt sich und versucht zu erklären. Er hat nichts mit den veröffentlichten Versionen zu tun, nicht er leitet die Presse... Ein ehemaliger Offizier der weißen Armee hat wohl eine Rolle als Denunziant bei der Entdeckung der Schreibmaschinen gespielt, denn er ist ein ausgezeichneter Mitarbeiter der GPU, ein erfahrener *Agent provocateur!* Das Lügengespinst reißt jämmerlich, aber das Zentralkomitee, die Presse stellen nichts mehr richtig. Einige Kommunisten und unter ihnen Mratschkowski, der wegen seiner verdienstvollen Vergangenheit und seines Mutes besonderes Ansehen genießt, befinden sich im Gefängnis.

»Muralow, Iwan Smirnow und die anderen trafen eines Nachmittags bei uns im Kreml zusammen und warteten darauf, daß Leo Dawidowitsch von einer Sitzung des Politbüros zurückkehrte. Pjatakow kam als erster zurück, sehr blaß und aufgeregt.

Er schenkte sich ein Glas Wasser ein, stürzte es hinunter und sagte: ›Ich bin im feindlichen Feuer gestanden, nicht wahr, aber das, das! Das war ärger als alles! Und warum, warum hat Leo Dawidowitsch das gesagt? Stalin wird es noch seinen Urenkeln nicht verzeihen!‹ Der niedergeschlagene Pjatakow konnte uns nicht einmal erklären, was vorgefallen war. Als Leo Dawidowitsch endlich ins Speisezimmer kam, stürzte sich Pjatakow auf ihn: ›Aber warum, warum haben Sie das gesagt?‹ Leo Dawidowitsch wischte die Fragen mit einer Handbewegung beiseite. Er war erschöpft, aber ruhig. Er hatte Stalin zugerufen: ›Totengräber der Revolution!‹ Und der Generalsekretär war aufgesprungen, war, sich nur mit Mühe beherrschend, aus dem Saal gestürzt und hatte die Tür hinter sich zugeschlagen. Wir begriffen alle, daß der Bruch endgültig war.«

»Pjatakow war Pessimist, er glaubte, daß jetzt für Rußland und die Welt eine lange Periode der Reaktion anbräche, daß die Arbeiterklasse am Ende ihrer Kraft und die Partei ausgeschaltet, daß der Kampf der Opposition verloren sei. Er machte nur aus Prinzip und aus Solidarität weiter.«

»Leo Dawidowitsch war überarbeitet und aufs äußerste angespannt, er litt unter physischem Unwohlsein, Schwächeanfällen, Fieber, Schlaflosigkeit. ›Mein Kopf ist leer‹, sagte er manchmal. Nicht einmal Schlafmittel verhalfen ihm immer zu etwas Schlaf. Mit ihm litten auch meine Söhne und ich unter Schlaflosigkeit. Am Morgen, beim Frühstück, schlug Leo Dawidowitsch die Zeitungen auf (...). Er warf einen Blick hinein und ließ sie angewidert auf den Tisch fallen. Sie enthielten nichts als dumme Lügen, Verzerrungen selbst der belanglosesten Tatsachen, der einfachsten Äußerungen, haßerfüllte Drohungen, Telegramme aus allen Ländern der Erde, in denen mit grenzenloser Servilität um die Wette die gleichen Gemeinheiten wiederholt wurden ... Was war aus der großen Revolution, der Partei, dem Marxismus, der Internationale geworden! Es war unmöglich, nichts zu antworten.«

Es gab auch tröstliche Episoden. Es gelang der Opposition, überraschenderweise in Moskau einen Theatersaal zu bekommen. Tausende Parteimitglieder füllten ihn. Kamenjew ergriff geistreich, schwungvoll das Wort. Die Behörde schaltete den Strom ab, die Zusammenkunft wurde bei Kerzenlicht zu Ende geführt (...). In Leningrad begrüßte trotz Regen eine schweigende Menschenmenge durch begeistertes Zuwinken die Führer der verfolgten Linken. Einem alten Sozialisten, der zu Beginn der

Revolution aus Amerika zurückgekehrt war und eine Druckerei leitete, Fischelew, gelang es, einige tausend Exemplare der Plattform der Opposition zu drucken. Fischelew wurde sofort aus der Partei ausgeschlossen, verhaftet, der Unterschlagung, der Hinterziehung von Papier, der illegalen Publikationen beschuldigt und von der GPU zu Internierung auf den Solowjetski-Inseln verurteilt ...

Ende Oktober 1927 ergriffen Sinowjew und Trotzki zum letztenmal vor ihrem Ausschluß vor dem Zentralkomitee das Wort. Die *Prawda* veröffentlichte ausnahmsweise einen verstümmelten Bericht über ihre Erklärungen. Diese Veröffentlichung bedeutete, daß von nun an den Oppositionellen gegenüber, die de facto vogelfrei waren, alles erlaubt war. Auf der Tribüne sprach der von der letzten Handvoll Freunde umgebene Trotzki laut, indem er jeden Satz auf das Notwendigste verkürzte, um nicht ein Wort zuviel zu verwenden: »Warum, wie ist die Partei von jenen getäuscht worden, die uns beschuldigt haben, an konterrevolutionären Organisationen teilgenommen zu haben? (...) Sie haben das Stenogramm meiner kurzen Rede über den Wrangel-Offizier verstümmelt (...). Die Fraktion Stalin-Bucharin wirft Männer wie Netschajew, Schtikgold, Wassiljew, Schmidt, Fischelew ins Gefängnis (...), sie erstickt die Freiheit des Denkens innerhalb der Partei nicht nur in der UdSSR, sondern in der ganzen Welt« (...). Er zitiert Lenin: »›Entfernt Stalin!‹ sagte Lenin in seinen letzten Empfehlungen ... Mit der Arbeitslosigkeit, dem Knüppel, dem Gefängnis schlägt die führende Fraktion ihre eigene Partei (...). Der Arbeiter hat Angst zu sagen, was er denkt, seinem Gewissen gemäß zu wählen (...). Eure Politik besteht nur aus Zickzackkursen (...). Ihr werdet nichts von den Kulaken erhalten (...), hinter den Bürokraten erkennt man die wiedererstandene Bourgeoisie« (...). Diese Rede, die von Zwischenrufen und Gebrüll unterbrochen, im Saal mit emporgereckten Fäusten begleitet wird, bricht unter Pfiffen, mit einem Tumult ab. Leo Dawidowitsch spricht unerschütterlich weiter, hebt die Stimme, um den Lärm zu übertönen, bis zu dem Augenblick, da die Mitglieder des Zentralkomitees sich in Unordnung erheben, was den Eindruck erweckt, als wollten sie sich auf Trotzki stürzen ... Wenn man diesen offiziellen Bericht wieder liest, hat man das irritierende Gefühl eines Kampfes der Verdammten gegen jenen Mann, der als einziger die Zukunft klar erkennt. Die meisten von denen, die sich bemühen, die Stimme Trotzkis mit Beschimpfungen zu übertönen, werden später selbst von Stalin hingerichtet werden! Sie sind bereits lebende Leichname, aber unfähig, ihr Geschick abzuwenden. Skrypnik, der mehr als alle anderen dazwischenbrüllt, wird sich 1933 eine Kugel in den Kopf jagen, um der Verfolgung zu entgehen. Unschlicht, Tschubar, Petrowski, deren Zwischenrufe so zornig klingen, werden verschwinden, allerdings erst zehn Jahre später, erschossen oder in Isolierzellen begraben. Woroschilow wird überleben ...

Sinowjew stand bei der gleichen Sitzung der gleichen organisierten Gewalt gegenüber, die allerdings um eine Oktave tiefer gestimmt war, weil man wußte, daß er schwächer war. Bevor er die Rednertribüne verließ, sagte er, »unter Pfuirufen«, wie es in der *Prawda* hieß: »Entweder werdet ihr gezwungen sein, uns in der Partei reden zu lassen oder ihr werdet uns alle ins Gefängnis stecken ...« Das Sitzungsprotokoll registriert in diesem Augenblick »Gelächter« und Rufe: »Genug! Hinaus!« Trotzki und Sinowjew werden aus dem Zentralkomitee ausgeschlossen. Sie konnten also bei dem für Dezember festgelegten XV. Parteitag nicht das Wort ergreifen. Der Ausschluß war der Knebel.

Und der zehnte Jahrestag der Oktoberrevolution von 1917 wurde unter einer wahren Sintflut von Sanktionen, Dramen, giftigen Polemiken und Drohungen begangen. In Leningrad und Moskau beschloß die Opposition, an den Aufmärschen vom 7. November mit ihren eigenen Plakaten und Spruchbändern teilzunehmen, auf denen Inschriften wie die folgenden standen: »Gegen den Kulaken, Nepman und Bürokraten!« — »Wir wollen das Testament Lenins erfüllen!« — »Für die wahre Einheit der Partei!« In Leningrad, wohin sich Sinowjew und Karl Radek begeben hatten, kam es zu langandauernden Scharmützeln zwischen der Miliz und den in der Nähe des Winterpalais versammelten Oppositionellen. Die Miliz griff die Männer, die noch knapp vorher an der Macht gewesen waren, ohne großen Einsatz an. Sie drängte Sinowjew, Radek und ihre Gruppe in einen Hof ab. In Moskau zeichneten sich die »Aktivisten« des Stadtkomitees dadurch aus, daß sie einige Prügeleien inszenierten. Smilga, ein Mitglied des Zentralkomitees, hatte am Balkon seiner Wohnung Porträts von Lenin und Trotzki angebracht, die mit roten Bändern geschmückt waren ... Diese Bilder wurden heruntergerissen und zerfetzt: Kommunistische Arbeiter, die mit ihrer Abteilung vorbeimarschierten, versuchten bei der Ankunft auf dem Roten Platz ein Spruchband zu entfalten. Die

Aktivisten paßten auf, das Spruchband wurde zerrissen, sobald sie es entdeckten, und seine Träger halb totgeschlagen. Auf das Auto Trotzkis, das in einem Menschenauflauf steckenblieb, wurden zwei Revolverschüsse abgegeben. Keiner der Zwischenfälle war an sich ernst, aber die überhitzte Atmosphäre erinnerte an einen Pogrom. Die massenhaft aus der Partei ausgeschlossenen Arbeiter registrierten mit Erbitterung diese merkwürdige Erinnerungsfeier an den Sieg des Proletariats.

Im Ausland und sogar in Rußland selbst — denn die Presse schreckte vor keiner Unverschämtheit zurück — war sehr viel von der »aufrührerischen Kundgebung« der Opposition die Rede.

»Noch am 7. November 1927 abends beschloß Leo Dawidowitsch, daß wir den Kreml sofort verlassen müßten, ohne darauf zu warten, aus ihm vertrieben zu werden; wir fühlten uns in ihm wie in einer Mausefalle, der Ausschluß aus der Partei war offensichtlich nur mehr eine Frage von Tagen, und anschließend war das Gefängnis zu erwarten. Wir ersuchten Beloborodow, der in einem Haus der Sowjets in der Nähe des Kremls wohnte, um Asyl. Er bot uns ein kleines Hofzimmer an. Zwei Wochen später erhielten wir vom sowjetischen Wohnungsbüro eine Wohnung in der Stadt. Sinowjew, Kamenjew, Radek erhielten Ausweisungsbescheide aus dem Kreml.«

»Der Ausschluß Trotzkis und Sinowjews aus der Partei wurde am 15. November bekanntgegeben. Am nächsten Tag schoß sich unser Freund Adolf Joffe eine Kugel in den Kopf. Er litt an Kreislaufstörungen, und das Zentralkomitee knauserte bei der Behandlung, die er brauchte; die Krankheit erlaubte es ihm nicht, in dem von ihm gewünschten Maße am politischen Kampf teilzunehmen. Bevor er Selbstmord beging, schrieb er Leo Dawidowitsch einen langen Brief, der auch folgende Zeilen enthielt:

»›Wenn es erlaubt ist, etwas Großes mit etwas Kleinem zu vergleichen, würde ich sagen, daß die unermeßliche Bedeutung des historischen Ereignisses, den Ihr und Sinowjews Ausschluß darstellt (...) und die Tatsache, daß man mich nach siebenundzwanzig Jahren revolutionärer Arbeit auf verantwortlichen Posten in der Partei in eine Situation drängt, in der mir nichts anderes übrigbleibt, als mir eine Kugel in den Kopf zu jagen, daß diese beiden Tatsachen charakteristisch für die Führung der Partei sind. Und vielleicht werden diese beiden Ereignisse, das große und das kleine, gemeinsam der Anstoß sein, der die Partei aufwecken und sie auf dem Weg zum Thermidor anhalten wird.‹ Er bat Leo Dawidowitsch, wenn es ihm möglich sei, die Zukunft seiner Frau und seines siebenjährigen Sohnes zu sichern. Die GPU hatte den Brief beschlagnahmt, das Politbüro war der Ansicht, daß die Schriften eines Parteimitglieds der Partei gehörten (...). Leo Dawidowitsch erhielt endlich eine — wahrscheinlich unvollständige — Kopie. Die Zeitungen übergingen den letzten Protest des alten Sozialisten, der als erster die Sowjetrepublik in Deutschland, in China, in Japan vertreten und den Frieden mit Polen abgeschlossen hatte, mit Stillschweigen. In der Folge wurden Kommunisten verhaftet und deportiert, weil sie handgeschriebene Kopien seiner Botschaft gelesen hatten. Seine junge Witwe verbrachte den Rest ihres Lebens im Gefängnis und in der Verbannung. Das Kind starb in Zentralasien. Die Beisetzung Joffes verwandelte sich in eine eindrucksvolle Kundgebung, die letzte spontane und aufrichtige Kundgebung der russischen Revolution. Tausende Oppositionelle und Arbeiter folgten singend seinen sterblichen Überresten durch die verschneiten Straßen Moskaus. Am Tor des Friedhofs von Nowodjewitsche versuchte die Miliz, die Menge am Betreten des Friedhofs zu hindern. Der auf den Schultern getragene Sarg schwankte über den Köpfen, und es wäre beinahe zu einer Schlägerei gekommen (...). Rakowski und Trotzki sprachen am offenen Grab und schworen, daß auch sie den Weg der pflichtgetreuen Revolutionäre bis zum Ende gehen würden (...). Es waren ihre letzten Reden als freie Männer auf Sowjetterritorium.«

5. Die Verfolgung

I. Der XV. Parteitag. Die Anfänge des Totalitarismus. Sinowjews und Kamenjews Kapitulation. Trotzkis Unnachgiebigkeit

Am 2. Dezember 1927 wird der XV. Parteitag triumphaler als alle vorangegangenen offiziell im Zeichen der allgemeinen Einigkeit, der hundertprozentigen Einheit, der stählernen Disziplin, des uneingeschränkten Leninismus, der weitestgehenden Demokratie eröffnet; die Presse wimmelt nur so von diesen Ausdrücken. Es gibt tatsächlich unter den Delegierten der örtlichen Funktionäre, die 1.210.000 Mitglieder vertreten, keinen einzigen Oppositionellen: Stalin spricht beinahe sieben Stunden lang. Es werden Thesen angenommen, die alle Probleme lösen; die Thesen Molotows über die Landwirtschaft sehen eine gemäßigte Kollektivierung vor; andere Grundsatzerklärungen fordern die Erstellung eines Fünfjahresplans für die Industrialisierung, der ebenfalls in den Erwartungen etwas gemäßigt ist ... Der Parteitag verkündet die durch Mehrheitsbeschluß verfügte Exkommunikation des Trotzkismus, »der menschewistisch geworden ist, bereit, vor der inneren wie der internationalen Bourgeoisie zu kapitulieren und der objektiv die dritte Macht gegen die Diktatur des Proletariats unterstützt«. Unter »dritter Macht« versteht man den Mittelstand, der als von Grund auf reaktionär angesehen wird. Rakowski, der als Botschafter in Paris abgesetzt wurde, und Kamenjew können das Wort ergreifen, weil sie noch Mitglieder des Zentralkomitees sind. Sie beteuern die Treue der Linksopposition zur Partei, zu ihrem Werk, ihren Zielen. Man verlangt von ihnen eine sofortige Abschwörung ihrer Irrtümer, eine bedingungslose Kapitulation. Kamenjew ruft aus: »Erwartet man von alten Revolutionären, daß sie am Abend verleugnen, woran sie am Morgen geglaubt haben?« Diese schwache Verteidigung des Rechtes auf Gewissensfreiheit hat offensichtlich überhaupt keinen Erfolg. Daraufhin erklären Sinowjew, Kamenjew und die meisten ihrer Freunde, daß sie sich vorbehaltlos unterwerfen. Rakowski, Radek, Muralow lehnen es als Trotzkisten ab, abzuschwören, und erklären, daß sie der Partei auch als Außenstehende treu bleiben und für ihre Erneuerung kämpfen werden. Um seine

Schanghaier Niederlage besser zu kompensieren, hat sich Stalin in China einen Meisterstreich ausgedacht. Die Machtübernahme durch die Kommunisten in Kuangtung, der historischen Wiege der Kuomintang, sollte mit dem Triumph des XV. Parteitages zusammenfallen. Seine Emissäre, der Deutsche Heinz Neumann und der Georgier Lominadse, zogen in Kanton einen Proletarieraufstand auf, der tatsächlich ein Meisterwerk bürokratischer Organisation war. Kulis, Proletarier und Handwerker erhoben sich am 10. Dezember auf ein Zeichen hin. Ein Paket schon zuvor vorbereiteter Dekrete wurde sofort veröffentlicht. Der XV. Parteitag hatte gerade noch Zeit, der »unsterblichen Kommune von Kanton« zuzujubeln, dann brach diese im sinnlos vergossenen Blut einiger tausend Arbeiter zusammen.

Die Linksopposition ist tot. Sie löst sich auf. Eine kleine Gruppe, die Sapronows und Wladimir Smirnows, ist der Meinung, daß ein Polizeistaat entsteht und daß man den Kampf gegen ihn konspirativ fortsetzen und eine neue proletarische Partei gründen müsse. Die Gruppe von Leningrad (Sinowjew) sieht keine Möglichkeit eines politischen Lebens außerhalb der Partei, ganz gleich, wie deren interne Leitung aussieht, ganz gleich, welchen Schmähungen die »Kapitulanten«, wie sie von nun an heißen, in ihr ausgesetzt sein werden. Früher oder später wird es zu einer Krise kommen, in diesem Augenblick muß man in der Partei sein, auch wenn man mit Demütigungen überhäuft wird, auch wenn man sich selbst täglich in Verruf bringen muß; sobald die Krise eintritt, das Wohl des Landes in Gefahr ist, wird die erzwungene Abschwörung nicht mehr schwer wiegen ... Das sind Überlegungen, die sie im Freundeskreis anstellen. Die anderen, die romantischen Don Quichottes, werden ins Gefängnis gehen und dort vergessen werden. Die Unnachgiebigen, mit Rakowski, Muralow, dem bolschewistischen Journalisten Sosnowski, einem der besten Schriftsteller der vergangenen Jahre, und Trotzki akzeptieren im voraus die Unterdrückung, um das marxistische Gedankengut, die revolutionäre Tradition, die Hoffnung auf eine sowjetische Reform unerschütterlich zu bewahren. Trotzki ist davon überzeugt, daß das Stalin-Regime nicht von Dauer sein kann. »Sein Sturz«, sagt er, »wird plötzlich erfolgen.« Es ist besser, aus dem Gefängnis als aus der moralischen Verachtung zu kommen. Irrt sich Trotzki? Mehrmals wird Stalin im Lauf der nächsten Jahre am Rand des Abgrunds stehen und nur mit Hilfe der Bürokratie und der Polizei an der Macht bleiben; und zehn Jahre später wird er, um seine Herrschaft zu festigen, das größte politische Massaker befehlen, das die Geschichte kennt ... Notizen Leo Dawidowitschs zeigen im übrigen, daß er sich seit 1923 wenig Illusionen über die Möglichkeiten der Reaktion machte und daß er für sich und für seine Kampfgefährten eine schrittweise Eliminierung »in sechs oder sieben Phasen« voraussah.

Pjatakow und einige andere kapitulieren, weil sie finden, daß »man sowieso nichts anderes tun kann«, daß die Gegenwart zu düster, die Zukunft zu undurchsichtig ist; an der Industrialisierung Rußlands mitzuarbeiten ist besser als in der Verbannung zu verfaulen, das Land hat vielleicht mehr davon. Einige, wie Radek, werden sich von einer scheinbaren Entwicklung der Parteipolitik in Richtung der Forderungen der Opposition täuschen lassen. Und schließlich gibt es die feigen Kompromisse, die aus Berechnung erfolgten Verleugnungen, die Weigerung, den Komfort aufzugeben und nach Sibirien zu gehen ... In jedem dieser Fälle spielt aber auch die gefühlsmäßige Bindung an die Partei der Revolution eine große Rolle.

»Bevor die Niederlage endgültig war, besuchte uns Alexandra Kollontay häufig. Die Arbeiteropposition von 1920, zu deren Köpfen sie gehört hatte, arbeitete mit unserer Bewegung zusammen. Sie wurde zur Botschafterin in Norwegen ernannt und kam noch, um sich zu verabschieden, wobei sie uns anbot, die Dokumente der Opposition in ihrem Diplomatengepäck mitzunehmen und sie den Gruppen im Ausland zu übergeben. Ich brachte sie ihr einige Tage später und traf sie verändert, verwirrt, verängstigt an. ›Wirklich, ich kann nichts mitnehmen, es tut mir leid‹, wiederholte sie (...). Es blieb ihr nichts anderes übrig, als in der *Prawda* einen vollkommenen Widerruf ihrer Vergangenheit, ihrer Ideen zu veröffentlichen, was sie auch alsbald tat. Um diesen Preis behielt sie ihren Posten. Krestinski, der Botschafter in Berlin, kapitulierte sofort. Seine Frau besuchte uns einige Tage danach, bevor wir deportiert wurden. Sie war eine alte, geschulte, aufrechte und ehrliche Kämpferin, die die Verpflichtung, bei diplomatischen Empfängen in Abendkleidung zu erscheinen, zur Verzweiflung brachte; sie versuchte, die Handlungsweise ihres Mannes und ihre eigene zu rechtfertigen, obwohl sie sich wirklich deswegen schämte. ›Was sollen wir tun? Was sollen wir tun? Man muß doch leben ...‹ Wir erwiderten ihr nicht, daß man mit einem besseren Gewissen auch jenseits des Polarkreises leben konnte.«

II. Die Unterdrückung. Trotzki wird verhaftet, ohne Verhandlung verurteilt und nach Alma-Ata deportiert

»Wir erwarteten die Deportation. Da Stalin und Bucharin die Auswirkungen der Polizeimaßnahmen im Ausland, vor allem in den noch nicht gänzlich gleichgeschalteten kommunistischen Parteien fürchteten, forderte das Zentralkomitee die Opposition auf, Funktionen in entfernten Gebieten zu akzeptieren. Man schlug Leo Dawidowitsch eine ›freiwillige‹ Abreise nach Astrachan vor. Er lehnte ab. Die offizielle Agentur TASS dementierte die Gerüchte über die Unterdrückung in der UdSSR. ›Die Partei wendet keinerlei Strafmaßnahmen an‹, druckte die *Internationale Korrespondenz* auf Französisch, Englisch, Deutsch, im gleichen Augenblick, in dem die GPU überall ihre nächtlichen Aktionen vervielfachte, die aus der Partei ausgeschlossenen Arbeiter in menschenunwürdige Gefängnisse warf und mit etwas mehr Anstand die Deportation der bekanntesten Männer der Revolution veranlaßte. Die erzwungene Abreise Leo Dawidowitschs nach Alma-Ata wurde zuerst auf den 16. Januar 1928 festgelegt, aber an diesem Tag stürmten Tausende Moskauer den Bahnhof, eine aus den Fabriken herbeigeströmte Menge setzte sich auf die Schienen, während andere Arbeiter alle Waggons durchsuchten, um sich zu vergewissern, daß sich Trotzki nicht in ihnen befand. Die Miliz wagte nicht einzugreifen. Mit einem Telefonanruf wurde unsere Abreise auf den übernächsten Tag verschoben.«

»Am nächsten Tag erschien die GPU sehr zeitig früh. Die Abreise war um vierundzwanzig Stunden vorverlegt, und jetzt fielen die Masken. Die Agenten der GPU waren im Besitz eines Haftbefehls und eines vom politischen Sicherheitsrat gegen Leo Dawidowitsch erlassenen Urteils (das im geheimen, ohne vorherige Verhandlung ergangen war), sie wirkten erregt und unentschlossen. Das Politbüro wandte auf Trotzki den Paragraphen 58 des Strafgesetzes an, der sich auf ›konterrevolutionäre Umtriebe‹ bezog. Wir weigerten uns abzureisen; Trotzki hatte nicht die Absicht, auch nur den Schein eines Einverständnisses oder einer Unterwerfung unter eine so extrem ungerechte Maßnahme zu erwecken. Wir sperrten uns in einem Zimmer ein. Bei uns befanden sich unsere Söhne, die Witwe Joffes und die Frau unseres Genossen Beloborodow (der noch am Vortag Volkskommissar des Inneren gewesen war und bald darauf auch deportiert wurde). Die Agenten erhielten den Befehl, Gewalt anzuwenden. Ein Offizier namens Kitschkin, der Leo Dawidowitsch mehr als einmal an die Front begleitet hatte, begann die Tür aufzubrechen, rief aber dabei: ›Schießen Sie auf mich, Genosse Trotzki!‹ Er schämte sich, aber er gehorchte, eine Kugel hätte für ihn Erlösung bedeutet. Dieser Ausruf kostete ihn später das Leben: welch ein Beweis von unbewußtem ›Trotzkismus‹! Als die Tür eingeschlagen war, weigerte sich Leo Dawidowitsch zu gehen, die Soldaten mußten ihn wegtragen. Sergej und Leo benachrichtigten die Nachbarn, lauter hohe Funktionäre. Einige erschreckte Gesichter erschienen an den Türen ... Ein Auto brachte uns fort, nicht zum Zentralbahnhof von Kasan, sondern zur kleinen verlassenen Station Faustowo. Die Agenten mußten Trotzki wieder in den Zug tragen. Wir landeten in einem Abteil, das von den Uniformen der Spezialtrupps der GPU umstellt war. Ringsum erstreckte sich eine düstere Schneelandschaft; eine eisige Reise. Wir hatten keine Zeit gehabt, ein Buch oder eine Tasche mitzunehmen. Man sagte uns, daß unser Gepäck mit einem anderen Zug nachkommen und uns etwa in zwölf Tagen in Frunse (bis 1920 Pischpek), Kasachstan, an der Grenze zu Sinkiang, erreichen würde (...). Wir verabschiedeten uns von Sergej; Leo begleitete uns. In den Stationen konnte er aussteigen, einige kleine Besorgungen machen, im Schnee auf den Bahnsteigen auf- und abgehen; er war kein Gefangener. An der Tür unseres Abteils verkörperte ein schweigsamer Funktionär die Macht des Politbüros. Die Rotarmisten zeigten sich freundlich, sie hätten andere Aufgaben vorgezogen (...). Den Konvoi befehligte ein gewisser Baritschkin, der in früheren Zeiten Leo Dawidowitsch öfter auf die Jagd begleitet hatte. Er war ein gefälliger und findiger Offizier, aber etwas an ihm mißfiel uns doch. Während der Verhaftung hatte er sich im Hintergrund gehalten. Jetzt benahm er sich, wohl aus Verlegenheit, besonders eisig. Leo Dawidowitsch war gut aufgelegt, gelegentlich sogar fröhlich. Er schlief wenig (...). Er lag auf seiner Bank, als er mir plötzlich sagte: ›Ach, ich will nicht im Kreml sterben, in einem Bett sterben ...‹ Wir wußten nicht genau, wohin man uns brachte.«

»Von Frunse nach Alma-Ata legten wir mit dem Auto etwa zweihundertfünfzig Kilometer durch Wüste und Schneestürme zurück. Ein Teil unseres Gepäcks ging verloren — oder wurde von der GPU gestohlen. Alma-Ata war nichts als ein großes kasachisches (oder kirgisisches) Dorf, ohne Kanalisation und

Beleuchtung, dem dort heimischen Elend, dem Sumpffieber und allen Krankheiten Zentralasiens preisgegeben. Die GPU brachte uns im einzigen Hotel des Ortes unter, das für Funktionäre reserviert war. Unser Zimmer besaß keinerlei Komfort, war aber sauber und so überheizt, daß wir die auf den Korridor führende Tür offenstehen lassen mußten. Drei Sekretäre Trotzkis hatten beschlossen, ihm freiwillig ins Exil zu folgen; theoretisch hinderte sie nichts daran, sich in Alma-Ata niederzulassen und für einen Verbannten zu arbeiten. Sermux war eingetroffen, es war ihm gelungen, heimlich Kontakt mit Leo aufzunehmen. Sermux trieb die Kühnheit so weit, im Hotel ein Zimmer zu verlangen. Ich sah seine hohe Gestalt, seinen schönen blonden Kopf, seine freundlichen Augen flüchtig im Korridor. Er wurde verhaftet — und kam nie mehr aus der Verbannung und den Gefängnissen heraus. Posnanski erlitt das gleiche Los. Für Georg Butow, den dritten, erfüllte sich ein schreckliches Schicksal noch schneller. Dieser junge Funktionär hatte das Amt eines Kabinettchefs des Obersten Kriegsrates ausgeübt. Er war mager, eher klein, blaß, im Privatleben vom Unglück verfolgt, hatte sich aber als ein unermüdlicher Organisator erwiesen, obwohl ihn scheinbar weder seine Herkunft noch seine Neigungen für revolutionäre Betätigungen prädestinierten. Beinahe alle Dokumente des Rates und des Oberkommandos gingen durch seine Hände. Sobald die ersten, noch getarnten Verfolgungen einsetzten, fühlte er sich in Gefahr, denn es wäre leicht gewesen, Trotzki auf dem Umweg über ihn kompromittieren. ›Ich weiß‹, sagte Butow, ›daß ich untergehen werde.‹ Er wurde sogar noch vor unserer Abreise verhaftet, mit einer Anklage konfrontiert, die er mit Verachtung zurückwies, bewies stoischen Kampfgeist, reagierte auf die Drohungen und die psychologische Folter mit einem Hungerstreik und starb nach etwa fünfzig Tagen dieses verzweifelten Kampfes im Oktober 1928. Wir erfuhren erst viel später davon ...«

»Das Gerücht von der Deportation der Kämpfer der Opposition verbreitete sich im Ausland. Die offizielle Agentur TASS verbreitete ein Dementi, das von dem Organ der Komintern, der *Internationalen Korrespondenz*, und durch eine Erklärung Bucharins bestätigt wurde (...). Phantasievolle Zeitungen, darunter die *Humanité* in Paris, berichteten von der Reise Trotzkis nach Turkestan in einem Luxuszug (...). Nach vierzehn Tagen gab Moskau angesichts der Empörung in Arbeiterkreisen und der Veröffentlichungen in der Weltpresse die Deportation und die

Verhaftungen zu, wobei natürlich alles bagatellisiert wurde. Smilga und Serebrjakow wurden nach Semipalatinsk, in den Sand von Kasachstan, verschickt; Iwan Smirnow nach Kisil-Orda; Sapronow in das Gebiet von Onega; Rakowski nach Astrachan, dann nach Barnaul am Ob, in Zentralsibirien; Preobraschenski in den Ural. Die weniger bekannten Oppositionellen wurden zu Hunderten ins Gefängnis geworfen, oft in die Keller der GPU, zusammen mit gemeinen Verbrechern und Prostituierten (. . .). Man sperrte Kranke, schwangere Frauen, Helden der Revolution, Krüppel ein. Die Verhaftungen erfolgten nachts, geheim, und wurden nur ganz ausnahmsweise bekanntgegeben, wobei die Namen der Opfer nie erwähnt wurden. In Moskau traf man die Frau eines Verbannten mit drei Kleinkindern an; die telefonisch von der aufgetretenen Schwierigkeit verständigte GPU befahl: ›Laßt die Kinder, nehmt die Mutter mit . . .‹ Niemand wurde vor ein Gericht gestellt und verteidigt. Der Rat der GPU entschied auf Grund der flüchtigen Untersuchung seiner inquisitorischen Funktionäre. Am Anfang war die Deportation in die Marktflecken Turkestans, in die eisigen Dörfer Sibiriens die Regel; aber bald setzten selbst in den Verbannungsorten die Verhaftungen wieder ein, Tausende Oppositionelle wurden in die sogenannten ›Isolierungs‹-Zellen gesteckt, auf Grund von Verwaltungsurteilen mit drei Jahren Kerker bestraft, die nach Gutdünken der GPU, das heißt des Politbüros, verlängert werden konnten.«

»Die von der Zentralen Kontrollkommission der Partei veröffentlichten Zahlen und unsere Vergleiche ermöglichten es uns, die Zahl der 1928 verhafteten, deportierten und eingesperrten Oppositionellen auf mindestens achttausend zu schätzen. Trotzdem war es in diesem Jahr den deportierten und inhaftierten Oppositionellen noch gestattet, zu lesen und zu schreiben. Sie ertrugen Entbehrungen, die Kälte, den Hunger, die Trennung von der Familie, indem sie ein sehr intensives geistiges Leben führten. Ein sehr lebhafter schriftlicher Gedankenaustausch entstand zwischen den Kolonien der Deportierten. Das ›schwarze Kabinett‹ las, fotografierte, verglich alles und unterschlug eine Menge Botschaften, so daß das Politbüro täglich über die Gedanken seiner Gegner auf dem laufenden war und bald eine Liste der Unbekehrbaren aufstellen konnte (. . .). Leo Dawidowitsch notiert in *Mein Leben,* daß wir zwischen April und Oktober 1928 ›ungefähr achthundert politische Briefe und fünfhundertfünfzig Telegramme abschickten; wir erhielten tausend

Briefe und siebenhundert Telegramme ...‹ Jede Botschaft interessierte eine ganze Gruppe. Im Oktober wurde die Korrespondenz plötzlich unterbrochen (...). Das Politbüro Stalin-Bucharins zitterte vor den Gefangenen; die Unterdrückung war so unpopulär, daß die Mitglieder der Regierung trotz aller Beweise oft weiterhin dementierten und daß das Zentralkomitee häufig jenen Oppositionellen, die es für kapitulationsreif hielt, Vorschläge machte — in vielen Fällen mit Erfolg; auf der anderen Seite wuchsen die wirtschaftlichen Schwierigkeiten des Regimes und bestätigten so die Voraussagen der Verbannten. Noch sah niemand das massive Abgleiten in die Ausrottung der Unnachgiebigen voraus, zu denen es nach langen Jahren des Kampfes kam. Wir lebten von unseren eigenen Mitteln, die wir in Moskau schon im Hinblick auf das Exil aufgespart hatten, die den Umständen entsprechend ausreichend gewesen wären, jetzt aber bald erschöpft sein mußten.«

»Wir organisierten unser Leben in Alma-Ata recht gut. Ich notierte: ›Stadt der Erdbeben und der Überschwemmungen, am Fuß der Tian-Shan-Berge, an der Grenze Chinas, zweihundertfünfzig Kilometer von der Eisenbahn und viertausend Kilometer von Moskau entfernt. Ein Jahr mit Briefen, Büchern und der Natur ...‹ Ich füge hinzu: ›Ein Jahr mit wertvollen, geheimen Sympathien, mit großartiger Aufopferung, ein Jahr der geistigen und moralischen Gemeinschaft mit einer revolutionären Elite, die wirklich von außerordentlicher menschlicher Qualität war.‹ Wir mieteten ein kleines primitives Haus in der Nähe der GPU, beinahe im Zentrum der Stadt, die man als Sitz der Regierung von Kasachstan vorgesehen hatte. Leo Dawidowitsch umgab sich mit Bergen von Zeitungen und Manuskripten, die von den Tischen aus bald das gesamte spärliche Mobiliar überfluteten; eine Stenotypistin schrieb jeden Tag nach seinem Diktat. Wir wußten, daß diese liebenswürdige junge Frau verpflichtet war, der GPU lange Berichte zu erstatten (...). Wir unternahmen auch einen achttägigen Jagdausflug in das verschneite Gebirge. Als das Frühjahr kam, erholte sich Leo Dawidowitsch gelegentlich, indem er angeln ging. Im Sommer lebten wir in einem Haus auf dem Land — immer in der Nähe der Wohnungen der GPU-Funktionäre —, das von einem Obstgarten und Blumen umgeben war. Die blauen Hänge der Berge tauchten hinter den weiß und rosa blühenden Apfelbäumen auf, der Himmel leuchtete überaus friedlich. Unser Hausherr, ein Bauer, war natürlich ein Spitzel; aber ein Offizier der GPU, unser Nachbar, gab sich als Oppositioneller zu erkennen — echter oder falscher? — und überhäufte uns mit Aufmerksamkeiten. Ein Funktionär, D., nahm mit Leo geheime Kontakte auf ... Ein aus Moskau eingetroffener Genosse ließ sich in Alma-Ata als Fuhrmann nieder. Er traf mit Leo im öffentlichen Bad zusammen. Signale an den Fenstern bei ihnen und bei uns, Wäsche und Blumen, rührten uns. Eines Tages war das vereinbarte Zeichen etwas merkwürdig. Ich traf auf dem öffentlichen Markt die Frau D's, und sie steckte mir einen Zettel zu: Ihr Mann war soeben verhaftet worden. Wolynski, einer der Leiter der GPU-Zentrale, hatte sich eine Liste der Intellektuellen von Alma-Ata bringen lassen und unseren Freund aufs Korn genommen. Man fand bei ihm einen von einer Studentin geschriebenen Zettel. Auch der Fuhrmann verschwand. Weder von dem einen noch von dem anderen hörten wir je wieder« (...).

»Im Oktober-November, während der Revolutionsfeierlichkeiten, war die Verlegenheit der Leute von der GPU keinesfalls zu übersehen. Leo Dawidowitsch war gleichzeitig der Kampfgefährte Lenins, Sinnbild der siegreichen Jahre und ein Verbannter. Sollte man ihm trotzdem gratulieren? Sollte man den großen Jahrestag mit Stillschweigen übergehen? Aber um diese Zeit trugen wir Trauer. Nina, die jüngere Tochter Leo Dawidowitschs von seiner ersten Frau, war in Moskau an Tuberkulose gestorben. In dem Augenblick, als sich ihre Krankheit verschlimmerte, hatte sie geschrieben. Das ›schwarze Kabinett‹ hielt den Brief fünfundsiebzig Tage zurück, um erst den Tod der jungen Frau (sechsundzwanzig Jahre) abzuwarten, damit ihr Vater nicht um die Erlaubnis ansuchen konnte, sie ein letztes Mal zu sehen (...) Nina, mit einem jungen Intellektuellen verheiratet, der Angehöriger der Roten Armee war, hinterließ zwei Kinder. Ihr Mann, Man-Newelson, war deportiert oder im Gefängnis. An jedem seiner Haftorte agitierte er mit einer geradezu unglaublichen Furchtlosigkeit. Seine *Offenen Briefe an Stalin* gingen als unerbittliche Abrechnungen von Hand zu Hand. Er ist spurlos verschwunden.«

III. Trotzkis Ausweisung im Jahr 1929. Er wird nach Istanbul gebracht

»Im Herbst (1928) erreichten uns keine Briefe mehr. Unsere Einsamkeit deckte der Schnee zu. Im Dezember überbrachte der

Bevollmächtigte der GPU, Wolynski, Leo Dawidowitsch ein Ultimatum: Wenn er nicht vollkommen auf jegliche politische Tätigkeit verzichtete, würde sich die Regierung veranlaßt sehen, ihm eine Fortsetzung unmöglich zu machen (. . .). Die politische Aktivität waren die Briefe und Schriften, die er per Post an andere Deportierte sandte. Wir dachten an das Gefängnis. Leo Dawidowitsch erwiderte am 16. Dezember schriftlich, daß er es kategorisch ablehne, ›auf den Kampf für die Interessen des internationalen Proletariats zu verzichten, einen Kampf, den ich zweiunddreißig Jahre unnterbrochen geführt habe, das heißt während meines ganzen bewußten Lebens. Der Versuch, diese Tätigkeit als eine konterrevolutionäre hinzustellen, stammt von jenen, die ich vor dem Angesicht des internationalen Proletariats beschuldige, die Grundlehren von Marx und Lenin mit Füßen zu treten, die historischen Interessen der Weltrevolution zu verletzen, mit den Traditionen und Vermächtnissen des Oktober gebrochen zu haben und unbewußt, aber um so bedrohlicher, den Thermidor vorzubereiten.‹ Seine Erklärung, die eine weitere Anklagerede war, endete mit den Worten: ›Ihr wollt auch fernerhin den Einflüsterungen der dem Proletariat feindlichen Klassenkräfte folgen. Wir kennen unsere Pflicht. Wir werden sie bis zum Ende erfüllen.‹ Wir zweifelten nicht daran, daß die meisten der deportierten Oppositionellen bereits im Gefängnis waren oder demnächst dorthin gebracht werden sollten.«

1929 befanden sich in der gesamten UdSSR nur drei bekannte Oppositionelle in einer eher theoretischen und streng überwachten Freiheit: der Spanier Andrés Nin in Moskau; Alexandra Bronstein und ich selbst in Leningrad. Auf Grund der äußersten Perfektion der polizeilichen Überwachung und der Karteien der Partei kann man wohl sagen, daß es keine der Behörden unbekannten Oppositionellen gab. Einige Frauen von Deportierten lebten in den Großstädten.

»Am 20. Januar kam Wolynski wieder. Die Agenten der GPU richteten sich bei uns ein und überwachten jede unserer Bewegungen. Einige von ihnen waren selbst beunruhigt. Man teilte uns folgenden Beschluß mit: ›Gemäß (. . .) Artikel 58/10 der Strafgesetzordnung (. . .) wegen der Anschuldigung, sich mit konterrevolutionärer Arbeit befaßt zu haben, die in der Organisierung einer illegalen sowjetfeindlichen Partei bestand, deren Tätigkeit (. . .) auf die Provozierung antisowjetischer Erhebungen und auf die Vorbereitung des bewaffneten Kampfes gegen die Sowjetmacht gerichtet ist (. . .), wird beschlossen, den Bürger

Trotzki, Leo Dawidowitsch, aus den Grenzen der UdSSR auszuweisen.‹ Als man Leo Dawidowitsch aufforderte zu unterschreiben, schrieb er: ›Der seinem Wesen nach verbrecherische und seiner Form nach ungesetzliche Beschluß der GPU ist mir am 20. Januar 1929 bekanntgegeben worden.«

»Wohin sollten wir uns wenden? Welches Land würde uns aufnehmen? Welche Fallen hatte man uns gestellt? Der Abgesandte der GPU konnte uns nichts sagen, da er selbst nichts wußte. Der Offizier, der mit uns sympathisierte, zeigte sich voller Mitgefühl: ›Wohin?‹ fragte er heimlich Leo. ›Wohin schickt man Sie?‹ Wir hatten knapp vierundzwanzig Stunden Zeit, um unsere Papiere, unsere Bücher, unsere wenigen persönlichen Habseligkeiten einzupacken. Am übernächsten Tag brachte uns ein Auto über die schneebedeckten Ebenen, dann über die weißen Pässe. Starke Traktoren standen in hartem Kampf gegen den festgefrorenen Schnee, der den Paß von Kurday versperrte (...). Der Zug erwartete uns in Frunse; ein wenig später nannte uns ein neuer Abgesandter der GPU, Bulanow, unser Ziel: Konstantinopel. Wir verlangten, uns von unserem Sohn Sergej und unserer Schwiegertochter Anja, der Frau Leos, verabschieden zu können. Sie wurden nach Moskau beordert. Leo Dawidowitsch weigerte sich, die UdSSR zu verlassen, und das durch diese Ablehnung verwirrte Politbüro mußte sich vergewissern, daß die türkische Regierung daraus keinen Vorteil ziehen würde. Eine Lokomotive zog unseren mit Soldaten vollgestopften Eisenbahnwaggon mühsam über verlassene Strecken in den weißen Wäldern der Provinz Kursk. Wir waren vollständig von der Welt abgeschnitten, aber mit unseren Kindern zusammen. Aus den Zeitungen erfuhren wir von Verhaftungen unserer Freunde, jetzt ging die georgische Opposition (Mdiwani, Kawtaradse, Okudschawa) ins Gefängnis (...). Etwa zwölf Tage verliefen sehr ruhig, in einer Art Zwischenwelt. Die deutsche Republik, 1929 die demokratischeste der Welt, in der die Sozialdemokratie noch die stärkste Partei war, weigerte sich anscheinend, uns aufzunehmen. Notgedrungen mußten wir in die Türkei gehen. Wir trafen nur korrekte Ausübende. Wir durften den Waggon nicht verlassen.«

»Sergej und Anja konnten uns nicht folgen. Sie liebten Rußland, Moskau; Sergej beendete gerade sein Ingenieurstudium. Sie versprachen, uns später in Istanbul zu besuchen. Sie hatten damals keine Ahnung, daß ihre Treue zu Rußland sie das Leben kosten würde. Wir fragten uns, welches Los uns in unserem neuen Exil erwartete; wir wagten nicht, darauf zu bestehen, daß sie bei uns blieben.«

»Schließlich waren wir eines Nachts in Odessa, es kam die Einschiffung auf einem verlassenen Kai, auf ein leeres Schiff, auf einem zugefrorenen Meer. Ironie des Schicksals, der Frachtdampfer hieß *Iljitsch*, der Vatersname Lenins (...). Leer, eisig, düster, lichtete die Gefängnis-*Iljitsch* mitten in der Nacht die Anker und wurde von einem Eisbrecher ins Schlepptau genommen (...). Am 12. Februar 1929 trafen wir in Konstantinopel ein. Dem ersten türkischen Beamten, der bei uns erschien, übergab Leo Dawidowitsch einen Brief an den Präsidenten der Republik, Mustapha Kemal Pascha (Kemal Atatürk): ›... Ich bin keinesfalls aus eigener Wahl an die türkische Grenze gekommen und ich überschreite die Grenze nur dem Druck der Gewalt gehorchend‹ (...). Zwischen den Regierungen im Kreml und in Ankara war alles im vorhinein geregelt worden, und der Kreml hatte dabei keine sehr gute Rolle gespielt. Der Brief hatte überhaupt keine Wirkung« (...).

»Gegen Ende der Reise hatten die Abgesandten der GPU, Bulanow und Wolynski, beinahe Mitgefühl gezeigt. Bulanow, ein magerer, blonder Mann, forderte mich auf, einen Schal umzunehmen, bevor ich auf die Brücke ging ... ›Ich habe gesehen, daß Sie einen besitzen, Natalja Iwanowna ...‹ Ich dachte mir, daß ein Polizist aus beruflicher Gewohnheit eben alles sieht. Er versprach Leo Dawidowitsch sogar, für seine Sekretäre Posnanski und Sermux die Bewilligung zu erwirken, ihm zu folgen. ›Wenn sie Ihnen nicht nachkommen, können Sie mich für einen Schurken halten‹, sagte er. ›Das würde mir auch nichts nützen‹, erwiderte Leo Dawidowitsch. Posnanski und Sermux blieben Gefangene und kamen um. Der höfliche, diskrete Wolynski tauschte mit Leo Dawidowitsch einen letzten Händedruck und versicherte uns, daß er ›unser Freund‹ sei ... Ein hoher Funktionär der GPU namens Bulanow war 1937 Angeklagter in einem der Moskauer Prozesse, legte die üblichen Geständnisse ab und wurde erschossen: Wahrscheinlich war es jener Bulanow, den wir gekannt hatten. Hatte er jemandem Sympathien eingestanden, die er uns gegenüber keinesfalls merken ließ? War er als lästiger Zeuge unserer Verbannung beseitigt worden?«

IV. Das Leben auf der Insel Prinkipo. Arbeiten. Hinrichtung Blumkins in Moskau

»In Istanbul werden wir im sowjetischen Konsulat untergebracht. Die russische Regierung läßt uns etwa tausendfünfhundert Dollar auszahlen. Obwohl sich das Personal des Konsulats uns gegenüber respektvoll und beinahe freundschaftlich verhielt, befürchteten wir, daß der Geheimdienst die Dokumente, die wir in unserem Gepäck mitführten, entwenden oder konfiszieren würde: Korrespondenz mit Lenin, Fotoarchive, Korrespondenz der Opposition, Andenken. Es konnte keine Rede davon sein, daß wir in ein Hotel gingen, denn es gab viele konterrevolutionäre russische Emigranten in der ehemaligen türkischen Hauptstadt. Konsul Minski, ein Funktionär der GPU, betrieb unsere Übersiedlung, nachdem sich etliche Zwischenfälle ereignet hatten, zum Beispiel war unser Sohn Leo einige Stunden lang verhaftet gewesen. Ein russischer Flieger, den Leo Dawidowitsch einmal protegiert hatte (und der jetzt ein Spitzel der GPU geworden war), half uns, ein kleine, ziemlich verfallene Villa auf der Insel Prinkipo, dem Sommeraufenthalt der reichen Familien, zu mieten. Die Insel bot einige Garantie für Sicherheit, um so mehr, als sie während eines guten Teils des Jahres beinahe unbewohnt war. Die Wellen des Marmarameeres schlugen einige Schritte von unserem Refugium entfernt an das Ufer. Wir genossen einen weiten, ruhigen, blauen Ausblick, den oft die Sonne vergoldete. Wir lebten mehrere Jahre dort in tiefer Isolation. Wir hatten keinerlei Kontakt mit den türkischen Behörden und der kosmopolitischen Gesellschaft von Istanbul. Zwei Polizisten wachten diskret über unsere Sicherheit. Leo Dawidowitsch besuchte das ehemalige Konstantinopel nur zweimal mit einem Auto. Unser Sohn, den wir jetzt als Erwachsenen mit seinem richtigen Namen Leo Sedow angeben mußten, da er bereits dreiundzwanzig Jahre alt war und die Revolution, die Opposition (er war in Moskau einer der illegalen Organisatoren der oppositionellen Jugend gewesen) und die Verbannung miterlebt hatte, ging nach Belieben aus und ein.«

»Vergeblich suchten wir in Deutschland oder England um Asyl an. Weder die Labour Party noch die deutsche Sozialdemokratie wollten uns der Segnungen der Demokratie teilhaftig werden lassen. Woanders schien bereits das Ansuchen von vornherein sinnlos zu sein. ›Planet ohne Visum‹, sagte Leo Dawidowitsch.«

»Aus allen Teilen der Welt trafen bei Leo Dawidowitsch Sympathiebezeugungen und Bitten um Interviews, Artikel, Bücher ein. Befreundete Besucher kamen, insgesamt nur wenige, aber doch zahlreich genug, daß wir uns nicht einsam fühlten und damit wir unter ihnen einige treue Mitarbeiter fanden. Molinier und drei französische Genossen erleichterten uns durch ihre Gefälligkeiten die Einrichtung auf der Insel Prinkipo. Unsere alten Freunde Marguerite und Alfred Rosmer lebten einige Zeit bei uns, wie auch Pierre und Denise Naville, Pierre Frank, alle von der französischen kommunistischen Opposition; Rudolf Klement und Otto Schüssler, zwei junge deutsche Genossen, der Französischübersetzer der Werke Leo Dawidowitschs, Maurice Hoertel, der unter dem Pseudonym Parijanine schrieb, hochgebildet, schwer krank. herzlich und verbittert (...). Ein Lette namens Franck blieb fünf Monate in Prinkipo; wir erfuhren nachher, daß er ein Spitzel des russischen Geheimdienstes war, wie auch ein gewisser Sobolewitsch, Sobolevicius, auch ein Lette, der uns nur einen kurzen Besuch abstattete. (Der Bruder des letzteren, Roman Well, spielte in den Kreisen der Opposition in Paris und in Zentraleuropa die Rolle eines Agent provocateur, was sich erst später herausstellte.)«

»Leo Dawidowitsch übergab zunächst einmal der amerikanischen Presse eine Reihe von Artikeln über die politischen Motive seiner Ausweisung aus Rußland; gleichzeitig gab er bekannt, daß das Einkommen aus seinen Autorenrechten den Publikationen der Opposition zur Verfügung stehen werde. Mit verschiedenen Ländern abgeschlossene Verlagsverträge stellten unsere materielle Existenz sicher und ermöglichten, zusammen mit den Subskriptionen der Parteimitglieder, die Veröffentlichung eines Organs in russischer Sprache, *Bulletin der Opposition.* Leo Dawidowitsch schrieb 1929 die drei Bände *Mein Leben* (1879 bis 1929) und vom nächsten Jahr an die vier Bände seiner *Geschichte der russischen Revolution.* Er begann eine wissenschaftliche Biographie Lenins, von der er nur den ersten Teil vollenden konnte (...). Die Bücher erschienen beinahe gleichzeitig in französischer, englischer, deutscher, russischer — und noch in zahlreichen anderen Sprachen. Mit der laufenden Korrespondenz, der Redaktion des *Bulletins,* den theoretischen und praktischen Arbeiten über die Politik der UdSSR — denn der Kampf der Opposition ging weiter —, ergab das ein seine ganze Zeit in Anspruch nehmendes, außerordentlich weitgespanntes und vielfältiges Arbeitspensum. Da er peinlich genau war, die

Übersetzungen sogar in bezug des richtigen Setzens der Interpunktionen prüfte, sich alle diesbezüglichen Dokumente und Referenzen beschaffte, ehe er eine Seite schrieb, immer das genaue Datum angab, den möglichst präzisen Ausdruck suchte, blieb ihm nur wenig Zeit für seine Freunde. Er entspannte sich, indem er im Marmarameer fischte. Wenn der Fang gut gewesen war, kam er strahlender Laune heim und diktierte dann stundenlang. ›Es ist, als ob das Gehirn ganz von selbst arbeiten würde‹, pflegte er nachher zu sagen, ›das Gehirn kommt von selbst in Schwung, und man muß ihm nur folgen.‹« (...)

»Im Zusammenhang mit diesen Ausflügen zum Fischen kursierte in Rußland eine Anekdote. ›Leo Dawidowitsch‹, hieß es, ›fischt an der Einfahrt zum Bosporus ... Plötzlich sehen seine Freunde, daß er traurig wird. — Was gibt es, Leo Dawidowitsch? Woran denken Sie? — Ach! Ich denke an Lenin. Wenn er lebte, wäre er hier und würde mit uns fischen ...‹ Eine solche Geschichte konnte dem Erzähler mindestens drei Monate Verbannung eintragen.«

»*Mein Leben* schrieb er in wenigen Monaten in einem einzigen Zug. Bis zu diesem Augenblick hatte die politische Tätigkeit Leo Dawidowitsch nie wirklich Zeit zur Muße gelassen. Jetzt konnte er endlich den kämpferischen Gedanken einige mehr allgemeine Überlegungen hinzufügen. Er wies auf die ›Rolle der schöpferischen Phantasie in der Revolution‹ hin. Er gab sein Bestes, verliebt in die Philosophie, in Seiten wie den folgenden«:

»Der Marxismus betrachtet sich als den bewußten Ausdruck des unbewußten geschichtlichen Prozesses. Aber der — im geschichtlich-philosophischen und nicht im psychologischen Sinne — ›unbewußte‹ Prozeß trifft nur auf seinen höchsten Gipfel mit seinem bewußten Ausdruck zusammen, wenn die Masse durch einen elementaren Ansturm die Türen der sozialen Routine einschlägt und den tiefsten Bedürfnissen der historischen Entwicklung einen siegreichen Ausdruck gibt (...). Die schöpferische Vereinigung des Bewußten mit dem Unbewußten ist das, was man gewöhnlich Inspiration nennent. Revolution ist rasende Inspiration der Geschichte.«

»Jeder echte Schriftsteller kennt Augenblicke des Schaffens, wo jemand anderer, Stärkerer, ihm die Hand führt. Jeder echte Redner kennt Augenblicke, wo aus seinem Munde etwas Stärkeres spricht, als er selbst in seinen gewöhnlichen Stunden ist. Das ist ›Inspiration‹. Sie entsteht aus der höchsten schöpferischen Anspannung aller Kräfte. Das Unbewußte erhebt sich aus tiefen

Höhlen und unterwirft sich die bewußte Gedankenarbeit, verbindet sich mit ihr zu einer höheren Einheit.« *(Mein Leben,* Kapitel XXIX.)

»Zuerst blieb noch ein Minimum an Kontakt mit Rußland bestehen. Postkarten, sogar aus der Verbannung, erreichten uns. Sympathisanten der Opposition, Funktionäre der Sowjetmissionen in Paris und Berlin übermittelten Botschaften, leiteten Schriften weiter. Umfangreiche Post erreichte uns sogar aus dem Gefängnis von Werchne-Uralsk, sie war in beinahe mikroskopisch kleinen Buchstaben auf Papier in Briefmarkengröße geschrieben (. . .). Allmählich wurden diese Mitteilungen seltener. 1931 hörten sie so gut wie ganz auf.«

»So erhielten wir Kenntnis vom Protokoll der Sitzung des Politbüros, während der, auf einen Vorschlag von Stalin hin, unsere Ausweisung aus der UdSSR beschlossen worden war. Der Generalsekretär begründete Trotzkis Verbannung mit folgenden Worten: ›1. Es geht darum, daß man die Opposition entwaffnet. 2. Anschließend können wir Trotzki diskreditieren, indem wir behaupten, daß er in die Dienste der Bourgeoisie getreten ist. 3. Die Sozialdemokratie wird seine Schriften auswerten, und . . . 4. Wir werden seinen Verrat veröffentlichen.‹ Bucharin, Rykow und Tomski stimmten dagegen. Bucharin protestierte mit Tränen in den Augen. Stalin, Kalinin, Woroschilow, Rudsutak, Kaganowitsch setzten den Beschluß durch. Die Gruppe Sinowjew dachte daran, einen von Iwan Bakajew vorgeschlagenen Protest vorzubringen. ›Und vor wem sollen wir protestierten?‹ fragte Sinowjew entmutigt. Er beriet sich mit Nadjeschda Krupskaja. ›Und wer wird uns anhören?‹ fragte Lenins Witwe. Die Verbannung Trotzkis bedeutete den inneren Zusammenbruch der bolschewistischen Partei.«

»(. . .) Leo Sedow ging eines Tages durch eine Gasse in Istanbul. Jemand trat hinter ihn, legte ihm den Griff eines Spazierstocks um den Hals und umarmte ihn sofort lachend: Jakob Blumkin, einer der großen Soldaten der Roten Armee, einer der bedeutendsten Agenten der sowjetischen Gegenspionage, Spezialist für Missionen im Orient. Blumkin hatte als sozialrevolutionärer Terrorist 1918 den deutschen Botschafter in Moskau, den Grafen Mirbach, getötet — dann hatte er sich der bolschewistischen Partei angeschlossen. Er war abenteuerlustig, intelligent, versuchte sich als Dichter, verfaßte Studien über die französischen Strategen; seine Tätigkeit als Geheimagent hatte es ihm unmöglich gemacht, sich am politischen Kampf in Rußland zu beteiligen, aber er teilte die Ansichten der Opposition. Er besuchte uns zweimal, schätzte, daß wir etwa zwanzig zuverlässige Männer für unsere Sicherheit brauchen würden, machte uns darauf aufmerksam, daß Aggressionen in Vorbereitung waren, übernahm es, unseren wenigen in Moskau verbliebenen Freunden Briefe zu überbringen (...). Bei seiner Rückkehr nach Rußland wurde er von einer Frau verraten, im geheimen von der GPU, das heißt vom Politbüro, zum Tode verurteilt und hingerichtet. Man gewährte ihm einen Hinrichtungsaufschub, damit er eine Zusammenfassung seiner Memoiren schreiben konnte ... Er starb tapfer.«*

V. Trotzki befürwortet die sowjetische Reform

»Die vollständige Geschichte der politischen Kämpfe in Rußland, der daran beteiligten ideologischen Richtungen, des mit immer mehr Blutvergießen begleiteten Versinkens der bürokratischen Diktatur in Totalitarismus wird in den siebenundachtzig Nummern des *Bulletins der Opposition* erzählt, das erst in Paris und dann von 1929 bis 1940 in New York unter der redaktionellen Leitung von Leo Dawidowitsch und Leo Sedow veröffentlicht wurde. Es gelang uns nur ausnahmsweise, einige vereinzelte Exemplare nach Rußland zu schmuggeln; aber die sowjetischen Funktionäre im Ausland lasen es, und das Zentralkomitee ließ in den ersten Jahren Hunderte, dann Dutzende von Exemplaren zu seiner eigenen Erbauung kommen (...). Durch Kanäle gelangten die Ideen sogar bis in die Gefängnisse.«

»Die Linksopposition versagte es sich — was ihr die offizielle Agitation zum Vorwurf machte — eine zweite Partei zu gründen, die der alten, verbürokratisierten Partei die Macht streitig gemacht hätte. Da sich in der ›zweiten Partei‹ alle Unzufriedenen versammelt hätten, wäre sie unfreiwillig zum Instrument der reaktionären Massen geworden. Der Druck dieser Massen war trotz des Regimes der Stalinschen Komitees nur allzu deutlich spürbar; aber Leo Dawidowitsch gab die Hoffnung auf eine innere Erneuerung der Partei nicht auf. ›Es ist falsch anzunehmen, daß sich in Rußland der Thermidor vollzogen hat‹, schrieb er 1928, ›denn die in den Klassen wirkenden Kräfte haben noch nicht ihr letztes Wort gesprochen (...). Man muß die vom

* Über Blumkin siehe Viktor Serge, *Schicksal einer Revolution* (Russia Twenty Years After.)

Proletariat eingebüßten Positionen wiedergewinnen.‹ Und ›eine Periode der Reaktion kann nicht nur nach einer bürgerlichen Revolution, sondern auch nach einer proletarischen Revolution eintreten (...)‹. Rakowski betonte die Gleichgültigkeit der Massen, die ›Entstehung einer neuen privilegierten sozialen Schicht‹ — der Bürokratie —, ›den Machtrausch‹ dieser Emporkömmlinge, und er definierte den Sowjetstaat nicht mehr nach den Worten Lenins als ›einen Arbeiterstaat (...) mit bürokratischen Mißbildungen‹, sondern als ›einen bürokratischen Staat mit Arbeiter-Anachronismen ...‹ Die Opposition lehnte die revolutionären Methoden in Rußland ab und forderte die ›sowjetische Reform‹. Sie war der Meinung, daß die unlauteren Elemente in den sowjetischen Institutionen allmählich ausgeschaltet werden könnten, zunächst durch die Einführung der geheimen Wahl in der Partei, durch eine echte demokratische Auswahl ihrer Führer, anschließend in den Gewerkschaften und schließlich in den Sowjets.«

»Um die sowjetische Reform durchzuführen, mußten die unbeugsamen Marxisten die Tradition des Bolschewismus und Leninismus lebendig erhalten, Verfolgung auf sich nehmen, Beispiele für aufopferndes Verhalten geben, standhaft bleiben, von ihren Prinzipien nicht abweichen. Weder die Brutalitäten noch die Verbrechen des von Stalin verkörperten bürokratischen Regimes beeinträchtigten ihr Verbundenheitsgefühl mit der Revolution und der Revolutionspartei. Der Bruch der Unbeugsamen mit den ›Kapitulanten‹ wie Sinowjew und Kamenjew wie auch mit den treuesten Genossen der Zeit vorher — Iwan Smirnow, Preobraschenski, Karl Radek, Smilga, die sich 1929 dem Generalsekretär unterwarfen — war total. Es gab weder persönliche Beziehungen noch irgendwelche politischen Kontakte. Leo Dawidowitsch machte sich über den ›epidermischen Linksdrall‹ Sinowjews lustig: ›Jedesmal, wenn man Muskeln braucht, kneift Sinowjew ...‹ und über den unverbesserlichen Opportunismus des konzilianten Ideologen Kamenjew. — Man warf ihm vor: ›Aber Sie hatten sie als Verbündete akzeptiert! Kannten Sie sie denn nicht?‹ Er erwiderte: ›Wir hätten sogar ein Bündnis mit dem Teufel annehmen müssen, um dem Proletariat zu dienen.‹«

»In den Gefängnissen separierten sich die ›Trotzkisten‹ von den ›Kapitulanten‹ und umgekehrt, erstere aus Verachtung für letztere, letztere aus Angst, daß sie sich kompromittieren könnten, indem sie einen der Unbelehrbaren grüßten.«

Der grundlegende Gegensatz in bezug auf die sozialistische

Doktrin betraf die neue These des »Aufbaus des Sozialismus in einem einzigen Land«, die vom Politbüro zum Dogma erhoben wurde. »Eine fromme Lüge, die für die rückständigen Massen notwendig ist«, hatte eines Tages der ungarische Professor Eugen Varga, einer der servilsten Nationalökonomen der Komintern, zu Leo Dawidowitsch gesagt. Unter einem Optimismus »auf Befehl« faßte die fromme theoretische Lüge die Bestrebungen der Bürokratie nach einer ungestörten Autarkie zusammen, die natürlich in einer in der Entwicklung begriffenen industriellen Zivilisation unmöglich ist. Die Autarkie war gleichbedeutend mit der Unterdrückung und konnte nur zum Krieg führen ... Das sozialistische Denken wurde durch die stillschweigende Verneinung der Devise der Internationale »Proletarier aller Länder, vereinigt euch!« verleugnet und verraten. Man strebte eine offizielle, infantile Soziologie an. Die kapitalistische Produktionsweise hat sich innerhalb eines Jahrhunderts auf der ganzen Welt durchgesetzt, sie ist international, weil sie auf dem Weltmarkt beruht; wie konnte man zugeben, daß eine neue Produktionsweise, die sozialistische, sich auf die Dauer innerhalb ihrer Grenzen einschließen ließ? Die im Überfluß zitierten Texte von Marx und Lenin widerlegten die These der Autarkie; um sie durchzusetzen, mußte man die marxistische Lehre verfälschen und simplifizieren. Jetzt, nachdem zwanzig Jahre vergangen sind, nachdem Stalins Traum von der Autarkie durch einen fürchterlichen Krieg zunichte gemacht wurde, nachdem die gegenseitige Abhängigkeit der Industrieländer täglich deutlicher zutage tritt, ist die Debatte verstummt. Ob kapitalistisch, totalitär oder sozialistisch, die einzelnen Volkswirtschaften können sich nicht auf sich selbst beschränken, und wenn sie vorgeben, es zu können, dann ist das nichts als ein gleichzeitig defensiver und aggressiver Schachzug.

In Wirklichkeit stand die theoretische Kontroverse wie immer mit aktuellen politischen Problemen im Zusammenhang. Mußte die UdSSR, selbst um den Preis von Risiken und Opfern, die Etablierung sozialistischer und sozialistenfreundlicher Regierungen in Zentraleuropa unterstützen? Die Opposition forderte einen militanten Internationalismus; die offizielle These öffnete Unterlassungssünden, faulen und katastrophalen Kompromissen die Tür, wie sich später, 1939, erwies ...

Die Niederlage der Linksopposition wurde im Ausland von der Bourgeoisie und von den meisten reformistischen Sozialisten mit einem kaum unterdrückten Gefühl der Erleichterung aufgenommen. Leo Dawidowitsch zitierte gern einen Ausspruch Sir Austen Chamberlains, den *The Nation* in New York veröffentlicht hatte: »Man kann erst dann gute Beziehungen zur UdSSR unterhalten«, fand der britische Staatsmann, »wenn Trotzki hingerichtet worden ist ...« Die Linksopposition galt als fanatisch revolutionär, aufrührerisch, romantisch. Sogar Sozialisten hielten Stalin für einen gemäßigteren, vernünftigeren, weniger zu internationalen Abenteuern neigenden politischen Führer ... Der Bolschewismus verlor seine Dynamik, die rote Gefahr in Deutschland schwand. Niemand begriff, daß die Errichtung einer totalitären Autarkie in Rußland und die Niederlage des Sozialimus in Mitteleuropa das schlimmste Abenteuer für die Welt sein würde ...

VI. Die Lebensweise und das totalitäre Regime in der UdSSR. *»Die entstellte Revolution.«* Das gelenkte Denken. Die Unterdrückung des Trotzkismus

Eine unerbittliche Logik führt zum Entstehen des russischen Totalitarismus. Da die Bürokratie inmitten der allgemeinen Armut zu viele Privilegien besitzt — und da es ja gesetzlich keine Privilegien mehr gibt! —, kann sie keine Kritik dulden. Da sie zu ungebildet ist und von der Elite der ursprünglichen Partei abgelehnt wird, kann sie sich nur verteidigen, indem sie Stillschweigen erzwingt. Der demokratische Anspruch muß in dem Augenblick unterdrückt werden, in dem er ausgesprochen wird. Die GPU wagt es nie, ein Parteimitglied zu verhaften; aber der Verlust des roten Mitgliedsbuchs, der Ausschluß aus der Partei entspricht dem, was man im Mittelalter die Überantwortung des Häretikers an die weltliche Macht nannte. Der in der Nacht abgeholte Mensch verbringt einige Zeit im Gefängnis; unter erträglichen Bedingungen, wenn er ein einflußreicher Mann ist, unter unerträglichen, wenn er nur ein Arbeiter ist. Ein Funktionär der GPU fordert ihn auf abzuschwören, sich dem Zentralkomitee zu unterwerfen und dann seine standhafteren Genossen zu denunzieren ... Er weigert sich: man schickt ihn nach Narim, nach Kans, nach Ust-Sissolsk, nach Sol-Witschgegodsk, in einen entlegenen Ort in den nördlichen Wäldern oder in das Gebiet des unbarmherzigen Sandes. Man muß bald darauf die Frau des deportierten Proletariers verhaften, damit sie seinen Arbeitskameraden nicht mehr erzählen kann, daß ihr Mann dieser geheimen Unterdrückung ausgesetzt ist, weil er Lenins Testament gelesen hat ...

Man muß die Presse immer genauer kontrollieren, damit keine Information über Ketzerei, über die Unterdrückung der Ketzerei hineingelangt, nicht einmal in indirekter Form. In seltenen Fällen, wenn der Skandal zu groß ist, um gänzlich übergangen zu werden, wenn die ausländische Presse bereits darüber berichtet hat, erwähnt ein Leitartikel der *Prawda* die Verhaftung von etwa hundert »Trotzkisten«; der Leser weiß, daß er die offiziell angegebene Zahl verdoppeln, verdreifachen oder verfünffachen muß. Die verwirrten Zensoren befürchten, daß sie sich durch die besonders raffinierte Tarnung der Häresie hatten täuschen lassen; sie verdoppeln ihre Wachsamkeit, sie glauben »trotzkistische« Anspielungen in Schriften über Musik, über Schach, über Zahnheilkunde zu entdecken ... Ein Artikel über die Weltwirtschaftskrise verursacht bei ihnen Migräne. Der subversive Gedanke wird in jeder Zeile sichtbar, aber wie soll man ihn erkennen? Das durch die Parteibüros gelenkte Denken wird zu einem gestutzten, verstümmelten, bruchstückhaften, abgewürgten Denken. Man kann nur dann dem Verdacht entgehen, wenn man einige offizielle Klischees verwendet und die abgedroschenen Phrasen des Chefs wiederkäut. Statistiken sind gefährlich wie Handgranaten. Was enthalten sie? Der Beruf des Statistikers ist genauso gefährlich wie der eines Nationalökonomen.

Die Memoiren über die Revolution und die sowjetische Literatur erwähnen unzählige Male die Namen in Mißkredit geratener Männer; alles, was zwischen 1917 und 1928 geschrieben wurde, scheint von ihnen beeinflußt worden zu sein. Es gibt keinen Bericht über den Bürgerkrieg, in dem Trotzki nicht erwähnt wird! Alle Historiker sind in ihrer Gesamtheit von der Häresie angesteckt. Zunächst ist es nur kompromittierend, bald aber auch schon gefährlich, die Französische Revolution, Robespierre, den Thermidor, die englische Revolution, Cromwell und die Levellers, die Tyrannenherrschaften der antiken Städte zu behandeln: die meisten jungen kommunistischen Historiker nehmen ein tragisches Ende; von den alten Historikern überlebt nur Eugen Tarle dank seiner geschmeidigen Anpassungsfähigkeit, nachdem er durch das Leningrader Gefängnis gegangen ist, auf seine Hinrichtung gewartet, die Deportation nach Alma-Ata mitgemacht hat. Aber nach dieser harten Schule schwenkt er vollkommen und endgültig auf die offizielle

Linie ein. Auf Befehl des Zentralkomitees beginnt die größte und unverschämteste Aktion der Geschichtsfälschung. Die Erinnerungsbände werden durchgesehen und gesäubert, die Dokumente beseitigt oder vernichtet, die Lexika verändert. Der größte russische Schriftsteller, Maxim Gorki, geht mit gutem Beispiel voran, indem er die Seite seiner *Erinnerungen an Lenin* umschreibt, auf der von Trotzki die Rede ist — er läßt die von Lenin stammende Lobrede weg und bringt einen gewissen Ton des Mißtrauens hinein. Die unverschämte Verachtung von Tatsachen, Unterlagen, Zeugenaussagen, die Mißachtung von Lesern und Autoren breitet sich auf Millionen gedruckter Seiten aus. Raskolnikow, Gussjew, Jaroslawski — letzterer ist der amtlich anerkannte Historiker des Stalinismus, und man beschuldigt sogar ihn eines »unbewußten Trotzkismus« — und noch eine Menge anderer Schriftsteller schreiben ziemlich genau das Gegenteil von dem, was sie vorher gesagt haben. Man muß alles ummodeln. Man muß die Geschichte der Machtübernahme ohne Trotzki beschreiben, den von Stalin im Bürgerkrieg errungenen Sieg trotz Trotzkis Sabotage *et cetera.* Leo Dawidowitsch veröffentlicht in diesem Zusammenhang *Die entstellte Revolution,* ein kleines dokumentarisches Buch, das natürlich beinahe niemand in Rußland zu Gesicht bekommt. Er erinnert sich an einen Ausspruch Lenins. Als Leo Dawidowitsch ihm sagte: »Man müßte diese Entscheidungen schriftlich festhalten — denn später könnten die Historiker lügen«, antwortete Lenin: »Was immer wir tun, man wird immer und unaufhörlich lügen ...«

Energisch wird die Umerziehung der Schriftsteller betrieben. Woronski, der bolschewistische Kritiker, Romanautor, Memoirenschreiber, sitzt im Gefängnis; der (bolschewistische) Biograph Bakunins, Valerian Polonski, wird verdächtigt, heuchlerisch verfolgt und stirbt an Typhus, bevor er verhaftet werden kann; der liberale Romanschriftsteller Samjatin erhält von Stalin die Erlaubnis, ins Ausland ins Exil zu gehen, der bedeutende sowjetische Romanschriftsteller Boris Pilnjak wird Pressekampagnen und förmlich rasenden Drohungen ausgesetzt, er demütigt sich, demütigt sich wieder, was nicht verhindert, daß er schließlich doch verschwindet, denn er hat zuviel Talent, was er auch tun mag; der Dichter Wladimir Piast erhängt sich in der Verbannung. So beginnt eine sehr lange Märtyrerliste von Schriftstellern. Die jungen werden am wenigsten geschont. Ein »Generalsekretär« der *proletarischen Literatur,* Leopold Awerbach, ein Verwandter des GPU-Leiters Jagoda, beherrscht wortreich das literarische Leben. (Er wird später zur gleichen Zeit wie sein mächtiger Beschützer erschossen.) Die Werke der aus der Partei Ausgeschlossenen werden aus den Bücherreihen entfernt, oft eingestampft. Lange ehe die Nazis Scheiterhaufen aus Büchern entzünden, beginnt Stalin weniger offen mit der Vernichtung von Büchern.

Damals taucht beim europäischen Menschen in Rußland und in der kommunistischen Internationale eine neue psychologische Krankheit, eine schreckliche Krankheit auf: Man erfindet ein neues Wort, um sie zu bezeichnen, *dwuruschnitschestwo,* was wir mit »Doppelzüngigkeit« übersetzen werden. Zwei verschiedene Gesichter haben, ein verborgenes, das andere, zur Schau getragene, das nur eine Maske darstellt: gleichzeitig zwei verschiedene Seelen in der Brust haben, eine der unglücklichen Überzeugung folgend, eine dem erzwungenen Gehorsam. Alle jene, die nicht in die Arktis fahren, ihre Familien dem Elend preisgeben wollen, denken und murmeln weiterhin im geheimen, stimmen aber für die »offizielle Linie«, für Beifallskundgebungen an den Führer; aber man errät, daß sie anders denken, und man erfährt, daß sie leise murmeln. Die meisten der ehemaligen Oppositionellen, die kapituliert haben, werden verdächtigt, beschuldigt, daß das Abschwören ihrer Überzeugung nur ein Lippenbekenntnis war. Der Gewissensvorbehalt wird zum Staatsverbrechen. Um die Kapitulanten zu demütigen, verlangt man von ihnen, daß sie sich selbst denunzieren, vom Rednerpult aus ihre Irrtümer bekennen, ihre Freunde denunzieren. Sie tun es, da aber die Doppelzüngigkeit allgemein wird, was sind dann diese wiederholten Abschwörungen wert, die von einigen plötzlichen Schreien des Aufbegehrens Lügen gestraft werden? Man zitiert den Fall eines alten Revolutionärs, der die *Plattform der Opposition* unterschrieben hatte; als er nachts vor die Kontrollkommission gebracht wurde, widerrief er; dann, nachdem er wieder zu Hause war, schrieb er eine rührende Botschaft an seine Genossen, in der er sie bat, ihm seine Feigheit zu verzeihen, und eine andere an das Zentralkomitee, in der er die subversive *Plattform* wieder unterschrieb; dann widerrief er neuerlich ... Und das alles innerhalb von nur drei Tagen! Man weiß, daß mindestens vier Fünftel der Stalinisten Stalin genau so hassen, wie sie ihn fürchten, und seine Politik in Bausch und Bogen verdammen: das ist die neue »Abweichung« oder Rechtsopposition Bucharins, Rykows, Tomskis. Bucharin leitet die Komintern und gilt noch als Theoretiker des Stalinismus, Alexis Rykow ist der Nachfolger Lenins als Vorsitzender im Rat der Volkskommissare, Tomski ist der Vorsitzende des sowjetischen Gewerkschaftsbundes. Sie stehen auf dem Gipfel der Macht, sie sind die bekanntesten Führer des Landes, und dennoch entfesselt die gesamte Presse, der gesamte Apparat der Parteikomitees, die dem Generalsekretär gehorchen, eine Kampagne von Anklagen gegen sie, zunächst noch gedämpft, dann heftig.

VII. Die Wirtschaftskatastrophe in der UdSSR. Die Rechtsopposition (Bucharin, Rykow, Tomski). Die erzwungene Kollektivierung der Landwirtschaft, Industrialisierung, Terror

Kaum waren die Linksoppositionellen im Dezember 1927 aus der Partei ausgeschlossen und deportiert, als ihre wirtschaftlichen und politischen Prognosen in Erfüllung gingen. Im Januar 1928 enthüllt die *Prawda* die Getreidekrise, das heißt den Konflikt mit der Bauernschaft: Diese erhält vom Staat als Gegenwert für ihre landwirtschaftlichen Produkte nur Papierrubel, die zu wenig Kaufwert repräsentieren. Die Versorgung der Städte und der Armee ist gefährdet. Es stellt sich auch heraus, daß die Voraussagen der Trotzkisten, die ersten Varianten des Fünfjahrplanes seien unzureichend, richtig waren; die Industrialisierung muß mit viel mehr Nachdruck betrieben werden, um bereits in kurzer Zeit Früchte zu tragen ... Da jene, die das Politbüro Stalin-Bucharins ins Gefängnis wirft, offenkundig recht haben, fürchtet es sie nur um so mehr. Es führt einen Schlag nach links, kündigt Maßnahmen gegen die Kulaken an, die Getreide hamstern, die Revision des ersten Fünfjahrplanes. In den Gefängnissen und in der Verbannung unterzeichnen etwa fünfhundert Oppositionelle im August/September 1929 eine Versöhnungsbotschaft, die Rakowski, Wladimir Kossjor und der Georgier Okudschawa an das Zentralkomitee richten. Sie billigen die sich abzeichnende Erneuerung, bestehen aber auf der Notwendigkeit der Arbeiterdemokratie. Leo Dawidowitsch schließt sich ihnen unter Vorbehalt an, indem er betont, daß in dem Augenblick, in dem gewisse Ideen der Opposition vom Politbüro übernommen werden, die Unterdrückung weitergeht. Die Hinrichtung Blumkins ist Stalins Antwort auf diesen neuen Appell an den alten Idealismus der Partei.

Die Schriften der Opposition wiesen 1926—1927 nachdrücklich auf das Vorhandensein einer starken Rechtstendenz im Politbüro hin, die bereit war, die Entwicklung einer gewissen ländlichen Bourgeoisie zu tolerieren und das Siechtum der verstaatlichten Industrie zu verlängern. Dadurch würde einer Restauration des Kapitalismus der Weg geebnet. Oftmals schrieb die »trotzkistische« Linke, daß diese Rechte, deren Köpfe Bucharin, Rykow und Tomski waren, in ihren Augen für die Zukunft der Revolution eine größere Gefahr darstellte als das von Stalin vertretene bürokratische und opportunistische »Zentrum«. War der Befehl »Feuer auf die Rechte!« ein Fehler? Wir werden diese Frage nicht anschneiden. Es steht heute fest, daß die Rechten viel mehr vom sozialistischen Geist bewahrten als die Fraktion Stalins. Es steht aber fest, daß Stalin, Rykow, Bucharin ihre Unstimmigkeiten geheimhielten, um der drohenden Gefahr wirksam entgegentreten zu können, und um die Wette erklärten, daß »das Zentralkomitee niemals einiger«, niemals »monolithischer« war.

Ab Juli 1928 bricht im Politbüro offene Zwietracht aus. Gebildeter und vor allem mehr mit den Problemen des Sozialismus befaßt, finden die Rechten richtigerweise, daß die sowjetische Wirtschaft schwersten Krisen entgegensteuert. Sie verurteilen die von Stalin gegen die Bauern ergriffenen Maßnahmen.

Beinahe keiner hat ein gutes Gewissen, denn man ist jetzt bei der Verneinung aller Versprechungen und Ziele der Oktoberrevolution von 1917 angelangt. Die Rechtsopposition fordert die Befriedung des Landes, den Verzicht auf die »beschleunigte«, das heißt erzwungene Industrialisierung, die Besserstellung der ins Elend geratenen Arbeiterklasse; jetzt verlangt auch sie mit Verspätung die Demokratisierung ... Obwohl sie die Mehrheit des Landes hinter sich zu haben scheint, wagt sie es nie, eine politische Schlacht mit offenem Visier zu schlagen. Weder die Verfolgung ihrer Parteigänger noch die Demütigungen, mit denen Stalin in der Presse und bei den Parteitagen nicht spart, können sie so weit aufrütteln, daß sie sich zu einer wirklichen Energie aufrafft. Vielleicht ist es zu spät? Im Exekutivkomitee der Kommunistischen Internationale besteht für die von Bucharin vertretene Richtung eine unbekannte Mehrheit. Der Italiener Ercoli (Palmiro Togliatti) verrät sie. Das ist alles.

Vielleicht ist es diese Schwäche, die es der Rechten möglich macht, sechs Jahre durchzuhalten, bis zu den Massakern von 1937. Obwohl sie 1932 bis 1934 die Sympathie der Mehrheit des Landes und der Partei errungen hatte, konnte sie sich vielleicht auf keinen Kampf einlassen, da sie von den beiden einzigen Kräften, die im totalitären Staat zählen, dem Verwaltungsapparat der Partei und der GPU, zermalmt worden wäre.

Der Schriftsteller, Nationalökonom, hervorragende Redner Nikolaus Bucharin (1928 vierzig Jahre alt), der »Liebling Lenins«, das Idol der Universitätsjugend, der Autor des *Abriß des historischen Materialismus*, ist zweifellos der klarste und entschlossenste Kopf der Rechten. Stalin, der sehr auf ihn rechnete, sagte ihm: »Du und ich, wir sind die Himalajas!« Aber er ist auch ein Gefühlsmensch, lacht leicht, gerät leicht außer Fassung, besitzt nur intellektuellen Ehrgeiz. Er beurteilt richtig die Gefahren für das Land und die Revolution, er durchschaut den Generalsekretär, er beurteilt auch die übrigen Parteiführer — und er wird von Schrecken gepackt. Bevor alle Oppositionellen von Moskau verhaftet wurden (unter ihnen befand sich ein *Agent provocateur*), gelang es ihnen, sich den Bericht über die Unterredungen zwischen Bucharin und Kamenjew zu verschaffen und in Form von Flugblättern zu verteilen. Die Rechte des Politbüros strebte die Unterstützung der Gruppe Sinowjew-Kamenjew an (Juli 1928). Die Frage ist, wie kann man die Absetzung Stalins erreichen? »Jagoda ist für uns, Kalinin und Woroschilow auch, aber diese beiden hat Stalin in der Hand, ich weiß nicht, wodurch (...). Wenn wir öffentlich eingreifen, wird er uns beschuldigen, die Spaltung vorzubereiten und uns umbringen; wenn wir nicht eingreifen, wird er uns durch seine Machenschaften umbringen und wird uns für den Getreidemangel verantwortlich machen« (...). »Wenn das Land zugrunde geht, gehen auch wir zugrunde. Wenn das Land gerettet wird, Stalin rechtzeitig seine Meinung ändert, gehen wir ebenfalls zugrunde (...). Er ist Dschingis-Khan, ein Nebenprodukt des Zentralkomitees (...). Die Partei und der Staat sind durcheinandergeraten, das ist das ganze Unglück (...). Stalin legt nur auf die Macht Wert (...). Er kennt nur ein Mittel, die Rache (...). Er führt den Dolchstoß in den Rücken« (...). Im Politbüro kommt es zu »wilden« Szenen. Stalin »steuert auf den Untergang zu (...). Er führt einen Bürgerkrieg. Er wird die (Bauern)aufstände im Blut ersticken müssen« (...). Dieser »Dummkopf Molotow« mit dem Spitznamen »steinerner Hintern« folgt ihm blind ... Kamenjew notiert, daß Bucharin, der das alles und noch vieles andere sagt, wie »ein Mann in höchster Not« wirkt. Er gesteht, daß er selbst, obwohl er der Führer der Rechten ist, die Entschließung des Zentralkomitees über den Kampf gegen die Rechte geschrieben hat. Was soll man tun? Er bereitet eine *Plattform* vor, die er veröffentlichen will. Bei einer anderen Geheimversammlung, Ende 1928, beteiligten sich Pjatakow, Sinowjew, Sokolnikow, die Witwe Lenins an den verzweifelten Gesprächen. Ordschonikidse, der Vorsitzende der Zentralen Kontrollkommission, verhört sie anschließend öffentlich, obwohl er ihnen privat seine Sympathie bezeugt hat und er unter moralischen Krisen leidet ... Letzten Informationen zufolge ist Ordschonikidse, nachdem er mit Stalin gebrochen hatte, im Februar 1937 unter strenger Bewachung durch die GPU in einer Klinik gestorben.

Es ist äußerst schwierig, auf wenigen Seiten die komplizierte Aufeinanderfolge der Ereignisse zu beschreiben. Ende 1928 führt die Regierung in den Städten wieder die Brotrationierung ein. Auf dem Land stoßen die brutalen Getreiderequirierungen gelegentlich auf blutigen Widerstand. Das selbst uneinige Politbüro sieht keinen anderen Ausweg, um den passiven Widerstand der Landwirte zu brechen, als die, natürlich erzwungene, Kollektivierung der landwirtschaftlichen Betriebe; so geraten die Kolchosen oder Bauernkooperativen unter die Verwaltung der Partei. Es handelt sich also darum, dem Bauern die Früchte seiner Arbeit zu rauben und ihm dazu noch seine Eigeninitiative zu nehmen. Die landwirtschaftliche Kollektivwirtschaft ist nur dann sinnvoll, wenn ihr moderne Geräte zur Verfügung stehen und wenn ihre Vorteile den Bauern selbst zugute kommen. Aber es gibt keine Maschinen, die man ihnen liefern könnte. Die Bauern leisten mit solcher Erbitterung Widerstand, daß es mehrere hundert Unruheherde gibt, es in Usbekistan und im Kaukasus zu echten Revolten kommt, daß Hunderte von Kommunisten ermordet werden. Das ist in Wahrheit das, was die *Prawda* und mit ihr kriecherische Schriftsteller wie Henri Barbusse »die Begeisterung der bäuerlichen Massen für die Kollektivierung« nennen. Die Muschiks werden lieber jahrelang ihren Viehbestand vernichten, als ihn der Kolchosenverwaltung abzuliefern. 1928 betrug der Viehbestand der UdSSR (offizielle Zahlen) 35,5 Millionen Pferde, 70,5 Millionen Rinder, 146,7 Millionen Schafe und Ziegen, 26 Millionen Schweine, was eine Verbesserung gegenüber den Zahlen von 1913 bedeutete. 1934, nach fünf Jahren stalinistischer Kollektivierung, kann der Zusammenbruch aus folgenden (ebenfalls offiziellen) Zahlen abgelesen werden: Es gibt noch 15,7 Millionen Pferde, 42,5 Millionen

Rinder, 51,9 Millionen Schafe und Ziegen, 20,4 Millionen Schweine; diese sind zahlreicher, weil sie der Ernährung dienen. Die Regierung gibt bekannt, daß sie die Pferde durch Traktoren ersetzen wird, aber sie müßte dazu erst Fabriken errichten ... Der Mangel und die Hungersnot dringen zum erstenmal bis in die entferntesten Städte und Dörfer vor ... Der UdSSR fehlt es an Getreide, an Fett, an Fleisch, an Leder, an Milch, an Zucker, an Flachs. »Die Liquidierung des Kulakentums als Klasse« ist ein Versuch, das Landwirtschaftsproblem durch den Terror zu lösen. Jeder Bauer, der Stalins schrecklicher Weisheit widerspricht oder nicht bedingungslos folgt, wird als Kulak bezeichnet, seines armseligen Besitzes beraubt, mit seiner Familie in die eisigen Wälder des Nordens deportiert. Noch nie hatten zivilisierte Länder so umfassende Deportationsmaßnahmen gegen ihre eigenen Staatsbürger ergriffen, noch dazu unter so unmenschlichen Bedingungen. 1931 waren diese terroristischen Maßnahmen noch lange nicht beendet, ausländische Beobachter in Moskau schätzten, daß bis dahin vier bis fünf Millionen Bauern das unerbittliche Schicksal der »Sonderkolonisierung« der Wüstengebiete erlitten hatten. Die abstrakte Sprache der Zahlen wirft ein objektives Licht auf diese schrecklichen Tatsachen. 1929 zählte die UdSSR 25,8 Millionen Bauernfamilien mit je vier bis fünf Mitgliedern; 1936 waren noch 20,6 Millionen übrig. In sieben Jahren waren 5.200.000 Familien, also über 25 Millionen Menschen, verschwunden (immer den amtlichen Statistiken zufolge). Die übervölkerten und streng überwachten Städte hatten nur einen kleinen Prozentsatz von ihnen aufgenommen. Angesichts dieser Wirtschaftskatastrophe gibt Stalin am 20. März 1930 das Zeichen zu einem teilweisen Rückzug. Sein Artikel trägt den zynischen Titel *Vor Erfolgen von Schwindel befallen* ... Er befiehlt, die Kollektivierung bei 68 Prozent abzubrechen und die Entchristianisierung Rußlands einzustellen; er enthüllt, hoch vom Kreml her, daß die Zerstörung der Kirchen keine marxistische Heldentat ist ...

Der erste, mehrfach revidierte Fünfjahrplan für die Industrialisierung verlangt während der Hungersnot von den Arbeitern maßlose Anstrengungen, die im Chaos, unter Terror geleistet werden. Wie bereits erwähnt, überschritten 1928 die Reallöhne, ergänzt durch die Sozialleistungen, das Niveau von 1913, und der Achtstundentag hatte den Zehnstundentag abgelöst. Wenn man den Reallohn des Arbeiters 1913 mit 100 Prozent ansetzt, beträgt er 1928 104,6 Prozent. 1934 ist der Reallohn um mindestens 30 Prozent niedriger als 1913. 1935 beginnt er bescheiden zu steigen und bleibt bis zum Zweiten Weltkrieg um ungefähr 15 Prozent unter dem von 1913 und um 20 Prozent unter dem von 1928 ... Es ist nicht leicht, ein Volk unter diesen Bedingungen zur Arbeit zu zwingen. Der Terror wird das einzige echte Mittel dazu, die Konzentrationslager füllen sich und breiten sich über ganze Gebiete aus, das Weißmeergebiet, das Gebiet von Karaganda, das vom nördlichen Jenissej. Das Crescendo des Terrors wird von 1928 an bis 1939 nicht mehr abreißen. Nacheinander und gleichzeitig werden die »Trotzkisten« und die Kulaken, die früheren Bourgeois, die Gläubigen, die Techniker, die »unbelehrbaren und profitgierigen Arbeiter« (*Schkurniki*), die Rechtskommunisten, die als überängstlich oder übereifrig bezeichneten Parteifunktionäre in Massen verfolgt werden. Die Folge ist eine verhängnisvolle Verhärtung der Sitten.

1930 werden achtundvierzig Techniker der Fleischversorgung erschossen, darunter Professor Karatigin. Am 7. August 1932 droht ein Dekret jedem hungrigen Bauern die Todesstrafe an, der der Kolchose Getreide entzogen hat (das Gesetz über »den geheiligten Charakter des kollektiven Eigentums«). Da die hungrigen Arbeiter aus den Fabriken flüchten, da immer neue Völkerwanderungen die UdSSR durchstreifen, werden Ende 1932 interne Pässe ausgegeben. Von nun an wird die Stadtbevölkerung durch die Polizei und die Sekretäre der Wohnungskomitees streng kontrolliert. Eine drakonische Gesetzgebung bindet das Proletariat an seine Arbeitsstätte und legt unerbittliche Strafen für »ungerechtfertigte« Abwesenheit und Verspätung fest. Im März 1933 werden fünfunddreißig kommunistische Leiter und Landwirtschaftstechniker erschossen, weil die Zerrüttung der Landwirtschaft in der Ukraine unvorstellbar ist ... Die Verantwortung für die Katastrophe liegt eindeutig beim Politbüro und in diesem bei der Clique um Stalin. Das ganze Land weiß es; alle kommunistischen Oppositionen in allen Gefängnissen der UdSSR sprechen es aus. Um sich reinzuwaschen, erfindet Stalin die Sabotage, die Spionage, die ausländischen Umtriebe; die GPU beweist die Schuld der Opfer — Bauern, Techniker, Verwalter, Parteiführer, die ihrer Empörung freien Lauf ließen —, indem sie sie ohne Prozeß in GPU-Kellern erschießt.

Die großen, kunstvoll aufgezogenen Schauprozesse dienen dazu, den Massen und der öffentlichen Meinung des Auslands die gleichen Beweise zu erbringen. Im Donez-Kohlengebiet sinkt die Produktion: etwa fünfzig Techniker treten in dem sogenannten Schachty-Prozeß auf und bekennen, daß sie Saboteure sind: fünf werden hingerichtet; im Juli 1928 sind es nur vier, der Terror hat erst begonnen ... Und es ist bequemer, ohne Prozeß zu erschießen. 1930 endet der sogenannte »Industriellen-Partei«-Prozeß gegen Ingenieure mit sieben Todesurteilen; die Verurteilten werden begnadigt, aber man weiß nicht, was mit den zweitausend »Sympathisanten und Komplizen« geschieht, die in den offiziellen Akten erwähnt werden. Der Ingenieur Ramsin und seine Mitangeklagten hatten sich sowohl der Sabotage als auch der Konspiration mit Poincaré und Briand im Hinblick auf einen Krieg gegen die UdSSR schuldig bekannt. Ramsin, der bereut, und der nur ein eifriger *Agent provocateur* gewesen zu sein scheint, wird später rehabilitiert und erhält hohe Belohnungen für seinen Beitrag zur siegreichen Industrialisierung ... Verstehe das, wer kann.

Der Prozeß der menschewistischen sozialdemokratischen Nationalökonomen und Wirtschaftsplaner folgt 1930. Unter den Angeklagten befindet sich der Historiker Nikolaus Suchanow, der Autor eines grundlegenden Werkes über die Februar-März-Revolution 1917, die Nationalökonomen Groman und Ginzburg, zwei Mitarbeiter der Kommission für den Fünfjahrplan. Ihre wahre Schuld besteht darin, daß sie im Politbüro wiederholt gewarnt und kritisiert haben. Sie gestehen die unwahrscheinlichsten Dinge. Sie haben mit der Zweiten Sozialistischen Internationale den Krieg gegen die UdSSR geplant! Der menschewistische Führer Rafail Abramowitsch wäre geheim nach Moskau gekommen — genau in dem Augenblick, in dem er sich in Deutschland mit einer großen Gruppe internationaler Sozialisten fotografieren ließ! Die Verurteilten entgehen der Todesstrafe, aber sie verschwinden für immer in den »Isolierungszellen«. Im Gefängnis von Werchne-Uralsk enthüllt später Suchanow den Oppositionellen den Handel, den er mit der GPU abgeschlossen hat; er verlangt, daß er, wie versprochen, in Freiheit gesetzt wird; nach einem langen Hungerstreik wird er mit unbekanntem Ziel abtransportiert ... (1933—1934). Da er Stalin gegenüber gegen diesen betrügerischen Prozeß protestiert hat, stirbt der Historiker des Marxismus, Rjasanow, der Leiter und Gründer des Marx-Engels-Instituts, einer der ältesten Veteranen des russischen Sozialismus, in der Verbannung.

1932, auf dem Höhepunkt der Hungersnot und der Erschöpfung, wimmelt es von Opopsitionsgrüppchen in der stalinisierten Partei. Ein Vorsitzender des Rates der Volkskommissare der russischen Sowjetrepublik, des bedeutendsten in der UdSSR, Sirtsow, verschwindet plötzlich auf geheimnisvolle Weise. Man munkelt, daß er vernichtende Urteile über die Kollektivierung der Landwirtschaft gefällt hat. Zwei alte Bolschewiki, hohe Funktionäre, Wladimir Tolmatschew und Nikolaus Eysmont, beide Mitglieder des Parteikomitees für den Nordkaukasus und der Regierung der RSFSR, haben sich über die Vorgänge im Kubangebiet empört; sie verschwinden samt ihren Freunden. Der ehemalige Sekretär des Moskauer Komitees, Rjutin, sammelt einige Freunde um sich und verfaßt ein erbarmungsloses politisches Manifest, in dem er gegen die Tyrannei, die wirtschaftliche Desorganisation, das unvorstellbare Elend der Arbeiter protestiert. Er fragt sich, ob es möglich ist, daß der Generalsekretär die Revolution aus Unfähigkeit, vielleicht auch aus Unmenschlichkeit in diese Sackgasse geführt hat, und vergleicht ihn schließlich mit dem *Agent provocateur* Asew. Er lobt die Standhaftigkeit, die Voraussicht Trotzkis ... Rjutin wird im geheimen von der GPU zum Tode verurteilt, aber nicht hingerichtet — jedenfalls im Augenblick noch nicht.

Alle diese Männer, die jetzt protestieren, sind gute Stalinisten der ersten Stunde und der darauffolgenden Periode. Es gibt im übrigen auch eine Gruppe, die sich die »Jungen Stalinisten« nennt (Lominadse, Jan Sten), die Stalin als seine Schüler protegiert hat und die sich gegen ihren Führer wendet. Anfang 1935 werden die ukrainischen Kommunsten verdächtigt. Skrypnik, der seinerzeit Trotzki mit besonderer Erbitterung bekämpft hat, begeht Selbstmord, Schumski und andere werden in Konzentrationslager gesteckt.

Weil Sinowjew und Kamenjew Kenntnis vom Dokument Rjutins gehabt haben, ohne den Autor zu denunzieren, werden sie Ende 1932 neuerlich aus der Partei ausgeschlossen und deportiert. Wieder erniedrigen sie sich, leisten öffentlich Abbitte, flehen um die Wiederaufnahme ...

Man muß die großen Ereignisse, aber auch die Details festhalten, denn sie erklären die blutigen Entscheidungen, die in der noch unbekannten Zukunft heranreifen.

VIII. Trotzkis Schriften, sein Einfluß. Trotzki gegen die »stalinistische Industrialisierung«

Der politische Kampf geht weiter. Trotzkis Schriften finden ein vielfaches Echo. Sie gelangen nur äußerst selten in die Hände der Linksopposition in Rußland, in die Verbannungsorte. Aber die Mehrheit der ins Ausland entsandten Funktionäre und Techniker brennt darauf, das *Bulletin* zu lesen, und sie behalten seine Ideen, sogar seine Formulierungen im Gedächtnis; da eine gewisse Zahl von ihnen regelmäßig im Gefängnis landet, sind die »trotzkistischen« Kader in den Isolationszellen recht gut informiert, diskutieren viel, bemühen sich, Botschaften nach Istanbul zu schicken — manchmal gelingt es ihnen sogar. Hohe Funktionäre, Volkskommissare, Mitglieder des Zentralkomitees lesen begierig das *Bulletin* — weil die überaus grausamen Ereignisse die Voraussagen des Exilierten immer deutlicher bestätigen. So erwirbt Trotzki sogar bei seinen Gegnern in den leitenden Kreisen der UdSSR einen neuen, ständig wachsenden Einfluß. Während seines ersten Exiljahres fährt die amtliche Presse fort, ihn von Zeit zu Zeit zu zitieren, um ihn widerlegen zu können; da aber die zehn Zeilen von Trotzki, die man mit dreihundert Zeilen gehässiger Kommentare garniert, das einzige sind, was für einen Großteil der Leser interessant ist, erhalten die Zeitungen eines Tages den Befehl, nichts mehr von ihm zu zitieren ...

Im Ausland, in der ganzen Welt, bilden sich außerhalb der kommunistischen Parteien oppositionelle Gruppen, deren Zahl ständig wächst und die die Parteien mit ihren Kritiken, ihren Informationen, ihren Vorhersagen, ihren Enthüllungen in Unruhe versetzen. In den Vereinigten Staaten, in Frankreich, in Deutschland, in Österreich, in Argentinien, in China erscheinen »trotzkistische« Publikationen; es gibt in beinahe allen Ländern Gruppen. Diese internationale Bewegung ist zahlenmäßig schwach, wird von den reaktionären Regierungen bekämpft, wird von den Stalinisten verfolgt (das geht so weit, daß in einem Gefängnis in Bulgarien die Stalinisten die »Trotzkisten« umbringen), wird oft zersplittert, denn die ideologische Leidenschaft bringt die Kämpfer gegeneinander auf, ist aber von einem geistigen und moralischen Niveau, das dem der Kader der Komintern deutlich überlegen ist. Leo Dawidowitsch, der immer knapp bei Kasse ist, kommt ihr zu Hilfe, so oft er kann.

In seinen zahlreichen Schriften behandelt Trotzki vor allem zwei parallele Problemkomplexe: die sowjetische Wirtschaft (und die innere Führung der UdSSR) und die internationale Politik der russischen Revolution und der Komintern. Wir können hier nur den wichtigsten Leitlinien seiner Konzeption folgen.

Es wird von 1929 an in der bürgerlichen und in der sozialistischen Presse der beiden Welten üblich, zu behaupten, daß Stalin durch die Kollektivierung der Landwirtschaft und durch die erzwungene Industrialisierung Trotzkis Programm verwirklicht. Diese weit verbreitete Meinung enthält nur ein Promille Wahrheit gegenüber neunhundertneunundneunzig Promille Lüge und Hinterlist. Natürlich hat Stalin gegen seinen Willen, durch die dringende Notwendigkeit dazu gezwungen, die Richtung einschlagen müssen, die die Opposition gewiesen hat.

Es ist noch hundertmal deutlicher, daß er dies auf dumme, absurde und ausgesprochen kriminelle Weise macht. Die beste Methode, eine Idee zu torpedieren, ist, sie durch seine Feinde durchführen zu lassen. Die Demokratisierung der Partei und der Gewerkschaften, einer der grundlegenden Punkte des Oppositionsprogramms, ist mit dem unerbittlichen totalitären System Stalins absolut unvereinbar. Seine Wirtschaftspolitik ist durch Brutalität, Übertreibung, eine Art Konfusion und Terror gegenüber den Arbeitermassen gekennzeichnet. Die brutale Übertreibung ist vielleicht ihr ärgstes Element. Die Opposition sah für die Kulaken, kleine bäuerliche Landbesitzer, die im Begriff waren, reich zu werden, Steuermaßnahmen vor, die die Entwicklung von großräumigen Kulturen und von landwirtschaftlichen Kooperativen fördern sollten. Stalin enteignet und deportiert Millionen bäuerlicher Familien. Die Opposition sah den Fünfjahrplan vor, eine rationelle und kontinuierliche Industrialisierung, die an erster Stelle die Verbesserung der Lebensbedingungen der Arbeiter zum Ziel hatte. Stalin dekretiert eine überstürzte, ungeordnete, manchmal sogar chaotische Industrialisierung auf Grund von ständig revidierten Fünfjahrplänen, die von terrorisierten Technikern erstellt werden; das Ergebnis ist ein tiefer Sturz der Reallöhne. Der Plan versprach eine allgemeine Erhöhung der Reallöhne um fünfzig bis sechzig Prozent. Zwischen 1931 und 1934 sinken hingegen die Reallöhne auf weniger als die Hälfte des Standes von 1927 und 1913: das bedeutet Hungersnot in den Fabriken und rings um die Fabriken. Und dabei wäre alles vermeidbar gewesen; Irrtümer, improvisierte Notlösungen, Verbrechen der Regierung reihen sich unerbittlich aneinander.

Im März 1930 stellt Trotzki fest, daß die Anstrengungen in keinem realen Verhältnis zu den Kräften des Landes stehen; daß man der natürlichen gegenseitigen Abhängigkeit von Landwirtschaft und Industrie überhaupt nicht Rechnung getragen hat; daß es verrückt ist, wenn man »innerhalb der kürzesten Zeit eine national-sozialistische Gesellschaft« schaffen will. Diesen sinnlosen abenteuerlichen Experimenten muß man ein Ende bereiten, eine »sofortige Rücknahme« dieser Maßnahmen ist notwendig: man muß mit der Enteignung und Deportation der Kulaken aufhören; man muß den »wilden Galopp« der Industrialisierung stoppen; man muß die Lebensbedingungen der Arbeiter um jeden Preis verbessern; man muß in der Produktion nicht nur auf Quantität, sondern genauso auf Qualität achten; man muß die Inflation zum Stillstand bringen; man muß wieder ehrliche Statistiken erstellen; man muß eine »weitgehende Zusammenarbeit mit dem Weltmarkt« wiederherstellen (Botschaft an das Zentralkomitee vom 20. März 1930). Stalin, der ebenfalls am 20. März die erzwungene Kollektivierung der Landwirtschaft plötzlich einstellt, scheint seinem Gegner zu gehorchen. Die Führer in Moskau fragen einander: »Wann wird die nächste Direktive Trotzkis eintreffen?« Es ist streng verboten, von der Inflation zu sprechen; man gibt sie nur zu, indem man schreibt, daß in der sozialistischen Gesellschaft das Geld natürlich seinen Wert verliert ...

Trotzki sieht nicht ganz schwarz, wie düster auch das Bild scheinen möge. Er hütet sich, auf die schreckliche Schwächung der UdSSR anzuspielen, die das Ergebnis dieser ungeheuren wirtschaftlichen und politischen Fehler ist. Er erkennt sogar die Erfolge der Industrialisierung an: trotz der unzureichenden Planung, des aus Verwaltungspolizisten bestehenden Personals, des erschöpften Proletariats entstehen neue Industrien ... Er ist davon überzeugt, daß die sozialistischen Methoden es ermöglichen würden, mehr zu tun, die Lebenshaltungskosten zu senken, die UdSSR zu einem Musterstaat zu machen, so daß sie nicht mehr für alle, die die Wahrheit kennen, eine Art Schreckgespenst ist. Und als Joaquin Maurin in Spanien die »sowjetische Industrialisierung« als Beispiel hinstellt, ohne ihren oft antisozialistischen Charakter zu erwähnen, ist Trotzki empört.

Die Weltwirtschaftskrise, die ein Jahr zuvor mit dem schwarzen Freitag an der Wallstreet einsetzte, bringt für Millionen

Arbeiter in Europa und Amerika die Arbeitslosigkeit mit sich. Trotzki sieht voraus, daß die Arbeitslosigkeit die Arbeiterklasse schwächen wird, vor allem in Mitteleuropa. Von nun an »muß der Plan auf echten marxistischen Grundlagen erstellt werden und nicht auf der Theorie von einer isolierten sozialistischen Gesellschaft«. Die UdSSR muß die Initiative im Kampf gegen die Weltarbeitslosigkeit ergreifen; »Hunderttausende europäische Arbeiter könnten Maschinen und Landwirtschaftsgeräte für die UdSSR erzeugen«, wenn man einen »großen, konzertierten Warenaustausch zwischen der UdSSR, Deutschland und Großbritannien« in die Wege leiten könnte. Zu diesem Zweck sollte ein Plan ausgearbeitet werden, der den russischen Arbeitern wie auch den Arbeitern im Ausland verständlich ist. Man muß ihn erst einmal vorschlagen, dann teilweises Einverständnis anstreben. Die reformistischen Sozialisten, die England unter Ramsey MacDonald und Deutschland unter Hermann Müller regieren, sind »eher in der Lage, sich gegen die Arbeitslosigkeit in ihren eigenen Ländern mit der UdSSR zu einigen als mit dem Imperialismus ...«. Die Verschärfung der Krise würde sie dazu zwingen. Dieser Vorschlag vom 14. März 1930 findet in der UdSSR keinen Widerhall.

IX. Der Nazismus in Deutschland tritt auf den Plan. Trotzki gegen die »stalinistische Komintern«

Unter dem Druck von Stalin-Molotow verkündet die Kommunistische Internationale 1929 die »Radikalisierung der Massen« und bevorstehende revolutionäre Kämpfe um die Macht. Eine Übertreibung, die die Kritiken der Opposition und die Theorie der sozialistischen Autarkie übertönen soll; andererseits eine schwere Fehleinschätzung der wahrscheinlichen Folgen der Weltwirtschaftskrise. »Dritte Periode der Irrtümer«, schreibt Trotzki, und nicht der revolutionären Kämpfe. Beim Zehnten Plenum des Exekutivkomitees der Dritten Internationale hat Molotow erklärt, daß »wir uns mit beiden Beinen in einer Periode ungeheurer internationaler revolutionärer Ereignisse befinden«. — »Mit beiden Beinen«, bemerkt Trotzki, »das Argument ist gewaltig ...« Im offiziellen *Bolschewik* wird »die revolutionäre Aufwärtsbewegung in Deutschland, in Frankreich, in Polen ...« erwähnt. Molotow zieht in Frankreich die

Machtübernahme durch die kommunistische Partei in Betracht; Jacques Doriot, Mitglied des Politbüros der französischen Partei, sagt, daß die (französischen!) Bauern bald das Land »mit Gewehrschüssen« in Besitz nehmen werden ... Trotzki tritt in seinen Schriften eingehend gegen diese bedauerliche Demagogie auf, die um so gefährlicher ist, als sie Molotow veranlaßt, jede Annäherung an die reformistischen Sozialisten als unzulässig zu bezeichnen. Bald wird die stalinistische These lauten, daß die Sozialisten in Wirklichkeit »Sozial-Faschisten« sind und daß die Kommunisten den Faschismus erst dann wirkungsvoll bekämpfen können, wenn sie den gemäßigten Sozialismus besiegt haben.

Die deutsche Tragödie beginnt: Im Land mit der stärksten, der am besten organisierten Arbeiterbewegung, im Land des am festesten in Millionen Gehirnen verankerten Sozialismus beginnt mit dem Niedergang des Kapitalismus der Nationalsozialismus seinen Marsch zur Macht. Das Großkapital und die Schwerindustrie unterstützen ihn natürlich. Die Hungersnot und der ununterbrochene Terror in Rußland bewegen den Mittelstand und einen Großteil der Arbeiterklasse Deutschlands zu einer Abkehr vom Sozialismus; in diesem Sinn erleichtert, bewirkt der Stalinismus sogar den Aufstieg Hitlers. Aber die unveränderte Strategie der Komintern spielt dem Feind in die Hände. Trotzki kämpft erbittert in seinen Schriften gegen diese Entwicklung, während in der UdSSR die offizielle Presse die Gefahr nicht erkennen will, ununterbrochen über die vielversprechenden »Siege« der deutschen Kommunistischen Partei berichtet, und während das Exekutivkomitee der Kommunistischen Internationale Thälmann eine bestürzende Selbstmordtaktik befiehlt. Thälmann ist nur deshalb der Führer der deutschen Partei geworden, weil er sich allen Weisungen gegenüber willfährig zeigt; um ihn gab es einige Skandale; auch er verkörpert die bürokratische Korruption des »Apparats«.

Seit dem November 1930 empfiehlt Trotzki, alle Kräfte der deutschen Arbeiterklasse dem Nationalsozialismus entgegenzustellen, indem man für den Kampf eine Annäherung zwischen der Kommunistischen Partei, der Sozialdemokratie, den reformistischen und den roten Gewerkschaften herbeiführt. Im September 1930 erhalten die Nazis sechs Millionen Stimmen. Im Laufe des Sommers 1930 haben die Nazis versucht, die unter der Leitung von Otto Braun stehende sozialdemokratische Regierung Preußens durch eine Volksabstimmung zu stürzen. Stalin befiehlt Thälmann, und Thälmann befiehlt seinen Kommunisten, mit den Nazis zu stimmen! Trotzki enthüllt, daß die Rundschreiben der deutschen KP beweisen, daß es, vom kommunistischen Standpunkt aus gesehen, keinen wesentlichen Unterschied zwischen den Nazis und den »sozial-faschistischen« Sozialdemokraten gibt ... Der Irrtum ist offenkundig, katastrophal. Man muß, schreibt Trotzki, im Gegenteil darauf hinweisen, daß »jede Arbeiterwohnung von den Kommunisten gemeinsam mit den sozialdemokratischen, christlichen und parteilosen Arbeitern gegen die Nazis verteidigt werden wird« (September 1930). Hitler wird nicht auf demokratischem Weg an die Macht gelangen können, »er wird Zuflucht zu einem Gewaltstreich nehmen müssen«; »man muß die Sozialdemokratie dazu zwingen, mit der Kommunistischen Partei einen Block gegen den Faschismus zu bilden«. Die Partei wird ihre politische Unabhängigkeit bewahren; »man muß sich nur für den Kampf verständigen« (8. Dezember 1931). »Die Linksopposition ist bereit, sich der Kommunistischen Internationale für die geheimsten, schwierigsten und gefährlichsten Aufgaben zur Verfügung zu stellen (...), vorausgesetzt, daß sie ihre Ideen verteidigen kann (...).« (16. Juni 1932.)

»Der Schlüssel zur internationalen Lage ist Deutschland«, schreibt Trotzki im Dezember 1931. »Die Entscheidung ist nahe: eine vorrevolutionäre Situation kann sich entweder revolutionär oder konterrevolutionär entwickeln (...). Das Schicksal Europas und der ganzen Welt auf viele Jahre hinaus hängt davon ab (...). Die Führung der deutschen Kommunistischen Partei treibt das Proletariat in eine ungeheure Katastrophe (...), zur Kapitulation vor dem Faschismus (...). Der Sieg des Faschismus in Deutschland würde für die UdSSR unweigerlich Krieg bedeuten (...). Man muß sich sofort dazu entschließen, Hitler gegenüber bewaffneten, erbarmungslosen Widerstand zu leisten (...). Die Stärke des Nationalsozialismus liegt in der Spaltung der Arbeiterklasse (...). Man muß die Arbeiterklasse wieder vereinen!«

Aber in einer Rede vor einer Versammlung kommunistischer Funktionäre in Moskau hat Stalin die Zusammenarbeit der KP mit den Nazis beim »roten Referendum« in Preußen gerechtfertigt!

Das Politbüro Stalin-Molotows ist den Ermahnungen gegenüber taub und den Tatsachen gegenüber blind und empfiehlt der Partei, den von den Nazis im November 1932 beschlossenen Streik der Transportarbeiter in Berlin zu unterstützen ...

»Unter der Knute der Stalin-Clique«, schreibt Trotzki weiter, »liefert das terrorisierte und desorientierte Zentralkomitee der deutschen KP Hitler die Arbeiterklasse aus, der sie ans Kreuz schlagen wird (. . .).« Die gesamte Presse der Komintern beschimpft Trotzki als »Komplizen der Sozial-Faschisten« . . .

Diese erbitterte Propaganda gegen die »sozial-faschistische« Sozialdemokratie, die man zerschmettern muß, bevor man gegen die Nazis kämpft, diese Kollaboration mit den Nazis, deren Banden inzwischen weiterhin kommunistische Arbeiter umbringen, diese unvernünftige und verbrecherische Fehleinschätzung der Tatsachen und der Gefahren tragen Früchte, als bei den letzten Wahlen in der Weimarer Republik Millionen Arbeitslose zuerst für die Kommunistische Partei und dann für Hitler stimmen . . . Man spielt nicht ungestraft mit der politischen Meinung der hungrigen und desorientierten Massen.

Anfang 1933 ist alles vorbei, Hitler hat die Macht ergriffen, Thälmann sitzt im Gefängnis und wird nicht mehr herauskommen, die deutschen Kommunisten werden genauso verfolgt wie die übrigen Proletarier . . . Das Organ der Komintern, die *Rundschau,* treibt die Verirrung so weit, den Parteimitgliedern zu verbieten, die Niederlage zuzugeben, denn »die revolutionäre Flut wird unaufhaltsam weiter ansteigen (. . .). Die faschistische Diktatur zerstört die demokratischen Illusionen, befreit die Massen vom sozialdemokratischen Einfluß und beschleunigt so den Marsch Deutschlands zur proletarischen Revolution (. . .). Nur Ignoranten und Idioten können behaupten, daß die deutschen Kommunisten besiegt worden sind (. . .).« Den stalintreuen Funktionär Heckert, der auf Befehl diese unglaublichen Äußerungen unterschreibt, läßt Stalin einige Jahre später hinrichten. (*Rundschau,* April 1933, Basel.)

Trotzki zieht Bilanz: »Das durch seine Funktion in der Produktion, durch seine soziale Bedeutung, durch seine Organisationen mächtigste Proletariat Europas hat Hitlers Machtergreifung überhaupt keinen Widerstand entgegengesetzt (. . .). Das ist die Tatsache, die in Zukunft alle strategischen Erwägungen beherrschen muß.« Diese Tatsache stürzt den Kreml in eine derartige Panik, daß man es nicht wagt, das letzte Manifest der Kommunistischen Internationale über die Notwendigkeit der Einheitsfront mit der Sozialdemokratie — nun erst, als es endgültig zu spät ist, anerkennt man sie — in Moskau zu datieren und daß dieses von der *Humanité* veröffentlichte Dokument in Paris datiert ist! Trotzki weist auf diese Feigheit hin. »Jetzt steht

Österreich im Vordergrund, es wird von einem faschistischen Gewaltstreich bedroht (. . .).« Trotzki empfiehlt, die Arbeitereinheit in allen Nachbarländern Deutschlands zu stärken, zu zementieren. Er wird nicht aufhören zu wiederholen, daß der UdSSR der Krieg bevorsteht. Die *Prawda* bezeichnet ihn als »Kriegstreiber« . . .

X. Reise nach Kopenhagen. Selbstmord der älteren Tochter Trotzkis, Sinajda

Wir können die internationale Tätigkeit Trotzkis nicht einmal kurz zusammenfassen. Nur einige Einzelheiten müssen erwähnt werden. Den chinesischen Oppositionellen, die ihn konsultieren, empfiehlt er 1929, Vorkämpfer für eine demokratische konstituierende Versammlung zu werden. Als die spanische Monarchie 1931 zusammenbricht, schickt er am 24. April dem Politbüro den Entwurf eines Zusammenschlusses aller revolutionären Kräfte in Spanien, wo die kommunistische Partei sich ihrer Schwäche bewußt werden muß. Sonst »wird die unvermeidliche Niederlage der spanischen Revolution beinahe automatisch zum Triumph eines echten Faschismus im mussolinischen Stil führen. Es ist unnötig, auf die Folgen hinzuweisen, die diese Entwicklung für Europa und für die UdSSR hätte. Andererseits würde der Ausbruch einer spanischen Revolution, während die Weltwirtschaftskrise anhält, großartige Möglichkeiten eröffnen.« Das Politbüro antwortet nicht. Um die Wahrheit zu sagen, mißt es den Vorgängen auf der Iberischen Halbinsel überhaupt keine Bedeutung bei. Gewisse Texte zu diesem Thema sind einfach erschreckend.

Stalin ist im Gegenteil von der Gefahr eines Kriegs hypnotisiert, die er vor allem im Fernen Osten, von Japan her, erwartet. Auch in dieser Frage ist Trotzki absolut anderer Meinung. Oft von der amerikanischen Presse interviewt, erklärt er ihr gegenüber, daß die UdSSR nicht den geringsten Anlaß zur Nervosität hat. »Die Kolonisierung Chinas ist das Ziel, das Japan anstrebt (. . .), und dieses Vorhaben geht bereits über seine Kräfte (. . .).« »Der Schlüssel zur Weltsituation liegt nicht in Mukden, sondern in Berlin (. . .).« Trotzki zweifelt nicht daran, daß ein zweiter Weltbrand bevorsteht. Er sagt am 15. Februar 1932 dem Korrespondenten der *New York Times*, daß »die Ausweitung der Welthegemonie der Vereinigten Staaten unvermeidlich ist (. . .). Wirtschaftlich und politisch werden die

Vereinigten Staaten immer abhängiger von Krisen, Kriegen und Revolutionen sein, die in allen Teilen der Welt aufflammen werden. Ich nehme an, daß Amerika das grandioseste Militärsystem entwickeln wird, das man sich zu Lande, zur See und in der Luft vorstellen kann (...). Die UdSSR wird sich auf technischem Gebiet amerikanisieren, Europa wird sich sowjetisieren oder in die Barbarei verfallen, die Vereinigten Staaten werden sich europäisieren (...).« (*United Press*, 25. Februar 1932.) Der Ausgang des kommenden Krieges wird »durch das weltweite Verhältnis der technischen Möglichkeiten der kriegführenden Länder entschieden werden (...).« (Interview mit den *Chicago Daily News* vom 23. April 1932.)

Am 20. Februar ließ das Politbüro die Aberkennung der sowjetischen Staatsbürgerschaft für Trotzki und jene Mitglieder seiner Familie bekanntgeben, die sich im Ausland befanden. Trotzki antwortete darauf von Istanbul aus mit einem *Offenen Brief an das Zentralexekutivkomitee der Sowjets*, das offiziell für diesen Beschluß verantwortlich war, obwohl er in Wirklichkeit auf die Verschärfung der Lage in Rußland zurückzuführen war. Einige Zeilen aus diesem Brief müssen zitiert werden, denn sie enthalten eine reiflich überlegte Beurteilung Stalins und eine Empfehlung, die einen einmaligen Widerhall fand. »Sie kennen Stalin genauso gut wie ich (...). Seine Stärke lag nie in seiner Persönlichkeit, sie beruht auf dem Apparat; oder sie liegt in dem Maß in ihm, in dem er die vollkommenste Verkörperung des bürokratischen Automatismus darstellt (...). Man muß Vertrauen zur Arbeiterklasse haben, der proletarischen Spitze die Möglichkeit geben, durch die Kritik das gesamte sowjetische System von oben bis unten zu überprüfen, um es vom angesammelten Schmutz zu befreien. Man muß sich endlich an die letzte, eindringliche Empfehlung Lenins erinnern: Stalin eliminieren!« (1. März 1932.)

Der *Offene Brief* zirkulierte in der Führungsspitze in Rußland in dem Augenblick, als es den Anschein hatte, daß die innere Krise der Partei im Begriff war, eine Lösung herbeizuführen ... Die allgemeine Lage war unbeschreibbar. Die Felder waren verwüstet, die Städte hungerten, die Techniker waren ratlos, die Arbeiter überanstrengt und verzweifelt, in Zentralasien und im Kaukasus waren Unruheherde entstanden, auf allen Nebenstrecken waren Züge voll Deportierter unterwegs, in den Wäldern des Nordens mehrten sich auf den Friedhöfen die kleinen weißen Kreuze, Hunderttausende Zwangsausgesiedelte und durch die GPU Verurteilte arbeiteten am Bau von Kanälen und an der Errichtung neuer Fabriken. Immer öfter fragten sich die Parteifunktionäre in Moskau — und anderswo — beinahe öffentlich, ob diese ungeheure Sabotage an der Revolution unbewußt erfolgt sein könnte?

»(. . .). Am 14. Oktober 1932 konnten wir endlich Istanbul zu einer kurzen Reise nach Kopenhagen verlassen. Leo Dawidowitsch war von einer dänischen wissenschaftlichen Vereinigung eingeladen worden, einen Vortrag zu halten, und hatte die notwendigen Visa erhalten. Wir reisten in Begleitung unserer jungen Genossen Otto Schüssler (Deutscher), J. Fraenckel (Tscheche) und Pierre Frank (Franzose) ab. Als der Dampfer in Athen anlegte, wurde Leo Dawidowitsch Gegenstand einer unerwarteten Ovation. In Neapel konnten wir an Land gehen und die Ruinen von Pompeji besichtigen. In Marseille ergriff die Polizei außergewöhnliche Vorsichtsmaßnahmen. Ein Motorboot brachte uns an die Küste, ein Kriminalbeamter in Zivil begleitete uns im Auto nach Lyon, dann nach Paris, ohne daß die Presse über unsere Anwesenheit unterrichtet wurde. Nach einem Aufenthalt von einem Tag in Paris schifften wir uns in Dünkirchen ein, so streng überwacht, daß die Polizei es nicht einmal dem Sekretär der Hafenarbeitergewerkschaft gestattete, in unsere Nähe zu kommen. In Dänemark versuchten kleine Gruppen stalinistischer Kommunisten, in den Bahnhöfen Kundgebungen zu veranstalten, die sich jedoch auf einige Rufe und Pfiffe beschränkten. Leo Dawidowitsch hielt im Stadion von Kopenhagen vor zweitausendfünfhundert Zuhörern eine Rede in deutscher Sprache über die Oktoberrevolution 1917. Er schloß mit einer Rechtfertigung des Sozialismus, »der den Sprung von der Herrschaft der Notwendigkeit zur Herrschaft der Freiheit bedeutet, in dem Sinn, daß der heutige Mensch, der von seinen eigenen Widersprüchen hin- und hergerissen wird, sich den Weg in eine glückliche Zukunft bahnen kann (. . .).« »Die Hand eines genialen Menschen, Sigmund Freud, hat den Brunnen entdeckt, den man poetisch die menschliche Seele nennt (. . .). Unsere bewußten Gedanken stellen nur einen kleinen Teil der Auswirkungen der unbekannten psychischen Kräfte dar (. . .). Zum ersten Mal betrachtet sich die Menschheit selbst als Rohstoff und, im besten Fall, als ein halb psychisches, halb physisches Produkt (. . .).« Die dänische Regierung verhinderte eine Radioübertragung dieser Rede; die sozialdemokratischen Minister beriefen sich auf Einwände des Königs und des Hofes.

»Man hatte uns das Visum nur für acht Tage erteilt, und wir erfuhren, daß der König gegen eine Verlängerung war. Etwa zwanzig politische Freunde, die alle bekannt und deren Pässe in Ordnung waren, hatten uns besucht, um sich mit Trotzki zu unterhalten. Diese ›geheime Konferenz‹, die weder geheim noch förmlich war, erregte den Zorn der Reaktionäre und der stalinistischen Kommunisten. Wir wohnten in der kleinen, putzig möblierten Villa einer Tänzerin; niemand betrat sie und niemand verließ sie, ohne genau beobachtet zu werden (. . .). Die Regierung des Sozialdemokraten Stauning forderte unsere Abreise an dem Tag, an dem das Visum ablief. Da an diesem Tag kein Schiff ging, mußten wir eine Abreise vortäuschen und vierundzwanzig Stunden im Auto auf den Landstraßen herumfahren. Leo Dawidowitsch hatte um ein schwedisches Visum angesucht. Sozialisten antworteten ihm aus Stockholm, daß Schweden nichts dagegen hätte, ihn zu empfangen, daß aber die Botschafterin der UdSSR, Alexandra Kollontay, unüberwindbare Einwände erhebe (. . .). Unser Sohn, Leo Sedow, der sich zu dieser Zeit in Berlin aufhielt, bekam kein Visum, um uns zu besuchen, aber wir plauderten täglich per Telefon mit ihm.«

»Wir hatten die Absicht, uns auf der Heimreise in Frankreich aufzuhalten. Die französischen Behörden waren dagegen. Wir durchquerten Frankreich im Auto in Begleitung einiger Freunde. Die italienische Regierung gestattete uns, in Genua an Bord zu gehen, und Mussolinis Agenten hatten es so eilig, uns zum Verlassen des italienischen Hoheitsgebietes zu bewegen, daß sie uns zwingen wollten, auf einem Frachtdampfer abzureisen. Wir weigerten uns. Alle diese Ortsveränderungen erfolgten unter dem Schleier eines Inkognitos und unter aufgeregter und ungeschickter, aber höflicher Überwachung durch die Polizei. Leo Dawidowitsch reiste unter meinem Familiennamen als Monsieur Sedow. Bei der Fahrt durch griechische Hoheitsgewässer kam es in Korinth zu einer Kundgebung auf dem Kai und zu Rufen »Es lebe Trotzki!« Die Passagiere sahen einander verblüfft an, das Inkognito des Herrn Sedow war gefallen, wir stießen nur auf Sympathie. Dennoch verließen wir unsere Kabine aus Vorsicht überhaupt nicht mehr (. . .).«

»Die letzten Monate des Jahres 1932 vergingen für uns unter den Lichtern des Bosporus in einer Atmosphäre der Unruhe. Ein zufälliger Brand vernichtete die Bibliothek Leo Dawidowitschs und unsere gesamte Sammlung von Fotos von der Revolution vollständig. Nur die Archive konnten zum Glück noch gerettet werden. Die Postkarten aus Rußland wurden selten. Auf Umwegen erhielten wir jedoch Informationen sowohl über die Schwere der internen Krise als auch über die Grausamkeit der Unterdrückung, der unsere Freunde und Genossen ausgesetzt waren. Wenn Gefängnis- oder Verbannungszeiten abgelaufen waren, verlängerte sie die GPU einfach wieder. Oder aber man sperrte den eben erst aus der Isolierung Entlassenen wieder auf drei oder fünf Jahre ein. In den Isolierzellen lösten einander Hungerstreiks, Gewalttaten, erbitterter Widerstand ab, ohne daß die Außenwelt je etwas davon erfuhr (. . .).«

»Es gab etwa siebentausend eingesperrte und verbannte Oppositionelle, und die Verhaftungen von ›Trotzkisten‹ gingen immer weiter; die ›Rechten‹ wurden zu Tausenden in die Arktis, nach Narim, nach Kasachstan verschickt (. . .). Es genügte im übrigen, daß eine Arbeiterin die lächerlichen Löhne erwähnte, um als ›Trotzkistin‹ oder ›Rechte‹ bezeichnet zu werden; sie wurde verhaftet, dem erbarmungswürdigen Dasein in den überfüllten Gefängnissen ausgesetzt, litt Hunger und wurde schließlich zum Holzfällen in die eisigsten Wälder geschickt. Die letzte Gruppe der Linksoppositionellen (leninistische Bolschewiki), unsere Freunde, hielt sich um Rakowski, der damals neunundfünfzig Jahre alt und vollkommen isoliert war, um Sosnowski, der im Gefängnis von Tomsk ›strenger behandelt wurde als die zum Tode Verurteilten unter dem vorhergegangenen Regime‹, um Muralow, der nach T-ara verbannt war. Trotz ihrer wiederholten Reuebekenntnisse waren Kamenjew und Sinowjew wieder einmal als Folge der Verhaftung der Gruppe um Rjutin, die wir vorher erwähnt haben, deportiert worden. Man berichtete uns von folgender Äußerung Sinowjews: ›Der größte Fehler, den wir begangen haben, war, daß wir 1927 die Opposition aufgegeben haben (. . .).‹ Dieses Eingeständnis erfolgte zweifellos etwas zu spät. Ende 1932 wird mit dem Experiment der — echten oder falschen — Kapitulation in Moskau Schluß gemacht. Die GPU verhaftet überraschend auf der Straße, am Arbeitsplatz die meisten alten Revolutionäre, die früher der Opposition angehört und sich dann vor Stalin gedemütigt haben. Wir erfahren, daß es Smilga, Preobraschenski, Mratschkowski, Olga Rawitsch, dem Redakteur der Zeitschrift *Im Zeichen des Marxismus,* Ter-Waganian, und schließlich Iwan Smirnow so ergangen ist (. . .). Die Unterdrückung wird genau in dem Augenblick verstärkt, in dem Hitler in Deutschland die Macht ergreift.«

»Am 5. Januar 1933 schließt sich die ältere Tochter Leo Dawidowitschs, Sinajda Wolkowa, die gerade dreißig geworden ist, in ihrem Zimmer ein und dreht die Gashähne auf (...). Da sie an Tuberkulose erkrankt war, hatte ihr die sowjetische Regierung gestattet, eine Kur in Deutschland durchzuführen.«

»Sina, die einen beiderseitigen Pneumothorax hatte, außerdem zeitweise unter einer schweren Neurose litt, sah die Braunhemden die Straße erobern, sie erfuhr dank uns von den Moskauer Verhaftungen, sie erhielt keine Nachricht mehr von ihrem Mann, Platon Wolkow, einem jungen Intellektuellen aus einer Arbeiterfamilie, der seit langem im Gefängnis saß. Sie verlor zugleich mit uns die sowjetische Staatsbürgerschaft, war unfähig, sich dem Leben im Westen anzupassen, und so war der Verlust der Staatsbürgerschaft der Tropfen, der das Faß zum Überlaufen brachte.«

»Leo Sedow geriet in Deutschland in Gefahr, den Nazis in die Hände zu fallen. Er hatte nicht nach Kopenhagen kommen können; aber ein direkter Appell, den ich an Herriot richtete und in dem ich ihn darum bat, daß uns unser Sohn bei unserer Durchreise durch Frankreich Anfang Dezember 1932 besuchen könne, verschaffte ihm das französische Visum. Wir trafen ihn in Marseille. — Hier muß von seinen Berliner Gesprächen mit zwei alten Bolschewiki berichtet werden. Im Juli 1931 machte Leo Sedow Einkäufe im großen Berliner Kaufhaus des Westens am Wittembergplatz, als er plötzlich Nikititsch Smirnow gegenüberstand, den er seit seiner Kindheit mochte. Smirnow hatte sich nach einer Zeit der Verbannung Stalin unterworfen. Er war der Meinung, daß in Rußland jeglicher politischer Kampf unmöglich geworden sei und daß die alten Revolutionäre sich bei der Industrialisierung nützlich machen müßten. Das Ansteigen der Produktion und die Erstarkung des Proletariats würden vielleicht eines Tages den russischen Sozialismus retten (...). Er leitete die neue Autoindustrie in Nischnij-Nowgorod. Leo Dawidowitsch hatte die Kapitulation eines Freundes, dessen Rechtschaffenheit er kannte, streng gerügt. Smirnow und Leo Sedow trafen einander zwei- oder dreimal. Smirnow blieb bei seiner Einstellung, gab aber gerne über die Lebensbedingungen in der UdSSR und über die sowjetische Wirtschaftskrise Auskunft, die er für gefährlich hielt. Er versprach, statistisches Zahlenmaterial zu schicken, damit ›die Ereignisse dem Ausland verständlicher würden‹. Mehr als ein Jahr lang hörten wir nichts mehr von ihm. Im Herbst 1932 kam ein anderer leitender Industriefunktionär, Holzman, nach Berlin und brachte Leo Sedow eine Botschaft von Smirnow. Dieser Holzman sympathisierte mit der Opposition, ohne jedoch aktiv am politischen Leben teilzunehmen; er war ein liberaler Bolschewik, gebildet, anständig, gemäßigt. Die wirtschaftlichen Angaben, die er uns zukommen ließ, wurden in der Nummer 31 des *Bulletin der Opposition* veröffentlicht; sie enthielten keine Geheimnisse. Er selbst las unsere Veröffentlichungen aufmerksam, um ihren Inhalt an einige Personen in Moskau weitergeben zu können. Eine solche Atmosphäre der Überwachung und der Denunziation umgab in Moskau die bekannten Genossen, daß diese geringfügigen und seltenen Kontakte der beiden alten Bolschewiki mit uns zur Kenntnis der GPU gelangten. Holzman wurde anscheinend als erster unter größter Geheimhaltung verhaftet; Smirnow, der am 1. Januar 1933 verhaftet wurde, wurde (ohne Prozeß ...) zu zehn Jahren Gefängnis verurteilt (...).«

XI. Das unruhige Leben in Frankreich. Trotzki wird 1934 aus Frankreich ausgewiesen

»1933 gewährte uns die Regierung Daladier ohne Schwierigkeiten Asyl in Frankreich. Die ersten Schritte in dieser Richtung hatte der Übersetzer Leo Dawidowitschs, Maurice Hoertel (Parijanine) unternommen. Wir trafen am 24. Juli 1933 in Begleitung unserer amerikanischen Freunde Sara Weber und Max Schachtmann und zweier junger Sekretäre, Jan Van Heijenoort und Rudolph Klement, in Marseille ein.«

»Die reaktionäre Presse und die stalinistische *Humanité* protestierten wütend gegen die Großzügigkeit des Kabinetts Daladier. Wenn man Jacques Doriot und den anderen Führern der Kommunistischen Partei Glauben schenken wollte, träumte der ›radikale Faschist‹ Daladier nur von einem Krieg gegen die UdSSR, und der Beweis dafür war, daß er Trotzki die französische Gastfreundschaft gewährte! Man befürchtete Kundgebungen in Marseille; wir stiegen in Cassis in ein Schnellboot um, in dem wir unseren Sohn Leo, Raymond Molinier und einen Kommissar der Sûreté trafen. Von Cassis aus fuhren wir im Auto, immer in Begleitung von drei französischen Freunden und einem Funktionär der Sûreté, nach Saint-Palais in der Nähe von Royan.«

»In Saint-Palais hatten die Moliniers die Villa ›Les Embruns‹

für uns gemietet. Das Häuschen, das am Meeresufer stand, trug seinen Namen zu Recht (embrun = Gischt). Wir waren gerade eingetroffen — am ersten Tag —, als ein wirklich zufälliger Brand ausbrach. Während er gelöscht wurde, blieben wir im Auto auf dem Weg sitzen. Wir hielten uns ungefähr zwei Monate inkognito in Saint-Palais auf; von unserer Anwesenheit wußten nur das Innenministerium, der Präfekt von Charente-Maritime und einige wenige Freunde. Leo Dawidowitsch empfing etwa fünfzig Besuche, darunter auch André Malraux, den holländischen Abgeordneten Sneevliet, Parijanine, einen Aktivisten der Unabhängigen Labour Party, mehrere deutsche Flüchtlinge (. . .). Da er leidend war, begab er sich anschließend in die Zentralpyrenäen nach Bagnères-de-Bigorre; ich begleitete ihn, wir lebten zwei Wochen lang beinahe allein.«

»Die Sûreté hatte nichts dagegen, daß Trotzki sich näher bei Paris, in Barbizon, niederließ, immer noch streng inkognito. Er veränderte sein Aussehen, indem er sich seinen dichten grauen Spitzbart abrasieren ließ; so sah er noch mehr wie ein Durchschnittsfranzose aus, wie ein Intellektueller oder Künstler (. . .). Die lokalen Behörden kannten unsere wirkliche Identität nicht. Wir verbrachten mehr als drei Monate in der Ruhe des Waldes von Fontainebleau. Rudolph Klement brachte uns auf dem Fahrrad die Post aus Paris. Eines Abends hielt ihn ein Polizist unterwegs an, weil sein Licht nicht brannte. Klement konnte seine Adresse nicht angeben und wurde zur Gendarmerie gebracht (. . .). Da wir immerzu im Alarmzustand lebten und ein Attentat auf Leo Dawidowitsch oder auf unsere Freunde befürchteten, war unsere Unruhe besonders groß: Klement war verschwunden! Am nächsten Morgen kam ein weiterer junger Genosse, der Besorgungen machen sollte, nicht mehr zurück. Die Polizei und die Gendarmerie postierten sich auf den Straßen; etwa zehn Polizisten tauchten schließlich bei uns auf. Die Enthüllung der Anwesenheit Trotzkis in Barbizon wirkte wie eine Sensation, die Neugierigen versammelten sich vor der Villa; hinter dem Gitter bellten zwei große Hunde, die durch die Unruhe aufgeregt waren, unaufhörlich (. . .). Die Zeitungen berichteten von der Entdeckung einer geheimen Revolutionszelle in Barbizon; es war sogar die Rede von einer geheimen Druckerei! Mit unsrer Ruhe war es vorbei. Einige Tage lang versteckten wir uns in Paris (Ende 1933).«

»Henri Molinier bewies seine unermüdliche Hilfsbereitschaft. Die französische Regierung wollte uns nicht belästigen, aber sie befürchtete einen Skandal, und wir mußten die GPU, die Kommunistische Partei, die konterrevolutionären Emigranten, die sensationsgierigen Journalisten, die rechtsorientierte Presse, die Indiskretion und die Neugierigen fürchten! Raymond Molinier brachte uns in ein kleines Hotel in der Nähe der Schweizer Grenze (...). Man erkannte uns dort, wir mußten wieder flüchten, diesmal in ein Dorf in der Nähe von Grande-Chartreuse, im Département Isère. In den Bergen erwachte der Frühling, das kleine Bauernhaus umgab sich mit jungem Grün und Blumen. Wir unternahmen lange Spaziergänge — und schmiedeten Pläne für den Winter (...). Einige Tage lang beherbergte uns eine Familienpension unter den wachsamen Augen eines Funktionärs der Sûreté. Wir taten, als ob wir in Trauer wären — ich trug schwarze Kleider —, um allein zu bleiben und die Mahlzeiten in unserem Zimmer einnehmen zu können (...). Ein Lehrer namens Beau machte sich schließlich erbötig, uns bei sich aufzunehmen, etwa dreißig Kilometer von Grenoble entfernt. Wir hatten zwei schöne Zimmer, eine freundliche Umgebung, ein bißchen Kontakt mit den französischen Lehrern. Während des in Grenoble abgehaltenen Kongresses der Lehrergewerkschaft organisierten Beau und seine Frau Marguerite eine kleine Versammlung für Leo Dawidowitsch. Wir blieben etwa zehn Monate bei diesen fabelhaften Menschen.«

»Unsere Aufenthaltsbewilligung lief ab. Innenminister Sarraut wurde von den Reaktionären und den Stalinisten gedrängt, es war kurz nach den von der Rechten organisierten und von der Kommunistischen Partei unterstützten Unruhen von der Place de la Concorde, also forderte er unsere Abreise aus Frankreich. Er unterschrieb einen Ausweisungsbefehl. Wir konnten nirgends hingehen: Für uns blieb es der Planet ohne Visum. Die Sûreté teilte uns mit, daß wir von nun an unter besonderer Aufsicht stünden. Leo Dawidowitsch notierte später, daß ›ich während des letzten Jahres in Frankreich mehr von der Welt isoliert war, als es auf der Insel Prinkipo der Fall gewesen war‹.« (...)

»Wieder ein Planet ohne Visum! Es war uns tatsächlich unmöglich, ein neues Asyl zu finden. Wir verließen die Beaus und wohnten einige Zeit in einem von Leo Sedow und seiner Frau gemieteten verfallenen Häuschen in der Nähe von Paris. Beinahe jeden Tag fragte uns die Polizei nach unseren weiteren Plänen (...). In Norwegen konstituierte sich eine Arbeiterregierung; Freunde in Oslo baten sie um Asyl für uns und erhielten schließlich eine Zusage.«

»Im Mai 1935 erfahren wir, daß unser jüngerer Sohn Sergej in Moskau verhaftet wurde. Er verschwindet im Alter von siebenundzwanzig Jahren. Sein einziges Verbrechen ist es, unser Sohn zu sein, die Rechtschaffenheit seines Vaters zu kennen, nicht bereit zu sein, ihn zu verleugnen und fälschlich zu bezichtigen, was man zweifellos von ihm verlangt. Sergej nahm nicht aktiv am politischen Leben teil. Seine Talente lagen mehr auf wissenschaftlichem und mathematischem Gebiet. Er hatte gemeinsam mit zwei jungen Ingenieuren eine Studie über die *Leichten Gasgeneratoren der Traktoren* veröffentlicht (. . .). Mein öffentlicher Protest hat keinen Erfolg. Einige Wochen vergehen, und eine Postanweisung, die ich an Sergejs Frau geschickt habe, kommt mit dem unheilvollen Vermerk zurück: ›Ohne Hinterlassung einer Adresse verzogen.‹ Lola ist auch verhaftet worden. Auch sie wird zugrunde gehen, weil sie weiß, daß ihr Mann absolut unschuldig ist, weil sie den Charakter und die Ideen Leo Dawidowitschs kennt (. . .). Es ist unmöglich, etwas über ihr Schicksal in Erfahrung zu bringen.«

6. Der Alptraum

I. Das Asyl in Norwegen. Weksal, die Knudsens, die Isolierung

»Ruhiges, strenges und gastfreundliches Norwegen! Wir hatten dort Ende 1935 und Anfang 1936 die Illusion, wahrhaft in Sicherheit zu sein, bei ehrlichen Menschen, die rasch zu unseren Freunden wurden. Mitglieder der Arbeiterregierung hatten uns geraten, die Gastfreundschaft eines alten, bekannten Sozialisten, Konrad Knudsen, anzunehmen, eines Reichtagsmitglieds. Wir wohnten also etwa sechzig Kilometer von Oslo entfernt im Örtchen Weksal, in der Nähe von Hønefoss. Ein bescheidenes Dorf, ein geräumiges Haus, davor ein großer Hof, dessen auf die Straße gehendes Tor Tag und Nacht offenstand (...). Das war nur in Norwegen möglich. Falls wir überwacht wurden oder falls irgendwelche Schutzmaßnahmen für uns ergriffen wurden, geschah es, ohne daß wir je Gelegenheit hatten, etwas davon zu bemerken. Der alte Führer der Arbeiterpartei, Martin Tranmael, ein Gewerkschafter, der einige Zeit der Kommunistischen Internationale angehört hatte, stattete uns einen freundschaftlichen Besuch ab; desgleichen der Justizminister Trygve Lie. Unsere Kontakte mit den Behörden beschränkten sich auf diese Besuche.«

»Wir bewohnten bei den Knudsens zwei bequeme Zimmer: ein Arbeitszimmer für Leo Dawidowitsch und das Schlafzimmer. Die Mahlzeiten nahmen wir mit der Familie ein. Ein Sekretär Leo Dawidowitschs wohnte in der Nähe. Zunächst war es Jan van Heijenoort, dann ein junger tschechischer Intellektueller, Erwin Wolf, der sich bald mit der Tochter unseres Gastgebers, Jordis Knudsen, verlobte, einem schönen, blonden jungen Mädchen, das Einfachheit mit Gesundheit, Redlichkeit, Feinfühligkeit vereinte. (Sie ahnte noch nicht, daß auch sie bald schwerste moralische Skrupel haben würde, weil sie Verbannte gekannt hatte ...) Der Vater, ein gemäßigter Sozialist, sprach ein wenig Englisch (...). Es waren wohlwollende Menschen von strenger Redlichkeit.«

»Wir empfingen nur wenige Besuche: einige norwegische Sozialisten, einige Ausländer. Niemand konnte zu uns gelangen, ohne durch die Redaktion der von Conrad Knudsen geleiteten

Arbeiterzeitung von Hønefoss zu gehen. Unsere Besucher wurden gezwungenermaßen zu Gästen der Familie.«

»Ich ging zum Einkaufen nach Hønefoss. Manchmal gingen wir mit den Knudsens in das Kino der kleinen Stadt, in dem alte Filme liefen (. . .). Unser Gefühl der Sicherheit wurde so groß, daß Leo Dawidowitsch manchmal allein lange Wanderungen durch die Wälder unternahm (. . .). Er arbeitete intensiv an der Beantwortung seiner Post, an der Durchsicht der russischen und anderer Veröffentlichungen, an der Redaktion des in Paris von Leo Sedow veröffentlichten *Bulletins,* an einem Buch, dem er besondere Bedeutung beimaß: *Die verratene Revolution.* Außerdem erhielt er direkte Nachrichten aus Rußland, das heißt ziemlich ausführliche Informationen über die Verfolgung unserer Genossen, das politische Leben in den Gefängnissen, die Dramen der Deportation (. . .). 1935 und im Frühjahr 1936 hatten drei Oppositionelle wie durch ein Wunder Rußland verlassen können: ein Arbeiter, Tarow, der in Zentralasien von Gefängnis zu Gefängnis gewandert war, die Klagen der Todeskandidaten und die Gewehrsalven mitangehört hatte, war über den Iran entflohen; ein ehemaliges Mitglied des Zentralkomitees der jugoslawischen Kommunistischen Partei, Anton Siliga, der jahrelang in Werchne-Uralsk eingesperrt gewesen war, hatte durch einen Hungerstreik seine Ausweisung aus der UdSSR erreicht; die Proteste der französischen Gewerkschafter und Intellektuellen hatten zur Verbannung von Victor Serge geführt.«

»Die Nachrichten aus der UdSSR klangen äußerst widersprüchlich. Einerseits folgten die Verbannungen immer dichter aufeinander, wurden immer häufiger; andererseits milderte die geringfügige Revalorisierung des Rubels, der 1935 den Gegenwert eines Kilos Schwarzbrot darstellte, den Hunger der Arbeiter; die wirtschaftliche Lage schien sich zu bessern; es war von einer demokratischen Verfassung die Rede und Gerüchten zufolge sogar von einer politischen Amnestie (. . .). Die UdSSR, Mitglied des Völkerbundes, betrieb Friedenspolitik; die kommunistischen Parteien verwandelten sich in Volksfronten. Im Gegensatz zum Dritten Reich, wo Hitler am 30. Juni 1934 die Massenliquidation eines Teils seiner eigenen Parteikader veranlaßt hatte, konnte die UdSSR noch eine positive Rolle bei der ›Verteidigung der europäischen Kultur‹ spielen, von der ihre Propagandisten unaufhörlich redeten.«

Aber Stalin watete in Strömen von Blut und in den undurchsichtigen Widersprüchen der Affäre Kirow. Am 1. Dezember

1934 war Sergej Kirow, Mitglied des Politbüros, Nachfolger Sinowjews in der zweiten Hauptstadt, von einem jungen Kommunisten namens Nikolajew durch einen Genickschuß getötet worden. Stalin war selbst nach Leningrad gekommen, um den Schuldigen zu verhören, dessen bereits vorher abgefaßte Erklärungen nicht veröffentlicht wurden. Man hatte ihn mit allen seinen Freunden — vierzehn jungen Kommunisten — nach einem Geheimprozeß erschossen; man hatte auch in den auf das Attentat folgenden zehn Tagen hundertvierzehn Häftlinge in verschiedenen Gefängnissen füsiliert; man hatte in Leningrad über dreitausend Kommunisten verhaftet, die man zu Recht oder zu Unrecht mit der Gruppe Sinowjew in Verbindung brachte; man hatte gegen Sinowjew, Kamenjew, Jewdokimow, Bakajew — und noch einige — einen ersten Geheimprozeß eröffnet, in dem sie, der stalinistischen Presse zufolge, eine gewisse moralische Verantwortlichkeit nicht abstritten; sie erfüllten gehorsam alle Forderungen der Partei und gaben zu, daß die von ihnen geschaffene Atmosphäre der Unzufriedenheit vielleicht die Entstehung eines Planes für ein Attentat begünstigt hätte ... Sie wurden zu langen Gefängnisstrafen verurteilt, während Tausende von Parteimitgliedern in die Konzentrationslager wanderten ... Man hat, übrigens sehr ungeschickt, versucht, den Namen Trotzki in diese Angelegenheit hineinzubringen, indem man behauptete, daß Nikolajew durch einen lettischen Konsul einen Brief von Leo Dawidowitsch erhalten hatte. Das war überprüfbar; Stalin ließ diese Anklage fallen, von der auch nie mehr die Rede war. Im Gegenteil, die GPU sprach relativ milde Urteile gegen die Spitzen der politischen Polizei von Leningrad aus, die man für schuldig befunden hatte, von den Vorbereitungen zu dem Attentat gewußt und es doch nicht verhindert zu haben. Das warf etwas Licht auf die dunklen Hintergründe. Auf direkten Befehl Stalins unternahm die GPU eine Säuberung der gesamten Bevölkerung von Leningrad, mit anderen Worten die Deportation von etwa hunderttausend Exkapitalisten, Exfunktionären, Offizieren, Intellektuellen der Zarenzeit, Familien von kommunistischen Oppositionellen, Gläubigen, Häretikern aller Nuancen (1935). Das Politbüro schien in einer Hypnose des Terrorismus und der Unterdrückung zu leben.

Bis zu diesem Zeitpunkt war keine Rede von den »Trotzkisten«, und das mit gutem Grund: Alle befanden sich seit vielen Jahren im Gefängnis oder unter ständiger Überwachung durch die GPU in der Verbannung. Deportierte, die gerade nach fünf Jahren aus dem Gefängnis herausgekommen waren, wurden in die »Isolationszellen« zurückgeschickt. In Barnaul unterwarf sich der zweiundsechzigjährige Rakowski, der von sieben Jahren der Entbehrung, Überwachung, Isolierung zermürbt war, Stalin »angesichts der Bedrohung durch Krieg und durch die faschistische Gefahr«. Er wurde in Moskau freundlich aufgenommen und das Politbüro betraute ihn mit einer kurzen Mission in Japan ...

II. Trotzki schreibt *»Die verratene Revolution«*

»Ende 1935 und Anfang 1936 lebten wir in großer Einsamkeit in Weksal. Der norwegische Winter zeigt die unbefleckte Schönheit des klaren Himmels, des glitzernden Schnees, der dunklen, schneebedeckten Tannen. Wenn der Abend kommt, breiten sich purpurrote Flammen über die weiße Weite aus, der Himmel scheint einen Augenblick zu brennen (. . .). Gelegentlich begaben wir uns mit den Knudsens in eine Hütte im Gebirge, die man nur auf Schiern erreichen konnte. Wir verweilten dort im harten Zauber der Kälte.«

Das ganze Leben Leo Dawidowitschs ist in seinem Denken konzentriert und was er denkt, drückt er mit absoluter Klarheit in seinen Schriften aus. Seine Arbeiten aus dieser Epoche würden es verdienen, im Detail studiert zu werden, denn wir befinden uns — ohne es zu wissen — am Vorabend eines schrecklichen geschichtlichen Dramas. Wir werden uns darauf beschränken, seine wichtigsten Ideen zu erwähnen. Leo Dawidowitsch setzt die Arbeit fort, der er sein ganzes Leben gewidmet hat, in bezug auf die UdSSR beharrt er streng auf der Fortsetzung des Weges von 1917 und der Opposition von 1923. Im März 1933 fordert er wieder im *Bulletin der Opposition* (Nr. 33) die sowjetische Reform, »ein ehrliches Regime in der Partei«, »die sowjetische Demokratie«. Die Machtübernahme Hitlers in Deutschland erhält für ihn, wie wir gesehen haben, eine doppelte Bedeutung: Sie kündet den Krieg in Europa und die Niederlage der stalinisierten Kommunistischen Internationale an.

Im Oktober 1933 (*Bulletin* Nr. 37) veröffentlicht Leo Dawidowitsch einen von der deutschen Sozialistischen Arbeiterpartei, von der Unabhängigen Sozialistischen Partei Hollands, von der Revolutionär-Sozialistischen Partei Hollands, von der russischen bolschewistisch-leninistischen Opposition unterzeichneten Appell zur baldigen Schaffung einer Vierten Internationale, die die von der Komintern verratene Tradition des revolutionären Marxismus wiederaufnehmen soll. »Es gibt keine bolschewistische Partei mehr«, hieß es in dem Dokument. »Die Reform der russischen Kommunistischen Partei ist unmöglich geworden (...). Man muß wieder eine bolschewistische Partei errichten (...). Der Arbeiterstaat kann nur durch die weltweite revolutionäre Bewegung gerettet werden (...). Die Komintern ist für die Revolution gestorben.« Die Auswirkungen dieser Neuorientierung sind bedeutend und man kann ohne Übertreibung sagen, daß sie angesichts des Ernstes der inneren Lage in Moskau eine wahre Panik verursachen. Wenn die sowjetische Reform tatsächlich unmöglich geworden ist, wenn die Opposition die Initiative zur Bildung einer neuen Internationalen ergreift, dann deshalb, weil für sie die Schaffung einer zweiten Partei auf der Tagesordnung steht und weil diese Partei es sich vorbehält, gegen die Bürokratie zu revolutionären Methoden zu greifen. Natürlich existiert diese neue Partei in der UdSSR nur im Embryonalzustand, und ihre Mitglieder befinden sich zur Gänze in der Gefangenschaft; aber in ihr gibt es eisern entschlossene Männer, anerkannte Persönlichkeiten, und die offizielle Partei ist unter ihrer scheinbaren Einigkeit von Zweifel, Unruhe, dumpfer Auflehnung zerfressen.

Stalin beschließt, 1935 den Siebenten Kongreß der Dritten Internationale einzuberufen; die Kommunistische Internationale hatte seit sieben Jahren keinen Kongreß mehr abgehalten, was ein Beweis für ihre Unterjochung ist. Stalin war sichtlich der Meinung, sich nicht einmal dem Schein nach an die Statuten halten zu müssen. »Man muß nur mehr feststellen«, schreibt Trotzki, »ob die Bürokratie noch die Komintern braucht.« In früheren Schriften hat er den Apparat Stalins, der die kommunistischen Massen korrumpiert, demoralisiert, irregeführt, verdummt, als »die Syphilis der Arbeiterbewegung« bezeichnet; »die schwerste Wunde der Arbeiterbewegung«, wiederholt er im Juni 1935.

Über die soziale Natur des UdSSR-Regimes entwickelt er die Theorie des »sowjetischen Bonapartismus«, die von Karl Marx' Analyse der Staatsstreiche Bonapartes und Louis Napoleons beeinflußt ist. In *Die verratene Revolution* — an diesem Werk arbeitet er in Weksal jeden Tag — gibt er einen Überblick, der für die Allgemeinheit bestimmt ist. Es ist das genaueste, das vollständigste Exposé seiner Anschauung. Mit Hilfe von Zahlen beweist Trotzki, daß »die materielle Situation der Massen (in der UdSSR) noch unter dem Niveau der kapitalistischen Länder liegt«. Für diesen Sachverhalt macht er die Vergangenheit Rußlands verantwortlich: »Es gab keinen anderen Weg zum Fortschritt als den Sturz des kapitalistischen Regimes.« Er erklärt die Bürokratie mit der Schwäche der Produktion, der Rationierung, dem Elend, der Unwissenheit. Er widerlegt die offizielle These vom »vollständigen Sieg des Sozialismus«. Seine Wirtschaftsanalysen sind vorsichtig, sind peinlich genau nach den Angaben der offiziellen Statistiken erstellt. Er weist auf »das Anwachsen der Ungleichheit« hin und auf die tragische Lage des Arbeiters, der oft gegen den Stachanowismus, das heißt gegen die Überanstrengung, durch »Sabotage an den Maschinen« ankämpft, wie *Trud*, das Organ der sowjetischen Gewerkschaften, zugibt. Der Stachanowismus teilt die Arbeiterklasse in Privilegierte und Hungrige: »Teile und herrsche.« Er weist auf den »Thermidor im Heim, in der Familie«, die Verschlechterung der Lage der Frauen und der Jugend und auf die Unfreiheit des Denkens hin. »Das Leben der sowjetischen Kunst ist eine Märtyrologie«; »in Wirklichkeit wird die Epoche des Thermidor, trotz einzelner Ausnahmen, in die Geschichte des Kunstschaffens vorzugsweise eingehen als eine Epoche von Stümpern, Laureaten und Leisetretern!« In der Außenpolitik hat die UdSSR aufgehört, sich auf das internationale Proletariat zu stützen, »ohne dessen (seinerzeitiger) Unterstützung die Sowjets nicht einmal zwölf Monate standgehalten hätten«. Er wendet sich gegen »die unheilvolle Fiktion« der von Stalin-Litwinow vorgeschlagenen Abrüstung. Deutschland »rüstet fieberhaft und in erster Linie gegen die UdSSR« auf. »Das Dekret, durch das das Offizierskorps in seiner ganzen bürgerlichen Herrlichkeit wiederhergestellt wurde, hat den Prinzipien der Oktoberrevolution einen der betäubendsten Schläge versetzt«, da es dazu beiträgt, die sozialistischen Traditionen der Roten Armee zu zerstören. Er sieht der Gefahr eines Krieges mit begründeter Zuversicht entgegen. Die UdSSR hat große Vorteile: ihre Ausdehnung, ihr Menschenreservoir. »Die Unsicherheit des (Nazi) Regimes in Deutschland ist bedingt dadurch, daß seine Produktivkräfte längst über die kapitalistischen Eigentumsformen hinausgewachsen sind. Und umgekehrt ist die Unsicherheit des Sowjetregimes dadurch hervorgerufen, daß seine Produktivkräfte den sozialistischen Eigentumsformen noch längst nicht gewachsen sind.« »Hitler hat viel weniger Aussichten, einen Krieg siegreich zu beenden, als Wilhelm II. (...). Nur eine rechtzeitige Revolution könnte Deutschland vor dem Kriege und so vor einer neuen Niederlage bewahren.« Er hält die Situation Japans und Polens, zweier weiterer potentieller Gegner der UdSSR, für eindeutig schlecht. »Die Gefahr eines Krieges und einer Niederlage für die UdSSR ist Realität. Wenn die Revolution den Krieg nicht verhindern wird, so wird der Krieg der Revolution helfen (...). Niemand verlangt von der sowjetischen Regierung internationale Abenteuer, Unbesonnenheiten, Versuche, den Gang der Weltereignisse gewaltsam zu forcieren. Im Gegenteil, sofern solche Versuche von Bürokratien in der Vergangenheit gemacht wurden (Bulgarien, Estland, Kanton ...), haben sie nur der Reaktion in die Hände gespielt und sind seinerzeit von der linken Opposition verurteilt worden. Es handelt sich um die allgemeine Richtung der Politik des Sowjetstaates. Die Widersprüche zwischen seiner Außenpolitik und den Interessen des Weltproletariats sowie der Kolonialvölker kommen am verheerendsten zum Ausdruck in der Unterwerfung der Kommunistischen Internationale unter die konservative Bürokratie mit ihrer neuen Religion der Regungslosigkeit.« — »Europas Verfall ist gerade dadurch verursacht, daß es ökonomisch in beinahe vierzig scheinbare Nationalstaaten zerfällt (...). Die Aufgabe des europäischen Proletariats ist nicht, die Grenzen zu verewigen, sondern im Gegenteil sie revolutionär zu beseitigen. Nicht Status quo, sondern Vereinigte Sozialistische Staaten von Europa!«

Schließlich »ist die Frage des sozialen Charakters der UdSSR noch nicht geklärt« (...). Es handelt sich bei ihr weder um Kapitalismus noch um Staatskapitalismus noch um Sozialismus; die UdSSR ist eine »widerspruchsvolle Gesellschaft zwischen Kapitalismus und Sozialismus (...), die Weiterentwicklung der angehäuften Gegensätze kann sowohl zum Sozialismus hin als auch zum Kapitalismus zurückführen« (...). Die neue Verfassung ist eine armselige Tarnung. »In einem Land, wo die Lava der Revolution noch nicht erkaltet ist, brennen den Privilegierten die eigenen Privilegien auf den Fingern« (...). Der »sowjetische Bonapartismus« ist ein »Krisenregime« ... »Eine neue Revolution ist unvermeidlich«... »Heute mehr denn je ist das Schicksal der Oktoberrevolution mit dem Europas und der ganzen Welt verbunden« (...). »Das bürokratische Selbstherrschertum muß der Sowjetdemokratie Platz machen (...). Das setzt voraus, daß den sowjetischen Parteien, angefangen mit der

Partei der Bolschewiki, die Freiheit wiedergegeben wird, und die Gewerkschaften wiederaufstehen.« Das Buch endet mit einer neuerlichen Ablehnung des »Sozialismus in einem Land« und mit einer Kritik der blinden und gefälligen »Freunde« der stalinistischen UdSSR, »Triebfeder des Fortschrittes ist die Wahrheit, nicht die Lüge«.

Es ist uns unerläßlich erschienen, die Ansichten Trotzkis schematisch zusammenzufassen, da wir nun zu einer entsetzlich tragischen Epoche kommen, in der sie durch die unverschämtesten Verleumdungen angezweifelt werden.

III. Der Prozeß Sinowjew-Kamenjew-Iwan Smirnow. Dreizehn Hingerichtete. Trotzki wird angeklagt. Der gerichtliche Betrug

»Plötzlich begannen Tage der Unruhe. Leo Dawidowitsch hatte *Die verratene Revolution* beendet; der Frühling kündigte sich durch junge Blätter, in Blumen und Bächen, in warmen, klaren Tagen im Gebirge an. Wir gingen mit Conrad Knudsen und seiner Frau auf eine Angelpartie. Wir sollten mehrere Tage in einem Landhaus am Ufer eines Sees verbringen, in einer freundlichen Gegend an einem bewaldeten Fjord. Ein Auto folgte dem unseren; wir befürchteten einen Zwischenfall, vielleicht ein Attentat? Als Knudsen die jungen Leute, die in diesem verdächtigen Auto saßen, plötzlich stellte, wurden sie verlegen und gaben die Verfolgung auf ... Aber in unserer Abwesenheit versuchten andere Jugendliche, die einer norwegischen faschistischen Organisation angehörten, bei uns einzudringen; Jordis Knudsen hinderte sie daran. Der Mut eines jungen Mädchens reichte aus, um diese faschistischen oder profaschistischen Burschen, die allerdings unfähig waren, zur Gewalt zu greifen, aus der Fassung zu bringen. Die Episode ließ jedoch erkennen, daß etwas gegen uns im Gange war« (...).

»Einige Tage vergingen ruhig in dem kalten Häuschen am Ufer des Sees (...). In der Nacht vom 14. zum 15. August hörte Knudsen im Radio ein Kommuniqué aus Moskau, in dem bekanntgegeben wurde, daß in fünf Tagen der Prozeß gegen das ›trotzkistisch-sinowjewistische Zentrum‹ beginnen würde, das ›terroristischer‹ Aktivitäten usw. beschuldigt wurde. Ein Gesetzesdekret, das nach der Affäre Kirow erlassen worden war, bedrohte Terroristen mit der Todesstrafe; man ließ ihnen weder das Recht zu berufen noch das Recht, um Gnade zu bitten; die Urteile mußten eine Stunde nach ihrer Verkündung vollstreckt werden (...). Die unglaubliche Anklage wegen ›Terrorismus‹ bedeutete daher, daß Stalin die Absicht hatte, einen legalen Mord zu begehen. Unter den dreizehn Angeklagten befanden sich Sinowjew, Kamenjew, Iwan Nikitisch Smirnow, Jewdokimow, Bakajew, Mratschkowski, der Soldat aus dem Ural, Dreitser, der im Militärzug Trotzkis dabei gewesen war, andere, weniger bekannte Persönlichkeiten und Unbekannte (...). ›Ein Prozeß‹, sagte Leo Dawidowitsch zutiefst erstaunt. Ein öffentlicher Prozeß! Dazu brauchte man Beweise — und die waren unmöglich zu erbringen! Er kannte die Hauptangeklagten zur Genüge, um sofort die Ungeheuerlichkeit der Anklage zu erfassen. Da im übrigen der Bruch zwischen ihnen und ihm seit vielen Jahren vollzogen war — was sollte dann dieses ›trotzkistisch-sinowjewistische Zentrum‹ sein? Eine Erfindung des Politbüros? Würden sich aber alte Revolutionäre zu einer Komödie hergeben, bei der sie ihr Leben riskierten? Leo Dawidowitsch zweifelte nicht daran, daß Stalin Blut vergießen wollte, um endlich die Mitarbeiter Lenins zu liquidieren und um ihn selbst zu treffen — aber wie eigentlich? (...) In dem rustikalen, in fröhlichen Farben gehaltenen Häuschen, in dem man sich gelegentlich so weit weg von allen verbrecherischen Machenschaften fühlen konnte, änderte sich plötzlich alles (...). Selbst der See wurde düster.«

»Wir kehrten beunruhigt nach Weksal zurück. Sowjetische Zeitungen warteten auf uns. Sie meldeten eine Unzahl von Verhaftungen von Parteigenossen, wir wußten, daß auf jeden veröffentlichten Namen Dutzende unveröffentlichter kamen. Es entstand der deutliche Eindruck eines Staatsstreiches der Polizei gegen alle Kämpfer der Revolution und des Bürgerkriegs.«

»Der Prozeß der Dreizehn begann am 19. August 1936 in Moskau. Als wir den Text der von der Moskauer Presse veröffentlichten Anklageschrift erhielten, war bereits alles vorbei, ohne daß Leo Dawidowitsch, der tausendmal erwähnt wurde, Zeit gehabt hätte, eine einzige Lüge zu widerlegen, eine einzige Überprüfung der angeführten Tatsachen zu verlangen. Es waren für ihn Tage des Deliriums, er war plötzlich in einen vollkommen unsinnigen, vollkommen unwirklichen Alptraum geraten. Er kannte die Korruption, die Grausamkeit des Regimes, die unklare — aber absolute — Ergebenheit der meisten Opfer der Partei gegenüber, selbst der vom Generalsekretär erwürgten

Partei gegenüber, aber dieser senkrechte Sturz in einen Abgrund des Wahnsinns erschütterte ihn. Noch kurz zuvor wäre er undenkbar gewesen. Die Depeschen der Presseagenturen, die offiziellen Verlautbarungen häuften Lügen auf Ungereimtheiten, Doppeldeutigkeiten auf Hintergründigkeiten, Täuschungen auf Agitation, eine Fälschung auf die andere, und alle diese Unwahrheiten waren für jedermann erkennbar, der die Menschen und die Tatsachen kannte! Aber wie viele Menschen in der Welt kannten sie? Und alle die vielen, die sie in Rußland kannten, würden unweigerlich umkommen. Für Leo Dawidowitsch und für die wenigen Eingeweihten, das heißt die wenigen Zeugen der russischen Revolution und der Kämpfe der antitotalitären Oppositionsgruppen, die im Ausland überlebt hatten, verurteilte der Prozeß die gesamte aktive Generation von 1917 bis 1923.«

Die Anklageschrift zählt etwa fünfzig Angeklagte auf. Warum werden nur dreizehn abgeurteilt? Weil sie die einzigen sind, die sich bereit erklärt haben, alles zu gestehen, was man ihnen diktiert hat. Von den anderen wird nie mehr gesprochen werden. Staatsanwalt Wyschinski sagt, daß die Akten von etwa zehn von ihnen durch diese Affäre »erledigt« wurden . . . Das ist alles. Alle sterben ohne Prozeß. (Die Dreizehn sind: Sinowjew, Kamenjew, Jewdokimow, Iwan Bakajew, Iwan Smirnow, Ter-Waganian, Holzman, Rheingold, Dreitser, alle bekannte Parteiführer, Moise Lurje, Fritz David, Berman-Jurin, Olberg, weniger prominent.)

Die Angeklagten gestanden, sie gaben das Falsche, das Unmögliche zu, sie phantasierten gemäß den bereits bekannten Rezepten. Einige, wie Iwan Smirnow und Holzman, schienen in manchen Augenblicken im Begriff zu sein, mit ein paar Worten das ganze Gerüst des Staatsanwalts Wyschinski niederzureißen. Dann resignierten sie und gaben zu verstehen, daß sie durch einen während der geheimen Voruntersuchung zwischen ihnen und der Anklage abgeschlossenen Pakt gebunden seien, durch Parteidisziplin, durch die bittere Sorge um ihnen nahestehende Menschen, durch die Gewißheit, erschossen zu werden, wenn sie sich auflehnten. Man hatte ihnen mehrere Fallen gestellt: Vor allem war es bisher immer unmöglich erschienen, die Todesstrafe auf die ältesten Bolschewiki anzuwenden, die sich der Opposition schuldig machen; dann waren kurz zuvor die »Verräter, Saboteure und ausländischen Komplizen« der angeblichen »Industriellenpartei« der Techniker, Ramsin und noch einige, wegen ihrer hervorragenden Verdienste um die Industrialisierung begnadigt und rehabilitiert worden; und schließlich war ein neues Gesetz erlassen worden, das den Dreizehn das Recht einräumte, ein Gnadengesuch einzureichen; außerdem war es wahrscheinlich, daß sie, wenn sie sich zu diesem kolossalen gerichtlichen Betrug hergaben, der gegen Trotzki gerichtet war, wenn sie das Geständnis ihrer Fehler mit Lobgesängen auf Stalin verbanden, den »blendenden« Erfolg seiner Politik zur Errichtung des Sozialismus hervorhoben, so deswegen, weil man ihnen eine Gegenleistung versprochen hatte: die Begnadigung, Gefängnis mit gänzlich von der Welt isolierten Zellen, später die Rückkehr ins Leben.

Im wesentlichen gestanden sie, daß sie eine Art Zentralkomitee gebildet hatten, ein »Zentrum«, nach den Weisungen Trotzkis, der auf geheimnisvolle Art mit der Gestapo in Verbindung stand; daß sie das Attentat Nikolajews auf Kirow im Dezember 1934 organisiert hatten, zu einer Zeit, als Iwan Smirnow bereits seit beinahe zwei Jahren in einer Gefängniszelle lebte, als Sinowjew nach Kurultai, einem Dorf in Kasachstan, verbannt war und Kamenjew nach Minussinsk und alle beide unter strengster Aufsicht standen; außerdem war die Affäre Kirow bereits in mehreren Geheimprozessen von Grund auf geklärt worden, und diesen gerichtlichen Verfahren waren, wie wir gesehen haben, über dreihundert Hinrichtungen gefolgt; sie gestanden, andere Attentate gegen beinahe alle Mitglieder des Politbüros geplant und vorbereitet zu haben, nur (und das war merkwürdig) gegen Molotow nicht (hatte Molotow Einwände gegen diese Inszenierung gehabt?); die weniger prominenten Kommunisten, die in diesem Prozeß angeklagt waren, gestanden, daß Trotzki sie in die UdSSR geschickt hatte, damit sie dort eine terroristische Tätigkeit entfalteten. Von letzteren wußte Leo Dawidowitsch überhaupt nichts, außer von einem: Olberg. Dieser hatte ihm seinerzeit seine Dienste als Sekretär angeboten; da aber der alte deutsche revolutionäre Publizist Franz Pfemfert äußerst ungünstige Auskünfte über ihn erteilt hatte, hatte Leo Dawidowitsch seine Bewerbung abgelehnt. Er hatte — zu spät, um daraus Nutzen ziehen zu können — den Brief Franz Pfemferts gefunden. Obwohl die »Terroristen« angeblich ein Dutzend Attentate vorbereitet hatten, hatten sie kein einziges begangen, sie gestanden nur die Absicht dazu ein, die wie eine erwiesene Tatsache behandelt wurde. Es gab keinen einzigen effektiven Beweis. Die schriftlichen Erklärungen des

Mörders von Kirow, das einzige authentische und unbestreitbare Beweisstück für das einzige stattgefundene Attentat, lag in den Archiven des Politbüros.

»Die ideologische und politische Fälschung konnte der öffentlichen Meinung im Ausland verborgen bleiben. So zum Beispiel zitierte Staatsanwalt Wyschinski, um zu beweisen, daß Trotzki im Kriegsfall den Defaitismus forderte, seine ›These Clemenceau‹: ›Wir werden das tun, was Clemenceau in Frankreich getan hat‹ (...). Wenige Menschen in Rußland wußten, daß Clemenceau, obwohl er die Regierungen vor ihm unbarmherzig kritisierte, immer ein fanatischer Befürworter des Krieges bis zur Niederlage Deutschlands gewesen war. Solche Kleinigkeiten störten den Staatsanwalt nicht, der wußte, daß ihn ein klein bißchen weniger Zynismus das Leben kosten konnte, um so mehr als er bis 1921/1922 selbst in Rußland als Konterrevolutionär (Menschewik) gegolten hatte. Wyschinski änderte eine — viel veröffentlichte — Botschaft Trotzkis, in der die Worte ›Schaltet Stalin aus!‹ vorkamen, in eine ›terroristische Anweisung‹ um; da diese Botschaft nur die Empfehlungen in Lenins Testament wiederholte, ging der ›Terrorismus‹ auf Lenin zurück, was natürlich keine Rolle spielte. Aber die Fälschung flog auf. Holzman, der in Wirklichkeit Leo Sedow in Berlin kennengelernt hatte, wie wir bereits berichtet haben, erklärte, daß Trotzki ihn in Kopenhagen empfangen hätte und daß er ihm mündlich Anweisungen für den Mord gegeben habe. Holzman erklärte auch, daß er Leo Sedow in Kopenhagen im Hotel Bristol getroffen habe. Leo Dawidowitsch informiert sich: Es gibt gar kein Hotel Bristol in Kopenhagen! Wir können mehrere Beweise dafür erbringen, daß Leo Sedow nicht nach Kopenhagen gekommen ist. Wir werden es auch beweisen, aber zu spät, wenn alles vorbei ist. Wir können auch den Nachweis erbringen, daß Holzman in der Woche, die Leo Dawidowitsch in Kopenhagen zugebracht hat, nicht dorthin gekommen ist; Leo Dawidowitsch befand sich in Begleitung einiger Personen, die als Zeugen dienen konnten, und wurde außerdem von der dänischen Polizei sehr streng überwacht. Was soll's? Alle diese Behauptungen sind falsch, aber sie finden Widerhall in den Zeitungen der ganzen Welt, füllen die Spalten der stalinistischen Presse, verwandeln sich in ein — nie mitstenographiertes — Protokoll des Prozesses, das in mehreren Sprachen verbreitet wird (...). Noch monatelang werden unsere Freunde und wir eine Unmenge Beweise für die verbrecherischen Lügen der Anklage zusammentragen. Aus Prag informiert man uns über Olberg; aus Paris über andere Komparsen, wie Lurje, Fritz David, linientreue stalinistische Funktionäre; der ›terroristische‹ Lurje war ein Stubenhocker, Leiter eines Geschichtsinstituts gewesen ... Welch obskurer Zufall hat ihn für diese Rolle ausgewählt?«

»Im Lauf ihrer Geständnisse verwickeln die Hauptangeklagten die gesamte Rechtsopposition in die Angelegenheit, alle alten Führer der Partei, Alexis Rykow, Bucharin, Tomski. Tomski, der offizielle Leiter der sowjetischen Gewerkschaften, wartet nicht so lange, bis man ihn verhaftet, damit er Verbrechen gesteht, an die er nie im Leben gedacht hat: Er erschießt sich mit einem Revolver. Am Ende des Prozesses sind die Angeklagten, die sich selbst so schwer belastet haben, die gräßliche Lügen über sich selbst erzählt haben, am Rande der Verzweiflung. In ihren Schlußerklärungen, vor allem in der Kamenjews, klingt ein beinahe pathetischer Ton an. Sie beschuldigen immer noch Trotzki, weil sie sich dazu gezwungen sehen, aber sie sehen bereits das offene Grab vor sich, sie fühlen, daß sie sich vergeblich besudelt haben. Angeblich lehnt Holzman es ab, das ihm sinnlos erscheinende Gnadengesuch zu unterschreiben. Man könnte annehmen, daß er wissentlich eine falsche Aussage über das Hotel Bristol gemacht hat, um die Schmach des gesamten Prozesses zu demaskieren. Wyschinskis Strafantrag erfolgt mit Worten, die noch kein Staatsanwalt in einem zivilisierten Land in den Mund genommen hat: ›Genossen Richter, ich verlange, daß diese tollwütigen Hunde allesamt erschossen werden, vom ersten bis zum letzten!‹ Auf Tausenden von Versammlungen und Kundgebungen in der gesamten UdSSR wird die gleiche Forderung gestellt, die kommunistische Presse der gesamten Welt fordert das gleiche mit ähnlich lautenden Worten (...). Am 25. August nachts zerschmettern die Kugeln eines aus GPU-Funktionären zusammengestellten Erschießungskommandos dreizehn Schädel. Leo Dawidowitsch und unser Sohn Leo Sedow werden in Abwesenheit zum Tode verurteilt. Stalin erholt sich im Kaukasus; er geht an seiner Riviera unter blühenden Zitronenbäumen spazieren. Er wird sehr zornig, als er die Prozeßberichte liest; er findet, daß Sinowjew und Kamenjew sich — angesichts des Henkers — über ihn lustig gemacht haben, indem sie erklärten, daß sie ›keine politische Plattform besäßen‹ und daß ihre einzige Triebfeder der ›Machthunger‹ war.« Der Prozeß ist schlecht aufgezogen worden, man muß es das nächstemal besser machen. Weitere Prozesse stehen ja bevor.

»Hier wäre ein Name zu erwähnen, der während des Prozesses nie genannt wurde: Jagoda. Alle geheimen Instruktionen gingen vom Volkskommissar für Inneres, dem Leiter der politischen Polizei, Jagoda, aus; und dieser Jagoda hat seine Instruktionen direkt vom Generalsekretär erhalten. Wenn es Menschen gibt, die die ganze Wahrheit über die Hintergründe des Prozesses kennen, so sind dies Jagoda und seine wichtigsten Mitarbeiter ... Also müssen sie verschwinden.«

IV. Trotzki in Sundby, Norwegen. Seine Archive werden in Paris gestohlen

»Ein Alptraum lastet auf dem ruhigen Haus in Weksal. Das in Moskau vergossene Blut verbreitet sogar bis hierher einen üblen Geruch. Unsere Freunde, unsere Gastgeber kennen uns, sie sehen, wie wir leben; aber die reaktionäre Presse ist entfesselt (...). Leo Dawidowitsch hat sich mit gerunzelten Brauen, oft vom Fieber geschüttelt, einer Sisyphusarbeit unterzogen. Mit roten, blauen, schwarzen Bleistiften ausgerüstet, macht er Anmerkungen zu den Berichten, kritzelt Vermerke auf lose Blätter. Sein Arbeitszimmer füllt sich mit gedruckten Blättern und Manuskripten, auf denen es nur so vor Verbrechen wimmelt. Dann verläßt er todmüde das Haus, streckt sich, geht zu den Tannen, betrachtet die Berge, genießt die unglaubliche Ruhe. Im Winterschnee hat er mir einmal, bevor dieser mörderische Wahnsinn ausbrach, gesagt: ›Ich habe von allem genug, von allem, verstehst du?‹ Das ist kein Resignieren, keine Schwäche: Der Revolutionär ist eben auch nur ein Mensch.«

»Er empfängt Journalisten, gibt Interviews. Im allgemeinen treffen wir auf verständnisvolle Sympathie. Die Geständnisse der Erschossenen haben das Maß des Wahrscheinlichen überschritten, ihr Tod — nach den Beteuerungen ihres Patriotismus und ihrer Treue zur Partei, die sie durch eine Art Selbstmord besiegelten — hat das Maß der Grausamkeit überschritten. Man begreift dieses Verbrechen nicht, man erkennt es nur. Es ist schwierig, es aufzuklären. So wie viele tödliche Krankheiten unerklärlich waren, bevor das Mikroskop das Geheimnis der lebenden Zelle und der mit bloßen Augen unsichtbaren Organismen enthüllte, muß das namenlose Übel, das die ›sowjetische‹ Gesellschaft zerfrißt, aus der Ferne an Hand unsichtbarer Äußerungen studiert werden, über die der Staatsanwalt zudem immer Stillschweigen bewahrt. Man müßte unzählige Fakten überprüfen, Pässe, Daten, unzähligen Zeugenaussagen nachgehen; die Angeklagten wurden getötet, noch ehe Leo Dawidowitsch eine einzige persönliche Überprüfung fordern konnte. Ein gewisser Berman-Jurin hat behauptet, daß er Trotzki in Kopenhagen aufgesucht hat ... Wir haben keine Ahnung, wer das sein soll, aber Leo Dawidowitsch kann sich daran erinnern, daß er in Kopenhagen nur eine einzige russisch sprechende Persönlichkeit empfangen hat, deren Identität absolut feststeht. Mehrere Zeugen, die uns keinen Augenblick verlassen haben, können dies bestätigen. (...) Der erschossene Dreitser berichtete, daß er einen mit unsichtbarer Tinte geschriebenen Brief von Trotzki erhalten habe; er machte die Schrift *sichtbar* und schickte dann den Brief an den ebenfalls hingerichteten Mratschkowski in Kasachstan weiter; Mratschkowski erklärt, daß die Schrift *noch nicht sichtbar* war, als er den Brief erhielt: Eine der beiden Aussagen muß also zwangsläufig falsch sein. (...) Der Brief umfaßte etwa zehn Zeilen, aber er enthielt — anscheinend — ›Direktiven zur Sabotage und zum Terrorismus!‹ Vielleicht waren wirklich gefälschte Trotzki-Briefe im Umlauf, mit sichtbarer oder unsichtbarer Schrift.« (...)

»Leo Dawidowitsch stellt einige Berechnungen an: Von den sieben Mitgliedern des Revolutions-Politbüros ist eines tot, Lenin; fünf wurden erschossen oder angeklagt (Trotzki gehört selbst dazu), also ist allein Stalin an der Macht geblieben. Achtzehn Mitglieder des Zentralkomitees wurden bereits oder werden demnächst erschossen. Hundertneununddreißig Angeklagte wurden im Prozeß der Dreizehn aufgezählt: Was ist aus ihnen geworden? Sie gehören alle zur Elite der Revolution. Allein wegen des Attentats auf Kirow, bei dem alles darauf hinwies, daß es sich um die Tat eines einzelnen handelt oder um die Initiative junger, aufgebrachter, verzweifelter Menschen, sind hundertfünfundsechzig Personen hingerichtet worden, wie aus den veröffentlichten Zahlen hervorgeht; dazu kommen noch die Hinrichtungen, von denen man nichts erfahren hat.« (...)

»Am ärgsten ist jedoch der Gewissenskonflikt. Während des Kampfes ging die sozialistische Revolution gegen ihre Gegner unerbittlich vor. Aber sie kämpfte, sie wollte überleben, sie war von tödlichen Gefahren bedroht, sie zog ihr Schwert gegen die Schwerter, die sich gegen sie richteten. Sie verfolgte erhabene Ziele, gerechte, sichtbare, greifbare Ziele; ihre Sprache war direkt, man konnte sie ablehnen, aber man konnte weder an ihrer Aufrichtigkeit noch an ihrer Rechtschaffenheit zweifeln. Jetzt lügen die Männer von 1917 bis 1920, bedecken sich mit Schimpf und Schande, und ehemalige Genossen richten sie hin!«

»Gerade in der Nummer 51 des *Bulletins der Opposition*, die mit dem Datum Juli/August 1936 in Paris veröffentlicht wurde und ein paar Tage vor der Ankündigung des Prozesses der Dreizehn erschien, konnte man eine einleuchtende Erklärung für das ›Geheimnis der Geständnisse‹ finden. Im Gefängnis von Werchneuralsk veröffentlichte und verteilte der sozialdemokratische Historiker Nikolaus Suchanow Schilderungen seiner Unterredung mit den Inquisitoren vor dem Prozeß, in dessen Verlauf er dann die unsinnigsten Geständnisse ablegte. ›Ihr habt von mir das größte Opfer verlangt‹, sagte er im wesentlichen den Männern der GPU, ›ihr habt verlangt, daß ich mich selbst verleumde. (...) Ich habe geglaubt, daß ich mich fügen muß, weil ich annahm, daß diese Vorgangsweise den höheren Interessen der UdSSR dient. Wir — die Angeklagten und die mit der Untersuchung betrauten Personen — haben Rollen eingelernt und richtiggehende Proben der Komödie veranstaltet, die dann in Form eines Prozesses abrollte. Man versprach uns, natürlich, eine bedingte oder formelle Verurteilung. (...) Aber nachdem ihr uns dazu gebracht habt, uns selbst zu verleumden, haltet ihr uns jetzt im Gefängnis fest.‹ (...) (*Brief eines Genossen*, gezeichnet V. S.).«

»Einige Tage vergehen. (...) Die Regierung der UdSSR übermittelt Norwegen einen Drohbrief. ›Die Anwesenheit Leo Trotzkis in Norwegen (...) steht der Aufrechterhaltung normaler diplomatischer Beziehungen im Weg.‹ (...) M. Punterwold, der norwegische Anwalt Leo Dawidowitschs, berichtete, daß der Botschafter Stalins in Oslo, Jakubowitsch, Norwegen mit wirtschaftlichen Repressalien drohte. (Dieser Jakubowitsch verschwand bald darauf in Moskau ...) Trygve Lie, der Justizminister der Arbeiterregierung, verlangte von Leo Dawidowitsch, er möge neue Aufenthaltsbedingungen akzeptieren, darunter fiel der Verzicht auf die Behandlung aktueller politischer Themen in seinen Schriften und die Zensur der einlangenden und abgehenden Post. (...) Das hieße angesichts der Verbrechen Stalins zu schweigen! Leo Dawidowitsch lehnte glatt ab! ›Wenn Sie die Absicht haben, mich zu verhaften‹, sagte er, ›warum wollen Sie dann, daß ich Sie auch noch dazu ermächtige?‹ — ›Aber‹, erwiderte der Minister, ›zwischen einer Verhaftung und der völligen Freiheit kann es ja auch noch ein Zwischenstadium geben...‹ — ›Das zweideutig oder eine Falle ist‹, schloß Leo Dawidowitsch. ›Ich ziehe die Verhaftung vor.‹ — ›Der Minister‹, schreibt er, ›machte mir diese Konzession und erteilte sofort die notwendigen Befehle...‹ Leo Dawidowitschs Sekretär, Erwin Wolf, wurde — ohne Erklärungen — aus Norwegen ausgewiesen... Er reiste ab mit dem glühenden Wunsch, in Spanien gegen Franco kämpfen zu können. Ein anderer Freund, ein deutscher Flüchtling und naturalisierter Norweger, Walter Held, durfte nicht mehr zu uns kommen... Der Leser möge diese beiden Namen im Gedächtnis behalten: Wir werden noch auf das schreckliche Schicksal dieser beiden jungen Leute zu sprechen kommen.«

»Anfang September 1936 wurden wir unter strenger Bewachung nach Sundby, in der Nähe von Storsand gebracht und in einem großen Haus am Ufer eines Fjords interniert. Wir bewohnten den ersten Stock, etwa fünfzehn Polizisten waren im Erdgeschoß einquartiert; wir durften den Hof nicht verlassen. Unsere Korrespondenz wurde zensuriert. Niemand konnte uns besuchen. Um diese Internierung zu legalisieren, hatte ein eigenes Gesetz erlassen werden müssen, denn sie stand im Widerspruch zur Verfassung und wurde über Flüchtlinge verhängt, die sich dem norwegischen Gesetz gegenüber nichts zuschulden hatten kommen lassen.«

»Die ersten Tage der Internierung«, notierte Leo Dawidowitsch, »brachten uns wohltuende Ruhe nach der außerordentlichen Nervenanspannung der ›Moskowiter‹ Woche. Es war gut, allein zu sein, ohne Neuigkeiten, ohne Telegramme, ohne Briefe, ohne Telefonanrufe. Aber sobald wir die ersten russischen Zeitungen erhielten, wurde die Internierung für uns zur Folter. (...) Die Proteste, die Entgegnungen, die Botschaften, die Leo Dawidowitsch abschickte, wurden — ohne Angabe von Gründen — von der Zensur zurückgehalten... Er wollte die gerichtliche Verfolgung der norwegischen Faschisten erreichen, die versucht hatten, in unsere Wohnung einzudringen und uns in ihren Zeitungen verleumdeten. Am 20. Oktober wurde der Justizminister durch ein Gesetz ermächtigt, einem internierten Ausländer die Anstrengung jeglicher Gerichtsverfahren zu untersagen.«

»Leo Dawidowitsch empfahl unseren Freunden im Ausland brieflich, analoge Verfahren gegen seine Verleumder in Paris, Prag, London, und vor allem gegen die Stalinisten einzuleiten. (...) Der Justizminister informierte ihn darüber, daß es ihm untersagt war, irgendwelche gerichtliche oder sonstige Verfahren in die Wege zu leiten, solange er Norwegen noch nicht verlassen hatte. Der Verbannte war damit eindeutig aller seiner Rechte beraubt. Wir fürchteten, daß uns Norwegen der GPU ausliefern würde, auch wenn wir der sowjetischen Staatsbürgerschaft ›enthoben‹ waren.« (...)

»Der Prozeß gegen die jungen Faschisten, die versucht hatten, in unsere Wohnung einzudringen, fand dennoch statt, allerdings unter Ausschluß der Öffentlichkeit. Leo Dawidowitsch konnte dort frei seine Aussage machen, über die Tragödie von Moskau sprechen, die Anklagen zurückweisen, die gegen ihn erhoben wurden, eine neue Tatsache erwähnen, die sich im November 1936 in Paris ereignet hatte.«

»Ein Teil von Leo Dawidowitschs Archiven war im Institut für Sozialgeschichte in Paris in der Rue Michelet deponiert und befand sich dort in der Obhut des russischen sozialdemokratischen Historikers Boris Nikolajewski. Eines Nachts öffneten Einbrecher, die mit einem Auto vorgefahren waren, mittels eines Schweißbrenners die Hintertür, drangen in die Räumlichkeiten des Instituts ein, ließen die historischen Dokumente, die einen gewissen Handelswert besaßen, gänzlich außer acht und nahmen nur die Papiere Trotzkis an sich. (...) Dieser Diebstahl trug deutlich die Handschrift der GPU; die Einbrecher wurden nie entdeckt. Jetzt, da die GPU im Besitz zahlreicher Unterlagen aus dem Besitz Trotzkis war, mußte man das Auftauchen geschickter Fälschungen befürchten ... Und unser Sohn Leo Sedow spürte, wie sich in Paris ein Netz von geheimen, aber ungeschickten Beobachtungen zusammenzog.« (...)

V. Das Asyl in Mexiko. Das Leben in Coyoacán

»Wie konnten wir das gastfreundliche Norwegen verlassen, das zum Gefängnis geworden war? Wohin sollten wir gehen? Es regnete, unter dem verhängten Himmel wurde es kälter, die Polizisten spielten Karten, wir waren einsamer denn je zuvor, zu zweit allein mit sich in wilden Phantasien ergehenden Moskauer Zeitungen. Dort drüben ging das Massaker augenscheinlich weiter, alles triefte vor Niedertracht; die Angeklagten, deren Gewissen abgetötet worden war, erniedrigten sich unerklärlicherweise — vollkommen sinn- und zwecklos, denn wenn man weiß, daß man ohnehin sterben muß, ist es ja schließlich nicht so schwer, standhaft zu bleiben. (...) In der *Prawda* und der *Iswestija* forderte Karl Radek den Kopf des ›Superbanditen Trotzki‹ ... Rakowski, unser ehemaliger bewährter und unternehmungslustiger Freund, schrieb: ›... Kein Mitleid für die trotzkistischen Gestapo-Agenten! Man soll sie alle erschießen!‹ Wir müssen unseren Widerwillen und eine Art Grauen überwinden und den Artikel Pjatakows detaillierter zitieren: ›In der frischen, reinen Luft unseres herrlichen, blühenden, sozialistischen Landes verbreitet sich plötzlich der ekelerregende Gestank eines politischen Leichenschauhauses. (...) Im letzten Stadium der Verwesung stinken (diese trotzkistischen Verbrecher) nicht nur. (...) Man muß sie beseitigen, wie man Aas beseitigt.‹ (...) Alle lobten ›unseren geliebten Führer Stalin‹. Man zwingt sie, das zu schreiben oder zu unterschreiben und am nächsten Tag verhaftet die GPU sie genauso wie Tausende andere; sie sind nichts als Hingerichtete mit Bewährungsfrist. (...) Sie waren einmal stolz, mutig, intelligent, Sozialisten durch und durch. Wie ist das zu verstehen? Wie kann man so etwas dulden?«

»Am anderen Ende der Welt arbeiten unbekannte Freunde an unserer Rettung. Amerikanische und mexikanische Freunde intervenieren bei General Lazaro Cardenas, dem Präsidenten der Vereinigten Staaten von Mexiko. Unter ihnen befanden sich der Publizist Antonio Hidalgo und der Freskenmaler Diego Rivera. Wir kannten weder den einen noch den anderen. Präsident Lazaro Cardenas hatte sich vor der Weltöffentlichkeit bereits zu seiner Überzeugung bekannt, indem er für die spanischen Republikaner eingetreten war; er gewährte uns Asyl. Im Dezember 1936 schifften wir uns in Oslo auf dem norwegischen Öltanker *Ruth* ein. Ein Polizeioffizier, Jonas Lie, reiste mit uns. Da wir die einzigen Passagiere sind, sitzen wir zu viert am Tisch des Kapitäns. Wir werden unsere Freunde, die Knudsens, Walter Held und noch einige nicht mehr wiedersehen. (...) Die See ist stürmisch, das Schiff schlingert, wir fahren ins Unbekannte. Leo Dawidowitsch macht ruhig Notizen. Am 1. Januar 1937 feuert die Alarmkanone der *Ruth* in der Einsamkeit des Ozeans zwei Begrüßungsschüsse für das neue Jahr und die Zukunft ab (...), kein Echo erwidert sie. Wir dürfen nicht Radio hören; für unsere Nerven ist das gut. Achtzehn Tage lang ist der Tanker auf einer ungewohnten Route unterwegs. Es wird wärmer, die Hitze der Tropen beginnt sich bemerkbar zu machen. Am 9. Januar fahren wir in den Hafen von Tampico ein. Leo Dawidowitsch teilt Jonas Lie mit, daß er nur bereit ist, an Land zu gehen, wenn wir von Freunden abgeholt werden. Die GPU hat, wie überall, auch in Mexiko ihre Agenten. Das Eintreffen eines Schnellboots zerstreute unsere Bedenken. Ehrliche, lächelnde Gesichter bgrüßten uns: unser amerikanischer Freund Max Schachtmann; Georg Nowak, der sich als Sekretär des Verteidungskomitees für Trotzki in den Vereinigten Staaten vorstellte, die Künstlerin Frida Kahlo de Rivera, die Frau des Malers Diego Rivera; Journalisten, mexikanische Funktionäre, Genossen, alle freundschaftlich, freundlich, spontan, glücklich, uns begrüßen zu dürfen! Aus New York traf eine Flut ermutigender Nachrichten ein. Auf dieser Seite der Erdkugel rüttelte das Verbrechen mehr als sonstwo das Gewissen auf. Wir atmeten befreit auf.«

»Ein von der mexikanischen Regierung zur Verfügung gestellter Zug führte uns durch unbekannte, sonnenverbrannte, mit Palmen und Kakteen bestandene Gegenden. Die Berge leuchteten. In einer kleinen Station erwarteten uns Antonio Hidalgo und Fritz Bach: ein Sozialist Schweizer Abstammung, ein ehemaliger Kampfgefährte Emiliano Zapatas. (...) Alle Sicherheitsmaßnahmen wurden hinfällig, als uns eine Menge unbekannter Freunde überschwenglich begrüßte. Ich bemühte mich, das einzige Gesicht nicht aus den Augen zu verlieren, das ich kannte: das Gesicht Frida Kahlos. Man ersuchte uns, in einem Auto Platz zu nehmen, in dem sich bereits Polizisten und Personen befanden, die wir noch nie gesehen hatten. Eine Befürchtung stellte sich ein: Würden wir nicht vielleicht trotz allem in eine neue Gefangenschaft gehen? Wir stiegen in einem Vorort von Mexiko City aus. Ein niedriges, blaues Haus, ein Patio voller Pflanzen, kühle Räume, Sammlungen präkolumbianischer Kultur, eine Überfülle an Bildern. (...) Wir befanden uns auf einem anderen Planeten, bei Frida Kahlo und Diego Rivera.«

»Wir erfuhren endlich viele Tatsachen, von denen wir infolge unserer strengen Haft in Norwegen noch nichts wußten. Der Prozeß der Dreizehn hatte die denkende Welt wirklich erschüttert. Daß Staatsmänner, kampferprobte Revolutionäre, bereit waren, gegen sich selbst auszusagen, und zwar in Übereinstimmung mit einem skrupellosen Staatsanwalt, daß sie bereit waren zu lügen, um sich noch gründlicher zu beschuldigen, und daß sie schließlich doch hingerichtet wurden, nachdem sie diese außergewöhnlichen Beweise ihrer Unterwerfung vor der Partei erbracht hatten, widersprach der Psychologie der westlichen Welt.

›Ein Hexenprozeß‹, schrieb Friedrich Adler, der mit gutem Grund das Mittelalter zitierte. Für Leo Dawidowitsch, für mich, für eine kleine Anzahl informierter Personen gab es kein Geheimnis um diese Geständnisse. Seit 1927 waren Sinowjew, Kamenjew und unzählige andere ehemalige Oppositionelle den Weg der Kapitulation gegangen, ohne ihr Gewissen zum Schweigen bringen zu können, in der Hoffnung, daß es ihnen die Umstände eines Tages ermöglichen würden, alles laut auszusprechen. Sie waren um die Fünfzig, durch die Verfolgung, die Gefängnisse, das über ihren Angehörigen schwebende Damoklesschwert zerbrochen, sie befanden sich in einer immer bedrückenderen sozialen Atmosphäre. Wie sehr sie sich auch verleugneten, sie stellten weiterhin eine Gefahr für den Totalitarismus dar, dessen schwere politische Verantwortung sie nicht teilten. Im Namen der Partei, für die sie gelebt hatten, verlangte Stalin von ihnen äußerste Selbstverleugnung. Bedeckt euch mit Schmutz, damit ihr euch unwiderruflich in meine Gewalt begebt und damit ihr Trotzki diskreditiert! Sie willigten ein, sie hatten ja überhaupt nur diese winzige und entwürdigende Möglichkeit, sich zu retten oder einfach in der Dunkelheit erschossen zu werden, wie jene, die sich weigerten, in dieser Komödie mitzuspielen.«

VI. Zweiter Moskauer Prozeß gegen alte Bolschewiki. Trotzki wieder angeklagt. Pjatakows Lüge. Die Sabotage. Massenhinrichtungen

»Am 30. Januar 1937 ging in Moskau ein zweiter Prozeß zu Ende, der der Siebzehn. Der Alptraum dauerte weiter an, verbreitete sich über das ganze Land, die Hinrichtung der Siebzehn ließ weitere Erschießungen befürchten. (...) Wir lauschten den Nachrichten, lasen die einlangenden Briefe, die Moskauer Zeitungen, und der Wahnsinn, die Sinnlosigkeit, die Schmach, das Blut überschwemmten alles um uns, in Mexiko genau wie in Norwegen, und wie in der ganzen übrigen Welt. (...) Leo Dawidowitsch legte den Bleistift kaum mehr aus der Hand; überreizt, überanstrengt, oft von Fieber geschüttelt, hielt er die Fälschungen, die Lügen unermüdlich fest; es waren ihrer so viele, daß es unmöglich wurde, sie alle zu widerlegen. Die ungeheure Regierungsmaschinerie lief auf Hochtouren, um Betrug und Verbrechen hervorzubringen und kümmerte sich überhaupt nicht um die Wahrscheinlichkeit ihrer Behauptungen. Während Leo Dawidowitsch einen Vorgang notierte und kommentierte und dazu Einsicht in Dokumente nehmen und Zeitangaben vergleichen mußte, um ihn der Öffentlichkeit begreiflich zu machen, ereigneten sich zehn, zwanzig weitere Terrormaßnahmen. Das Resümee des Protokolls über den Prozeß der Siebzehn — bei dem aus gutem Grund kein Stenogramm aufgenommen worden war! — umfaßt allein sechshundert Seiten!«

»Die zweite Wagenladung, die Stalin dem Henker überantwortete, bestand diesmal aus Juri Pjatakow, stellvertretendem Volkskommissar für die Schwerindustrie; Karl Radek, dessen enge Freundschaft mit Stalin noch bis vor kurzem in Moskau eine anerkannte Tatsache gewesen war; Sokolnikow, einem Wirtschaftswissenschaftler, Diplomaten und Finanzmann; Serebrjakow, dem ehemaligen Sekretär des Zentralkomitees, der sich in Amerika während Wirtschaftsverhandlungen einen Namen gemacht hatte; Muralow, dem unternehmungslustigen Oppositionellen, Helden des Bürgerkriegs wie Drobnis und Boguslawski (letzterer war ehemaliger Sekretär des engeren Rats der Volkskommissare), ein stellvertretender Volkskommissar für das Transportwesen, Liwschitz, der erst kürzlich für seine Verdienste um die Industrialisierung ausgezeichnet worden war; leitende Persönlichkeiten der chemischen Industrie und einige Unbekannte. Das Verfahren der Anklage erinnerte an die Verquickung, die Fouquier-Tinville während der Französischen Revolution erfunden hatte; es bestand darin, daß man bedeutende politische Persönlichkeiten, Leiter der Produktion und obskure Individuen, vielleicht Spione, Doppelagenten, Denunzianten, echte Verbrecher gemeinsam auf eine Anklagebank setzte, so daß sie einander gegenseitig besudelten. Trotzki und Leo Sedow waren wiederum die Hauptangeklagten. Außer Muralow hatten alle Beschuldigten schon seit 1927/1928 mit ihm gebrochen, und er hatte wiederholt ihre politische Haltung gebrandmarkt.«

Vom ersten Verhandlungstag an taucht jetzt ein neuer Anklagepunkt auf: Sabotage. Es geht darum, daß man die unwahrscheinliche Schlamperei bei der Industrialisierung, den katastrophalen Zustand des Transportwesens, die Unfälle, über die es erschreckende statistische Zahlen gibt, die Notlage der Arbeiter der »trotzkistischen Sabotage« in die Schuhe schieben kann. Daß Trotzki in seinen Schriften, die in Rußland unauffindbar sind, unaufhörlich verlangt hat, man solle die chaotischen, willkürlichen und gewaltsamen Methoden in der Produktion aufgeben, stört dabei niemanden; wenn man fünfzigtausend Menschen auf die Anklagebank bringen wollte, würde Staatsanwalt Wyschinski erwidern, daß sie bereits verhaftet sind und daß die Verhaftungen weitergehen ... Entsetzt und angeekelt hören wir, wie ein vor Scham stammelnder und stotternder Angeklagter, der ehemalige stellvertretende Volkskommissar für das Transportwesen, Liwschitz, zugibt, daß er in Befolgung »trotzkistischer Direktiven« Zugsentgleisungen organisiert hat; der Leiter des Eisenbahnnetzes Ural-Süd, Knjasew, gesteht, daß er 1934 mit Hilfe seiner Komplizen etwa zehn schwere Unfälle und dreitausendfünfhundert Schadensfälle verursacht hat. Im Bericht der *Temps* heißt es, daß dieser Knjasew dem Trotzkismus dreitausendfünfhundert Zugsunglücke zur Last legt, aber im offiziellen Bericht scheint diese Zahl nicht auf ... Es spielt keine Rolle mehr ... Wir wollen uns einen Augenblick lang mit dem Problem der Sabotage befassen — das in den Augen aller, die während der Fünfjahrpläne in Rußland gelebt haben, keinesfalls ein Problem darstellt. Die Angeklagten gestehen, daß sie auf folgende Art und Weise Sabotage betrieben haben: Sie »verschwendeten Geldmittel, indem sie die Errichtung von zweitrangigen Betrieben planten«; sie »sorgten dafür, daß die Anlagen nicht innerhalb der von der Regierung vorgesehenen Frist in Betrieb genommen werden konnten«; sie »verzögerten die Errichtung von Fabriken«; sie »zogen Lokomotiven vor der Zeit aus dem Verkehr, sabotierten den Zugfahrplan, sorgten für Stauungen in den Bahnhöfen« und »sandten unvollständig reparierte Lokomotiven wieder auf die Strecke ...« Jeder weiß, daß der Ingenieur, der beschloß, eine *nicht genügend* beschädigte Lokomotive in die Reparaturwerkstatt zu schicken, eine Anklage wegen Sabotage riskierte; und wenn er zögerte, eine *gebrauchsfähige, aber nicht vollständig instandgesetzte Lokomotive* wieder einzusetzen, riskierte er die gleiche Anklage ... Jeder weiß, daß die Bauten infolge des Mangels an Material, Werkzeug und Waggons immer hinter dem Plansoll zurückblieben — während Stalin die Erfüllung des ersten Fünfjahrplans innerhalb von nur vier Jahren anordnete, was Trotzki »den widersinnigen Galopp der Industrialisierung« nannte. Jeder in Rußland weiß, daß ein Techniker, der sich weigert, mit minderwertigem Material zu arbeiten, beschuldigt wird, den Fünfjahrplan zu sabotieren; wenn er bereit ist, mit diesem Material zu bauen, kann er allerdings wieder beschuldigt werden, sich nicht an die Verordnungen über die Qualität der Arbeit gehalten zu haben; wenn er Vorsichtsmaßnahmen ergreift und deshalb Memoranden an die vorgesetzten Behörden schickt, kann oder wird er zur Verantwortung gezogen werden, »weil er die Sabotage mittels des Papierkriegs verteidigt hat« (wie es im Prozeß gegen die Ingenieure der Fall war). Jeder weiß, daß während der Zeit des Terrors die meisten Statistiken gefälscht waren, daß die Ersteller des Plans, die nichts so sehr fürchteten, als dem Politbüro zu mißfallen, versuchten, mit immer neuen Improvisationen Zeit zu gewinnen; daß eine unglaubliche Schlamperei herrschte, die die Arbeiter heroisch ertrugen, der die Mehrzahl der Techniker durch kluge Maßnahmen und ihre Aufopferungskraft Trotz boten ...

Der Leiter der chemischen Industrie gibt zu, daß seine trotzkistischen Mitarbeiter absichtlich Unfälle verursacht haben, bei denen Proletarier ums Leben gekommen sind; in einem Fall hat dieser Ratajtschak persönlich die Aufräumungsarbeiten in dem zerstörten Teil einer Fabrik geleitet. Diese Rettungsaktion hat das Leben von fünfzehn Arbeitern gekostet, jedoch wurden durch sie zweihundert gerettet. Wyschinski legt ihm die Toten zur Last ... Von 1932/1933 an ist die Lage in Rußland so schrecklich, daß von einer ungeheuren Sabotage die Rede ist, die irgendwo in der Führungsspitze organisiert wird, und daß die alten Bolschewiki in vertrautem Kreis oft leise den genialen Führer Stalin beschuldigen. Sie sagen es deutlich 1932 im Dokument Rjutins. Eine Art von spontanem, beinahe einmütigem Widerstand gegen diese Regierungssabotage, gegen dieses unmenschliche Regime erwacht überall gleichzeitig. Wenn der Plan nicht in der vorgeschriebenen Zeit verwirklicht werden kann und wenn man das nicht laut aussprechen darf, versucht man zumindest, die Folgen zu mildern; man schränkt die Überanstrengung ein, man schützt Maschine und Arbeiter so gut man kann vor Abnützung und Unfallgefahr: Sabotage!

Bei der Abendverhandlung vom 23. Januar 1937 gibt der ausgemergelte, blasse Pjatakow, dessen Gesicht unter dem graumelierten Bart eingefallen ist, eine so sensationelle Erklärung ab, daß erstauntes Gemurmel durch den Saal geht und daß die Journalisten, die ausländischen Diplomaten ihren Ohren nicht trauen. Pjatakow gesteht, daß er sich Mitte Dezember 1935 mit einem gefälschten Paß mit dem Flugzeug von Berlin nach Oslo begeben hat, daß er in Oslo eine lange Unterredung mit Trotzki hatte; daß Trotzki ihn über seine Verhandlungen mit

Rudolf Heß, dem zweithöchsten Mann in der Nazihierarchie, bezüglich des bevorstehenden Krieges gegen die UdSSR informiert hat*, daß Trotzki ihm befohlen hat, die terroristischen Aktionen und die Sabotage zu verstärken ... Bereits am nächsten Tag fliegt der Prozeß auf, es steht fest, wird bewiesen, daß das Geständnis, das die Inquisitoren Pjatakow diktiert haben, gefälscht ist. Der Leiter des Flugplatzes Kjeller bei Oslo gibt bekannt, daß zwischen dem 19. September 1935 und dem 1. Mai 1936 kein einziges ausländisches Flugzeug bei ihm gelandet ist. Konrad Knudsen, Erwin Wolf, alles Personen aus Trotzkis Umgebung in Weksal, bestätigen, daß kein einziger ausländischer Besucher im Dezember bei ihnen, und daß Trotzki nie abwesend war. Von Coyoacan aus schickt Leo Dawidowitsch dem Gerichtshof telegrafisch eine Liste von Fragen, die man dem Angeklagten Pjatakow stellen soll, um so eindeutig zu beweisen, daß dessen Behauptungen falsch sind. Pjatakow hat zum Beispiel gesagt, daß die Fahrt vom Flugplatz nach Weksal eine halbe Stunde gedauert hat, während man im Winter zwei Stunden dazu braucht. Wer hat ihn hingebracht? Wie? Wohin, wenn es nicht Weksal war? An welchem Tag genau? Wer hat ihn empfangen, in welchem Haus? Wo hat er die Nacht vor der Rückreise verbracht? Auf welche Weise ist er zurückgekehrt? Die mit ausländischen Missionen betrauten Mitglieder der Sowjetregierung werden Tag und Nacht von der GPU bewacht. Es wird Tag für Tag Protokoll über ihre Tätigkeiten geführt. Telegramme und Dementis treffen rechtzeitig in Moskau ein, werden aber während des Prozesses überhaupt nicht erwähnt. Die Presse übergeht sie mit Stillschweigen. Staatsanwalt Wyschinski ist übrigens vorsichtig genug, dem Beschuldigten keine einzige unangenehme Frage über Daten, Fakten, Namen zu stellen. So erfahren das Militärgericht beim Obersten Gerichtshof unter dem Vorsitz von V. V. Ulrich, Staatsanwalt Wyschinski und das Politbüro rechtzeitig, daß Pjatakows Geständnisse unzweifelhaft

* Da Heß beim Nürnberger Prozeß auf der Anklagebank saß, hätten der russische Richter und der russische Staatsanwalt ohne weiteres die Möglichkeit gehabt, ihn über diese »Verhandlungen« zu befragen. Amerikanische und englische Schriftsteller und Journalisten richteten an den Vorsitzenden, an die Mitglieder des Gerichtshofes, an mehrere Staatsanwälte einen öffentlichen Antrag und verlangten, daß Heß zu diesem besonderen Punkt verhört werden solle. Das war eine Herausforderung der Russen; diese hüteten sich aber, darauf einzugehen. Sie griffen auf die Formulierung des Vorsitzenden Delegorgue im Prozeß Zola zurück und verlangten, daß keine unangenehmen Fragen gestellt würden.

falsch sind. Ein Grund mehr, Pjatakow sofort zu erschießen. Das Gericht kann im übrigen nichts aus eigenem tun: Es befolgt die Befehle des Politbüros, das heißt des »genialen Führers« Stalin. Diese Justiz hat nichts mit der doch auch unvollkommenen Rechtsprechung aller zivilisierter Länder gemeinsam. Richter und Staatsanwalt zittern bei dem Gedanken, daß sie zu wenig Eifer bei der Durchführung der erhaltenen Befehle an den Tag legen könnten. Sie wissen, daß der Regisseur des Prozesses der Dreizehn, Jagoda, seiner Funktion als Volkskommissar des Inneren, als Leiter der politischen Polizei enthoben worden ist, und daß ganz Moskau seine Verhaftung erwartet . . .

Wladimir Romm, Korrespondent der *Iswestija* in Paris, tritt nur als Zeuge auf (warum?). Er gesteht, daß er Ende Juli 1933 Trotzki im Bois de Boulogne getroffen hat; Trotzki hätte ihm einen Brief an Radek anvertraut, der wieder einmal »terroristische Direktiven« enthielt. Dieser Brief wurde, genau wie alle anderen, von denen noch die Rede sein wird, weder aufbewahrt noch fotografiert noch abgefangen, so daß es keine Spur von ihm gibt . . . Obwohl Staatsanwalt Wyschinski von Romm auch nicht mehr Präzision verlangt als von Pjatakow, ist es klar, daß es sich um ein falsches Geständnis handelt. Trotzki ist am 24. Juli 1933 in Frankreich eingetroffen; er ging im Morgengrauen in Cassis, in der Nähe von Marseille, an Land, und begab sich in Begleitung von Freunden und eines Beamten der Pariser Sûreté nicht nach Paris, sondern nach Saint-Palais, im Departement Charente-Maritime, das ziemlich weit von Paris entfernt ist. Dort blieb er, von Freunden umgeben, von der Polizei überwacht, bis zum 9. Oktober. Wir können diese Tatsache durch achtundzwanzig direkte und indirekte Zeugen belegen . . . Man darf annehmen, daß die GPU gefälschte Trotzki-Briefe produzierte, was leichter war, als falsche Geständnisse zu erzwingen.

Wir erfahren, daß es an allen Ecken und Enden Rußlands »terroristische Gruppen« gegeben hat, die merkwürdigerweise immer von alten Bolschewiki geleitet wurden und denen, trotz ihrer großen Anzahl, kein einziges Attentat geglückt ist. Woher wir das wissen? Weil die Angeklagten immerfort miteinander über die »Direktiven Trotzkis« und über Attentate sprechen. Um die Glaubhaftigkeit erschüttern zu können, prüfen wir stundenlang ein angebliches Attentat, das in Sibirien auf Molotow verübt wurde: Der Chauffeur sollte das Auto in eine Schlucht abstürzen lassen, bekam es aber mit der Angst zu tun. Das ist alles. Und das in einem Land, in dem der revolutionäre Terrorismus unter dem alten Regime über Techniker und eine Tradition sowie über langjährige einschlägige Erfahrungen verfügte! Wir erkennen, daß es einen Befehl geben muß, auf Grund dessen alle Unzufriedenen, alle alten und jungen Parteimitglieder, die murren, verzweifelt, empört sind, einfach als »trotzkistische Terroristen« bezeichnet werden. Der Autor dieses Buches hat seinerzeit eine große Zahl von »Terroristen« gekannt, die während des Prozesses erwähnt, dann aber hingerichtet werden, ohne jemals als Angeklagte in einem Prozeß aufzuscheinen. Zum Beispiel Sachs-Gladnew und Tiwel (dieser wird gemeinsam mit Sinowjew hingerichtet). Sachs-Gladnew war ein alter, gebildeter Marxist, belesen, ein gewissenhafter Verleger, der gern gut lebte, an seiner Überzeugung festhielt, aber zu derlei Taten einfach nicht fähig war. Tiwel, ein junger Publizist, widmete sich der Theosophie und studierte den Hinduismus ... Eine weitere »terroristische Gruppe« bestand aus den jungen marxistischen Historikern Seidel, Friedland, Wanag, Pjontkowski, die mittelmäßige Bücher verfaßt hatten und von Anfang an eifrige Stalinisten gewesen waren. Pjontkowski wurde dadurch bekannt, daß er nach dem Sturz Trotzkis seinen Leitfaden der Geschichte der Oktoberrevolution umschrieb, um Stalins Rolle darin zu vergrößern ...

Karl Radek rettet gewissermaßen den Prozeß der Einundzwanzig, weist jedoch gleichzeitig darauf hin, daß keine echten Beweise vorhanden sind. »Alles beruht auf meinen und Pjatakows Geständnissen. Pjatakow erklärt, daß er nicht um der Wahrheit willen gesteht, sondern wegen des ›allgemeinen Wohls‹.« Kurz, er streicht seine Verdienste hervor. Er warnt »die Trotzkisten in Spanien, Frankreich und den anderen Ländern, daß es sie ihren Kopf kostet, wenn sie nicht aus unserem Beispiel lernen«. Merken wir uns diese Worte, die in Barcelona und Paris blutig bestätigt werden sollten. Radek erhellt auch die Hintergründe des Prozesses. Monatelang hat er geleugnet und »die Wahrheit gesagt«. Dann, als die Untersuchungsrichter ihm fünfzehn Akten mit den Geständnissen der anderen Angeklagten vorlegen, hat er »die Sinnlosigkeit des Widerstands« eingesehen. Natürlich.

Staatsanwalt Wyschinski spricht stundenlang, um zu beweisen, daß Trotzki seit 1904 ein Gegner Lenins und Saboteur der russischen Revolution gewesen ist. Er zeigt Rührung bei der Erwähnung der Opfer der Eisenbahnunglücke. Er ist empört, als er die wirklich widerlichen Artikel zitiert, die Radek und Pjatakow vor ihrer Verhaftung schreiben mußten. Er verliest Stellen aus dem *Bulletin der Opposition* und verfälscht sie dabei gleichzeitig ... Und man erschießt in der Nacht vom 1. zum 2. Februar 1937 die Gefährten Lenins, Pjatakow, Muralow, Serebrjakow, die Oktoberkämpfer und Regierungsmitglieder Drobnis und Boguslawski, Planer und Leiter von Industrieanlagen, *Agents provocateurs*, Spione, Opfer, insgesamt siebzehn Verurteilte. Vier werden verschont: zwei gelehrige Komparsen des großen Schauspiels: Sokolnikow und Karl Radek.

Wir wollen bei diesem Prozeß auf ein psychologisches Detail hinweisen, das Leo Dawidowitsch am Rand des Berichts notiert. Die Anklage geht von der totalitären Denkweise aus, deren Voraussetzung absoluter Gehorsam dem genialen Führer gegenüber ist. Wozu hätten Verschwörer »Direktiven Trotzkis« gebraucht? Jene Angeklagten, die mit Trotzki bis 1928 in Verbindung standen und weitgehend seine Ansichten teilten, diskutierten weiterhin mit ihm, bis es zum Bruch kam. Die Linksopposition verfügte über große, angesehene Männer, hatte aber keinen »Führer« und wendete sich gegen die Notwendigkeit eines Führers. Die authentischen Trotzkisten in den Gefängnissen Stalins — ich hoffe, daß sie diese Bezeichnung als Huldigung für den »Alten« akzeptieren — nennen sich selbst »die Linksopposition der leninistischen Bolschewiki« und stellen die Ideen Trotzkis immer wieder leidenschaftlich zur Diskussion. Die autoritären »Direktiven« sind das Produkt einer durch den neuen Absolutismus verdorbenen Phantasie.

Über diese Frage wollte Leo Dawidowitsch eine Rede halten, die telefonisch nach New York übertragen werden sollte. Am 9. Februar 1937 stellten sich 6500 Zuhörer ein, aber die Übertragungsgeräte waren der Sabotage zum Opfer gefallen. Leo Dawidowitschs Text mußte an Ort und Stelle verlesen werden; da man eine Aktion dieser Art für möglich hielt, hatte er ihn bereits vorher an das Komitee in New York geschickt. »Wenn durch eine unparteiische Untersuchung«, sagte er ausdrücklich, »festgestellt wird, daß ich auch nur an einem Bruchteil dessen, wessen mich die Fälscher bezichtigen, schuldig bin, verpflichte ich mich, mich selbst freiwillig den Henkern der GPU zu stellen!«

VII. Die Ermordung von Trotzkis jüngstem Sohn Sergej Sedow in Krasnojarsk

Im Haus in Coyoacan spuken die Gesichter der Gefolterten, der Verschleppten, derer, die ihnen täglich nachfolgen, und derer, die nach ihnen unausweichlich diesen Weg gehen werden. Und vielleicht ist Leo Dawidowitsch der einzige Mensch auf dieser Welt, der das Ausmaß und die Tiefe der Höllenkreise ermessen kann, in die die russische Revolution nun versinkt. Er arbeitet, denn er muß dem Verfall des sozialistischen Gewissens sein starkes Herz, die unerschütterliche Wahrheit, allgemein verständliche Gedanken sowie eine zusammenhängende Erklärung im Sinne der marxistischen Soziologie und der revolutionären Theorie entgegenstellen. Er muß die Erkenntnisse der Revolution und das revolutionäre Gedankengut retten, die sonst in diesem ungeheuren Delirium untergehen ... Leo Dawidowitsch plant neue Werke, sendet eine Zeitlang beinahe täglich Artikel an die *New York Times*, veröffentlicht Analysen und Essays im *Bulletin de l'Opposition*, bringt in Paris *Die Verbrechen Stalins* heraus, 376 Seiten ... Eine harte Arbeit, eine bittere Arbeit.

Und der blutige Wahnsinn dauert weiter an ... Wenige Tage nach der Hinrichtung seines Mitarbeiters Pjatakow stirbt plötzlich Sergej Ordschonikidse, Volkskommissar für die Schwerindustrie, infolge eines Herzanfalls. Während einer Sitzung des Politbüros überfällt ihn Übelkeit. Es ist bekannt, daß er oft vehement protestiert, so wie er seinerzeit manchmal gegen die Unterdrückung der Opposition Einwände erhoben hatte. Der Prozeß der Einundzwanzig mußte ihn niederschmettern ...

»Ein Kommuniqué von nur einigen Zeilen meldet die Hinrichtung von dreiundachtzig ›Trotzkisten‹ im Fernen Osten. Unser Sohn Sergej Sedow (denn unsere Kinder tragen meinen Namen), achtundzwanzig Jahre alt, war nach Krasnojarsk in Zentralsibirien deportiert worden, wo ebenfalls Erschießungen stattfinden ... Die Moskauer Zeitungen erwähnen seinen Namen; in der Fabrik, in der er gearbeitet hat, ist es zu einem Unfall gekommen, er wird beschuldigt, ›eine Massenvergiftung der Arbeiter durch Gas‹ organisiert zu haben ... Die psychologische Perversion der Henker setzt uns nicht mehr in Erstaunen. Wir sehen einander schweigend an. Die Worte haben ihren Sinn verloren, die Vernunft gerät ins Wanken angesichts dieser Häufung von Verbrechen, dieses Irrsinns der Vernichtung. Ich schreibe, wir schicken der Presse einen Appell *An das Weltgewissen!* Ich verteidige — vergeblich, das weiß ich wohl — unseren verschwundenen, unseren unschuldigen Sohn. Sein letzter Brief, datiert mit 12. Dezember 1934, über zwei Jahre alt, liegt vor mir auf dem Tisch. Ich zitiere die eng geschriebenen Zeilen. ›Meine Situation‹, schrieb er, ›ist schwierig, unendlich schwierig, so schwierig, daß man es sich gar nicht vorstellen kann (. . .).‹ Was hat er während dieser Jahre erlitten? Er hat sich nie sehr für das politische Leben interessiert. Als Schüler wollte er nicht der kommunistischen Jugend beitreten . . . Wir versuchten nicht, ihn dazu zu zwingen. Er liebte Literatur, Musik, Sport. Wir hofften, daß seine geistige Entwicklung ihn unseren Ideen näherbringen würde, aber statt dessen begeisterte er sich zuerst für Mathematik und dann für Industrietechnik (. . .). Wir wissen, daß er ungefähr 1935 verhaftet wurde, daß er etwa acht Monate im Gefängnis verbrachte, daß er nach Krasnojarsk verbannt wurde, daß die GPU ihm gestattete, als Ingenieur in einer Fabrik zu arbeiten (. . .). Konnte man Trotzkis Sohn am Leben lassen? Ich versichere verzweifelt, daß er unschuldig ist, daß er rechtschaffen ist, daß er die Arbeit, das Land, die Männer der Arbeit liebt (. . .). Wird denn niemand die Stimme erheben, um ihn zu verteidigen? Niemand, außer unseren Freunden. Kein Prozeß. Die Henker schweigen. Sergej Sedow wird nichts gestehen und zweifellos mit der Empörung, die ihm das Bewußtsein seiner Unschuld verleiht, anklagen. Wir werden es nie erfahren, nie mehr.«

»Leo Dawidowitsch durchlebt Augenblicke der Niedergeschlagenheit. ›Vielleicht‹, sagt er mir, ›hätte mein Tod Sergej gerettet . . .‹ Manchmal empfindet er eine Art Bedauern darüber, daß er noch am Leben ist.«

VIII. Die Untersuchungskommission für die Moskauer Prozesse unter dem Vorsitz von John Dewey befragt Trotzki in Mexiko

Es ist ein ausgeprägter Charakterzug der amerikanischen Gesellschaft, daß alle Klassenprozesse, in denen ungerechte Urteile gefällt werden, energische und langdauernde Protestbewegungen ins Leben rufen. 1892 übernahm der Gouverneur von Illinois, Altgeld, die Verteidigung der verurteilten Anarchisten, die die Hinrichtung der »Märtyrer von Chicago« überlebt hatten.

Clarence Darrow schrieb eines der größten Kapitel seines Lebens mit der Verteidigung von Ettor und Giovanetti. Der Kampf um das Leben der beiden Anarchisten Sacco und Vanzetti dauerte sieben Jahre ... Die Prozesse von Moskau, die Verfolgung eines ehemaligen verbannten Revolutionärs, erregten die öffentliche Meinung der ganzen Welt — und erweckten Sympathie —, und die Bewegung war nirgends umfassender, nachhaltiger als in den Vereinigten Staaten. Das amerikanische Komitee für die Verteidigung Leo Trotzkis erhielt Hunderte von Beitrittserklärungen, unter denen man zunächst die der hervorragenden Intellektuellen wie Franz Boas, James Burnham, John Dewey, John Dos Passos, Max Eastman, James T. Farrell, Sidney Hook, Dwight MacDonald, Reinhold Niebühr, Norman Thomas, Carlo Tresca erwähnen muß. In der Liste schienen alte Gegner des Bolschewismus auf wie Max Nomad, Liberale, Wissenschaftler, Theologen wie Niebühr, Kämpfer wie Tresca*. Eine junge Frau aus einer angesehenen Familie, Suzanne Lafollette, wurde mit der Unterstützung eines jungen, linksorientierten Anwalts, George Nowak, die unermüdliche treibende Kraft der praktischen Arbeit des Komitees.

Das amerikanische Komitee wurde bei seinen Arbeiten von einem Untersuchungsausschuß über die Moskauer Prozesse unterstützt, der sich in Paris konstituiert hatte (Magdeleine Paz, Alfred und Marguerite Rosmer, Marcel Martinet, Léon Werth, Gérard Rosenthal, Pierre Naville, Félicien Challaye, Maurice Wullens, André Philip, Victor Serge, André Breton, P. Monatte, J. und M. Alexandre, Lucie Colliard, M. Dommanget, Daniel Guérin usw.). Eine Rechtshilfekommission unter dem Vorsitz des italienischen Sozialisten G. E. Modigliani, die aus folgenden Mitgliedern bestand: Mme César Chabrun, Vorsitzende des Hilfskomitees für politische Gefangene; M. Delépine, Anwalt, Vorsitzender der Gruppe der sozialistischen Anwälte; J. Galtier-Boissière, Schriftsteller, Chefredakteur des *Crapouillot;* J. Mathé, ehemaliger Sekretär der Postgewerkschaft, begann in Paris mit Untersuchungen, vernahm Zeugen ein, darunter Leo Sedow, der seine Aussage durch die Herausgabe eines *Rotbuchs*

* Carlo Tresca, ein italo-amerikanischer Anarchist, dessen Leben ein ununterbrochen mit Mut, guter Laune und großem Talent geführter Kampf war, wurde am 11. Januar 1943 unter geheimnisvollen Umständen in New York ermordet. Das perfekt organisierte Verbrechen kann nur den Totalitären, den Faschisten oder den Stalinisten zugeschrieben werden. Zum Zeitpunkt seines Todes bereitete er gerade ein Buch über die GPU vor.

ergänzte; es enthielt eine Zusammenstellung von Tatsachen und Dokumenten, die mit den plumpen Erfindungen und Lügengespinsten der GPU und des Staatsanwalts Wyschinski aufräumte. Ein ähnliches Komitee entstand in Prag unter dem Vorsitz des ehemaligen Arbeiterdeputierten im Reichstag, Anton Grilewicz; aber Machenschaften der GPU, an denen, wie wir erst später erfuhren, Stalin persönlich beteiligt war, waren für die Verhaftung und dann später auch die Ausweisung des politischen Flüchtlings Grilewicz verantwortlich.

Das New Yorker Komitee hielt die Einsetzung einer Kommission für notwendig, die den Fall Trotzki gründlich prüfen und sich dann vollkommen unvoreingenommen dazu äußern sollte, wobei sie sich nach der amerikanischen Gerichtsprozedur richten sollte. John Dewey erklärte sich bereit, die Leitung der Voruntersuchung zu übernehmen. Da es ausgeschlossen war, daß Trotzki ein Visum für die Vereinigten Staaten erhielt, beschloß der Untersuchungsausschuß der Kommission, sich nach Mexiko zu begeben. »Ich bin ja erst siebenundsiebzig«, sagte John Dewey zu Suzanne Lafollette, die Befürchtungen wegen der Anstrengung und der Ortsveränderungen äußerte.

Der Untersuchungsausschuß nahm seine Tätigkeit am 10. April 1937 in Mexiko auf und schloß sie vorläufig am 17. ab. Anwesend waren: John Dewey, Vorsitzender; der Schriftsteller Carlton Beals, Mitglied; Suzanne Lafollette, Sekretärin; Otto Rühle, ehemaliger sozialdemokratischer Abgeordneter im Reichstag, Mitglied; der Schriftsteller Benjamin Stolberg, Mitglied; John F. Finerty, ehemaliger Verteidiger von Tom Moony und von Sacco und Vanzetti, Rechtsberater; Albert Goldman, Anwalt, als Verteidiger Trotzkis; Albert Glotzer, Protokollführer; Trotzki und sein Sekretär Jan Frankel als Zeugen; die Presse und die Geladenen.

»Der Auschuß trat im Haus von Diego Rivera in Coyoacán zusammen, in dem wir immer noch unter dem wachsamen Schutz der mexikanischen Polizei wohnten. Die Botschaft der UdSSR in Washington, die Kommunistische Partei Mexikos und von den Vereinigten Staaten, die bedeutendsten Arbeiterorganisationen Mexikos waren eingeladen worden, der Untersuchung, das heißt in erster Linie dem Verhör Trotzkis, beizuwohnen. Botschafter Trojanowski antwortete nicht auf die Einladung. Vicente Lombardo Toledano lehnte sie im Namen der Confederacion de los Trabajadores von Mexiko mit beleidigenden Worten ab, wie auch Hernan-Laborde im Namen des Politbüros der

Kommunistischen Partei Mexikos. Die israelische Kulturliga delegierte Jakopo Abrams; Luis Sanchez Ponton, korrespondierendes Mitglied des Völkerbundes für Mexiko nahm die Einladung an.«

»Selten waren weniger als fünfzig Personen anwesend. ›Wir sind der Meinung‹, sagte John Dewey bei der Eröffnung der ersten Sitzung, ›daß man einen Menschen nicht verurteilen darf, ohne ihm die Möglichkeit zu geben, sich zu verteidigen. (...) Unsere einzige Aufgabe ist es, die Wahrheit herauszufinden, soweit das menschenmöglich ist. (...) Wenn Leo Trotzki die Verbrechen begangen hat, deren er bezichtigt wird, könnte kein Urteil zu streng ausfallen.‹ (...) In seinem eigenen Namen fügte der alte Philosoph hinzu: ›Ich habe mein ganzes Leben der Erziehung gewidmet, da ich sie für ein Werk der geistigen Aufklärung halte, das den Interessen der Gesellschaft dient. Ich habe die Verantwortung dieses Vorsitzes nur auf mich genommen, weil eine Ablehnung gegen mein Lebenswerk verstoßen hätte.‹«

»Leo Dawidowitsch betonte, daß er bereits im Vorjahr die Sowjetregierung aufgefordert habe, ein Auslieferungsbegehren gegen ihn zu stellen, um so vor ausländischen Gerichten die Beweise für die Anklage des Staatsanwalts Wyschinski zu liefern. Wir müssen hinzufügen, daß der Oberste Gerichtshof der UdSSR Leo Trotzki und Leo Sedow auch in absentia den Prozeß machen und verurteilen konnte; das hätte aber bedeutet, daß man ihnen die Möglichkeit gab, sich vor der internationalen Meinung zu rechtfertigen. Leo Dawidowitschs Situation war wirklich außergewöhnlich. Er war seit 1923 nicht mehr an der Macht, war von 1927 bis 1929 in der UdSSR unter strenger Beobachtung durch die politische Polizei gestanden, befand sich seit 1929 als Verbannter im Ausland und wurde dennoch als der Führer einer ungeheuren Verschwörung hingestellt, zu deren Mitgliedern angeblich ein Großteil jener russischen Führungskräfte gehörte, die ihn verfolgt hatten, ferner die Majorität der Partei Lenins sowie Zehntausende Intellektueller, Techniker, sowjetischer Arbeiter aller Berufsgruppen! Er kämpfte seit seinem siebzehnten Lebensjahr für die sozialistische Idee, war Veteran zweier Revolutionen — und wurde beschuldigt, seine Überzeugung verraten, die ungeheuerlichsten Verbrechen geplant und mit den Nazis und der japanischen Spionageorganisation gegen die UdSSR konspiriert zu haben! Er stellte der Kommission alle seine Dokumente, Archive, Korrespondenzen, Aufzeichnungen über Einnahmen und Ausgaben, Schriften zur Verfügung, alles, vollkommen rückhaltlos. Er beantwortete alle Fragen, die man ihm stellte — auf Englisch.«

»Da Staatsanwalt Wyschinski die These aufgestellt hatte, daß Trotzkis ganzes Leben nichts als ein Kampf gegen den Bolschewismus und die UdSSR gewesen war, von den Polemiken Lenins 1904 an bis zu den Zugentgleisungen in Sibirien, prüfte die Kommission eingehend Leo Dawidowitschs Biographie, seine Ideen. Die von Trotzki 1904 veröffentlichte Broschüre *Unsere politischen Ziele*, in der er dem ›proletarischen Jakobinertum‹ Lenins eine sozialistische Konzeption der revolutionären Demokratie entgegenstellte, wurde zu den Akten genommen; Leo Dawidowitsch gab zu, daß Lenin vor dreiunddreißig Jahren ihm gegenüber in den Fragen der Organisation recht gehabt hatte. (...) Man fügte den Akten auch einen Artikel der *Prawda* vom 14. März 1923 bei, der den Titel *Leo Trotzki, Organisator des Sieges*, trug; einen anonymen Artikel aus der *Prawda* vom 8. März 1929 mit dem Titel *Trotzki im Dienst der britischen Bourgeoisie;* insgesamt vierunddreißig Dokumente oder Dokumentensammlungen. Es ereignete sich ein einziger Zwischenfall, als Carlton Beals fragte, ob Trotzki 1919 nicht Borodin nach Mexiko entsandt habe, um dort eine kommunistische Partei zu gründen. Leo Dawidowitsch hielt diese Unterstellung — die er zurückwies — für geeignet, ihm Schwierigkeiten in seinem Exilland zu bereiten, und Carlton Beals verließ den Ausschuß.«

»Mit Ausnahme von Albert Goldman bestand die Kommission aus Intellektuellen, die gegen den Bolschewismus eingestellt waren, weil sie in ihm die natürliche Voraussetzung für den Stalinismus sahen. Der einzige Marxist unter ihnen, Otto Rühle, einer der bekanntesten Kämpfer der deutschen Revolution von 1918, Autor einer Marx-Biographie und zahlreicher wissenschaftlicher Werke, bekannte sich ebenfalls zu dieser Auffassung, und Leo Dawidowitsch bemühte sich, sie zu widerlegen, indem er sich auf historische Tatsachen berief. Die Analyse der beiden Moskauer Prozesse war äußerst zeitraubend. Während der Debatten gewann Leo Dawidowitsch sichtlich die Sympathie des Ausschusses.«

»Hier sind zwei Details zu vermerken, deren Auswirkungen auf die nächste Zukunft interessant sind. Otto Rühle zitierte einen Artikel der *Prager Presse* über die steigenden Exporte des Dritten Reichs nach Rußland, über die geheime Reise von Mitgliedern des deutschen Generalstabs nach Moskau, über eine mögliche Annäherung der UdSSR an das Nazireich. ›Das ist eine teilweise Bestätigung einer meiner Hypothesen‹, erwiderte Leo Dawidowitsch. ›Vielleicht ein Bluff, aber auch aus einem Bluff kann Ernst werden.‹ (...) In Spanien tobte gerade der Bürgerkrieg, Leo Dawidowitsch wies darauf hin, daß man in diesem bereits so ausgebluteten Land auf stalinistische Verbrechen gefaßt sein müßte.« (...)

»Der Ausschuß kehrte nach New York zurück, um das Ergebnis seiner Arbeiten der Plenarkommission vorzulegen, die daraufhin ihre Entscheidung bekanntgeben sollte.«

IX. Serienweise Verbrechen. Hinrichtung des Marschalls Tuchatschewski und weiterer sieben Generäle der Roten Armee. Die Ermordung von Ignaz Reiss in Lausanne. Die Ermordung von Erwin Wolf in Barcelona

Leo Dawidowitsch hatte ein gutes Gefühl, nachdem er diese Schlacht geschlagen hatte. Er hatte die Geschichte seines Lebens erzählt, seine Dokumente vorgelegt, die Fälschungen bewiesen, und dies vor anständigen, gewissenhaften Menschen. Er hatte eine Woche in Anwesenheit einer Art Gerichtshof — in des Wortes höchster Bedeutung — verbracht, dessen Vorsitzender der bewunderungswürdige John Dewey war, ein alter, energischer, aufmerksamer Mann, »die Verkörperung des amerikanischen Idealismus«, ein Mann mit ruhigem Gesicht, das von mehr als einem halben Jahrhundert geistiger Arbeit gezeichnet war. Endlich ein Lichtblick in diesem Alptraum! Allerdings nur ein kurzer.

Drei Wochen später regnet es Schreckensbotschaften. Anfang Mai 1937 entfesselt eine Provokation der stalinistischen Partei in Barcelona Unruhen. Largo Caballero weigert sich, eine revolutionäre Partei (die Arbeiterpartei der Marxistischen Einheit = P. O. U. M.) zu diskriminieren, dankt von seinem Posten ab, und an seine Stelle tritt Doktor Negrin. Die Unterdrückung erstickt die P. O. U. M., und drei Verbrechen beschmutzen die bereits in höchster Not befindliche spanische Republik.

Die aus Rußland nach Spanien entsandten Trupps der GPU beginnen durch Entführungen und Morde mit der Liquidierung der Feinde des Stalinismus. Der sozialistische Ingenieur Mark Rhein, Sohn des russischen menschewistischen Führers Raphael

Abramowitsch, ist bereits verschwunden; er wurde in den Korridoren eines Hotels entführt, getötet oder illegal nach der UdSSR geschafft. In einem der Gäßchen Barcelonas entdeckt man den von Kugeln zerfetzten Körper des anarchistischen Philosophen Camillo Berneri und den eines anderen bekannten Anarchisten: Beide waren von kommunistischen Polizisten verhaftet worden, denn die Kommunistische Partei verfügt über ihre eigene politische Polizei und über zahlreiche Agenten in den Polizeibehörden der Generalidad von Katalonien und der Republik ... Andrès Nin verschwindet. Leo Dawidowitsch war in Moskau jahrelang mit ihm befreundet gewesen. Nin war Sekretär der Internationale der Roten Gewerkschaften gewesen und hatte sich der Linksopposition angeschlossen; er kehrte nach dem Sturz der Monarchie 1931 nach Spanien zurück, war einer der Begründer der P. O. U. M. und Justizminister der Generalidad von Katalonien gewesen. Leo Dawidowitsch hatte mit ihm eine lebhafte briefliche Diskussion geführt, die mit dem politischen Bruch geendet hatte; er kannte aber seine Rechtschaffenheit, seine Intelligenz und Gelehrsamkeit sehr gut. Die alarmierten Minister der Republik versuchten vergeblich, Nin zu retten. Er wurde von Agenten der Kommunistischen Partei von Barcelona nach Valencia und von dort nach Madrid gebracht, verschwand in Alcala de Henares in der Nähe eines sowjetischen Flugplatzes, und man hörte nie wieder etwas von ihm ...

»Am 12. Mai 1937 wird in einem Kommuniqué bekanntgegeben, daß ein geheimes Militärgericht Marschall Tuchatschewski und weitere sieben der bekanntesten militärischen Führer aus der Zeit der Revolution zum Tode verurteilt hat und daß die Hinrichtungen bereits vollzogen wurden. ›Die Rote Armee wurde enthauptet‹, stellt Trotzki fest, der den Wert dieser Männer kennt. In dem Augenblick enthauptet, da die internationale Situation von Monat zu Monat ernster wird, da Hitler und Mussolini im Begriff sind, in Spanien den Sieg zu erringen. Der Leiter des politischen Dienstes der Roten Armee, Gamarnik, begeht Selbstmord. Verhaftungen, Verschleppungen, geheime Hinrichtungen in ganz Rußland. Im August werden Budu Mdiwani, Okudschawa, Eliawa und weitere alte georgische Bolschewiki, die Lenin seinerzeit ›mit ganzer Seele‹ unterstützt hatten, erschossen; man nimmt an, daß sie bei der Verhandlung vor einem geheimen Gericht den Fälschern und Henkern die Stirn geboten haben. Andere wie Kawtaradse, der in den Kellern der GPU ermordet wurde, hatten nicht einmal diese letzte Befriedigung. (...) Die Brüder Nestor und Michail Lakoba, deren Gäste wir in Suchumi gewesen waren, kommen ums Leben. Nestor Lakoba, Vorsitzender des Rates der Volkskommissare der autonomen Sowjetrepublik Abchasien, wird im geheimen erschossen; der schwächere Michail wird vor ein Gericht gestellt, gesteht erfundene Verbrechen, denunziert seinen Bruder und wird anschließend ebenfalls liquidiert. Beide hatten in ihrem kleinen, sonnigen Land die Härten der erzwungenen Kollektivierung zu mildern versucht. (...) Alle diese Gesichter — und unzählige andere, die ebenfalls ins Grab sinken — sind uns vertraut; alle diese tapferen Menschen kennen wir. (...) Wir gehen im kleinen tropischen Garten von Coyoacan in Begleitung von Phantomen spazieren, deren Stirnen Einschußlöcher tragen.« (...)

»Seit acht Jahren haben wir uns daran gewöhnt, mit der täglichen Erwartung eines Mordversuchs zu leben. Jetzt wird der Kreis enger, weil wir von unsichtbaren Toten umgeben sind. In seiner Anklagerede beim zweiten Moskauer Prozeß hat Wyschinski ausgerufen: ›Das ist das Ende Trotzkis und des Trotzkismus!‹ Die Logik der Ausrottung ist unerbittlich.«

»Ende Juli 1937 verschwindet in Barcelona unser junger Freund Erwin Wolf, der mit so aufrichtiger Ergebenheit Leo Dawidowitschs Sekretär in Oslo gewesen ist. Er war bürgerlicher Herkunft und von dem brennenden Wunsch erfüllt, der Sache der Arbeiterschaft zu dienen. Als der Autor dieses Buchs mit ihm in Brüssel zusammentraf, wo er seine Abreise nach Spanien vorbereitete, sagte er ihm: ›Sie sind ja verrückt! Wenn Sie reisen, provozieren Sie Ihre sichere Ermordung! Verstehen Sie doch, daß Sie ein unersetzlicher Zeuge für das Leben und die Tätigkeit Trotzkis in Norwegen sind, und daß die GPU auch das Unmögliche versuchen wird, um Sie aus der Welt zu schaffen!‹ Erwin Wolf schüttelte sein jugendliches Haupt mit der hohen Stirne und sagte, daß er ein Maximum an Vorsichtsmaßnahmen ergriffen habe. (...) Er begab sich dennoch unter seinem wahren Namen nach Spanien und trat in Barcelona der Gruppe der Vierten Internationale bei. Bei seiner ersten Verhaftung wurde er nach vier Tagen wieder freigelassen, weil man ihm nichts vorwerfen konnte. Drei Tage später verschwand er: Er wurde auf offener Straße entführt. Seine junge Frau, die tapfere Jordis Knudsen, entging nur wie durch ein Wunder dem gleichen Schicksal. Der norwegische Konsul versteckte sie und half ihr dann, nach Frankreich zu entkommen. (...) In Katalonien herrschte der stalinistische Terror. Die tschechische Regierung unternahm bei der Regierung Negrin energische Schritte für den Verschwundenen. Sie erhielt am 20. Oktober 1937 eine offizielle Note, in der behauptet wurde, daß Erwin Wolf am 13. September freigelassen worden war. Damit gab man seine Verhaftung sowie die Unmöglichkeit zu, gegen ihn die Anklage zu formulieren. Wenn er wirklich freigelassen worden wäre, dann mit Wissen des russisch-kommunistischen Geheimdienstes, damit dieser ihn beim Verlassen des Gefängnisses ergreifen konnte. (...) Er tauchte nie wieder auf.«

»Am 4. September wurde Ignaz Reiss in Lausanne ermordet. (...) Er war einer der Leiter des sowjetischen Geheimdienstes im Ausland. Nach schweren Gewissenskonflikten hatte er mit Moskau gebrochen, indem er dem Zentralkomitee in der UdSSR einen Protest gegen die Massenhinrichtungen von Revolutionären übermittelte. Für die Hinrichtung der alten zum Tode verurteilten Bolschewiki hatte man Sondererschießungskommandos aus den ergebensten Funktionären der GPU zusammengestellt; diese Scharfrichter erhielten den Orden der Roten Fahne (bevor man sie selbst hinrichtete...); Reiss schickte seinen Orden zurück. (...) Die Schweizer Polizei betrieb die Untersuchung sehr gründlich; dank der persönlichen Intervention des sozialistischen Innenministers Marx Dormoy tat die französische Polizei das gleiche. Alle Fäden einer blutigen Intrige, die bei den hohen GPU-Funktionären in Paris zusammenliefen, wurden aufgedeckt. Die Mörder wurden identifiziert. Die Denunzianten wurden verhaftet. Ein Abgesandter Moskaus mit einer Sonderausbildung, Spiegelglass, hatte das Verbrechen organisiert und war dabei durch die Funktionäre der Handelsmission der UdSSR in Paris, Bielezki, Grosowski, Lidia Grosowskaja, unterstützt worden. Einige dieser Funktionäre, die unter dem Schutz der diplomatischen Immunität standen, wurden ersucht, Frankreich sofort zu verlassen; Lidia Grosowskaja, die gegen eine hohe Kaution freigelassen wurde, verschwand. Die französische Polizei stellte fest, daß einer der GPU-Agenten, ein gewisser Semirenski, in der Rue Lacretelle ein Zimmer gemietet hatte, das im Nachbarhaus genau neben dem unseres Sohnes Leo Sedow lag. (...) Sie fand außerdem heraus, daß sich das Netz um Leo Sedow zusammengezogen und daß man seine Entführung während einer von ihm projektierten Reise nach Mulhouse geplant hatte. (...) Auch in Antibes, wo er sich einige Tage Ruhe gegönnt hatte (er hatte seine Adresse nur einem einzigen sicheren Freund mitgeteilt), war er, ohne es zu wissen, von den Agenten der GPU überwacht worden; eine Denunziantin, die anschließend in die Ermordung von Reiss verwickelt war, hatte ihm vorgeschlagen, mit ihr eine Bootsfahrt zu unternehmen.« (...)

»Ende September des gleichen Jahres wird Kurt Landau, ein junger Marxist, der in Mitteleuropa auch unter dem Namen Wolf Bertram bekannt ist, in Barcelona von uniformierten Polizisten entführt, die in Wirklichkeit Agenten Stalins sind. Er verschwindet, als hätte ihn das Meer verschlungen. (...) Er hatte seinerzeit dem internationalen Büro der linkskommunistischen Opposition angehört; jetzt kritisierte er gewisse Ideen Trotzkis scharf, aber das ist absolut nebensächlich.« (...)

X. Die amerikanische Kommission erklärt Trotzkis Unschuld für erwiesen. Verdächtiger Tod von Trotzkis älterem Sohn, Leo Sedow, in Paris

»Am 13. September 1937 fällt die Untersuchungskommission für die gegen Trotzki erhobenen Anklagen ihr Urteil. Die zweihundertsiebenundvierzig Rechtsgründe ergeben ein vierhundert Seiten starkes Buch, das bei Harpers in New York unter dem Titel *Not Guilty!* (Unschuldig) erscheint. ›Wir stellen die Täuschung (*the frame-up*) der Moskauer Prozesse fest. Wir stellen die Unschuld Trotzkis und Leo Sedows fest.‹ Unterschrieben ist das Dokument von John Dewey, Vorsitzender; Suzanne Lafollette, Schriftstellerin, Sekretärin; John Chamberlain, Schriftsteller und Journalist; Alfred Rosmer, 1920 bis 1921 Mitglied des Exekutivkomitees der Kommunistischen Internationale, 1923 bis 1924 Chefredakteur der *L'Humanité;* Edward Alsworth Ross, Professor für Soziologie an der Universität von Wisconsin; Otto Rühle, ehemaliges Mitglied des Reichstags; Benjamin Stolberg, Journalist; Carlo Tresca, Herausgeber des *Il Martello;* Francisco Zamora, Journalist, ehemaliges Mitglied des nationalen Komitees der Vereinigung mexikanischer Arbeiter; Wendelin Thomas, ehemaliges Mitglied des Reichstags; John Finerty, Anwalt, Verteidiger von Tom Mooney.«

»Dieses Buch bereitete uns große Freude, wenn es überhaupt erlaubt ist, unter solchen Umständen von Freude zu sprechen. Sechs Tage später gab ein Kommuniqué aus Moskau die Hinrichtung — ohne Prozeß — von acht Personen bekannt: sieben

Mitarbeiter des Kommissariats für ausländische Angelegenheiten und unser ehemaliger Nachbar im Kreml, der Georgier Awelij Jenukidse, der über fünfzehn Jahre lang Sekretär des zentralen Exekutivkomitees der Sowjets gewesen war. Wir mochten diesen gut aussehenden, blonden, eher dicklichen Mann, der ein regelmäßiges, von wohlwollendem Ernst geprägtes Gesicht und blaue Augen besaß. Er war sehr fleißig, sehr liberal aus Veranlagung, immer bereit, gegen den Mißbrauch zu kämpfen und die Verfolgung zu mildern, und kannte Stalin seit seiner Jugend wie einen Bruder ... Daß Stalin ihn hatte ermorden lassen, erschien uns, auch inmitten der Hekatombe von Toten, beinahe unbegreiflich. ›Kain Dschugaschwili!‹ wiederholte Leo Dawidowitsch. Auf dieser Liste von Hingerichteten schien auch Karachan auf, der mit dem Versprechen, den Botschafterposten in Washington zu erhalten, aus der sowjetischen Gesandtschaft in Ankara zurückgelockt worden war, der elegante Karachan, der nach den kritischen Tagen von Brest-Litowsk in China und dann in der Türkei einer der besten sowjetischen Diplomaten gewesen war.« (...)

»Nach den Unterredungen mit der Kommission Dewey erlitt Leo Dawidowitsch einen Erschöpfungsanfall. Ein amerikanischer Akademiker stellte uns seine Villa zur Verfügung, die er in Taxco, in einer der schönsten Gegenden Mexikos, besaß. Wir verbrachten dort einige Tage der Ruhe, der Ruhe inmitten eines Alptraums. Nach unserer Rückkehr nach Coyoacan machte sich Leo Dawidowitsch, der immer noch unter dem Eindruck der Moskauer Prozesse und der Hinrichtungen stand, wieder an die Arbeit, trug Daten zusammen, zählte erneut die Namen der Opfer, wohnte Tag und Nacht der Zerstörung einer Generation bei, deren Wert er besser als jeder andere kannte. Noch nie in der Geschichte hatte eine Regierung so konsequent die Elite eines Landes vernichtet. (...) Wir empfingen nur sehr wenige Besucher, wir fühlten uns verlassen.«

»Unterdessen begann Diego Rivera, ein sehr phantasievoller Mensch, aber zu jener Zeit ein wachsamer Gastgeber, plötzlich Bedenken wegen der Sicherheit Leo Dawidowitschs zu haben. Das Kommen und Gehen in einem benachbarten Haus erschien ihm verdächtig. Leo Dawidowitsch verbrachte einige Tage bei unserem Freund Antonio Hidalgo, einem alten mexikanischen Revolutionär, in einem ruhigen Haus in der Nähe des Waldes von Chapultepec. Hidalgo ging zur Arbeit, seine Frau war mit dem Haushalt beschäftigt, das Gebäude schien in der Wärme und dem Licht eingeschlafen zu sein; nur Leo Dawidowitsch arbeitete.«

»Journalisten riefen bei uns an. (...) Diego lief zu Hidalgo, er betrat Leo Dawidowitschs Zimmer und brutal, vielleicht durch die große Erregung bedingt, vielleicht aus außerordentlicher Gedankenlosigkeit, sagte er ihm ohne Umschweife: ›Leo Sedow ist tot!‹ — ›Was? Was sagen Sie?‹ Diego zeigte ihm das Telegramm. ›Gehen Sie!‹ schleuderte ihm Leo Dawidowitsch entgegen. Er wollte allein bleiben, um seiner körperlichen Schwäche Herr zu werden. Er blieb lange allein, in verzweifelte Betäubung versunken.«

»Ich war in Coyoacan und ordnete alte Fotos, die unserer Kinder. Es läutete, und ich war überrascht, als ich Leo Dawidowitsch sah. Ich ging ihm entgegen. Er trat gebeugt wie nie zuvor ein, sein Gesicht war aschgrau, er war plötzlich zum Greis geworden. ›Was ist denn?‹ fragte ich beunruhigt, ›fühlst du dich nicht wohl?‹ Er antwortete leise: ›Ljowa ist krank, unser kleiner Ljowa ...‹ Ich begann zu begreifen. Ich hatte soviel Angst um Leo Dawidowitsch, daß mir die Vorstellung, unserem Ljowa könnte ein Unglück zustoßen, nie in den Sinn gekommen war.« (...)

»Ljowa, Leo Sedow, war am 16. Februar 1937 in Paris unter sehr merkwürdigen Umständen gestorben, die die Annahme nahelegen, daß es sich um keinen natürlichen Tod handelte. Er war entschlossen und überanstrengt, lebte kärglich, war genauso von dem Alptraum besessen wie wir — und kämpfte genauso aktiv gegen ihn — und litt seit langem unter leichten abendlichen Fieberanfällen. Er bekam eine akute Blinddarmentzündung. Da die Operation unaufschiebbar war, wurde er in eine Klinik gebracht, die von einem (emigrierten) russischen Arzt, dem Doktor Simkow, geleitet wurde. Er wurde als Martin, Ingenieur, Franzose, aufgenommen. Der an und für sich leichte chirurgische Eingriff verlief ohne Komplikationen. Einige Tage später, nachdem er im Delirium gelegen war, starb Ljowa an den Folgen einer Operation, die man allgemein für alltäglich hält. Merkwürdige Einzelheiten wurden bekannt. Der Kranke hatte zu einem Zeitpunkt Nahrung zu sich genommen, zu dem er es unter gar keinen Umständen hätte tun dürfen. Nachlässigkeit? Oder Schlimmeres? Ein Arzt hatte russisch mit ihm gesprochen ... Man hatte ihn also erkannt? Eine Krankenschwester, russische Emigrantin, verkehrte in prostalinistischen Kreisen ... Das Gericht verfügte die Autopsie, aber weder unsere

Freunde noch die Gefährtin Leo Sedows, Jeanne, ja nicht einmal unser Anwalt erfuhren jemals das Ergebnis. (...) Unter der Volksfront, die von der Kommunistischen Partei gegründet worden war, durch das Abkommen mit der UdSSR gebunden, befürchtete die französische Regierung, daß gewisse Geheimdienste zu sehr in den Skandal verwickelt werden könnten. Aufsehenerregende Verbrechen, wie die Ermordung des russischen Wirtschaftswissenschaftlers Nawaschin und die Entführung General Millers durch die GPU mitten in Paris blieben unaufgeklärt. Die sehr zurückhaltend geführte gerichtliche Untersuchung klärte die wahren Ursachen des Todes unseres Sohnes nicht auf. Tragischer Zufall oder mehr? Doktor Simkow, der Leiter der Klinik, verlor ein wenig später seine beiden jungen Söhne durch einen merkwürdigen Unfall: Sie wurden unter dem Sand einer Sandgrube begraben, in der sie spielten. Die Zeitungen berichteten, daß ein Auto nicht weit entfernt von der Stelle geparkt habe.« (...)

»Leo Sedow verschwand im Alter von neunundzwanzig Jahren. Er teilte Leo Dawidowitschs Ansichten voll und ganz. Er war während der siegreichen und bedrohten Revolution herangewachsen, sein Charakter war in der halbgeheimen Organisation der Oppositionsjugend geformt worden; in Istanbul, in Deutschland, in Frankreich hatte er die Aktivität eines kämpferischen Publizisten entfaltet; die schwierige Aufgabe, das *Bulletin der Opposition* zu veröffentlichen und zu verbreiten, lag ausschließlich auf seinen Schultern. Seine Artikel waren solide; den letzten, der sich mit der Hinrichtung der Acht befaßte, erhielten wir nicht mehr, weil das Gericht die Dokumente beschlagnahmt hatte. (...) Er hatte in Berlin sein Mathematikstudium erfolgreich absolviert. Er lebte mit wenig Geld mehr als bescheiden in zwei kleinen Zimmern im fünften Stock. Er wußte, daß er von der GPU verfolgt wurde; sie verfolgt ihn erbitterter als er es ahnte, die französische Polizei fand Beweise dafür. Sein vorzeitig gereifter Charakter bewies eine außerordentlich angespannte innere Energie; sein klarer Verstand war der eines wissenschaftlichen Forschers.«

»In dem Augenblick, als uns das Unglück traf, hatte Leo Dawidowitsch ein kleines Buch mit dem Titel *Ihre Moral und die unsere* beendet, das er dem Gedächtnis unseres Sohnes widmete.«

XI. Dritter Prozeß gegen alte Bolschewiki in Moskau (Bucharin, Krestinski, Rykow, Jagoda). Neue Serie von Fälschungen, die Trotzki belasten: der Brief an Bessonow, die Millionen

Vierzehn Tage später, als wollte man die bereits durch die vorangegangenen Prozesse zutiefst verwirrte und durch das Urteil der amerikanischen Kommission in Alarmzustand versetzte Weltmeinung neuerlich herausfordern, wurde in Moskau ein neuer, wenn möglich noch ungeheuerlicherer Prozeß eröffnet (2. bis 13. März 1938). Unter den einundzwanzig Angeklagten befanden sich diesmal: der beste Theoretiker des Kommunismus, Nikolaus Bucharin; der Nachfolger Lenins als Vorsitzender des Rates der Volkskommissare, Alexis Rykow, der ehemalige Volkskommissar des Inneren, Leiter der politischen Polizei und Regisseur des ersten Prozesses gegen die alten Bolschewiki, Heinrich Jagoda; die ehemaligen Diplomaten Christian Rakowski und Nikolaus Krestinski; der ehemalige Volkskommissar für den Außenhandel Rosengoltz; zwei weitere ehemalige Regierungsmitglieder, Tschernow und Grinko; der bekannteste Staatsmann des sowjetischen Zentralasiens, Faysul Chodschajew; mehrere in Rußland sehr bekannte Ärzte; einige weniger bedeutende Persönlichkeiten; alle wurden des Hochverrats, der Verschwörung, der Spionage, der Sabotage, des Terrorismus beschuldigt; sie hatten, der Terminologie des Staatsanwalts Wyschinski zufolge, den »antisowjetischen Block der Rechten und Trotzkisten« gebildet. Ein totalitäres Regime kümmert sich weder darum, ob etwas wahr oder unwahr, wahrscheinlich oder unwahrscheinlich ist, noch darum, was man in seinem Staatsgebiet denkt und sieht, oder darum, was man in anderen Ländern denkt und sieht. Der Vorsitzende des Militärtribunals beim Obersten Gerichtshof, seine Beisitzer, der unermüdliche Staatsanwalt ließen sich durch die bewiesene Fälschung nicht im geringsten beeindrucken. Das Fallbeil des stalinistischen Politbüros ist scharf, alles andere ist unwichtig.

Trotzki ist wieder der Hauptangeklagte. In der UdSSR, wo ihn hunderttausend als Agitatoren geschulte Funktionäre, die Presse, der Rundfunk, die Literatur, das Theater, das Kino ununterbrochen beschuldigen, muß er für die gehorsamen, erschöpften Massen — denn der Terror schleicht sich in jedes Heim ein — zur Verkörperung des Bösen werden, etwa was für das Mittelalter der Teufel war; damals gestanden ja auch die Hexen, daß sie sich ihm hingegeben hatten. Der alte Rakowski, der nach einem so langen und stolzen Widerstand endlich zerbrochen ist, erklärt: »Ich wußte seit 1926, daß Trotzki ein Agent des britischen Intelligence Service ist, er hat es mir selbst gesagt.« Andere behaupten, daß Trotzki, ihr Chef, ja, ihr »Chef«, »Abkommen mit Nazideutschland und Japan geschlossen hat«, um die UdSSR zu zerstückeln und den Kapitalismus wiederherzustellen, oder um den Faschismus in dem dann noch vorhandenen Gebiet des armen Rußland einzuführen — so genau weiß man das nicht. Die »terroristischen Direktiven« Trotzkis kommen noch einmal aufs Tapet ... Noch einmal, fast sofort, platzt die Lüge, die plumpe Fälschung wird augenscheinlich.

Ein gewisser Bessonow, Funktionär der Handelsmission, dann Botschaftsrat in Berlin, erklärt, daß er der Vertraute Trotzkis und Leo Sedows gewesen sei und daß er ihre Botschaften nach Rußland geschmuggelt habe; der letzte Brief Trotzkis, den er erhielt, war mit Ende Dezember 1936 datiert. Natürlich existiert keiner dieser Briefe mehr, aber in bezug auf diesen letzten Brief übertreibt Bessonow. Seit Anfang September 1936 war Trotzki unter strengster Überwachung in Norwegen interniert; außerdem gibt der Angeklagte an, daß der Brief von Ende Dezember stammte; nun, Trotzki schiffte sich am 18. Dezember 1936 zusammen mit Jonas Lie von der norwegischen Polizei auf der *Ruth* mit dem Ziel Mexiko ein. Der norwegische Funktionär bestätigte der Presse, daß Trotzki keine Möglichkeit gehabt hatte, irgendeinen Brief vom Atlantik aus irgendwohin zu senden ... Aber vielleicht war der Brief vordatiert? Nein, denn er war die Antwort auf einen Brief Bessonows, von dem die norwegischen Behörden auch nicht die geringste Spur finden können.

Das ist noch nicht alles. Krestinski gesteht, daß er Trotzki und Leo Sedow um den 10. Oktober 1933 in Meran in den italienischen Alpen getroffen habe ... Man könnte leicht beweisen, daß Trotzki zu dieser Zeit in der Nähe von Paris, in Barbizon, wohnte, von seinen Freunden umgeben, die ihn täglich besuchten, von der Sûreté diskret überwacht ... Was würde es aber nützen? Morgen können Stalins Sekretäre erklären, daß sie ihn in China getroffen haben ... Leo Sedow ist gerade gestorben: vielleicht vervielfachen sich dadurch die Gespräche mit ihm.

Das Crescendo an Fälschungen erreicht schwindelerregende

Höhen mit »der Finanzierung der trotzkistischen Bewegung durch das Volkskommissariat für Außenhandel«, über die Rosengoltz, der seinerzeit dieses Portefeuille innehatte, des längeren spricht. Man liest den Bericht und man traut seinen Augen nicht. Seit 1931 oder 1933, das geht aus ihm nicht ganz klar hervor, weil der Angeklagte und der Staatsanwalt Wyschinski herumstottern, hätte Trotzki dreihunderttausend Dollar, siebenundzwanzigtausend Pfund Sterling, zwanzigtausend Mark erhalten, die man von den Fonds des Sowjetstaates im Ausland abgezweigt hatte. Wie? Durch wessen Vermittlung? Mittels welcher Bank- oder sonstiger Manipulationen? Wie war dies bei den ordentlichen, den außerordentlichen, den so genauen Kontrollen möglich, denen alle sowjetischen Handelsgeschäfte unterliegen? Staatsanwalt Wyschinski verlangt nicht die geringste Erklärung dieser Tatsache. Aus gutem Grund. Beträchtliche Summen sind tatsächlich von den Kanälen des Außenhandels abgezweigt worden, ohne daß Volkskommissar Rosengoltz und seine Mitarbeiter die Empfänger kannten, aber dies geschah auf Anweisung des Politbüros, und sie dienten, wie alle annahmen, der Finanzierung der Komintern und gewisser geheimer Unternehmen. Das darf man nicht verwechseln! Anschließend enthüllt Krestinski, daß er seit 1923 sieben Jahre lang, das heißt, solange er Botschafter der UdSSR in Deutschland war, jährlich zweihundertfünfzigtausend Mark, das heißt sechzigtausend Dollar für die Förderung des Trotzkismus erhalten hat ... Insgesamt hätte er ungefähr zwei Millionen Mark bekommen ... Der aufmerksame Leser erinnert sich bei dieser Gelegenheit daran, daß nach Abschluß des Vertrags von Rapallo die Reichswehr Übungsplätze in Rußland erhielt, für die sie Zahlungen leisten mußte ...

»Einige hundert oder vielleicht tausend Zeugen lassen sich finden, die wissen, wie Trotzki gelebt, welche finanziellen Schwierigkeiten er gehabt hat, wie viele Freunde und Genossen ihn unterstützen mußten; die Kommission Dewey hat seine Bücher geprüft; mehrere hundert Menschen haben gesehen, daß Leo Sedow in einer Armut gelebt hat und gestorben ist, die gelegentlich eine noch krassere Bezeichnung verdient hätte (...). Als wir in Mexiko eintrafen, besaßen wir beinahe überhaupt nichts mehr, amerikanische Freunde sorgten für unsere dringendsten Bedürfnisse (...). Aber vielleicht die trotzkistische Bewegung? In allen Ländern, in denen es nach der Vierten Internationale Gruppen der Opposition gegeben hat, wissen die Regierungen und alle, die mit diesen Gruppen zu tun hatten, wie arm sie waren, wieviel Aufopferung ihre gelegentlichen Veröffentlichungen von den Arbeitern forderten (...). Soll man annehmen, daß all diese Dollars für die Verschwörung in der UdSSR bestimmt waren? Wie wurden sie dann in Rubel umgewechselt, durch wen, in einem Land, in dem die Staatsbank eng mit der politischen Polizei zusammenarbeitet, in dem der Bürger, der zwanzig Dollar erhält, schon verdächtig ist? Und was wäre aus diesen Rubeln geworden? Es ist in Rußland nichts leichter, als die Einnahmen und Ausgaben eines Bürgers in Erfahrung zu bringen. Staatsanwalt und Angeklagte erklären nichts, da sie sich in dieser Beziehung nicht eine einzige Frage stellen. Man muß sich sogar fragen, warum die Anklage es für notwendig gehalten hat, diese phantastische Seite in das Verfahren hineinzubringen. Wahrscheinlich nur deshalb, um eine logische Lücke auszufüllen, denn die Veruntreuung von Geldern wiegt nichts im Vergleich zu den viel schwereren Verbrechen. Der internationale Trotzkismus, die pansowjetische Verschwörung ohne finanzielle Mittel würden zweifellos unglaubwürdig wirken, wenn irgend jemand dabei überhaupt an Glaubwürdigkeit denken kann. Und es macht sich gut, wenn man in den Augen des ärmsten Volkes der Welt den Namen Trotzki mit gigantischen Summen in Verbindung bringen kann.«

Diese Tatsachen lassen die Technik der Anklage klar erkennen. Man muß sich der Wahrheit bedienen, um die Lüge glaubhaft zu machen. Sehr oft entsteht die Lüge aus der verbrecherischen Manipulation der Wahrheit. Regierungsmitglieder und hohe Funktionäre haben sicherlich an bestimmten Tagen gewisse dienstliche Gespräche geführt, das können sie nicht ableugnen. Man verlangt nur, daß sie zugeben, über Sabotage, Verrat usw. gesprochen zu haben. Der Volkskommissar für Landwirtschaft, Tschernow, hat sich bestimmt sehr viel mit Viehseuchen beschäftigt: Er muß nur noch gestehen, daß er das tat, um sie zu verbreiten ... Der Volkskommissar für das Finanzwesen, Grinko, hat jahrelang mit der geplanten und abgeleugneten, eingedämmten und wieder ansteigenden Inflation gekämpft, gemäß den Befehlen des Politbüros; er gibt jetzt also zu, daß er die Finanzen sabotiert hat, und das zu einer Zeit, da ganz Rußland über die erschreckende Regierungssabotage an seinem Wirtschaftsleben stöhnte. Die erzwungene Kollektivierung hat in Usbekistan zu mehreren Volksaufständen geführt, ein äußerst heikles Thema, über das niemand spricht; aber der einflußreichste Führer in Zentralasien, Faysul Chodschajew, gesteht, daß er im Auftrag Deutschlands, Japans und Englands ganz einfach die Politik der Partei sabotiert habe. Rakowski, den man nach Japan geschickt hatte, hat dort auch doppelzüngige Staatsmänner kennengelernt; also hat er sich an die japanische Spionage verkauft; und er gesteht es auch. Rykow, Bucharin, der verstorbene Tomski (Selbstmord), hundert andere Persönlichkeiten führten unzählige Gespräche über die Kriegsgefahr, und sie fürchteten wie alle, daß die UdSSR infolge der Hungersnot, der erschöpften Bevölkerung und der allgemeinen Unzufriedenheit im Fall eines Kriegs eine Niederlage erleben würde; also waren sie Defaitisten. Erwogen sie die Konsequenzen eines verlorenen Kriegs und fragten sich, wie man sie in Grenzen halten könne? Dann bereiteten sie die Aufteilung der Sowjetunion vor ... Ein affektbetontes Rationalisierungsverfahren, das den Psychologen wohl bekannt ist, und das man durch folgenden Dialog illustrieren kann: Der Arzt zur Mutter des kranken Kindes: »Madame, ich halte den Fall für sehr ernst, man muß also ... (usw.)« Die Mutter: »Der verfluchte Arzt will den Tod meines Kindes!«

Der Prozeß wird zu reinem Irrsinn. Wie der Wahnsinn vermengt er, vor einem Hintergrund echter Angst, Wahres, Kindisches, Wahrscheinliches und Unwahrscheinliches. Der Irrsinn eines Übergangsregimes: der Totalitarismus ist im Begriff, das auszurotten, was noch von der Revolution übriggeblieben ist. Man könnte daraus schließen, daß es keine russische Revolution gegeben hat, daß es keinen Bolschewismus gegeben hat, sondern nur einen ungeheuren politischen Schwindel, der dazu führt, daß das Land von gewissenlosen Abenteurern in den Abgrund geführt wurde; und alles endet mit der blühenden UdSSR unter einem genialen Führer! Staatsanwalt Wyschinski deutet an, daß Bucharin bereits vor seiner Einreise nach Rußland 1917 ein ausländischer Spion gewesen sein könnte. Er läßt linke Sozialrevolutionäre in den Verhandlungssaal bringen, die seit neunzehn Jahren in verschiedenen Gefangenenlagern leben, um zu »beweisen«, daß Bucharin 1918 mit ihnen die Ermordung Lenins geplant hat, und daß das zu jener Zeit auf Lenin verübte Attentat in Wirklichkeit von Bucharin und Trotzki inspiriert war! Warum sollte der totalitäre Wahnsinn vor der Geschichte Halt machen, wenn er den Menschen vernichtet?

Die dunklen Hintergründe der vorhergegangenen Prozesse werden einen Augenblick lang in helles Scheinwerferlicht getaucht, als man erfährt, daß Volkskommissar des Inneren

Jagoda, der Regisseur des Prozesses der Dreizehn, Iwan Smirnow in seiner Zelle besuchte und ihn »belehrte« ... Über diese geheimen Belehrungen gibt es andere Angaben, die die oben erwähnte bestätigen und vor allem im Buch von Walter Kriwitzki enthalten sind.

Und plötzlich, nach dem Verhör Jagodas, geraten wir in einen besonders schmutzigen Winkel der Hölle des Polizeistaates. Die alten Ärzte des Kremls gestehen, daß sie auf Befehl des Leiters der GPU durch »kontraindizierte Behandlung« den Tod Maxim Gorkis, seines Sohnes, Kujbischews, Menschinskis herbeigeführt haben ... Jagoda besaß einen eigenen Giftschrank! Warum nicht? Alles ist möglich, nichts ist plausibel. Der Autor dieses Buches litt eines Nachts im internen Gefängnis der GPU unter einem sehr schmerzhaften und vollkommen unerklärlichen Leiden; im November 1936 veröffentlichte er in Paris einen Artikel mit dem Titel *Florentiner Methoden* ... Was den alten Gorki betrifft, der seit seiner Jugend an Tuberkulose litt und im Alter von siebenundsechzig Jahren starb, wissen wir, daß er sich in der letzten Periode seines Lebens mit Stalin zerstritten hatte, daß man ihm einen Paß für das Ausland verweigerte, daß man seine Korrespondenz mit Romain Rolland überwachte ... Sein Sekretär gibt den Mord zu, gesteht, daß er ein Denunziant war ... Moskau wußte, daß dieser Krjutschkow eine Kanaille war.

Insgesamt scheint es, daß die alten Bolschewiki der rechten Tendenz: Bucharin, Rykow, Tomski, Rudsutak und viele andere, nachdem sie Trotzki ausgeschaltet und sich an der Unterdrückung der Linksoppositionellen beteiligt hatten, an allem verzweifelten, als sie das Heranwachsen eines grauenhaften antisozialistischen Regimes erkannten, und daß sie darüber Hunderte besorgter Gespräche führten. Waren sie dadurch der Konspiration schuldig? Man sollte vernünftigerweise annehmen, daß sie sich nach den beiden ersten Wagenladungen Hingerichteter für endgültig verloren hielten und an eine, wie sie es nennen, »Palastrevolution« dachten. Energischer und vor allem in der besseren Position, könnten die alten Soldaten der Revolution mit Tuchatschewski und Gamarnik daran gedacht haben, sich des Kremls zu bemächtigen ... Das ist sehr gut möglich und sogar menschlich wahrscheinlich. Diese Männer hätten schlachtbankreife Lämmer sein müssen, wenn ihnen dieser Gedanke nicht gekommen wäre.

Dieser Wahnsinnsprozeß ist offenbar der letzte, denn er ist für das Regime gefährlich; mehrere Male zittern Richter und

Staatsanwalt bei der Vorstellung, daß ihr ganzes kunstvolles Gerüst plötzlich zusammenbrechen könnte. Die Hauptangeklagten sind sichtlich verzweifelt und außer sich. Während der ersten beiden Verhandlungen wirft Krestinski alles um, indem er jede Schuld leugnet und sich ruhig verteidigt. Er ist ein Intellektueller mit hoher Stirn, die schon in eine Glatze übergeht, mit einem Kinnbart, mit blitzenden Brillengläsern, einer der gebildetsten Männer in der Regierung. Er ist vierundfünfzig Jahre alt, Marxist, Revolutionär seit 1902, Bolschewik seit der Gründung der Partei, mehrmals unter der zaristischen Regierung eingesperrt, ehemaliger Volkskommissar für das Finanzwesen, ehemaliger Sekretär des Zentralkomitees, ehemaliger Mitarbeiter Lenins, ehemaliger Botschafter der UdSSR in Berlin ... »Nein«, antwortet er bei Beginn der ersten Verhandlung dem Vorsitzenden Ulrich, » ich bekenne mich keines Verbrechens schuldig. Ich bin Mitglied der Partei ...« Wyschinski greift mehrmals ein. »Ich habe bei der Voruntersuchung gelogen«, bei der geheimen Voruntersuchung, sagt Krestinski. »Warum?« wagt der Staatsanwalt zu fragen. »Krestinski schweigt«, heißt es im offiziellen Bericht — und auch der Staatsanwalt schweigt und wagt nicht, weiter in ihn zu dringen. Eine Stunde später sagt Krestinski wieder: »Mein Bruch mit Trotzki erfolgte 1927, ich verlange, daß der diesbezügliche Briefwechsel in die Akten aufgenommen wird.« Dreimal wiederholt er, daß er bei der Voruntersuchung falsche Geständnisse abgelegt habe. Der Staatsanwalt besteht nicht weiter darauf, ist aber durch dieses geänderte Betragen so beunruhigt, daß er immer wieder auf die Anklage zurückkommt. Und Krestinski fährt fort: »Meine Aussage vom 5. bis 9. Juni ist von Anfang bis Ende falsch ...« Wyschinski: »Danach habe ich Sie nicht gefragt, und ich bitte Sie, Ihren Aussagen nicht vorzugreifen.« (Natürlich!) Wyschinski wendet sich dann an die übrigen vier Angeklagten und appelliert an eine Solidarität, die im Dunkeln entstanden ist und die zweifellos ihr Leben voneinander abhängig macht. »Ist Krestinski Trotzkist?« Der Chor antwortet: »Er ist es!« Der Angeklagte sagt nur: »Ich fühle mich nicht wohl ...« Eine Stunde später leugnet Krestinski, daß er Trotzki in Meran getroffen habe. »Meine Erklärungen sind falsch!« Wyschinski: »Warum mußten Sie mich täuschen?« Unvorsichtige Bemerkung! Krestinski: »Ich war der Meinung, daß die Wahrheit, wenn ich sie (bei der geheimen Voruntersuchung) sage, nicht bis zu den Spitzen der Partei und bis zur Regierung dringen würde.«

Ist das noch nicht deutlich genug? »Ich habe nicht aus freiem Willen gesprochen ... Die anderen Angeklagten sagen nicht die Wahrheit ...« Was soll aus dem Prozeß werden! Wyschinski entläßt den Angeklagten. In der letzten Minute der Verhandlung kommt es zu folgendem Dialog, der voller unausgesprochener Drohungen ist und die Richter erschreckt:

Krestinski: Ich leugne.
Wyschinski: Absolut?
Krestinski: Absolut.
Wyschinski: Sie bleiben dabei?
Krestinski: Ich bleibe dabei.

Die zweite Verhandlung, am 2. März 1937, ist damit geschlossen. Was geschieht nachts? Bedroht man Krestinski, und womit? Welche Drohungen können einen Mann beeindrucken, der weiß, daß er auf jeden Fall hingerichtet wird? Welches Versprechen? Genügt es, ihm vorzuwerfen, daß er den Prozeß torpediert, daß er der UdSSR vor der Welt Schande bereitet? Wie dem auch sei, bei der Verhandlung am darauffolgenden Tag erklärt Krestinski, daß er sein Leugnen, das auf seinen schlechten Nervenzustand zurückzuführen sei, bedaure und daß er sich in allen Punkten schuldig bekenne. Von diesem Augenblick an gesteht er wortreich alles, was man will.

Auch andere Hauptangeklagte wehren sich. Man fühlt, daß der zwischen ihnen und dem Ankläger abgeschlossene Pakt in einem Verzweiflungsanfall gebrochen werden könnte. Plötzlich beginnt Jagoda Wyschinski gegenüber kategorisch zu leugnen. Ein Verbrechen mehr oder weniger, was bedeutet das schon? Wer deliriert, legt seine Worte nicht mehr auf die Goldwaage. »Ja«, sagt der ehemalige Leiter der GPU, »ich habe das bei der Voruntersuchung gesagt, aber es stimmt nicht.« *Wyschinski: »Warum haben Sie das gesagt?« Jagoda: »Das weiß ich nicht.«* Der Staatsanwalt fühlt, daß der Angeklagte im Begriff ist, in Weißglut zu geraten, und gibt einen Augenblick nach; dann greift er wieder an. *Wyschinski: »Warum haben Sie falsche Aussagen gemacht?« Jagoda: »Gestatten Sie mir, auf diese Frage nicht zu antworten.«*

Und der Staatsanwalt gestattet es! Zweimal hat ihm der Angeklagte diese Antwort gegeben, zweimal nimmt sie der Staatsanwalt hin!

Auch Bucharin verteidigt sich gelegentlich mit einer Tapferkeit, die der Anklage hohnspricht. In den Chor der Geständnisse schleichen sich falsche Töne ein.

Staatsanwalt Wyschinski hält sein Schlußplädoyer gegen die »Rechten, die Trotzkisten, die Menschewiki, die Sozialrevolutionäre, die bürgerlichen Nationalisten, dieses Sammelsurium (...) von Mördern, Spionen und Saboteuren ...« Das bedeutet, daß die Anklage die beiden traditionellen Parteien des russischen Sozialismus und die nationalen Bewegungen zu der Opposition gegen die Kommunistische Partei zählt, was ausreichen würde, sie wegen Ungeheuerlichkeit und Wahnsinn zu disqualifizieren. Diese »gewissenlosen« Bösewichte haben ihre Verbrechen unter der Leitung Trotzkis, des britischen und des deutschen Spionagesystems (hier geraten die Geheimdienste der Weimarer Republik und Hitlers durcheinander), des polnischen, des japanischen »und anderer« Geheimdienste begangen. Jetzt, da sich alle Archive des Nationalsozialismus, des deutschen Generalstabs und des japanischen Kaiserreichs in den Händen der Amerikaner und Engländer befinden, weiß man, was man von den widerlichsten Fälschungen des Staatsanwalts zu halten hat, der ja diese Entwicklung nicht voraussehen konnte und dem sie im übrigen gleichgültig wäre. Die wahnwitzige Anklage bezieht die alten russischen menschewistischen Sozialdemokraten ein, die 1922 ins Ausland geflüchtet sind*, Magdeleine Paz, Alfred Rosmer, Redakteur des *L'Ordre* (Paris), Emil Buré, eine englische Philanthropin, Lady Paget ... Es wird überflüssige Dementis regnen ...

Mit Ausnahme von Rakowski, einem alten Kreml-Arzt, und von Bessonow, für die er nur fünfundzwanzig Jahre Kerker fordert, verlangt Wyschinski, daß alle Angeklagten »erschossen werden wie räudige Hunde, zertreten wie verfluchte Reptilien«! Und »unsere strahlende Sonne wird weiter auf unser glückliches Land scheinen«, während wir »unter der Leitung unseres geliebten Führers und Lehrers Stalin immer weiter (...) vorwärts zum Kommunismus schreiten werden!« Ehe er diese »glänzende« Rede beendet, hat Wyschinski stundenlang die Behauptungen der Anklage aufgewärmt und sich besonders gegen Bucharin ereifert, einen der Köpfe der Partei. Die Verbrechen Bucharins beginnen 1909, weil er in diesem Jahr anderer Mei-

* Vor allem den Historiker Boris Nikolajewski und, auf besonders abscheuliche Weise, Theodor Dan, der angeblich im Dienst der deutschen Polizei und Spionage stehen soll ... Wir wollen erwähnen, daß der alte integre Sozialist 1947 in New York gestorben ist, nachdem er die letzten Jahre seines Lebens dazu genützt hat, eine prosowjetische Zeitschrift, *The New Road*, herauszugeben.

nung als Lenin über die Duma des Zarenreiches war. Er sabotierte auch 1915 die Revolution, weil er damals einen Artikel, *Die Weltwirtschaft und der Imperialismus,* schrieb, den Lenin als anarchistisch bezeichnete! Und so weiter. Dieses manische Geschwafel wäre lächerlich, wenn nicht so viel Blut ringsum flösse, wenn seine Konsequenzen nicht so ungeheuerlich wären. Es kündigt den Anbruch eines Regimes an, für das weder die Logik noch der gesunde Menschenverstand noch die geschichtlichen Tatsachen noch die moralischen Werte noch die Intelligenz noch die Wahrheit etwas zählen ...

In den letzten Augenblicken des Prozesses beantragen die meisten Angeklagten ihre Strafen selbst, sogar mit den gleichen Worten. Das Regime hält sie fest in der Hand, genauso wie den Staatsanwalt und die Richter. Halten wir eine wichtige Tatsache fest: Was sie auch gestehen, sie hoffen, daß sie mit dem Leben davonkommen, also hat man ihnen diese Hoffnung gemacht. Krestinski liefert eine sehr merkwürdige Erklärung für sein Leugnen bei der ersten Verhandlung: »Ich war subjektiv ehrlich«, sagte er, »im wesentlichen, aber ich hatte objektiv unrecht ...« Jeder, der die marxistische Terminologie kennt, deren sich die totalitäre Entartung bediente, übersetzt sofort, daß Krestinski, als er die wahnwitzigen Anklagen zurückwies, die Wahrheit sagte, daß er aber damit gegen das Staatswohl handelte, das er für wichtiger hält als sein eigenes Schicksal. Der ehemalige Leiter der GPU, Jagoda, der sehr wohl begreifen mußte, daß er als der unerwünschteste aller Zeugen beseitigt werden muß, erklärt, daß er beim Kanalbau in der von ihm selbst organisierten Zwangsarbeiterarmee arbeiten wolle! Rakowski erinnert an seine vierunddreißigjährige Freundschaft mit Trotzki (»einem Mann, der die Partei offen bekämpft hat«) — welch dezente Ausdrucksweise! —, gibt zu, daß er im Dienst Englands und Japans als Spion tätig war, bittet die Richter, in Betracht zu ziehen, daß angesichts seines Alters von fünfundsechzig Jahren ein Vierteljahrhundert im Kerker vielleicht zu viel ist ... Rosengoltz erinnert an seine Verdienste an der Front, fällt über Trotzki her und schließt mit dem Ruf: »Es lebe die bolschewistische Partei mit ihrer Tradition von Begeisterung, Heroismus, Aufopferung, der bewundernswertesten der Welt, unter der Führung Stalins!«

Bucharin ist aus anderem Holz geschnitzt. Er zerstört die Anklage gegen ihn so vollständig, daß die Phrasen, mit denen er sich der ärgsten Verbrechen für schuldig erklärt, wie konventionelle Redewendungen klingen, was sie ja auch sind. Er versucht hellsichtig, die Hintergründe des Prozesses zu klären; man hat das Gefühl, daß er sich schämt, und zwar nicht nur für sich selbst. Er verwendet eine gleichzeitig klare und umschreibende Dialektik, spricht von der »Entartung der Menschen«, die uns »an den Rand eines prätorianischen Faschismus der reichen Bauern« gebracht hat ... Das »uns« ist weitreichend. Angesichts des Todes, sagt er, sieht er »einen schwarzen Abgrund« vor sich und fragt sich, für welche Sache er sterben soll? Angesichts des Todes, nachdem jede Hoffnung zunichte wurde — und nicht angesichts der Wahrheit —, entschloß er sich, »vor der Partei niederzuknien« ... Er gibt zu, daß Trotzki und die Zweite Sozialistische Internationale seine Verbündeten waren, aber daß Stalin »die Hoffnung der Welt« ist.

Am 13. März 1938 um vier Uhr früh wird das Urteil verkündet. Alle Angeklagten — außer Rakowski, Bessonow und einem alten Arzt, die zu zwanzig und fünfzehn Jahren Kerker verurteilt werden — werden dem Henker überantwortet: sie werden binnen vierundzwanzig Stunden in den Kellern der GPU erschossen.

Im Verhalten der Hauptangeklagten der drei Prozesse findet man dennoch den gleichen Glaubensakt wieder, der den Zweifel und den Schrecken überwindet (und er trägt sehr viel dazu bei, die Lügen zu zerstören, die die Angeklagten gegen sich selbst aufhäufen). Wie inhuman auch das Regime Stalins sein möge, die Angeklagten sind nach wie vor davon überzeugt, daß die UdSSR den Grundstein zu einer neuen Gesellschaftsordnung gelegt hat. Stalin wird vorübergehen, die Zukunft wird großartig sein. Dieses Gefühl teilen auch außerhalb Rußlands viele anständige Kommunisten und Sympathisanten der UdSSR.

Leo Dawidowitsch bestätigt, daß die Errungenschaften der Oktoberrevolution noch nicht verloren sind, daß die kollektivistische, sozialistische Gesellschaft und die Wirtschaftsplanung der UdSSR einen großen Fortschritt in der Geschichte der Menschheit darstellen; aber seit kurzem ist er der Ansicht, daß der stalinistische Totalitarismus alle diese Errungenschaften gefährdet und daß in diesem Augenblick die revolutionäre Aktion gegen dieses reaktionäre Regime ebenso notwendig wie legitim ist. Diese Auffassung trennt ihn, außer den ethischen Normen des Marxismus, denen er treu geblieben ist, zutiefst von den hingerichteten Angeklagten. Die energischesten unter letzteren haben im besten Fall an eine »Palastrevolution« gedacht: sich des Kremls bemächtigen, eine neue Regierung einsetzen, anschließend durch Gesetze mehr oder weniger große Reformen einleiten. Leo Dawidowitsch verlangt seit 1923 die Demokratisierung des Regimes. Wie er vor der Kommission Dewey aussagte, ist er seit dem Jahre 1933, der Machtergreifung Hitlers in Deutschland, »allmählich unter dem Einfluß der unbestreitbaren Tatsachen zu der Erkenntnis gelangt, *daß die Volksmassen die Bürokratie nur durch die Gewalt der Revolution stürzen können.* Ich bin dem Grundprinzip meiner Tätigkeit treu geblieben und habe dieser Überzeugung sofort öffentlich Ausdruck verliehen. Ja, ich glaube, daß das System des stalinistischen Bonapartismus nur durch eine neue politische Revolution gestürzt werden kann (...). Aber Revolutionen werden nicht auf Befehl gemacht. Sie entstehen durch die Entwicklung der Gesellschaft. Man kann sie nicht künstlich hervorrufen. Noch unmöglicher wäre es, sie durch das Abenteuer terroristischer Aktionen zu ersetzen ...*«

Es ist bemerkenswert, daß während dieser ganzen Ausrottungskampagne gegen die Revolutionäre des Jahres 1917 und des Bürgerkriegs die Namen der wirklichen Trotzkisten, der bolschewistisch-leninistischen Linksoppositionellen, wie sie sich selbst bezeichnen, weder in den Zeitungen noch in den Prozeßberichten auftauchen. Es waren ein paar hundert Unbelehrbare, die seit etwa zehn Jahren im Gefängnis saßen oder deportiert waren. Auch unter der härtesten Unterdrückung handelten sie nach ihrem mutigen Gewissen. Wir wissen, daß in den Gefängnissen viel Schreckliches geschah; aber zweifellos gab sich keiner dieser im Kampf gestählten Männer für die Machinationen der GPU her. Was wurde aus ihnen? Wir halten es nicht für wahrscheinlich, daß jemand von ihnen überlebt hat ... Ihre Namen scheinen im *Bulletin der Opposition* auf und in zwei Werken von Überlebenden.**

Eine der wenigen Informationen über das Schicksal der Trotzkisten in Rußland wurde in Rom von Polen veröffentlicht, die 1939 bis 1941 die Schrecken der Konzentrationslager Stalins kennenlernten. Sie folgt hier, ohne genauere Datumsangabe; wir

* *The Case of Leon Trotski,* Bericht des Untersuchungsausschusses Harpers, New York, 1937, p. 574.

** Anton Ciliga: *Au Pays du Grand Mensonge,* Paris, Gallimard, 1938; Victor Serge: *Destin d'une revolution* (Schicksal einer Revolution), Grasset, Paris 1938 (englische Übersetzung *Destiny of a Revolution,* und amerikanische *Russia Twenty Years After,* 1938—1939) nehmen an, daß sie sich auf die Jahre 1938/1939 bezieht, weil die Erinnerung daran noch frisch war, als ein polnischer Jurist sie an Ort und Stelle aufzeichnete: »Einige Dutzend der bekanntesten Trotzkisten wurden in das Zwangsarbeitslager Workuta verschickt«, in die öde Gegend an der Mündung der Petschora und an die Ufer des Eismeers gegenüber der Insel Nowaja-Semlja.. »Sie kamen zusammen (. . .) und beschlossen, sich durch eine letzte Kundgebung ihres unbeugsamen Willens für immer dem Gedächtnis der Menschheit einzuprägen (. . .). Sie verlangten: 1. die Leitung des Lagers durch politische Häftlinge; 2. eine Arbeit, die ihren Berufen (. . .) als Intellektuelle entsprach; 3. nie voneinander getrennt zu werden. Sie verliehen ihren Forderungen durch die Androhung eines Hungerstreiks bis zum Sieg oder Tod Nachdruck. Ihre Forderungen wurden sicherlich abgelehnt. Die Trotzkisten begannen sofort einen Hungerstreik, der ohne Unterbrechung einhundertzwanzig Tage dauerte (. . .). Die Verwaltung ließ sie mit Gewalt künstlich ernähren. Dennoch starben viele (. . .). Die Trotzkisten wurden voneinander getrennt, indem man scharfe Hunde in ihre Baracke hetzte (. . .). Soldaten schafften schließlich die Geschwächten weg (. . .). Man hörte sehr bald nichts mehr von ihnen. Es ist beinahe sicher, daß sie hingerichtet wurden, denn man hat nie mehr einen von ihnen wiedergesehen.«

XII. Die Ausrottung der Revolutionsgeneration in Rußland. Die Ermordung von Rudolf Klement in Paris

Der Alptraum zieht alles in seinen Bannkreis. Das heißt, daß einer der umfassendsten und blutigsten Staatsstreiche einer Polizeibehörde die russische Revolution lähmt und sie durch den Totalitarismus ersetzt. Die Tatsachenberichte sammeln sich auf dem Arbeitstisch Leo Dawidowitschs in Coyoacan; und jede dieser Tatsachen bedeutet die Ermordnung von Menschen, die er mehr oder weniger gut gekannt hat, die er seinerzeit zum Sieg geführt hat, die ihn liebten und die er liebte . . . Drei der unsichtbaren Angeklagten des Prozesses Bucharin-Rykow-Jagoda und andere, die immer wieder im Bericht erwähnt werden, sind einfach verschwunden. Sie haben den Handel mit der GPU abgelehnt, es war deshalb nicht möglich, sie vor ein Gericht zu stellen, also hat man sie ohne weitere Propagandazeremonie erschossen: Karachan, der junge Genosse, der uns 1918 an der russisch-finnischen Grenze begrüßt hat, der Leo Dawidowitsch nach Brest-Litowsk begleitete, dann Botschafter in Peking und schließlich in Ankara war; Jenukidse, die rechte Hand Lenins bei der Leitung der sowjetischen Verwaltung; Jan Rutsutak, seit elf Jahren Mitglied des Politbüros, ein einfacher Lette, ehemaliger Metallarbeiter, der zehn Jahre Zwangsarbeit im Zarenreich hinter sich hatte ... Was soll man von Prozessen halten, die gewisse ausländische Juristen als korrekt bezeichnen, wenn ein altes Mitglied der höchsten Institution der Staatspartei einfach im undurchdringlichen Dunkel verschwinden kann? In den achtzehn Monaten nach dem Geheimprozeß des Marschalls Tuchatschewski und der sieben roten Generäle — ein Prozeß, von dem wir annehmen, daß er gar nicht stattgefunden hat, es sei denn in einem schamlosen Film — verschwinden die meisten Marschälle, Generäle und Admiräle, die das Kommuniqué unterschrieben haben, ebenfalls ... Im Januar 1928 hatte die *Prawda* die Liste des neubesetzten Politbüros veröffentlicht: Stalin, Molotow, Lasar Kaganowitsch, Woroschilow, Kalinin, Andrejew, Kossior, Mikojan, Tschubar, G. Petrowski, Schdanow, Eiche, Jeschow, Chruschtschow ... Von diesen verschwinden fünf auf geheimnisvolle Weise: Kossior, Tschubar, G. Petrowski, Eiche, Jeschow ... Beim dritten Prozeß hatten sich einige Unglückliche selbst beschuldigt, Attentate gegen den Leiter der landwirtschaftlichen Kollektivierung in Sibirien, Eiche, geplant oder vorbereitet zu haben, den man für einen der fähigsten Administratoren Stalins hielt, sowie gegen den neuen Volkskommissar des Inneren, den Leiter der GPU, den Regisseur der Prozesse, Jeschow; das Politbüro selbst läßt sie prompt verschwinden!

Leo Dawidowitsch kommentiert in dem in New York veröffentlichten *Bulletin der Opposition* die ersten in Rußland auf Grund der neuen »Stalinschen Verfassung« durchgeführten Wahlen. Romain Rolland hat diese Verfassung als die demokratischste der Welt bezeichnet, obwohl sie die Herrschaft einer einzigen Partei etabliert und infolgedessen Wahlen auf Grund einer einzigen Liste ... Am Vorabend der Wahl sind vierundfünfzig offizielle, vom Parteiapparat ausgesuchte Kandidaten verschwunden. Unter ihnen befindet sich der Vizepräsident des Rates der Volkskommissare, Walerian Meschlauk, sechs weitere Regierungsmitglieder, der General Alksnis, Oberkommandierender der Luftwaffe, sieben weitere Generäle, die Tschekisten aus der Anfangszeit der Revolution Latis und Peters ...

Parallel dazu erfolgt die Säuberung der Komintern durch Genickschüsse und durch »Isolierungszellen«, in die man die geflüchteten Kommunisten aus dem Ausland steckt. Unsere Pflicht ist es, Namen zu nennen, Pflicht des Lesers ist es, die Aufzählungen im Gedächtnis zu behalten. Es verschwinden die deutschen Kommunisten: Kupferstein, einer der Führer der Rotfront der Alten Kämpfer, der im Verlauf einer Straßenschlacht zwei Nazis getötet hat, und seine Frau; die Schriftsteller Ernst Ottwald und Günther; die Mitglieder des Zentralkomitees der deutschen Kommunistischen Partei Heinz Neumann, Heckert, Remmele; der Reichstagsabgeordnete Schubert; der Sekretär Thälmanns, Werner Hirsch, der aus einem Konzentrationslager des Dritten Reichs geflohen ist; die Journalisten Zisskind von der *Roten Fahne;* Kurt Sauerland vom *Aufbau;* Gerber oder Herber von der *Internationale;* Borosz von der *Internationalen Pressekorrespondenz;* der Militärschriftsteller Rudolf Hauss (Hausschild); der Jurist Felix Halle, ein naiver »Freund der UdSSR« ... Da in Deutschland die Nazis herrschen, haben die deutschen Kommunisten, die in die UdSSR flüchten, niemanden, der sie schützt.

Da in Polen eine Regierung der Obersten an der Macht ist, befinden sich die polnischen Kommunisten in der gleichen Lage. Es verschwinden: Scharski und seine Frau; der Abgeordnete Sochatski; Wojewodski; Klonowicz, Chrostel; Inulski-Buchshorn; das Mitglied des Zentralkomitees Anton Werner; der Dichter Wandurski; der Schriftsteller Bruno Jasienski; der alte Parteiführer Lenski; Henrykowski; Bronkowski; die alten, erfahrenen Revolutionäre Waletski und Lapinski; Unschlicht und seine Schwester. Unschlicht, ein alter Bolschewik der russischen Partei, hatte eine bedeutende Rolle in der Tscheka, der Armee, in der Außenpolitik, in der Luftfahrt gespielt ...

Bela Kun, 1919 Leiter der Räteregierung in Ungarn, seit jeher guter Stalinist, Antitrotzkist, der anscheinend zu allem bereit ist, wird gefoltert und stirbt im Gefängnis ... Die Überlebenden der finnischen Revolution von 1918 gehen den gleichen Weg. In den geheimen »Isolierungszellen« von Jaroslawl gibt es Mitglieder des Zentralkomitees der bulgarischen, jugoslawischen, chinesischen und anderer kommunistischer Parteien ... Dann endlich kann man die ideologische und auch die allgemeine Disziplin der stalinistischen Komintern für gesichert halten.

Antonow-Owssejenko, der alte Kampfgefährte Leo Dawidowitschs, der Aufständische, der im Oktober 1917 die Einnahme des Winterpalais leitete, übernahm in Barcelona in seiner Eigenschaft als Generalkonsul die schmutzigsten Aufgaben. Wir haben guten Grund anzunehmen, daß ihm die Verbrechen, die die GPU in Spanien beging, sehr wohl bekannt waren. Seine Seele ist zweifellos tot, aber wen kümmert jetzt schon seine Seele? Er wird zum Volkskommissar für Justiz der Sowjetrepublik Rußland ernannt und schifft sich auf einem russischen Dampfer ein ... Als der Autor dieses Buchs aus den Zeitungen davon erfährt, schreibt er: »Es ist aus mit Antonow-Owssejenko.« Tatsache ist, daß der neue Volkskommissar für Justiz nirgends an Land ging, es sei denn, an dem Ort seiner Hinrichtung ... Wir müßten hier Tausende von Namen aufzählen. Alle Regierungen der Unions- und autonomen Republiken der UdSSR werden mindestens zweimal von der politischen Polizei neu besetzt, und man weiß, wie das vor sich geht.

Was geschieht mit den Familien der Erschossenen und Verschwundenen? Es handelt sich um unzählige Menschen, ihre Trauer erweckte Mitleid und Empörung und stellte die subalterne Bürokratie täglich vor neue Probleme. Sollte man die Frauen, Töchter und Söhne der »Volksfeinde« nicht aus ihren Wohnungen, von den Arbeitsplätzen, aus der Schule jagen? Die GPU schuf für diese Opfer ein großes Konzentrationslager in der Nähe von Moskau. Gemäß späteren Erhebungen wurden Zehntausende Frauen und Kinder der Hingerichteten dort in unvorstellbarem Elend zusammengetrieben. Welche Hölle auf Erden! Das Gesetz schrieb außerdem die Verschickung der Familien der »Verräter«, womit man zweifellos auch die Großeltern meinte, »in die entlegensten Gebiete der UdSSR« vor ... Ich erfuhr, daß Rakowskis Frau und seine Tochter, ein Geschöpf von außergewöhnlicher Anmut, ebenfalls diese entsetzliche Internierung erleiden mußten.

Ein ehemaliger Sekretär Leo Dawidowitschs, der eine Zeitlang bei ihm in Istanbul und dann in Frankreich gelebt hatte, Rudolf Klement, übte in Paris die Funktion des Sekretärs der Vierten Internationale aus. Er war ein deutscher Flüchtling, ein junger, bescheidener, lernbegieriger und fleißiger Mann; eher hochgewachsen, mager, gebeugt, mit blassem Gesicht, aufmerksamen Augen ... Natürlich ohne einen Groschen Geld und ohne ordentliche Papiere. Er wurde am Morgen des 13. Juli 1938 aus seiner Wohnung entführt, als er sich gerade zum Frühstück setzen wollte, das noch unberührt auf dem Tisch stand. Man fischte später einen kopflosen Leichnam aus der Seine, auf den die obige Beschreibung recht gut paßte ... Leo Dawidowitsch erhielt einen merkwürdigen Brief, in dem Klement mit ihm brach; die Schrift ähnelte wohl der Klements, wirkte aber erzwungen, zittrig; der Stil entsprach absolut nicht dem Klements; unterschrieben war der Brief mit einem Pseudonym als Vornamen, das Klement seit Jahren nicht mehr verwendete ... Entweder war dieser Brief zur Gänze gefälscht, oder er war nach Diktat mit vorgehaltener Pistole geschrieben worden. »Die GPU hat Klement beseitigt«, schloß Leo Dawidowitsch. Während der Nachforschungen wiesen die kommunistischen Zeitungen in Paris auf falsche Spuren hin. Ein Zeuge, der nach seiner ersten Aussage nie mehr auftauchte — ein russischer Offizier —, erklärte, daß er in der Nähe der Pyrenäen jemanden getroffen habe, der Klement ähnlich sah. Das war alles ...

7. Die Mörder

I. Die letzten Arbeiten Trotzkis. Bolschewismus und Stalinismus. Der Zweck und die Mittel. Das Problem der Kunst. Der nächste Krieg. Trotzki gegen die Zusammenarbeit Hitler-Stalin

Einige der besten Schriften Trotzkis stammen aus dieser Zeit. Wie bitter auch der Kampf sein mag — und er fühlt diese Bitterkeit zutiefst —, seine Konzentrations- und Arbeitsfähigkeit ist noch genauso groß wie in der Vergangenheit, als er in einem gepanzerten Waggon hinter den Feuerlinien herumreiste. Wir haben nicht die Absicht, uns hier detailliert mit einem Werk zu befassen, das so umfassend ist, daß man es nur flüchtig streifen könnte; aber dieser Mann war identisch mit seiner Tätigkeit, und in diesem Augenblick bestand seine Tätigkeit in seinen Gedanken, seinem Einfluß. Wir müssen die hervorstechendsten Ideen erwähnen.

Trotzki verteidigt den Bolschewismus gegen den Stalinismus, der dessen schreckliche Entartung ist. Es hat ihn hart getroffen, daß John Dewey und die meisten amerikanischen Intellektuellen, die während der Moskauer Prozesse moralischen Mut und wissenschaftlichen Geist bewiesen haben, den Stalinismus für die logische Weiterentwicklung (und damit das Scheitern) des Bolschewismus halten. Dieser Irrtum läßt sich seiner Meinung nach durch ihre ungenügende Kenntnis des Marxismus, der russischen Geschichte und der Geschichte der Revolution erklären. »Der von den Bolschewiki gegründete Staat ist nicht nur Ausdruck der Gedanken und der Ziele des Bolschewismus, sondern auch des kulturellen Niveaus des Landes, seiner sozialen Struktur, der Belastung durch eine barbarische Vergangenheit (. . .). *Ohne einen mehr oder weniger raschen Sieg des Proletariats in den fortschrittlichen Ländern mußte die Arbeiterklasse in Rußland (. . .) scheitern oder degenerieren.«* Der von der Linksopposition vertretene Bolschewismus hat es verstanden, mit der Bürokratie und ihrer Komintern zu brechen. Die Unterdrückung der übrigen Parteien innerhalb der Revolution war keineswegs eine durch die bolschewistische Doktrin bedingte Maßnahme, sondern eine infolge des Bürgerkriegs notwendige Begleiterscheinung des Ausnahmezustandes. Das gleiche trifft auf die Unterdrückung des Anarchismus zu; mehr als einmal hat Trotzki mit Lenin über die Möglichkeit gesprochen, den ukrainischen Anarchisten ein autonomes Gebiet zu überlassen, in dem sie versuchsweise ein Gemeinwesen ohne Autorität errichten können* ...

Er kommt in einem kleinen Buch auf diese Ideen zurück, das seine Gedanken so genau wiedergibt, daß er es dem Gedächtnis seines Sohns Leo Sedow widmet: *Ihre Moral und die unsere.* »Der Stalinismus ist ein Produkt der alten Gesellschaft.« Wirft man den revolutionären Marxisten vor, daß sie den Satz »Der Zweck heiligt die Mittel« zu ihrer Devise gemacht haben, wie die Jesuiten im 16. Jahrhundert vom christlichen Standpunkt aus? Damit verleumdet man gleichzeitig die Jesuiten und die Bolschewiki. Der Revolutionär anerkennt »die dialektische Wechselbeziehung zwischen Mittel und Zweck«. Das Mittel kann nur durch den Zweck geheiligt werden, aber auch dieser muß eine Berechtigung besitzen. »Vom marxistischen Standpunkt aus, der die historischen Interessen des Proletariats vertritt, ist der Zweck gerechtfertigt, wenn er zur Steigerung der Macht des Menschen über die Natur und zur Beseitigung der Macht des Menschen über den Menschen führt (...). Alles, was wirksam zur Befreiung der Menschheit beiträgt, ist erlaubt. Da dieser Zweck nur durch eine Revolution erreicht werden kann, hat die befreiende Moral des Proletariats notwendigerweise revolutionären Charakter .« (...) »Dic Mittel ergeben sich aus der historischen Bewegung. Sie sind dem Zweck organisch untergeordnet.« Die Beteiligung an der historischen Entwicklung »mit offenen Augen und angespanntem Willen gewährt einem denkenden Wesen an sich die höchste moralische Befriedigung«**.

Trotzki wird von der *Partisan Review* aufgefordert, sich über die Beziehung zwischen Kunst und Politik zu äußern, und antwortet »zögernd ... nur mit dem Zweck, die Frage richtig zu stellen«. »Die Kunst drückt das Streben des Menschen nach einem harmonischen und erfüllten Leben aus (...), um das ihn die in Klassen aufgeteilte Gesellschaft bringt.« Auch setzt jedes kreative Werk einen bewußten oder unbewußten Protest voraus. Die Kunst kann ihre Rettung nicht in sich selbst finden, weil sie

* *Stalinisme et Bolchevisme,* September-Oktober 1937.
** *Ihre Moral und die unsere,* 16. Februar 1938.

von der Gesellschaft abhängig ist, die nur durch die Revolution gerettet werden kann* ... »Der Kampf um die revolutionären Ideen in der Kunst beginnt mit dem Kampf um die künstlerische Wahrheit, nicht als kanonischer Gehorsam der einen oder der anderen künstlerischen Richtung gegenüber, sondern als die unveränderliche Treue des Künstlers seinem innersten Wesen gegenüber (...). Lüge nicht! Das ist die erlösende Formel**.«

Die Probleme, die Trotzki am häufigsten und am ausführlichsten behandelt, sind die des nächsten Weltkriegs, den er für gewiß hält, und die des sozialen Charakters der UdSSR. In einem Kommentar zu einem Buch über den *Bürokratischen Kollektivismus*, das in Paris unter dem Namen Bruno R. erschienen ist, stellte er fest, daß »diese verschiedenen Regime (UdSSR, der Faschismus, der Nazismus, der amerikanische New Deal) unleugbar gemeinsame Züge haben, die letztlich durch die kollektivistischen Tendenzen der modernen Wirtschaft determiniert sind«, die das Stadium des Privatbesitzes an Produktionsmitteln weit hinter sich gelassen hat. »Infolge des Kräfteverfalls der Arbeiterklasse nehmen diese Tendenzen die Form des bürokratischen Kollektivismus an.« (...) Was die sowjetische Bürokratie betrifft, so ist sie kein Organ, sondern »ein Tumor« im gesellschaftlichen Organismus; sie hat in der Periode der Einführung und der Assimilierung der ausländischen Technik eine nützliche Funktion erfüllt, aber dann ist sie zu einem Hindernis für die Entwicklung der Produktivkräfte geworden*** ... Die wirtschaftlichen Grundlagen der UdSSR — kollektives Eigentum und Planung — stellen dennoch einen ungeheuren Fortschritt gegenüber den anderen existierenden Produktionssystemen dar und müssen sowohl gegen äußere Gefahren als auch gegen das totalitäre Regime verteidigt werden; auf diesen Gedanken kommt Trotzki immer wieder zurück.

Er schreibt einige Male über den spanischen Bürgerkrieg und sieht die Niederlage der spanischen Revolution voraus, die den Sturz der bürgerlichen Republik nach sich ziehen wird. Um zu siegen, müßte man dem Krieg eine soziale Bedeutung geben, Räte einrichten, die republikanische Armee von konterrevolutio-

* *Art et Politique*, 18. Juni 1938, *Partisan Review*, August-September 1938.

** Brief an André Breton und an die französischen revolutionären Künstler und Schriftsteller vom 22. Dezember 1938.

*** *Le Collectivisme bureaucratique*, Oktober 1939.

nären Elementen säubern, die Strategie des Klassenkampfes anwenden ... Die Alternative lautet: Entweder der Sieg der Revolution oder der Sieg des Faschismus. »Die tragische Erfahrung Spaniens soll für uns eine furchtbare Warnung sein, vielleicht die letzte vor noch weiterreichenden Ereignissen*.«(...) »Wenn die sozialistische Revolution ihm nicht zuvorkommt, ist der zweite Weltkieg unvermeidbar.«(...)

Im August widmet er dem nächsten Krieg eine eingehende Studie, die in mehr als einem Punkt prophetisch ist. Er wählt als Motto die Worte Spinozas: »Weder lachen noch weinen: verstehen.« Die Unbeständigkeit des Kräfteverhältnisses ist noch groß; Deutschland strebt nach der Weltherrschaft, und um sie zu erringen, wird es vielleicht versuchen, sich mit der UdSSR zu verständigen, wenn es sich nicht mit Großbritannien gegen die UdSSR verbünden kann. »Die kleinen Staaten sind wie Satelliten, die nicht wissen, um welche Sonne sie kreisen sollen.« »Die ganze Welt will den Frieden (...). Die ganze Welt wird Ströme von Blut vergießen.« (...) Die Vereinigten Staaten möchten dem Brandherd nicht zu nahe kommen, aber man ist nicht ungestraft die größte Weltmacht; die größte Bedrohung für sie liegt im Fernen Osten. Am Ausbruch des Rüstungsfiebers ist Deutschland schuld, »das es mit unfehlbarem Instinkt und Tobsuchtsanfällen verstanden hat, die Ketten von Versailles abzuschütteln«. (...) Die Zweite Sozialistische Internationale und die Dritte stalinistische Internationale sind der Ansicht, daß das Ziel des Krieges die Verteidigung der Freiheit und der Kultur gegen die faschistische Aggression sein wird, aber »es wird nicht so leicht sein, die Schafe von den Wölfen zu unterscheiden«. Das politische System Stalins nähert sich bereits jetzt immer mehr dem Hitlers; und die Demokratien sehen zu, wie die spanische Republik abgewürgt wird. Die zurückgebliebenen Länder, die weder über Rohstoffe noch über entsprechende Märkte verfügen, stoßen natürlich als erste zum Faschismus und sind die aggressivsten. Der totalitäre Staat entspricht am besten den Notwendigkeiten des totalen Krieges; die Demokratien werden ebenfalls diesen Weg einschlagen. Wann wird der Weltbrand ausbrechen? Deutschlands Lage erfordert mindestens noch zwei Jahre Vorbereitung, so daß der nächstmögliche Termin im August 1939 liegt; der Krieg ist aber auf jeden Fall 1940/1941

* *Le Leçon d'Espagne, dernier avertissement*, 17. Dezember 1937.

gewiß ... Es wird darum gehen, daß man die größte Anzahl von Soldaten mit der besten Bewaffnung aufstellen kann; die kleinen, mechanisierten Berufsarmeen sind überholt. Man kann nicht mit einem Blitzsieg rechnen. Die Luftwaffe wird strategisch unzureichend sein. »Am begründetsten ist die Hoffnung darauf, daß ein außerordentliches technisches Geheimnis es ermöglichen wird, den überraschten Feind zu Boden zu werfen«, aber die Entwicklung von neuen Waffen dauert mindestens zwei Jahre, was ein echtes Kriegsgeheimnis auszuschließen scheint. Der nächste Krieg wird auf dem Niveau des vorhergehenden beginnen, und die neuen Techniken werden immer weiter eskalieren ... England wird sich auf dem Kontinent verteidigen müssen, der Krieg wird zu Land und nicht zur See entschieden. »Der Sog wird unvermeidlich unseren gesamten Planeten erfassen. Der Krieg, der einer eigenen Logik unterliegt, wird durch die moderne Technik für die Menschheit zu einem langsamen, totalen und kostspieligen Selbstmord werden.« »Die Technik verleiht den Vereinigten Staaten einen ungeheuren Vorteil den anderen Ländern gegenüber (...), die Weltherrschaft wird ihnen zufallen, aber es wird vielleicht die Herrschaft über eine verwüstete (...), verwilderte (...) Welt sein, was zum Untergang der amerikanischen Zivilisation führen könnte.«

Alles hängt von den politischen und sozialen Ereignissen ab: Die Revolution kann das Wüten des Krieges unterbrechen. Es gibt nur geringe Chancen, daß sich die Arbeiterklasse dem Krieg widersetzt, aber es ist möglich, daß die Massen dann schneller reagieren als während des Ersten Weltkriegs. Die UdSSR ist durch ihr inneres Regime geschwächt, das durch den Krieg gestürzt werden müßte; sie besitzt den Vorteil des Prestiges und der Errungenschaften der Industrialisierung. Ihre soziale Basis wird der Prüfung standhalten und sogar gestärkt aus ihr hervorgehen. Was die kapitalistischen Länder betrifft, werden jene, die das Agrarproblem nicht gelöst haben — Polen, Rumänien, Ungarn —, als erste fallen (...). Deutschland und Italien könnten zunächst aufsehenerregende Erfolge erzielen, werden dann aber infolge von sozialen Unruhen eine Beute ihrer Feinde werden. Die Weltgeltung Frankreichs entspricht nicht mehr seinen inneren Möglichkeiten, es wird abhängiger sein als jeder seiner Verbündeten, Großbritannien und die Vereinigten Staaten. Es wird eine zweitrangige Macht werden, mit einem von sozialen Unruhen erschütterten Regime. Die Schwächung und der Zerfall des britischen Empire sind gewiß ...« Der Zusammenbruch des

Imperialismus wird eine Epoche sozialer Erschütterungen einleiten (. . .). Das Antlitz der Welt wird sich verändern*.«

Trotzki wurde demnach von den Ereignissen nicht überrascht; nicht einmal von der Absprache Hitler-Stalin im August 1939. »Die Aufgabe, die sich Deutschland stellt«, schrieb er in diesem Zusammenhang, »ist undurchführbar. Deutschland kommt zu spät«, um die Welt zu beherrschen. Stalin unterstützt es nur deshalb, weil es in diesem Augenblick die stärkste Macht ist. »Wer weiß, ob die französische Regierung und die alliierten Regierungen, denen sie Obdach bietet, nicht bald Asyl in England suchen werden?« Solange Hitler stark ist, wird ihm Stalin folgen, mag es auch noch so schwierig sein. Aber »wenn Stalin Hitler überlebt, dann nicht für lange. Dieses Doppelgestirn wird vom Himmel verschwinden«**.

Er ist der Meinung, daß die Besetzung der einen Hälfte Polens durch die Rote Armee das geringere Übel im Vergleich zur Besetzung der anderen durch die Nazis darstellt, daß Stalin aber den Anfang gemacht hat, als er das Ärgste zuließ. Er klagt den »stalinistischen Imperialismus« an, ist aber bemüht zu präzisieren, daß es nicht mehr der von den Marxisten definierte Imperialismus des Finanzkapitals ist. »Wir haben uns nie dazu verpflichtet, alle Handlungen der Roten Armee zu verteidigen, die ein Instrument der bonapartistischen Bürokratie ist (. . .). Wir werden nur das verteidigen, was vom Arbeiterstaat in der UdSSR noch vorhanden ist.« (. . .) Die sozialen Grundlagen der UdSSR, ihre Planwirtschaft verdienen uneingeschränkte Verteidigung. In Polen und in Finnland löst die Rote Armee außerdem noch revolutionäre Impulse aus . . . Nach der Schlappe dieser Armee in Finnland, die zum Teil auf die Idiotie eines Winterfeldzuges zurückzuführen ist, bemerkt Trotzki, daß »man beginnt, die defensive Stärke der Roten Armee zu unterschätzen (. . .), die unvergleichlich größer ist als ihre offensive Kampfkraft«***.

Während der langen Verhöre durch die Dewey-Kommission hat Trotzki einige Ideen dargelegt, denen er in seinen Schriften nicht Ausdruck verliehen hat. Als ihn John F. Finerty fragte, ob er die Anwendung des Terrors durch eine revolutionäre Regierung für ein Recht hielte, erwiderte er: »Das ist kein

* Wir haben getreulich, wenn auch etwas kurz, diesen Essay zusammengefaßt, der den Titel *Vor dem neuen Weltkrieg* trägt und mit 9. August 1937 in Coyoacán datiert ist.

** *L'etoile double: Hitler-Stalin,* Januar 1940.

*** Artikel und Interview vom Januar 1940.

abstraktes Recht. Ich hoffe, daß nach einem oder zwei Siegen in anderen Ländern (als Rußland) die Revolutionen vollkommen friedlich verlaufen werden.« Finerty: »Eine Revolution ohne Blutvergießen?« Trotzki: »Ohne Blutvergießen, ja. Aber die Pioniere auf diesem Weg waren immer streng. Ihr Amerikaner wißt es besser als ich.« (. . .)

Finerty fragte ihn, ob er annähme, daß sich nach den sozialistischen Revolutionen die neuen Staaten friedlich verständigen könnten, und Trotzki legte dar, daß er die Planung der gesamten Welt für absolut möglich halte *(absolutely possible):* »(. . .) Die Wissenschaftler, die Ingenieure, die Leiter der Gewerkschaften werden auf einer Weltkonferenz feststellen, was wir besitzen, was wir brauchen, die Produktionskapazität, die Rohstoffquellen, die schöpferischen Kräfte der Menschheit (. . .). Sie werden vorsichtig beginnen (. . .) mit dem Plan (. . .) und nicht mit dem Krieg (. . .). Das ist durchaus möglich*.«

Benjamin Stolberg kam auf diese Auffassung einer rationell organisierten Menschheit zurück. »Bis jetzt«, sagte Trotzki, »ist es der Menschheit nicht gelungen, die Geschichte der Vernunft unterzuordnen. Da wir menschlich sind, haben wir es nicht geschafft, unser körperliches und unser geistiges Leben rationell zu gestalten (. . .). Es geht nicht darum zu ergründen, ob wir eine absolut vollkommene Gesellschaft schaffen können. Meiner Ansicht nach geht es darum zu ergründen, ob wir mit großen Schritten vorwärtsschreiten können. Das bedeutet nicht, daß wir der Geschichte einen rationellen Stempel aufdrücken, denn nach jedem Fortschritt gerät die Menschheit auf Abwege und geht sogar einen großen Schritt zurück. Ich bedaure das sehr, aber ich bin nicht daran schuld. (Gelächter.) (. . .) Nach der Weltrevolution könnten sich die Menschen müde fühlen. Für einige könnte eine neue Religion geboren werden**.« (. . .)

Was das so umstrittene Problem der sozialen Struktur der leitenden Bürokratie der UdSSR betrifft, so definiert sie Trotzki auf eine Frage Stolbergs: »Kaste oder Klasse?« als »eine Zwischenkategorie«. Wird sie sich dazu veranlaßt sehen, die jetzige Grundlage des Regimes zu zerstören und sich so in eine neue führende Klasse zu verwandeln? Das hängt von den Ereignissen auf der nationalen wie auf der internationalen Szene ab. Die Tendenz dazu ist jedenfalls vorhanden***.

* Ibid. p. 435.
** Ibid. p. 436.
*** Ibid. p. 438.

II. Sein Kampf gegen den Alptraum. In Erwartung der Mörder. Das Verschwinden von Walter Held in Moskau. Das Leben in Mexiko

»Er wird sechzig. Er ist allein. Er hat das Gefühl, der letzte Kämpfer einer vernichteten Legion zu sein. Er wird so für viele Menschen ein Symbol, und er weiß es. Seine Pflicht besteht darin, eine Doktrin, eine geschichtliche Wahrheit, eine entschlossene Erwartung lebendig und rein zu erhalten. Aus allen diesen Gründen ist er verurteilt. Die Hinrichtungen in Moskau, in Sibirien, in Turkestan, in der Ukraine, die Morde in Barcelona, in Lausanne, in Paris verurteilen den Verbannten von Mexiko. Er weiß es, wir wissen es. Seit dem ersten Moskauer Prozeß, das heißt seit drei Jahren, erwarten wir die Mörder mit einer Gewißheit, die aus unseren Herzen kommt.«

»Wir haben in Coyoacan ein großes, verfallenes Haus gemietet, es sehr einfach wieder instandsetzen lassen; es liegt inmitten eines ziemlich weitläufigen Gartens, in dem morgens in den alten Bäumen die Vögel zwitschern. Die Gegend ist einsam; auf einer Seite ein breiter Bach, meist ausgetrocknet, auf der anderen eine staubige Landstraße und einige mexikanische Bretterhütten. Eine Mauer, die wir errichtet haben, umgibt unseren Besitz. Der Besucher betritt ihn durch ein solides Eisentor, das ein junger Genosse nur auf genaue Anweisung hin öffnet, nachdem er den Besucher durch ein Guckloch genau betrachtet hat. Draußen, dreißig Meter vom Tor entfernt, hat die Polizei eine *casita* aus Ziegeln bauen lassen, in der sich eine Schießscharte befindet. Dort wachen Polizisten über unsere Sicherheit (...). Man tritt ein, durchquert den mit mächtigen Kakteen, Agaven und hohen Laubbäumen bestandenen Garten und kommt in ein großes Zimmer, das als Bibliothek und Sekretariat eingerichtet ist. Nur Ordner, Bücher und Zeitungen, Schreibmaschinentischchen. Hier halten sich Trotzkis Mitarbeiter auf, die gleichzeitig auch seine Leibwächter sind.«

»Drinnen führt eine Tür ins Speisezimmer: großer Tisch aus hellem Holz, in spanisch-indianischem Stil bemalte Stühle, Wandschränke, sonst nichts. Leo Trotzkis Arbeitszimmer ist links davon. Es ist ein quadratisches, hohes, helles, luftiges Zimmer, in dem nur die unbedingt notwendigen Möbel stehen. Wieder ein heller Holztisch, gegenüber Regale mit Büchern, Telefon, das ist alles. Unter den Büchern, in rotes und blaues Leinen gebunden, Lenins Werke. Das Licht kommt von einem

Balkonfenster, dem Leo Dawidowitsch während der Arbeit den Rücken zukehrt. Das Arbeitszimmer führt direkt ins genau so einfach eingerichtete Schlafzimmer. Genossen und Freunde wohnen in den Nebengebäuden am Ende des Gartens.«

»Leo Dawidowitsch steht früh auf; da ist das Licht noch frisch, der unabänderlich strahlende Himmel glüht noch nicht. Er gönnt sich zu Tagesbeginn einen Augenblick der Entspannung, in dem er seine Hasen und Hühner füttert. Er wirft einen Blick auf die frisch aus Pedregal eingelangten Kakteen, aus dieser glühenden, chaotischen Lavawüste, wo er sie ausgesucht hat. Diese merkwürdigen, widerstandsfähigen, wehrhaften Pflanzen gefallen ihm ... Dann zieht er sich in sein Arbeitszimmer zurück und kommt nur mehr zu den Mahlzeiten heraus. Die Arbeit wartet, und das ganze Leben dieses Mannes ist auf die Arbeit konzentriert: Korrespondenz, Artikel, Bücher, Notizen für projektierte Schriften. Meist diktiert er einem russischen Sekretär. Er hat mit Harpers einen Vertrag für eine Biographie Stalins abgeschlossen. Dieses Buch beschäftigt ihn ununterbrochen. Er sagt mir immer wieder, daß er viel lieber etwas ganz anderes geschrieben hätte, ein Buch, von dem er seit langem träumt, über die Freundschaft, die fruchtbare Zusammenarbeit zwischen Karl Marx und Friedrich Engels, die ein Leben lang andauerte. Das Einvernehmen dieser beiden wissenschaftlichen Geister, die der Sache des Proletariats ergeben waren, ihre Entdeckungen, ihre Nuancen, ihre unzerstörbare Zuneigung, das wollte er rekonstruieren, wieder erstehen lassen ... Die Verleger und das Publikum interessieren sich aber mehr für den Exponenten einer furchtbaren Tyrannei (...). Für seinen *Stalin* hat Leo Dawidowitsch unzählige Dokumente und Notizen gesammelt. Die Herkunft dieser Persönlichkeit liegt im Dunkel, sogar seine Rolle im Jahr 1917 ist schwer zu bestimmen, die Gründe für die Sympathie, die Lenin für ihn empfand, bevor er ihn, zu spät, erkannte, sind nicht klar. Trotzki macht, oft verärgert, Randbemerkungen zum *Stalin* von Boris Suwarin; er sagt, daß die Dokumentation beachtlich, aber die Gedanken enttäuschend mittelmäßig sind.« (...)

»Bei der Arbeit ist er gewissenhaft bis zur übertriebenen Akribie; nie verwendet er einen Hinweis, ohne ihn zu überprüfen, und er achtet darauf, daß die Zeichensetzung im Text richtig ist. Er wägt den Wert der Zeugenaussagen ab, ist darauf bedacht, jedes Dokument in seinem Kontext zu bringen. Wenn er über einen Gegner schreibt, will er objektiver denn je sein; sollte das Werk deshalb durch eine gewisse akademische Schwere leiden, kann man eben nichts machen. Die einzige Leidenschaft, die er sich in diesem Buch gestattet, ist die für die Wahrheit, die sich im übrigen sehr gut mit der Empörung gegen die Unmenschlichkeit verträgt. Die Fragmente, die er zu Papier bringt, mögen oft vor Empörung lodern; sie sind nur Entwürfe, der endgültige Text wird kaltblütig überlegt sein.«

»Er kann nur selten in Frieden arbeiten. In Frieden — diese Worte sind im Zusammenhang mit ihm merkwürdig fehl am Platz. Der Alptraum ist immer gegenwärtig, die zahllosen Hingerichteten sind immer nahe, und die Mörder — davon sind wir überzeugt — ziehen ihre Fäden um das Haus. Die kommunistische und prokommunistische Presse, wie auch die reaktionären Zeitungen, halten um Trotzki eine Atmosphäre der Unterdrückung aufrecht. General Cedillo entfesselt im Gebirge einen Aufstand gegen Präsident Lazaro Cardenas: Die Presse schreibt, daß Trotzki an dem Komplott beteiligt ist (. . .). Leo Dawidowitsch erfährt aus der Zeitung von der Verstaatlichung der mexikanischen Erdölquellen. Dieser unerwartete Beschluß beeindruckte ihn durch seine Kühnheit, und er zweifelte nicht daran, daß er den wahren Interessen des Landes Rechnung trägt (. . .). Die Presse behauptet, daß er von Trotzki initiiert worden war. Er müßte dementieren, aber was würden Dementis in diesem Nebel von Unehrlichkeit nützen? Wir haben Präsident Lazaro Cardenas, den wir sehr schätzten, nie kennengelernt, und er hatte uns nur geschrieben, um uns sein Beileid zum Tod Leo Sedows auszusprechen.«

»Leo Dawidowitsch trug den Kopf nach wie vor hoch erhoben, sein Gang war rasch, seine Haltung aufrecht, seine Bewegungen lebhaft, er schien nicht zu altern, obwohl seine widerspenstigen Haarsträhnen allmählich grau wurden. Er empfing die Besucher im allgemeinen an seinem Arbeitstisch, leicht vorgeneigt, um sie besser zu hören, seine blauen Augen sahen sie aufmerksam an. Er sprach immer deutlich, baute seine Sätze gut auf, bemühte sich sogar im Englischen, im Deutschen oder im Französischen, sie richtig zu konstruieren. Er war höflich, immer bemüht, nicht die kleinsten Mißverständnisse aufkommen zu lassen — sei es auch unbeabsichtigt —, die verletzen oder einen Schatten auf die persönlichen Beziehungen werfen könnten (. . .). In Wirklichkeit stand er jedem wohlwollend gegenüber, trotz seiner Gewohnheit, die Menschen mit einer Objektivität zu beurteilen, die manchmal hart wirkte. Er vermied es, mir etwas Ungünstiges, etwas Unangenehmes zu erzählen und wollte es auch nicht hören. Er begeisterte sich leicht für jemanden, für eine Schrift, für eine Idee. Aber da er sich selbst zur Gänze einer strengen Idee unterordnet hatte und nicht zuließ, daß seine Handlungsweise ihr nicht entsprach oder sich von ihr entfernte, zögerte er nie, mit Freunden, Genossen, gerade den Personen, die er am meisten mochte, unnachsichtig zu diskutieren und, wenn die Debatte dazu führte, ihnen deutlich zu erklären, daß ein ideologischer Bruch eingetreten war. Die Ideen waren für ihn nicht die Figuren in einem hochgeistigen Spiel, sie waren etwas Lebendiges, sie forderten den Einsatz der ganzen Person, sie verpflichteten jeden zu einem entsprechenden Verhalten; infolgedessen stellte er die Interessen des revolutionären Verständnisses immer eindeutig über alles andere.«

»Aus diesem Grund kam es auch zum Bruch zwischen Leo Dawidowitsch und Menschen, die ihn verstanden, liebten und ihn auch nach heftigen Diskussionen und Polemiken weiterhin verteidigten. Die Meinungsverschiedenheit mit Max Eastman und später mit James Burnham bezog sich auf die marxistische Philosophie, vor allem auf das Problem des dialektischen Materialismus. Mit Otto und Alice Rühle, unseren Nachbarn in Coyoacan, führte Leo Dawidowitsch einige sehr erbitterte Diskussionen. Auch der alte deutsche Marxist war ein Mensch mit einem sehr ausgeprägten Charakter, mit Überzeugungen, die er während eines Lebens des Studiums und des Kampfes gewonnen hatte, und seit 1917 tadelte er ›Lenins Methoden‹, den Bolschewismus. Er beschuldigte Lenin einmal der Unwahrheit. ›Lenin und lügen!‹ rief Leo Dawidowitsch, der besser als jeder andere die angeborene Rechtschaffenheit Wladimir Iljitschs kannte. Er wollte kein Wort mehr hören. Die Beziehungen wurden lockerer, aber die Zuneigung war dadurch nicht betroffen. Leo Dawidowitsch und Otto Rühle schrieben gemeinsam — jeder einen Teil — *La pensée vivante de Karl Marx (Der lebendige Gedanke Karl Marx')*, einen Band der internationalen Serie, die in Frankreich unter dem Titel *Les pages immortelles (Unsterbliche Seiten)* erschien.«

»Diego Rivera war uns treu ergeben; er hatte anscheinend die Ideen der Vierten Internationale begeistert geteilt, er hatte weder mit seinen Mitteln noch seiner Zeit gegeizt, wenn es um die Propaganda für die mexikanische Gruppe ging. Leo Dawidowitsch, den seine überschäumende Phantasie manchmal mitriß, manchmal amüsierte, bewunderte in ihm den Künstler, der jedenfalls in seinen besten Fresken von einem leidenschaftlichen, wenn auch sehr elementaren Gefühl für den sozialen Kampf durchdrungen war; er fand in ihm aber nicht die Festigkeit, die Klarheit des Geistes, die jemand braucht, der sich politischer Tätigkeit widmet. Diego Rivera verirrte sich schließlich in die mexikanische Partei des Generals Almazan, der eine umfangreiche demagogische Agitation entfesselte und bald, ohne Ruhm oder Verdienst erworben zu haben, unterging (...). Die 1938 unterbrochenen Beziehungen zu dem Künstler wurden nicht mehr neu angeknüpft. Von allen unseren alten Freunden und Genossen ist er der einzige, der sich später lauthals zum Stalinismus bekannte.«

»(...) Von Zeit zu Zeit unternahmen wir Reisen. In Veracruz konnte Leo Dawidowitsch im blendenden Licht des Golfes an einer großen Angelpartie teilnehmen. Die imponierende Landschaft der mexikanischen Kalkberge beruhigte ihn. Wir besuchten die sanftere Gegend von Patzcuaro. Normalerweise handelte es sich um Tagesausflüge, nach Pedegral, dieser seltsamen Lavaebene; in die Sierra von Taxco, wo wir einmal Orchideen pflückten; auf die Straße nach Laredo; zum Desierto de los Leones (...). Leo Dawidowitsch bemühte sich, für diese Tage alle seine Sorgen abzuschütteln; er interessierte sich für die Pflanzen, für die Landschaft, bei unseren Freunden fand er sein stilles Lachen wieder, und seine blauen Augen wurden wieder hell.«

»Wenn er nach solchen Tagen in sein Arbeitszimmer zurückkehrte, begann er mit doppeltem Eifer das Durcheinander der düsteren Probleme unserer Zeit zu entwirren. Wir enthielten präzise Warnungen. Einige Monate bevor Ignaz Reiss ermordet wurde, noch ehe er mit dem Geheimdienst der GPU im Ausland gebrochen hatte, hatte er unsere Freunde in Europa darüber unterrichtet, daß die bekanntesten von ihnen unter einer ständigen Todesdrohung lebten. Walter Kriwitski, einer der Leiter des Geheimdienstes im Westen, dessen Gewissen dem Druck nicht mehr standhielt, nachdem er die Ermordung seines Freundes Reiss zugelassen hatte, bestätigte die angekündigte Gefahr (...). Walter Held verschwand. Dieser junge deutsche Flüchtling, den die Nazis zum Tod verurteilt hatten, war uns in Norwegen ein treuer Freund gewesen. Er erhielt die norwegische Staatsbürgerschaft, und die Behörden verweigerten ihm die Erlaubnis, mit uns nach Mexiko zu gehen. Als die Wehrmacht das Land besetzte, floh er nach Schweden, erhielt ein amerikanisches Visum, beging den tödlichen Fehler, sich dazu überreden zu lassen, wie andere Norweger und andere Flüchtlinge über die UdSSR nach Amerika zu gelangen. Das sowjetische Konsulat erteilte ihm tatsächlich die Transitvisa. Er reiste mit seiner Frau, seinem Kind und mehreren Reisegefährten ab. Irgendwo in Sibirien holte man sie still und heimlich aus dem Zug, die anderen Reisenden bemerkten es zu spät, um noch Fragen stellen zu können. Schluß mit Walter Held, Schluß mit seiner Frau, Schluß mit ihrem Kind. Die besten Menschen verschwanden wie Steine in tiefem Wasser. Lange wagten wir es nicht, den Namen Walter Held zu erwähnen, denn es blieb noch ein Funken Hoffnung (. . .). Im September 1940 erhielt ich von ihm einen Beileidsbrief, in dem er mir mitteilte, daß er mir einen Artikel über den Tod Leo Dawidowitschs geschickt habe. Dieser Artikel erreichte mich nie.«

»Manchmal hörte ich, wie Leo Dawidowitsch, der allein in seinem Arbeitszimmer war, tief aufseufzte und mit sich selbst sprach. ›Welche Mühe! Welche Mühe!‹ murmelte er. ›Ich kann nicht mehr . . .‹ Das hätte er sonst zu niemandem gesagt. Die sinnlose Erniedrigung, die moralische Niederlage der alten Revolutionäre, die er liebte, die gestorben waren, indem sie ihn und sich selbst mit Niedertracht bedeckten, waren für ihn eine unauslöschliche Qual. Ein Rakowski, der sein edles Leben im Gefängnis beendete, im Konflikt mit seinem Gewissen — wie liebte ihn Leo Dawidowitsch, obwohl er ihm eine gewisse Leichtfertigkeit, eine gewisse Sorglosigkeit vorwarf! Iwan Nikititsch Smirnow, der unerschütterliche Sosnowski, Muralow, der einmal geschrieben hatte, daß die Wasser des Irtisch eher vom Meer zur Quelle zurückfließen würden, als daß er abschwören würde! Der Bolschewik Kamenjew, dem Wesen nach liberaler Akademiker und dennoch so aufopferungsbereit! Alle waren einen schrecklichen Tod gestorben, alle waren sich selbst untreu geworden, alle hatten das Gewissen der Revolution verraten! Nur Leo Dawidowitsch sprach manchmal ihre Namen aus . . . Die endlose Weite Mexikos brachte ihm keine Erleichterung.«

III. Das Attentat vom 24./25. Mai 1940 in Coyoacán unter der Leitung des Malers David Alfaro Siqueiros. Die Ermordung des Robert Sheldon Harte

»Leo Dawidowtisch, der unter Schlaflosigkeit litt, nahm am 24. Mai 1940 abends ein Schlafmittel und schlief tief ein. Mitten in der Nacht weckte mich heftiges Gewehrfeuer, ganz in der Nähe. Auch Leo Dawidowitsch wachte auf ... Ich flüsterte ihm ins Ohr: ›Man schießt, man schießt im Zimmer ...‹ Wir ließen uns auf den Fußboden fallen. Helle Blitze durchzuckten das Schlafzimmer, den Garten, das Haus; die Nacht widerhallte von dem Lärm der Maschinengewehre ... Die Türe des Nachbarzimmers, in dem unser Enkel Sjewa schlief, stand offen, und man konnte eine Art Glut erkennen. Auf der Schwelle sah ich, inmitten der Flammen und Schatten, einen Mann in Uniform, der sich bewegte ... seine Mütze, sein entstelltes Gesicht, die Metallknöpfe seines Umhangs leuchteten rot ... Wir kauerten in einer Ecke des Zimmers. Ich wollte aufstehen und Leo Davidowitsch schützen, denn ich fühlte, daß die Kugeln ihm galten. Wir hörten einen verzweifelten Schrei Sjewas: ›Großvater!‹ Der Ton klang gleichzeitig warnend und bittend ... ›Sie haben ihn entführt‹, murmelte der Großvater ... Die Lichter, die Schatten, die Maschinengewehre tobten einen endlosen Augenblick lang, dann verstummten sie, und an ihre Stelle trat Totenstille, eine vollkommene, unerträgliche Stille, in der wir wie erstarrt verharrten. Der Gedanke, daß alle unsere Freunde, Alfred, Marguerite Rosmer, unsere jungen amerikanischen Genossen tot waren, entsetzte uns. Jetzt, dachte ich, werden sie kommen und *ihn* töten, was sollen wir tun, was sollen wir tun, wo soll ich ihn verbergen? Vor Verzweiflung schwindelte mir ... Und da erklang die laute Stimme Sjewas: ›Alfred! Marguerite!‹ Die Stimme klang fröhlich. Er lebte! Alle lebten!«

»Aber warum kam niemand? Wir versuchten, die Türe zum Arbeitszimmer zu öffnen, aber die Mörder hatten sie versperrt ... Ihre Kugeln hatten die Türe durchbohrt; durch die Einschußlöcher erblickte ich auf dem Tisch das friedliche Licht der Lampe unter dem Lampenschirm, die unberührten Papiere und Bücher ... Im anderen Nebenzimmer, dem Sjewas, begann es zu brennen, die Türe dorthin stand offen, der Fußboden fing Feuer, das Holz eines Schranks knisterte. Ich warf schnell Teppiche und Decken auf die Flammen ... Wir klopften an die Türe des Arbeitszimmers. Otto Schüssler kam schnell von der anderen Seite gelaufen und sperrte auf; wir traten in ein wunderbar unversehrtes Zimmer ...«

»Unsere Freunde versammelten sich: die Rosmers, Charlie Cornell, Jack, Walter, Harold — und Sjewa. Bob Sheldon Harte fehlte ... Sie waren von uns durch das Feuer eines Maschinengewehrs getrennt worden, das zwischen dem Haus und den Nebengebäuden unter dem Eukalyptusbaum im Patio aufgestellt war, und hatten einen Moment gezögert, ehe sie herbeieilten, von der gleichen Angst getrieben, die wir empfanden, weil sie glaubten, nur mehr unsere Leichen zu finden ... Wir waren durch die unverhoffte Freude, überlebt zu haben, außer uns.«

»Das große Gartentor stand offen, die Nacht war wieder friedlich. Was war mit den Polizisten im benachbarten Häuschen geschehen? Sie waren gefesselt. Die in der Nähe des Eingangs geparkten beiden Wagen waren fort. Einige Kleidungsstücke von Robert Sheldon Harte und sein Revolver lagen auf dem Zementboden. Bob war verschwunden ... Er hatte Wache am Tor gehabt. Er war dreiundzwanzig Jahre alt, ein junger, blonder Mann mit feinen Gesichtszügen, ein in das Land Mexiko verliebter Idealist; er beobachtete gerne buntfarbige Vögel in einer Volière ... Der Überfall hatte nicht länger als fünf Minuten gedauert.«

»Wir löschten den schwelenden Brand gänzlich. Wir fanden zwei kleine Zündsätze: sehr primitive Brandbomben, die nicht explodiert waren, deren Hülle aber brannte. Sjewa blutete am Fuß von einem Streifschuß. Die Tür zu seinem Zimmer war aufgebrochen worden. Männer in Uniform waren hereingestürzt, einer von ihnen hatte sich umgedreht und unter das Bett geschossen, wo sich das Kind versteckte, und ihn dabei am Fuß verletzt. Er hatte die Wunde nicht gespürt, hatte andere Schatten durch den Garten, das Sekretariat, das Eßzimmer verfolgt; sie drangen vor und schossen dabei in alle Zimmer. Dann hatte er gesehen, wie sie unter den Bäumen in der Nacht verschwanden. Das Schlafzimmer war buchstäblich von allen Seiten mit Kugeln durchsiebt worden; es war ein Wunder, daß wir dem Tod entgangen waren. Der Selbsterhaltungstrieb oder der Zufall hatte uns in der einzigen sicheren Ecke Zuflucht suchen lassen. Mehrere Kugeln, die wahrscheinlich von dem Angreifer stammten, den ich gesehen hatte, waren in die Matratze und in die Kissen des Bettes gedrungen, dort, wo eigenlich unsere Köpfe hätten liegen sollen ... Eine Blutspur in der Allee, auf den Fliesen, auf den Matten zeigte Sjewas Weg.«

»Man hatte im Schlafzimmer allein sechzig Kugeln auf uns abgefeuert, in einem Kreuzfeuer, das aus vier verschiedenen Richtungen kam. Das Zimmer besaß zwei einander gegenüberliegende Türen; eine ging in Sjewas Zimmer, die andere in das Arbeitszimmer. Durch diese beiden Türen hatten die Mörder auf das Bett geschossen, das sich in der Mitte zwischen einem Balkonfenster, von wo man auf eine Allee blickte, und einer Glastüre befand, die ins Badezimmer führte. Gegenüber dem Balkon und dem Badezimmerfenster hatte man Thompson-Maschinengewehre aufgestellt, die Steilfeuer schossen. Und genau dieser übertrieben große Einsatz von Maschinengewehren hatte uns gerettet. Die Mörder waren sicher, daß sie uns mit den kombinierten Salven erledigen würden und befürchteten, daß sie einander treffen könnten. Sie hatten zweifellos vorher einen genauen Plan der Wohnung studiert. Ein junger amerikanischer Genosse, der am Tor Wache hielt, Robert Sheldon Harte, war verschwunden. Wir waren sofort davon überzeugt, daß er — zweifellos auf den Anruf einer bekannten Stimme hin — den Mördern das Tor geöffnet hatte und entführt worden war.«

»Bei Morgengrauen begannen die mexikanischen Behörden, die Polizei und die Beamten von Coyoacan, die Journalisten und unser Freund Antonio Hidalgo mit der Untersuchung. Das Haus füllte sich mit unbekannten Gesichtern. Hidalgo zog uns beiseite, um uns zu sagen: ›Hüten Sie sich, ich erkenne Stalinisten . . .‹ Es handelte sich um subalterne Beamte, die mit ihren Chefs gekommen und an ihren gehässigen Gesichtern zu erkennen waren. Wie waren die Angreifer eingedrungen? Nichts wies darauf hin, daß Bob Sheldon Harte das Tor geöffnet hätte . . . Man fand an der Außenseite der beinahe vier Meter hohen Mauer eine gewöhnliche Leiter und zwei Schiffs-Strickleitern. Die Beamten waren der Meinung, daß sie nicht benützt worden waren. Die fünf oder sechs diensthabenden Polizisten im benachbarten Posten berichteten, daß ein Major und ein Leutnant an der Spitze einer Agentenschar ihr Haus betreten hätten; daß sie überrascht worden wären und nicht mehr Zeit gehabt hätten, auch nur den geringsten Widerstand zu leisten, ehe man sie entwaffnete und fesselte (. . .).«

»Leo Dawidowitsch, der nervös, aber ruhig war, wurde nach den wahrscheinlichen Urhebern des Attentats gefragt und bezeichnete den mexikanischen Maler David Alfaro Siqueiros als das Instrument des Geheimdienstes der GPU. Er hatte Informationen über die Tätigkeit dieses Abenteurers in den Internationalen Brigaden während des Spanischen Bürgerkriegs erhalten. Innerhalb weniger Tage wurde diese Erklärung gegen uns verwendet, genau wie unser aktives und und ruhiges Verhalten im Augenblick der Gefahr — einer Gefahr, die wir schon so lange erwarteten.«

»Man sammelte unzählige Hülsen, mehrere Magazine, fünfundsiebzig Patronen, eine elektrische Säge, zwölf Stäbe Dynamit, elektrische Zünddrähte für Sprengkörper, die beiden Brandbomben ein ... Die von dem Leiter der präsidentiellen Polizei, Oberst Sanchez Salazar, und dem Leiter der Polizei des Bundesdistrikts, General Manuel Nuñes, geleitete Untersuchung trat wochenlang auf der Stelle, ohne Ergebnisse zu zeitigen. In einer Erklärung der mexikanischen Kommunistischen Partei, die eine genaue Untersuchung forderte, wurden die Reaktion, die enteigneten Ölgesellschaften des amerikanischen Imperialismus dafür verantwortlich gemacht ... Die Tageszeitung der Vereinigung mexikanischer Arbeiter, *El Popular,* die von Alejandro Carillo herausgegeben wurde und eindeutig kommunistisch war, stimmte mit ein: das Attentat stellte eine Provokation Mexikos dar, Leo Trotzki mußte des Landes verwiesen werden! Da man weiterhin keine Spur entdeckte, stellten Stalinisten und Pro-Stalinisten mit solchem Nachdruck die Hypothese eines »simulierten Attentats« auf, daß am 3. Mai drei junge Männer, die bei uns wohnten — Charlie Cornell, Otto Schüssler und Jean Bazan — verhaftet und lange über das angeblich vorgetäuschte Attentat verhört wurden, das Trotzki auf sich selbst inszeniert hatte ... Leo Dawidowitsch verteidigte sie sofort in einem Brief an den Präsidenten der Republik, General Lazaro Cardenas; sie wurden daraufhin freigelassen. Leo Dawidowitsch begriff, daß Moskau einen Befehl erteilt hatte; ein mit so erheblichen Mitteln inszenierter Angriff eines so großen Trupps von Mördern konnte nicht das Werk einiger Unverantwortlicher sein; zweifellos war der Zeitpunkt seiner Ermordung bereits fixiert, eine ganze Maschinerie hatte sich gegen ihn in Bewegung gesetzt; die Haltung der von der stalinistischen Partei beeinflußten Presse bestätigte seinen Verdacht. Am 1. Juni beschuldigte er vor Journalisten Stalin und die GPU und fügte kategorisch hinzu, ›daß ein weiteres Attentat unvermeidlich sei‹. *El Popular* schrieb: ›Trotzki entfesselt in Mexiko einen Nervenkrieg‹, ›das Attentat ist eine internationale Erpressung‹; die Kommunistische Partei verlangte weiterhin die Ausweisung Trotzkis; der Generalsekretär der Vereinigung mexikanischer Arbeiter, Vicente Lombardo Toledano, übergab dem Innenminister im Namen dieser Gewerkschaftsorganisation ein Memorandum über das vorgeblich simulierte Attentat, die internationale Spionage, die antimexikanische Propaganda Leo Trotzkis ... (6. Juni 1940). Die New Yorker Zeitschrift *The*

Nation veröffentlichte einen Beitrag von Harry Block über die *Phantomverschwörung von Mexiko (Mexico's Phantom Conspiracy).«*

»Einige Tage vergingen, und die Polizei meldete die Verhaftung einiger bekannter Kommunisten ... *El Popular* protestierte gegen die Willkürmaßnahmen der Polizei gegenüber ›anständigen mexikanischen Arbeitern‹ ... Die Untersuchung hat ergeben, daß zwei Frauen, Anita Martinez und Julia Barradas de Serrano, die seit kurzem in der Nachbarschaft wohnten, amouröse Beziehungen zu den mit unserem Schutz betrauten Polizisten angeknüpft hatten. Sie sind seither verschwunden. Sie werden gefunden und verhaftet und geben zu, daß sie den Auftrag hatten, Trotzki zu überwachen und die Polizisten zu verführen. Diese Arbeit hatte ihnen ein gewisser Antonio Pujol aufgetragen, der Sekretär des kommunistischen Malers David Alfaro Siqueiros*. Eine von ihnen ist die Frau, genauer gesagt eine der Frauen eines ehemaligen Kämpfers in einer internationalen Brigade in Spanien, Serrano. Einige Stunden vor dem Attentat hat man ihnen gesagt, sie sollten sich aus dem Staub machen — mit einem Kind namens Sowjetina ... Ein gewisser Nestor Sanchez Hernandez, Kommunist und »Hauptmann« in einer internationalen Brigade, wird ebenfalls verhaftet und liefert einen detaillierten Bericht über die Vorbereitungen zu dem Verbrechen, an dem er teilgenommen hat. Er nennt zwei Organisatoren: David Alfaro Siqueiros, den er in Spanien kennengelernt hat und der sich als Oberst in einer internationalen Brigade bezeichnet — die Brigade Lister unseligen Angedenkens —, und einen Fremden, der sehr gut französisch spricht, vielleicht Jude, der während des Attentats kurz mit einem Auto auftauchte.«

* David Alfaro Siqueiros (Chihuahua, Mexiko, 1898), Herausgeber der *El Machete,* des ersten kommunistischen Organs, das vor 1925 in Mexiko erschien, einer der Begründer der mexikanischen Kommunistischen Partei, »Oberstleutnant der spanischen republikanischen Armee« zufolge einer im *Twenty Centuries of Mexican Art* erschienenen Notiz (Ausgabe des Museums für moderne Kunst in New York in Zusammenarbeit mit der mexikanischen Regierung, Mai 1940). Im Organ der Kommunistischen Partei *La Voz de Mexico* vom 21. Dezember 1939 wird in einem Bericht über eine Zusammenkunft anläßlich des 60. Geburtstags Stalins, »des genialen Führers, des Stolzes des Weltproletariats« die Anwesenheit Siqueiros' im »Präsidium«, an der Seite des kommunistischen Kandidaten für den Posten des Vizepräsidenten der Vereinigten Staaten, James Ford, erwähnt ...

»Siebenundzwanzig Personen werden verhaftet, ihre Aussagen erklären alles. Siqueiros hat die Polizeiuniformen, die Waffen, die Autos besorgt und die Operation selbst in der Uniform eines Majors geleitet, gefolgt von seinem Sekretär Antonio Pujol, der eine Leutnantsuniform trug. Er sah oft auf die Uhr ... Der ›französische Jude‹, der Mann der GPU, war nur einen Augenblick lang da, um sich vom Erfolg zu überzeugen, den er für vollständig halten mußte. Einer der Mörder, Nestor Sanchez Hernandez, erklärt, daß er gesehen hat, wie Robert Sheldon Harte ›nervös und freundschaftlich‹ mit dem ›französischen Juden‹ sprach, den man vergeblich sucht. Siqueiros und Pujol verstecken sich, aber Siqueiros sendet von seinem Zufluchtsort aus einen Brief an die Zeitungen. Er leugnet nichts. ›Die Kommunistische Partei‹, erklärt er, ›hat durch das Attentat nur die Ausweisung Trotzkis aus Mexiko erreichen wollen; die Feinde der Kommunistischen Partei können damit rechnen, daß sie genauso behandelt werden (...).‹ (Wir geben diesen einzigartigen Text abgekürzt wieder; ihm folgte am nächsten Tag, im *El Popular* vom 20. Juni 1940, eine offizielle Erklärung der mexikanischen Kommunistischen Partei: keiner der Angeklagten ist Parteimitglied; Sheldon Harte ist der Hauptschuldige; es handelt sich um eine Bande unkontrollierbarer Elemente und Provokateure; die Anwesenheit Trotzkis in Mexiko ist eine Provokation der Kommunistischen Partei und Mexikos ...).«

»Am 25. Juni werden die unwichtigen Komparsen freigelassen, neun Attentäter werden ins Gefängnis gebracht. Die gesamte Presse neigt dazu, Sheldon Harte für den Schuldigen zu halten, von dem man bis zum 25. Juni keine Spur gefunden hat. An diesem Tag führt Nestor Sanchez Hernandez die Polizei zu einem einsamen Häuschen in den Bergen bei Tlalminalco, Desierto de los Leones, das die Schwager Siqueiros', Leopoldo und Luis Arenal, gemietet haben. Eine alte Indianerin, ein Indianermädchen geben einige Auskünfte. Es sollten Landschaftsmaler hierherkommen ... Man findet in der Bude ein benütztes Bett. Die Erde scheint erst kürzlich aufgegraben worden zu sein. Man gräbt. Man entdeckt unter einer Kalkschicht den Leichnam des armen Bob Sheldon Harte ... Er wurde im Schlaf ermordet; er ist in Schlafhaltung erstarrt, die Hand ruhig auf dem Körper ausgestreckt. Seine Ermordung dürfte ihn wohl von jedem Verdacht reinigen (...).«

IV. Trotzki arbeitet

»Leo Dawidowitsch arbeitet. Unter unseren amerikanischen Genossen sind lebhafte Diskussionen über die Rolle der UdSSR im Weltkrieg im Gange. In einer Notiz, die man später unter seinen Papieren finden wird, schreibt er am 18. Juni 1940: ›Die Kapitulation Frankreichs (...) ist eine europäische Katastrophe (...). Hitler ist die vollkommenste, die unerbittlichste, die barbarischste Erscheinungsform des Imperialismus, der die Zivilisation ins Verderben führt. Aber außer den allgemeinen Ursachen der Katastrophe, die im Imperialismus liegen, sollte man nicht die verbrecherische Rolle (...) des Kremls und seiner Komintern vergessen. Niemand hat Hitler so geholfen wie Stalin. Niemand hat für die UdSSR so viele Gefahren heraufbeschworen wie Stalin (...). Trotz der Eroberung von Gebieten hat sich die Lage in der UdSSR schrecklich verschärft. Der polnische Pufferstaat ist verschwunden. Morgen wird ihm der rumänische Pufferstaat folgen. Der deutsche Machtstaat, der zum Beherrscher Europas geworden ist, besitzt nun eine gemeinsame Grenze mit der UdSSR (...). Die Siege Deutschlands im Westen dienen nur der Vorbereitung einer gewaltigen Offensive im Osten. In dem Augenblick, da die von Stalin ihrer Köpfe beraubte und demoralisierte Rote Armee Finnland angegriffen hat, hat sie ihre Schwäche offenbart. Während seines bevorstehenden Feldzugs gegen Rußland wird Hitler mit der Unterstützung Japans rechnen können (...). Es ist möglich, daß Stalin, der betrogene Betrüger, in der Außenpolitik eine neue Kehrtwendung vollziehen muß. Unglück den Völkern, wenn sie wieder den trügerischen Agenten des Herrn im Kreml vertrauen!‹ Die Notiz, zweifellos der Entwurf eines Artikels, endet mit den Worten: ›Der sowjetische Patriotismus und der unerbittliche Kampf gegen den Stalinsmus sind nicht zu trennen.‹«

»In anderen Notizen versucht er, Frankreichs Situation darzustellen: ›(...). Kein Faschismus im eigentlichen Sinn des Wortes. Das Regime des Marschalls Pétain stellt eine senile Abart des Bonapartismus aus der Dekadenzperiode des Imperialismus dar.‹ (In der marxistischen Terminologie ist der Bonapartismus eine mehr oder weniger populäre Diktatur, die in einer Periode politischer Instabilität errichtet wird, um den Klassenkampf zugunsten der Bourgeoisie einzudämmen.) ›Der jetzige Krieg‹, schreibt Leo Dawidowitsch weiter, ›ist die Fortsetzung des vorhergehenden (. . .) und nicht seine Wiederholung. Er stellt die Frage der Umschichtung des sozialen Gefüges auf wesentlich nachdrücklichere Weise als der erste Krieg (. . .). Noch nie zuvor in der Geschichte der Menschheit war die Reaktion so stark. Es wäre jedoch ein unverzeihlicher Irrtum, nur sie allein zu sehen. Die geschichtliche Entwicklung ist widersprüchlich. Unter dem Schleier der offiziellen Reaktion verändern sich die Massen zutiefst, sammeln Erfahrung, werden neuen politischen Perspektiven gegenüber aufgeschlossen. Die alte, auf Erhaltung bedachte Tradition des demokratischen Staats, die zur Zeit des ersten imperialistischen Kriegs noch so mächtig war, existiert nur mehr als ein sehr instabiles Überbleibsel.‹ Er fragt sich: ›Wird es uns glücken, für den Augenblick der Krise eine genügend starke (revolutionäre) Partei zu bilden?‹ ›Werden sich nicht die Stalinisten an der Spitze der revolutionären Phalanx befinden, und werden sie die Revolution nicht wieder in den Untergang führen wie in Spanien und China? Man kann diese Hypothese nicht vollkommen ausschließen, vor allem nicht in bezug auf Frankreich . . .‹ (Unvollendeter Artikel vom 20. August 1940 . . .)«.

»Er übergibt der Presse eine lange Abhandlung über *Die Komintern und die GPU;* voller Zitate, die er stalinistischen und pro-stalinistischen Zeitungen entnommen hat (. . .). Diese Arbeit ist unendlich mühsam, das Vortasten durch erstickende Nebel, die Analyse der unzusammenhängenden Lügen, das Vertiefen in die schamloseste totalitäre Mentalität (. . .). Abwechselnd bezeichnen die gleichen Schriftsteller Siqueiros als von der Bourgeoisie verfolgten Helden, als ›Halbverrückten‹, als ›unverantwortlichen Abenteurer‹ und sogar — man traut seinen Augen nicht — als von Trotzki gekaufte Kreatur! Ja, Trotzki selbst hätte ihn dafür bezahlt, daß er das simulierte Attentat durchführte! Man erkennt die typischen Wahnvorstellungen der Moskauer Prozesse wieder; sie sollten eigentlich nicht widerlegt, sondern einer psychiatrischen Analyse zugeführt werden. Zitieren wir im Zusammenhang mit dieser undankbaren Aufgabe die Aussage Walter Kriwitskis, der in den Vereinigten Staaten seine Memoiren veröffentlicht: *I was an Agent of Stalin (Ich war ein Agent Stalins,* auch in Paris erschienen): ›Die zentrale Sicherheitspolizei im Volkskommissariat für Inneres organisierte Terroraktionen im Ausland. Um diplomatische Komplikationen zu vermeiden, erteilen (. . .) die Volkskommissare mit Billigung Stalins die Befehle. Die Aktionen werden von ausgebildeten

Funktionären organisiert, die im Ausland Dienst versehen. Die Mörder sind immer Agenten der Zentrale (. . .) und zuverlässige Kommunisten. Einige von ihnen (. . .) sind nicht Parteimitglieder.‹ Kriwitski war etwa zwanzig Jahre lang einer der geheimen Chefs des Geheimdienstes der GPU im Ausland*.«

V. Der GPU-Agent »Jacson Mornard« verschafft sich Zutritt in Coyoacán

»Eine junge amerikanische Genossin russischer Abstammung, Ruth Agelow, hatte eine Zeitlang im Sekretariat Leo Dawidowitschs in Coyoacan gearbeitet. Ihre Schwester Sylvia, Mitglied der amerikanischen Gruppe der Vierten Internationale, unternahm Ende Juni 1938 eine Reise nach Paris; sie befand sich in Begleitung einer Freundin, Ruby Weill, Mitarbeiterin einer Zeitschrift, die als pro-stalinistisch galt. Diese Freundin brachte Sylvia mit einem jungen Belgier zusammen, dem Sohn eines Diplomaten — wie er sagte — reich, reiselustig, der als Journalist Karriere machen wollte: Jacson Mornard. Der Belgier machte Sylvia Agelow den Hof und wurde schließlich ihr Geliebter; es gelang ihm, ihre Zuneigung voll und ganz zu gewinnen. Im Januar 1940 kamen Sylvia und ihr Gefährte, den sie als ihren Mann betrachtete, nach Mexiko, wo sie unsere alten Freunde und Gastgeber, die Rosmers, kennenlernten. Jacson Mornard war liebenswürdig, entgegenkommend, erwies kleine Gefälligkeiten, versuchte nicht, sich über Trotzki zu informieren. Er befaßte sich mit Handelsgeschäften, die ihm ein reichliches Einkommen sicherten. Zufällig gab er seiner Frau die Adresse seines Büros: Nummer 820 im Edificio Ermita. Als sie ihn dort nicht fand, sagte er einfach, daß er sich geirrt hätte: sein Büro sei auf Nummer 620. (Später erfuhren wir, daß die Nummer 820 Siqueiros zur Verfügung stand . . .) Jacson Mornard brachte ein paarmal die Rosmers mit seinem Buick nach Coyoacán. Leo Dawidowitsch empfand es als unhöflich, ›Sylvias Mann‹ vor der Tür stehen zu lassen; es gehörte sich, ihn auf einen Augenblick hereinzubitten, wenigstens in den Garten.«

»Drei Tage nach dem Attentat vom 24./25. Mai 1940 nahmen

* Er wurde am 11. Februar 1941 in einem Hotelzimmer in Washington tot aufgefunden. Eine Kugel hatte seinen Kopf durchbohrt. Ein Selbstmord erschien möglich, ein Mord wahrscheinlicher. Er war bereits einige Male nur ganz knapp den Mördern entgangen, die ihn verfolgten.

die Rosmers, die die Absicht hatten, per Schiff nach Veracruz zu fahren, das Anerbieten Jacson Mornards an, sie mit seinem Wagen hinzubringen. Er holte unsere Freunde am 28. Mai ab und wurde zum erstenmal eingeladen, mit uns zu frühstücken. Von diesem Augenblick an öffneten die Genossen, die Wache hielten, ihm automatisch das Tor wie einem alten Bekannten. Im Juni unternahm er eine Reise nach New York, machte einen Abstecher nach New Orleans, ließ seine Frau drei Wochen ohne Nachrichten. Er kehrte im August nach Mexiko zurück, überaus nervös, krank, verbrachte die meiste Zeit im Bett. Sylvia pflegte ihn (. . .). Als er einmal nach Coyoacan kam, traf er Leo Dawidowitschs Sekretär Joe Hansen, der Maurer beaufsichtigte, die die Einfassungsmauer verstärkten. ›Warum lassen Sie das machen?‹ fragte Jacson Mornard. ›Aus Vorsicht‹, erwiderte der Amerikaner. Jacson Mornard schüttelte den Kopf: ›Gegen die GPU kann man nichts machen‹, sagte er.«

»Ein anderes Mal unternahmen amerikanische Freunde, die S . . . aus Minneapolis, mit ihm in seinem Wagen einen Ausflug in die Sierra de Totuca. Auf dem Rückweg tat Jacson Mornard plötzlich, als wolle er den Buick in einen Abgrund steuern. ›Und alles wäre vorbei!‹ rief er Anna Konikowa zu, die diesem plötzlichen Anfall von Trübsinn überhaupt keine Bedeutung zumaß. Seit der Reise in die Vereinigten Staaten hatte sich der Mann sehr verändert. Der Bonvivant, der sich damit zufrieden gab, gut zu leben, war jetzt von Angst bedrückt (. . .). Er kam manchmal zu uns herein. Wir empfingen ihn höchstens sieben- oder achtmal auf wenige Minuten, nur im Garten, mit zwei Ausnahmen. ›Sylvias Mann‹ interessierte sich sichtlich weder für unsere Ideen, noch war er an und für sich sehr sympathisch. Leo Dawidowitsch empfing ihn aus Höflichkeit in seinen Augenblicken der Muße, wenn er die Kaninchen fütterte (. . .). Jacson Mornard, der seine Geschäfte nie erwähnte, auch nicht seiner Frau gegenüber, versuchte hartnäckig, Leo Dawidowitsch für seinen ›Chef‹ zu interessieren, einen ›genialen Geschäftsmann‹, der ›phantastische Ergebnisse bei finanziellen Spekulationen‹ erzielte . . . Da man unsere finanziellen Schwierigkeiten kannte, hatte man ihm zweifellos empfohlen, durchblicken zu lassen, daß er erhebliche Geldgewinne vermitteln konnte. Leo Dawidowitsch, der solchen Vorschlägen gleichgültig gegenüberstand, antwortete darauf mit unbestimmten Floskeln über den Geschäftsgeist oder so ähnlich. Diese kurzen Unterhaltungen gefielen mir nicht; auch Leo Dawidowitsch mochte sie nicht. ›Wer ist dieser so schrecklich reiche Chef?‹ fragte er mich. ›Wir sollten uns darüber genauer informieren. Vielleicht ist er irgendein faschistischer Geschäftemacher; dann wäre es besser, wenn wir Sylvias Mann nicht wiedersähen ...‹ Jacson Mornard verwendete lächerliche Vorwände, um zu uns kommen zu können; er brachte mir in Sylvias Auftrag eine Bonbonniere; er fuhr nach New York und bestand darauf, uns sein Auto dazulassen; sein Chef hätte wichtige Geschäfte zu erledigen und nähme ihn mit (...).«

»Bei seiner Rückkehr aus den Vereinigten Staaten Mitte August sah er sehr schlecht aus. ›Sind Sie krank?‹ fragte ich ihn. ›Was haben Sie?‹ Ja, er war in Monterrey krank geworden. Ich erwähnte einen Spaziergang, den ich mit Leo Dawidowitsch unternommen hatte. Seine Erregung fiel mir auf. Wie? Ein Spaziergang? Er hatte uns ja angeboten zu fahren (...). Ich sollte erst später verstehen, warum er sich gewünscht hatte, Leo Dawidowitsch ins Gebirge zu begleiten (...).«

»Während der Augenblicke der Entspannung vermied Leo Dawidowitsch jedes Gespräch über ernste Themen. Wenn man mit ihm über seine Ideen sprechen wollte, mußte man sich bei ihm anmelden. Er empfing den Besuch dann in seinem Arbeitszimmer, hörte aufmerksam zu, den Kopf leicht zur Seite geneigt, die Hände oft auf dem Schreibtisch verschränkt, er erwog seine Antworten genau (...). Eine Woche vor dem schwarzen Tag kamen Sylvia und ihr Mann zum ersten Mal zum Tee zu uns, Sylvia begann, mit Wärme den Standpunkt der Minderheit der Partei zu verteidigen. Jacson Mornard griff beinahe überhaupt nicht in das Gespräch ein; er schien der Diskussion nicht folgen zu können, obwohl sie nur oberflächlich geführt wurde. Aber einige Tage später bat er, Leo Dawidowitsch einen Entwurf eines Artikels vorlegen zu dürfen.«

»Leo Dawidowitsch empfing ihn für zehn Minuten in seinem Arbeitszimmer (...). Nach diesem Gespräch wirkte Leo Dawidowitsch besorgt. ›Er hat mir ein vollkommen uninteressantes Machwerk vorgelegt. Konfus, banale Phrasen ... Er hat gesagt, daß er über interessante französische Statistiken verfügt ...‹ Leo Dawidowitsch empfand Unbehagen. ›Er gefällt mir nicht ... Was ist dieser Junge? Wir müssen uns informieren ...‹ Statt sich einen Stuhl zu nehmen, hatte sich Jacson Mornard auf eine Ecke des großen Tisches gesetzt, den Hut auf dem Kopf, den Regenmantel über dem Arm ... Er veranstaltete eine Art Generalprobe seines Verbrechens. Wir waren so weit davon entfernt, den Mann zu verdächtigen, der seit zwei Jahren der Gefährte einer jungen, spontanen, sympathischen Genossin war, daß Leo Dawidowitsch, als einer unserer amerikanischen Freunde vorschlug, ihn zu durchsuchen, ausrief: ›Aber! Aber! Was fällt Ihnen ein!‹ Aber er hatte keine Lust, ihn noch einmal zu empfangen. Trotz der vielen und auch schlechten Erfahrungen, die er mit Menschen gemacht hatte, war Leo Dawidowitsch überhaupt nicht mißtrauisch, im Gegenteil, weil er den größten Teil seines Lebens unter den revolutionären Massen verbracht hatte, hatte er vom Gefühl und vom Verstand her zu den Durchschnittsmenschen, auch zu den unbekannten, Vertrauen. Es gibt so viel inneren Reichtum, so viel innewohnende Kraft, so viel Idealismus in der bei einer Zusammenkunft versammelten Menge oder in einem kleinen Kreis von Arbeitern. Oft hatte er längere Zeit mit amerikanischen Arbeitern oder spanischen Flüchtlingen diskutiert (. . .).«

VI. Der letzte Tag

»Man hatte vor unseren Schlafzimmerfenstern stählerne Fensterläden angebracht. Der Gedanke an das nächtliche Attentat ließ sich nicht vertreiben. Wenn wir am Morgen aufwachten, scherzte Leo Dawidowitsch: ›Na also, wir haben die ganze Nacht geschlafen, niemand hat uns umgebracht . . . Und du bist nicht zufrieden!‹ Einmal fügte er nachdenklich hinzu: ›Ja, Natascha, man hat uns einen Aufschub gewährt . . .‹«

»Am Morgen des 20. August wachte er strahlender Laune auf. Die doppelte Dosis eines Schlafmittels hatte ihm wohltuenden Schlaf geschenkt. Schon lang hatte er sich nicht mehr so frisch gefühlt. ›Ah, heute werde ich gut arbeiten‹, sagte er. Im morgenfrischen Garten beschäftigte er sich von Viertel acht bis neun Uhr mit den Kaninchen, den Hühnern und den Pflanzen. Er wollte am Nachmittag einen Artikel über die amerikanische Mobilmachung diktieren; er bereitete einen weiteren über den Krieg vor wie auch einige Seiten über Stalin. Ein Anwalt besuchte uns; er mußte sofort Entgegnungen auf die Angriffe der kommunistenfreundlichen Presse entwerfen . . . Leo Dawidowitsch ärgerte sich darüber. Nach dem Mittagessen öffnete ich die Tür zu seinem Arbeitszimmer einen Spalt breit und sah, daß er sich mit der Füllfeder in der Hand in der gewohnten Haltung über Papiere und Zeitungen beugte. Ich war froh, daß er sich wohl fühlte, denn er beklagte sich seit einiger Zeit über unangenehme Schwächeanfälle ... Ich dachte mir, daß er wie ein freiwilliger Gefangener lebte, wie ein Mönch im Kloster, aber für seinen großen Kampf (...). Gegen fünf Uhr tranken wir Tee. Zwanzig Minuten später sah ich Leo Dawidowitsch im Garten, beim Kaninchenstall. Bei ihm stand ein Besucher, den ich erst erkannte, als er auf mich zukam und den Hut abnahm: Jacson Mornard. Schon wieder der, dachte ich, warum kommt er so oft? (Er war erst zwei Tage zuvor dagewesen.) ›Ich bin sehr durstig‹, sagte er, ›könnten Sie mir ein Glas Wasser geben?‹ — ›Möchten Sie nicht eine Tasse Tee?‹ — ›Nein, ich habe spät zu Mittag gegessen, ich spüre hier einen Druck ...‹ Er legte die Hand auf die Brust. Sein Gesicht wirkte grünlich, seine Nervosität war nicht zu übersehen. ›Warum haben Sie Regenmantel und Hut mitgenommen? Es ist doch so schönes Wetter.‹ Er erwiderte ganz sinnlos darauf, daß es regnen könne. ›Wie geht es Sylvia?‹ fragte ich. Ich sah, daß er mir nicht zuhörte; ich hatte ihn aus der Fassung gebracht, indem ich über den Regenmantel sprach. Er riß sich zusammen. ›Sylvia? Sylvia? Gut, wie immer ...‹ Er trank ein Glas Wasser, sagte, daß er seinen — diesmal maschingeschriebenen — Artikel mitgebracht habe, um ihn Leo Dawidowitsch zu zeigen. ›Das ist besser‹, sagte ich, ›Leo Dawidowitsch mag keine schlecht leserlichen Manuskripte ...‹«

»Einen Augenblick später kamen Leo Dawidowitsch und Jacson Mornard auf dem Weg ins Arbeitszimmer an mir vorbei. Leo Dawidowitsch sagte mir: ›Sylvia wird kommen, sie fahren morgen nach New York ...‹ Ich erklärte Leo Dawidowitsch, daß ich dem Besucher Tee angeboten habe, daß er aber erhitzt und durstig war und nur ein Glas Wasser wollte. Leo Dawidowitsch betrachtete ihn aufmerksam: ›Sie sehen schlecht aus, das ist nicht gut‹, sagte er vorwurfsvoll. ›Na schön, wollen Sie mir Ihren Artikel zeigen?‹ Leo Dawidowitsch wäre lieber bei den Kaninchen geblieben. Er streifte die Handschuhe ab, die er immer im Garten trug, weil er sehr bedacht auf seine Hände war; der kleinste Kratzer störte ihn beim Schreiben. Ich begleitete die beiden Männer bis zur Tür des Arbeitszimmers.«

»Drei oder vier Minuten vergingen. Ich war im Nebenzimmer. Ein schrecklicher Schrei ertönte ... Leo Dawidowitsch erschien, hielt sich am Türrahmen fest, das Gesicht blutüberströmt, ohne Brille, die Augen waren sehr blau, die Arme hingen schlaff herunter ... ›Was ist geschehen? Was ist geschehen?‹ Ich schlang die Arme um ihn, ohne zu begreifen. Er antwortete mir ruhig: ›Jacson‹, so als hätte er gesagt ›Es ist vollbracht‹. Ich half ihm, sich auf der Matte des Eßzimmers hinzulegen. ›Natascha‹, sagte er, ›ich liebe dich ...‹ Er sprach mühsam, undeutlich, beinahe unbewußt, während ich das Blut wegwischte, das ihm über das Gesicht lief, während ich Eis auf seinen verwundeten Kopf drückte. ›Bringt Sjewa weg ... Weißt du ... dort drüben (er zeigte zum Arbeitszimmer) ... ich habe gefühlt ... ich habe begriffen, was er tun wollte ... er wollte ... noch einmal ... ich habe es ihn nicht tun lassen ...‹ Jacson Mornard hatte versucht, ein zweites Mal zuzuschlagen, aber Leo Dawidowitsch hatte sich auf ihn gestürzt. In dem leise gemurmelten ›Ich habe es ihn nicht tun lassen‹ klang eine Art Genugtuung mit ... ›Man darf nicht ... ihn töten ... er muß ... sprechen‹, sagte er langsam, Wort für Wort.«

»Charlie Cornell, Joe Hansen und Harold Robins hatten den Mörder roh überwältigt; er rief: ›Sie haben mich gezwungen, zuzuschlagen ... Sie haben meine Mutter ... Sie haben meine Mutter eingesperrt ...‹«

»Während Leo Dawidowitsch sich über ein Manuskript beugte, hatte ihm der Mörder, der auf der Tischkante saß, von oben einen Schlag mit einem Eispickel versetzt, den er unter dem Mantel versteckt hatte ... Die Autopsie des Schädels ergab einen Schädelbruch in der Gegend des rechten Scheitelbeins: Risse in der Hirnhaut, eine einige Zentimeter tiefe Wunde in der Hirnmasse ...«

»Ein Arzt erklärte, daß die Verletzung nicht schwer sei. Leo Dawidowitsch hörte ihm unbewegt zu, als handle es sich um eine verbindliche Erklärung. Aber Joe Hansen sagte er auf englisch mit einer Handbewegung zu seinem Herzen hin: ›Ich fühle ... hier ... daß es das Ende ist ... Diesmal ... ist es ihnen ... geglückt ...‹«

»Der Rettungswagen des Grünen Kreuzes fuhr mit uns in die Stadt und dann quer durch die Stadt, in der bereits die Beleuchtung eingeschaltet war. Die Sirene heulte immer wieder auf. Leo Dawidowitschs linker Arm war unbeweglich, gelähmt; der rechte Arm beschrieb ununterbrochen einen Halbkreis ... ›Wie fühlst du dich?‹ — ›Besser ... besser ...‹, antwortete er mir. Beim Grünen Kreuz mußte die Tragbahre durch eine neugierige Menschenmenge getragen werden. Ich zitterte. Auch hier konnten sie wieder zuschlagen (...). Eine Krankenschwester begann, die grauen Haarsträhnen abzuschneiden. Leo Dawidowitsch lächelte mir zu und murmelte: ›Na also, der Friseur ...‹, denn wir hatten zuvor darüber gesprochen, daß wir einen kommen lassen wollten ... Er rief Joe Hansen zu sich und diktierte ihm einige Worte, die Joe auf seinem Stenogrammblock notierte. ›Was hat er Ihnen diktiert?‹ fragte ich unseren Genossen. ›Etwas über die französischen Statistiken.‹ Das war seltsam ...«

»Die Krankenschwestern schnitten seine Kleidung auf. Er sagte plötzlich deutlich, ernst, sehr traurig: ›Ich will nicht, daß mich andere entkleiden ... Ich will, daß du es machst ...‹ Das sollten seine letzten Worte an mich sein. Ich zog ihn aus. Ich legte meine Lippen auf die seinen. Er erwiderte den Kuß, noch einmal und noch einmal. Dann verlor er das Bewußtsein. Ich blieb die ganze Nacht an seinem Bett und wartete darauf, daß er zu sich, ins Leben zurückkam. Seine Augen waren geschlossen, seine Atmung manchmal schwer, manchmal ruhig. So vergingen die Nacht und der nächste Tag. Gegen Abend, nach der Trepanation, stellten die Ärzte eine Besserung fest. Dann klang der Atem keuchend und abgehackt ... Man richtete ihn auf, sein Kopf sank auf die Schulter, seine Züge bewahrten ihren Stolz. Ich hoffte gegen alle Vernunft. So oft während seines Lebens hatte ich gesehen, daß er Krisen überwunden hatte, heil aus der Gefahr hervorgegangen war, durchgehalten hatte, wenn ein Durchhalten nicht mehr möglich schien, daß ich noch an das Unmögliche glaubte. Er würde plötzlich seine Kraft wiedererlangen, die Augen wieder aufschlagen, selbst über sein Leben bestimmen ...«

»Ich war erschöpft in einem Fauteuil eingenickt. Eine Vorahnung, vielleicht eine Bewegung, weckte mich. Ich sah zwei Ärzte in weißen Kitteln vor mir. Ich verstand ... Leo Dawidowitsch war einen Augenblick zuvor friedlich entschlafen, am 21. August 1940 um sieben Uhr fünfundzwanzig abends. Er war sechzig Jahre alt.«

* * *

Sein ganzes langes Leben der Arbeit, des Kampfes, des Denkens, des unbeugsamen Widerstandes gegen die Unmenschlichkeit hatte Leo Dawidowitsch der Sache der Arbeiter gewidmet. Alle, die ihn gekannt haben, wissen, wie uneigennützig er war und daß er seine Existenz ganz in den Dienst einer großen historischen Aufgabe stellte, die eigentlich nicht die seine war, sondern die der Bewegung der sozialistischen Massen, die sich der Gefahren und der Möglichkeiten unserer Epoche bewußt waren. »Die

Zeit ist bitter«, schrieb er, »aber wir haben keine andere Heimat.« Er war ein eigensinniger Charakter, in des Wortes vollster Bedeutung: Er anerkannte keinen Bruch zwischen Verhalten und Überzeugung, zwischen Idee und Tat; er gab nicht zu, daß man die höheren Interessen, die dem Leben einen Sinn verleihen, dem Unbeständigen, dem Persönlichen, dem kleinlichen banalen Egoismus opfern könne. Seine moralische Rechtschaffenheit verband sich mit einem gleichzeitig objektiven und leidenschaftlichen Verstand, der immer auf die Tiefe, die Weite, die schöpferische Tat, den gerechten Kampf gerichtet war ... Und er war einfach. Er notierte am Rand eines Buches, dessen Autor auf sein »Machtstreben« anspielte: »(Ein anderer) wollte die Macht um der Macht willen. Ich habe dieses Gefühl nie gekannt (...). Ich habe die Macht über den Verstand und den Willen angestrebt (...).« Viel mehr als ein Machtmensch — ohne den praktischen Wert der Macht zu verkennen — fühlte er sich als jemand, der die Menschen aufrüttelte, mit sich fortriß, nicht, indem er ihren niedrigen Instinkten schmeichelte, sondern indem er sie zum Idealismus, zur Vernunft führte, indem er ihnen zeigte, wie groß es sei, voll und ganz ein Mensch neuen Schlages zu sein, der dazu berufen ist, die Gesellschaft zu verändern.

Die ihn verfolgt und ermordet haben, wie sie die russische Revolution getötet und die Völker der UdSSR gequält haben, werden der Strafe nicht entgehen. Sie haben bereits durch die Massaker, die man die »stalinistischen Säuberungen« genannt hat, erreicht, daß eine verheerende Invasion die UdSSR überfluten konnte. Sie setzen den Weg in den Abgrund fort ... Wenige Tage nach seinem Tod schrieb ich — und ich will nichts an diesen Zeilen ändern: »Während seines ganzen heldenhaften Lebens glaubte Leo Dawidowitsch an die Zukunft, an die Befreiung der Menschen. Weit davon entfernt, während der letzten düsteren Jahre schwach zu werden, wurde sein Glaube durch die Prüfung reifer und stärker. Die von jeder Unterdrückung befreite Menschheit der Zukunft wird die Gewalt aus ihrem Leben verbannen. Diesen Glauben hat er mich und viele andere gelehrt.«

Ergänzende Details zum Tode Trotzkis

I. Details über die letzten Augenblicke und das Ende Leo Dawidowitsch Trotzkis

Den chirurgischen Eingriff nahm Doktor Ruben S. Leñero unter Aufsicht des Ministers für das Gesundheitswesen, Doktor Gustav Baz, vor. Leo Dawidowitsch hatte einen so kräftigen Organismus, daß man trotz einer ungefähr sieben Zentimeter tiefen Wunde, durch die Hirngewebe zerstört worden war, einen Augenblick lang hoffte, sein Leben retten zu können.

Joseph Hansen, der sich nicht vom Bett des Verletzten weggerührt hatte, sagte, daß er seine letzte politische Botschaft aufgenommen habe: »Sagen Sie bitte meinen Freunden, daß ich nicht am Sieg der Vierten Internationalen zweifle ... Schreitet vorwärts.«

Das Gehirn Leo Dawidowitschs wog tausendfünfhundertfünfzig Gramm.

Die mexikanische Regierung übernahm die Bestattung. Fünf Tage lang wurde der von Soldaten bewachte Leichnam in einem Saal der Calle de Tacuba aufgebahrt; hunderttausend Menschen huldigten schweigend dem Revolutionär.

II. Das Arbeitszimmer nach dem Verbrechen

Das Arbeitszimmer war durch zwei Handgemenge verwüstet worden: das Leo Dawidowitschs mit dem Mörder und das der jungen Amerikaner mit dem Mörder ... Der Tod hatte Unordnung hineingetragen. Die letzte Arbeit, mit der sich Leo Dawidowitsch anscheinend beschäftigte, ist ein Artikel mit dem Titel *Der Bonapartismus, der Faschismus und der Krieg*, aus dem wir weiter oben bereits einige Auszüge gebracht haben ... Diese Blätter lagen auf dem Tisch. Andere Blätter, die der Biographie Stalins gewidmet waren, waren mit Blut befleckt. Ein Ordner »GPU« war blutbespritzt.

III. »Jacson Mornard«

Der Mörder hatte außer dem Eispickel, den er unter seinem Mantel versteckt hatte und dessen er sich bediente, um geräuschlos zu töten, einen Dolch und eine automatische Pistole bei sich. Er hatte im voraus, zweifellos mit seinen Auftraggebern, eine Rechtfertigung seiner Tat verfaßt, die in französischer Sprache mit der Schreibmaschine geschrieben, einfach mit »Jac« unterzeichnet und vom gleichen Tag datiert war.

Dieses Dokument, das genau im Stil der GPU-Dokumente verfaßt war, würde eigentlich genügen, um die Schuld der Agenten des Politbüros zu beweisen. Jacson Mornard schrieb:

»(. . .) Ich habe vor, der Öffentlichkeit die Beweggründe darzulegen, die mich veranlaßt haben, diesen Akt der Gerechtigkeit zu vollziehen (. . .). Ich gehöre einer alten belgischen Familie an (. . .).« Befassen wir uns einen Augenblick mit diesem Punkt. Bei dem Verhör gab der Mörder an, Jacques Mornard Vandendrechd zu heißen, 1904 in Teheran geboren, wo sein Vater belgischer Botschafter gewesen sei; daß er sein Studium im Kolleg Saint-Ignace-de-Loyola in Brüssel und anschließend in der Militärakademie in Dixmude bis 1924 absolviert habe . . . Alle diese Behauptungen sind falsch, wie in einem den Akten beiliegenden Brief des belgischen Vertreters in Mexiko, M. Loridan, festgestellt wird. Wir weisen darauf hin, daß Belgien von den Nazis besetzt war und daß der Geheimdienst der GPU zur Zeit des Paktes Molotow-Ribbentrop diese Besetzung für endgültig halten konnte. Die wirkliche Identität des falschen »Mornard« konnte nie festgestellt werden. Er schien russisch sprechen zu können; er könnte vom Balkan stammen oder Sohn russischer Emigranten sein.

Er erklärte, daß er an der Sorbonne Zeitungswissenschaften studiert habe . . . Er war in Paris »Trotzkist« geworden und ein Mitglied des Komitees der Vierten Internationale habe ihm vorgeschlagen, sich nach Mexiko zu begeben, habe ihm die Reise bezahlt und die nötigen Dokumente verschafft. Das alles ist unwahr.

Im Laufe »häufiger Gespräche« mit Leo Dawidowitsch Trotzki (unwahr) hätte er enttäuscht »einen haßerfüllten, nach Rache dürstenden« Menschen (Stil der Moskauer Anklagereden) kennengelernt, der ihn aufgefordert hätte, »sich nach Rußland zu begeben und dort eine Serie (!) von Attentaten gegen verschiedene Personen und vor allem gegen Stalin zu organisieren« (. . .) (Stil der Anklagereden von Moskau, aber hier übersteigt die Absurdität alle Grenzen). Ein »ausländisches parlamentarisches Komitee und ein großer Staat« sollten diese Unternehmen unterstützen. Welche?

Mexiko war durch die bevorstehenden Präsidentenwahlen gespalten. Eine allgemein als reaktionär geltende Partei, die des Generals Almazan, stand der Regierung des Präsidenten Lazaro Cardenas und der mexikanischen Revolutionären Partei gegenüber. »Jacson Mornard« schreibt also: »Alle Sympathien Trotzkis galten Almazan (...), er verurteilt die Politik Cardenas (...), er hofft, daß Lombardo Toledano und Avila Camacho bald ermordet werden (...), er muß bezüglich eines solchen Komplotts auf dem laufenden sein (...).« Diese Zeilen waren dazu bestimmt, die öffentliche Meinung Mexikos zu beeinflussen. Vicente Lombardo Toledano, der Sekretär der Vereinigung der mexikanischen Arbeiter, war bereits ein überaus aktiver prokommunistischer Führer; General Manuel Avila Camacho wurde kurz darauf zum Präsidenten der Republik gewählt.

Zitieren wir das von den Geheimdiensten fabrizierte Dokument weiter: Trotzki »verabscheute die Mitglieder seiner Partei, die nicht seiner Meinung sind (...). Die trotzkistische Partei ist sehr arm« (Widerspruch zu den Anklagereden von Moskau). »Woher kommt das Geld für die Befestigung des Hauses? Der Konsul einer ausländischen Großmacht, der Trotzki oft besucht, könnte vielleicht darüber Auskunft geben (...).« Wir befinden uns in der Zeit der freundschaftlichsten Zusammenarbeit zwischen Hitler und Stalin; diese Anspielung zielt also nicht auf einen Nazi-Konsul ab, sondern zweifellos auf einen Konsularvertreter Großbritanniens oder der Vereinigten Staaten (...). Überflüssig hinzuzufügen, daß kein Konsul Trotzki je besucht hat. Aber auch diese Zeilen entsprechen dem Stil der Moskauer Anklagereden.

Schließlich fügt der Mörder und Fälscher für die Zeitungsleser hinzu, daß Trotzki ihm befahl, Sylvia Agelow zu verlassen, die er »von ganzem Herzen liebt«, weil sie zur Minderheit der amerikanischen trotzkistischen Partei gehöre ... Die letzten Zeilen des Textes wirken, als wären sie von dem Schluß einer Rede des Staatsanwalts Wyschinski abgeschrieben: »Die Geschichte wird mich rechtfertigen, wenn der erbitterte Feind der Arbeiterklasse endlich verschwindet.«

Der Mörder, der vom Grünen Kreuz behandelt wurde, aber nur Quetschungen erlitten hatte, wirkte zuerst deprimiert. Den Journalisten zufolge drückte er sogar sein Bedauern aus ... Anschließend bewies er jedoch ständig die größte Kaltblütigkeit. Seine Frau, Sylvia Agelow, die vorläufig festgenommen worden war, erlitt einen Nervenzusammenbruch, verweigerte die Nahrungsaufnahme, wollte sterben ... sie hatte gleichzeitig erfahren, daß Trotzki tot war, daß sie selbst, ohne es zu wollen, eine Komplizin des Verbrechers geworden war und daß sie seit Jahren nur ein Spielball in den Händen eines Nichtswürdigen gewesen war.

»Jacson Mornard« war mit dem kanadischen Paß eines Mitglieds der Internationalen Brigaden in Spanien nach Mexiko gekommen, das während des Bürgerkriegs verschwunden war. Diese Tatsache ordnete ihn der gleichen Kategorie von stalinistischen Verbrechern zu wie Siqueiros und seine Komplizen. Es ist bekannt, daß die Pässe der Freiwilligen der Internationalen Brigade üblicherweise von den Kommissaren des sowjetischen Geheimdienstes beschlagnahmt wurden und daß eines dieser Dokumente einem in den Vereinigten Staaten tätigen sowjetischen Spion gute Dienste leistete. (Gemäß dem *Bericht der königlichen kanadischen Kommission* über die sowjetische Spionage, der 1946 in Ottawa veröffentlicht wurde.)

Es ist auch bekannt, daß seine Auftraggeber den Mörder nach Paris schickten, um sich in trotzkistischen Kreisen umzusehen, und darüber hinaus, um Trotzkis Ermordung vorzubereiten, was er wahrscheinlich damals gar nicht wußte. Louis Budenz, der zehn Jahre lang einer der Führer der amerikanischen Kommunistischen Partei war und 1946 zum Katholizismus konvertierte, berichtet in *This is My Story*, daß seit Ende 1936 zwischen den Führern der Kommunistischen Partei Earl Browder und Jack Stachel Gespräche über die Beseitigung Trotzkis stattgefunden hatten, das heißt, seit die bevorstehende Ankunft des Verbannten in Mexiko bekannt geworden war. Budenz gibt zu, daß er ein Unteragent mehrerer in den Vereinigten Staaten tätigen russischen Geheimagenten war. Einer von ihnen forderte ihn auf, eine sympathisierende Persönlichkeit ausfindig zu machen, die einen Vertrauensmann in Paris mit amerikanischen Trotzkisten zusammenbringen könnte. Budenz nannte eine Miß Y., in der man Ruby Weill erkennt, die tatsächlich »Jacson Mornard« mit Sylvia Agelow bekanntmachte.

Der Gerichtsakt enthält eine deutliche Bestätigung. Sylvia Agelow erinnerte sich während eines Verhörs an folgende Episode. Sie hatte einen Brief aus New York erhalten und las ihn an der Seite ihres »Mannes«, ohne zu bemerken, daß er über ihre Schulter hinweg mitlas. Der Brief erwähnte die — wirkliche oder vermutete — Verhaftung zweier Spione, wahrscheinlich sowjetischer Agenten, von denen einer Stachel hieß. »Jacson Mornard« zuckte sehr erschrocken zusammen: »Was steht da? Es ist von einem Stachel die Rede?«

Die Herkunft der beträchtlichen Geldmittel, über die der Mörder verfügte, konnte nicht aufgeklärt werden ... Starke Indizien legen die Vermutung nahe, daß er mit Siqueiros in Verbindung stand.

Sein ganzes Benehmen, die Veränderung in seinem Wesen, seine Übelkeitsanfälle, seine außerordentliche Nervosität lassen den Schluß zu, daß er nach dem Scheitern des ersten Attentats von seinen Auftraggebern in die Vereinigten Staaten zitiert wurde und dort den präzisen Mordbefehl erhielt, und zwar zum Mord innerhalb eines bereits festgelegten Zeitraums. Er muß den Plan für das Verbrechen gemeinsam mit seinen Vorgesetzten ausgearbeitet haben.

Als der Mörder am 20. August nach Coyoacan kam, achtete er darauf, seinen Wagen so zu parken, daß er wegfahren konnte, ohne die für ein Wendemanöver erforderliche halbe Minute zu verlieren. Die Wahl der Waffe läßt auf einen wohl überlegten Vorsatz schließen. Der Mörder hoffte, sein Opfer ohne Lärm umbringen zu können; er hätte dann das Arbeitszimmer verlassen, Leo Dawidowitschs Sekretären mitteilen, daß sie ihn nicht stören sollten, und ungestört fliehen können. Es hätte keinen Beweis gegen ihn gegeben, die kommunistische und prokommunistische Presse hätte die These des von einem Mitarbeiter Trotzkis verübten Mordes verbreitet ...

»Jacson Mornard« wurde am 16. April 1943 durch die Vierte Strafkammer von Mexiko, die aus den Richtern Don Manuel Rivera Vasquez, Don Rafael Garcia de Leon und Don José-Maria de la Garza bestand, wegen Mordes unter erschwerenden Umständen zu zwanzig Jahren Kerker verurteilt (in Mexiko gibt es keine Todesstrafe). Das ausführlich begründete Urteil stellt ausdrücklich den Vorsatz fest; nimmt Verrat aus, weil der Mörder weder ein persönlicher noch ein politischer Freund des Opfers war; stellt fest, daß er aus Eigennutz zum Verbrecher wurde, und daß er in den Dienst des Kommunismus trat, um gut leben zu können, ohne viel von der Ideologie zu verstehen.

Im Gefängnis, La Penitenciaria de Mexico, war der Mörder ununterbrochen Gegenstand offener Aufmerksamkeit von seiten kommunistischer Funktionäre und sogar Intellektueller, deren Verbundenheit mit der Partei bekannt war. Er wurde während des Krieges interviewt und hielt vor den Journalisten eine Lobrede auf Stalin. Er hat immer über Geldmittel unbekannter Provenienz verfügen können. Im November 1941 war die Rede von seinem bevorstehenden Ausbruch, in den, unserer Information zufolge, eine aus Europa in Kuba eingetroffene Persönlichkeit einen beträchtlichen Betrag investierte ... Anfang 1946 meldeten für gewöhnlich gut informierte amerikanische Zeitschriften wie *The New Leader* und *Time*, daß sich eine New Yorker Kommunistin mit einem neuen Fluchtplan für den Mörder befasse, und daß die amerikanische und die mexikanische Polizei Vorsichtsmaßnahmen ergriffen hätten.

Wir sind davon überzeugt, daß der GPU-Mann gar nicht den Wunsch hatte zu fliehen, weil er sehr gut wußte, daß er dann sofort für immer verschwinden würde. Andererseits stieß die Tätigkeit der GPU in der westlichen Hemisphäre auf immer größere Schwierigkeiten. Es stand zu befürchten, daß der Geheimdienst die Hoffnung aufgäbe, »Jacson Mornard« zur Flucht zu veranlassen, und versuchte, ihn im Gefängnis zu töten, weil er fürchtete, daß er doch einmal die Hintergründe seines Verbrechens enthüllen könnte ... Im Mai 1947 ergriff die Gefängnisverwaltung von Mexiko plötzlich strenge Vorsichtsmaßnahmen, um den Verbrecher zu isolieren und zu schützen. Nach Zeitungsberichten wendete sich eine Ärztin, Funktionärin des Gesundheitswesens und einflußreiches Mitglied der Kommunistischen Partei Mexikos, gegen diese Maßnahmen, indem sie Unruhe unter den Gefangenen stiftete. Die Zwischenfälle dauerten etwa eine Woche an.

IV. Die Affäre David Alfaro Siqueiros

Das geglückte Verbrechen verdrängte die Erinnerung an das gescheiterte Verbrechen, nach dem nur der Leichnam des jungen Robert Sheldon Harte zurückgeblieben war ... Der »französische Jude«, der Hauptorganisator des Attentats vom 24./25. Mai 1940, blieb natürlich unauffindbar ... Die Aussage eines der Attentäter, daß er gesehen habe, wie Sheldon Harte mit dem Unbekannten gesprochen hätte, was von einigen anderen bestätigt wurde, legt die Annahme eines Einverständnisses zwischen dem jungen Amerikaner und den Mördern nahe. Diese Angelegenheit wurde nie völlig aufgeklärt. Die Tatsachen sind folgende: 1. Sheldon Harte öffnete das Tor, weil er eine bekannte Stimme hörte (die von »Jacson Mornard«? Das ist nicht unmöglich); 2. er wurde entführt oder ging aus freiem Willen mit den flüchtenden Attentätern mit; 3. er wurde am übernächsten Tag von ihnen getötet. Diejenigen, die ihn kennen, neigen zu der Ansicht, daß er überwältigt wurde ... Es ist nicht unmöglich, daß sich in Trotzkis Haus ein Denunziant der kommunistisch-stalinistischen Partei befunden hat; daß er aufrichtige Zuneigung zu Leo Dawidowitsch und seiner Umgebung gefaßt hatte; daß das Attentat solche Gewissensbisse bei ihm auslöste, daß sein Tod für die Rettung der Bande zur Notwendigkeit wurde ... Es wurde festgestellt, daß er auf einem Bett erschossen worden war, das die Frau des Malers David Alfaro Siqueiros, Angelica Arenal, gemeinsam mit Antonio Pujol, dem Vertrauensmann dieses Künstlers, gekauft hatte. Siqueiros gab anschließend zu, daß er den Wächter des Häuschens bezahlt hatte. Die Brüder Luis und Leopoldo Arenal, die man für die direkten Urheber des Verbrechens hält, konnten nicht verhaftet werden.

David Alfaro Sequeiros und Antonio Pujol wurden am 4. Oktober 1940 von Oberst Sanchez Salazar in Hostotipaquilla verhaftet, einem Flecken im Staat Jalisco, wo die örtlichen Behörden sie versteckt hielten. Die Aussagen seiner Untergebenen entlarvten ihn. Er leugnete die Tatsache nicht; er erklärte, daß er nicht mehr Mitglied der Kommunistischen Partei sei, daß diese Partei ihn aber als vertrauenswürdigen Sympathisanten betrachtete. Er behauptete, daß er befohlen habe, nicht zu töten, weil er nur Trotzkis Dokumente an sich nehmen wollte ... Die Schießerei, behauptete sein Verteidiger, sollte nur einen »psychologischen Effekt« hervorrufen! Daß die Dokumente Leo Dawidowitschs überhaupt nicht angerührt wurden, daß etwa sechzig Kugeln das Schlafzimmer in allen Richtungen durchsiebten, das störte ein auf Absurdität begründetes Verteidigungskonzept überhaupt nicht. Sehr mächtige Einflüsse agierten zugunsten des »großen Malers«. Am 14. Februar 1941 veröffentlichten etwa fünfzig mexikanische und spanische Intellektuelle im *El Popular* eine Petition an den Präsidenten der Republik, General Manuel Avila Camacho. Dieses unqualifizierbare Machwerk ist es wert, hier wenigstens auszugsweise wiedergegeben zu werden:

Titel: »Die Intellektuellen und die unabhängigen Künstler fordern (...) Gerechtigkeit für Siqueiros« — Unabhängig! (...). »Wir bieten dem großen mexikanischen Künstler von Herzen unsere moralische Unterstützung an (...). David Alfaro Siqueiros gehört zu jenen, deren Kunst Mexiko weltweiten Ruhm gesichert hat (...). Wir halten uns für absolut berechtigt, Sie und die Justizbehörden zu bitten, die außergewöhnliche Bedeutung des Werkes des großen Künstlers zu bedenken, eines Werkes, das — davon sind wir überzeugt — als eines der authentischesten Werte unserer Kultur betrachtet werden kann (...). Wir erklären, daß wir David Alfaro Siqueiros bewundern und als Künstler mit ihm solidarisch sind (...). Wir weisen darauf hin, daß in allen Ländern der zivilisierten Welt Künstler und Wissenschaftler als Verteidiger der Kultur und des Fortschrittes betrachtet werden, und fordern deshalb, daß David Alfaro Siqueiros im Laufe des Prozesses von diesem Gesichtspunkt aus beurteilt wird.«

Von allen Dokumenten, zu denen der stalinistische Apparat in einer Zeit des unbedenklichen Einsatzes seiner Machtmittel die Intellektuellen veranlaßt hat, halten wir dieses für eines der geglücktesten. Wenn die Malerei Missetätern als Schutzschild dient — was wird dann aus unserer Kultur? Wir wissen im übrigen, daß einige der Unterzeichner dieses Dokuments sich seiner schämen. Deshalb wollen wir keinen von ihnen nennen.

Der Maler wurde im April 1941 gegen Kaution freigelassen. Er flog am 5. Mai mit seiner Frau nach Havanna, von dort nach Chile ... Während des Krieges malte er zunächst in Chile, dann in Kuba Fresken. Er tauchte 1944 wieder in Mexiko auf. Die Zeitungen forderten seine Verhaftung. Ein Abendblatt (*Ultimas noticias,* 14. August 1945) meldete, daß das Verfahren nicht wiederaufgenommen werden könne, da der Akt Siqueiros »auf geheimnisvolle Weise« verschwunden sei. Ein Richter erklärte später im *Tiempo,* daß die Affäre Siqueiros verjährt sei ... Am 23. April 1947 erschien in der Tageszeitung *Excelsior* ein Interview, in dem wörtlich stand: »Ich habe meine Verantwortlichkeit in dieser Angelegenheit nie abgestritten und werde sie nie abstreiten, erkläre aber, daß ich nur als Widerstandskämpfer gehandelt habe. Ich stelle fest, daß ich meine Beteiligung (am Attentat von Coyoacan) für eine der ehrenvollsten Handlungen meines Lebens halte.« Soviel wir wissen, ist keiner seiner Komplizen verurteilt worden. In Wirklichkeit ist die Angelegenheit in Schwebe geblieben.

V. Die Organisation des Verbrechens

Leo Dawidowitsch und Natalja Iwanowna wußten seit 1929, daß sie unter ständiger Morddrohung lebten. 1929 bis 1932 in

Istanbul wäre jedoch die Durchführung des Verbrechens auf erhebliche Schwierigkeiten gestoßen. In Rußland war der Boden noch nicht vorbereitet, es hätte ungeheure Aufregung gegeben. Die Vollstrecker des Mordbefehls hätten entweder sofort fliehen oder sich als konterrevolutionäre Emigranten ausgeben müssen.

1933 bis 1934, als die UdSSR dem Völkerbund beitritt, werden die Schwierigkeiten noch größer. Das Politbüro will keine aufsehenerregenden Skandale im Ausland. Die Komintern beginnt ihren großen Flirt mit den Intellektuellen des Westens, zur »Verteidigung der Kultur«.

Von den Moskauer Prozessen an wird die Ermordung Leo Trotzkis eine politische und logische Notwendigkeit. Es hat keinen Sinn, Zehntausende Menschen zu erschießen, wenn der beste Kopf der Revolutionsgeneration, den man nie aus den Annalen der Geschichte löschen können wird, weiter in Freiheit lebt. Und es ist klar, daß in den Augen der durch die Schauprozesse vergifteten russischen Öffentlichkeit Trotzki gegenüber alles erlaubt ist, da er als die teuflischeste Persönlichkeit der Geschichte hingestellt wird.

Dennoch läßt die liberale Politik der Volksfronten das Verbrechen wegen des Widerhalls, den es in sozialistischen und liberalen Kreisen finden wird, unerwünscht erscheinen. Im August 1939, mit der Unterzeichnung des Paktes zwischen Hitler und Stalin, ändert sich die Lage. Die UdSSR, der »geniale Führer« und die Komintern, haben in den Augen der demokratischen Länder nichts mehr zu verlieren. Und sobald der Weltkrieg ausgebrochen ist, steht das Politbüro vor der Notwendigkeit, den größten, den beliebtesten militärischen Führer der UdSSR, den Organisator der Roten Armee verschwinden zu lassen. Es steht fest, daß die UdSSR kämpfen wird, obwohl man noch nicht weiß, gegen wen. Trotzki hat sich mit nie erlahmender Energie gegen das Bündnis mit dem Dritten Reich ausgesprochen. Wenn die UdSSR an der Seite Nazideutschlands in den Krieg eintritt, wird der Trotzkismus eine revolutionäre Bedrohung und alle, deren Gewissen in Unruhe versetzt wurde, würden zu ihm stoßen. Wenn die UdSSR gezwungen ist, sich gegen das Dritte Reich zu verteidigen, sind ungeheure Rückschläge unvermeidlich, und es könnte sich herausstellen, daß Trotzki recht hat ...

Das erste Attentat war trotz des großen Einsatzes schlecht geplant. Es läßt auf eine hastige Vorbereitung schließen, die höchstens einen oder zwei Monate beansprucht haben kann. Die

Befehle sind also — zweifellos von einem Sonderbeauftragten — im März oder April erteilt worden. Der Beschluß wurde wahrscheinlich im Februar 1940 gefaßt.

Die Aktion wird im Mai 1940 gestartet, als die Bedingungen für eine straflose Durchführung überaus günstig sind, zu einer Zeit, als die öffentliche Meinung in den demokratischen Staaten demoralisierenden Nervenschocks ausgesetzt ist und wahrscheinlich nicht energisch genug reagieren wird. In Europa erringen die Nazis einen Sieg nach dem anderen; der Reihe nach fallen Norwegen, Holland, Belgien. Im Juni bricht die französische Festung zusammen. Nach und nach schwindet der Widerstand, den das Gewissen bietet. Die europäischen Massen haben keine Möglichkeit mehr, ihre Meinung zu äußern. Im August beginnt Görings Luftwaffe mit der Zerstörung Londons ... Ein Verbrechen mehr wird in dieser der Barbarei verfallenen Welt nicht schwer wiegen. Selbst in der UdSSR bedrücken das Bündnis mit dem Nazismus, die bedrohlichen Siege Hitlers, die Angst vor dem bevorstehenden Krieg die Bevölkerung; niemand wird aufmucken ... Der Augenblick ist gekommen, man muß ihn nützen. Niemand weiß, welche Überraschungen die Zukunft bereithält. In den Vereinigten Staaten bekommt jemand ein Codesignal. Dieser jemand zitiert dringend »Jacson Mornard« zu sich, der vielleicht glaubte, einen angenehmen, ruhigen Posten als Informant zu haben, also eine Sinekure in einem schönen Land ... Jemand erklärt »Jacson Mornard«, daß der Augenblick gekommen ist, in dem er seine Ergebenheit beweisen kann: Bis zum Monatsende muß der Mord vollbracht sein. Er wird blaß, erkrankt. Das ist unwichtig. Er ist in der Klemme. Jemand weiß, daß er trotz allem genügend Kraft hat. Zweifellos hat er schon anderswo Proben abgelegt. Und wachsame Schatten begleiten alle seine Schritte, kontrollieren, beherrschen ihn. Wenn er nicht gehorcht, wird er es sein, der unweigerlich getötet wird. Man wird ihn einfach ersetzen, es ist alles vorgesehen, der Zeitraum ist festgelegt, die finanziellen Mittel praktisch unerschöpflich. Wenn er gehorcht, ist zwar das Risiko groß, aber er hat immerhin Aussicht, sich retten zu können. Es ist ein absoluter Grundsatz, daß der Sicherheitsapparat seine Agenten nie freiläßt. Und die totalitäre Maschinerie ist mächtig ...

Indem wir so den Aufbau des Verbrechens rekonstruieren, überlassen wir nichts der Phantasie. Wir halten uns nur an die Tatsachen.

V. S.

Victor Serge, biographische Notiz

Victor Serge, wirklicher Name Viktor Lwowitsch Kibalchich, wurde am 30. Dezember 1890 als Sohn russischer Eltern geboren, die als Revolutionäre ins Exil gehen mußten. Sein Vater, Leo Iwanowitsch Kibalchich, zunächst Offizier, dann Arzt, stand der Partei *Volkswille* (Narodnaja Wolja) nahe. — Ein entfernter Verwandter, Nikolaus Iwanowitsch Kibalchich, Mitglied des Zentralkomitees dieser Partei, wurde 1881 nach der »Hinrichtung« Zar Alexanders II. gehängt. Seine Mutter, Vera Poderewski, polnischer Abstammung, war Lehrerin.

Kindheit in Belgien und England: Armut, Unterernährung (sein jüngerer Bruder Raoul starb im Alter von neun Jahren an den Folgen der Entbehrungen ...). Autodidakt. Beginnt mit 15 Jahren zu arbeiten: Fotografenlehrling (10 Francs im Monat, 10 Stunden Arbeit täglich), dann Fotograf, Zeichner, Angestellter, Typograph, nachdem er dieses Handwerk in anarchistischen Druckereien erlernt hatte (starker Einfluß Kropotkins: Serge wird *immer* der anarchistischen »Weigerung, es zu etwas zu bringen« treu bleiben), Journalist, Übersetzer, Mitglied der sozialistischen *Jungen Garde* von Ixelles (Brüssel), die bald als reformistisch gilt, dann Mitglied der *Revolutionären Gruppe* in Brüssel. Unter verschiedenen Pseudonymen — das bekannteste »Der Widerspenstige« (Le Rétif) — Mitarbeiter der anarchistischen Presse *(Der Aufrührer — Le Revolté, Der Kommunist — Le Communiste* usw. in Brüssel; *Die neue Zeit — Les Temps nouveaux, Der soziale Krieg — La Guerre sociale, Der Anarchist — Le Libertaire, Die Widerspenstigen — Les Réfractaires* usw. in Paris), beteiligt sich an Kundgebungen und aktuellen Prozessen. In Paris kämpft er 1908 in der extremen Richtung des Anarchismus mit: mit den Individualisten (Einfluß Stirners, Ibsens usw.). Mitarbeiter, dann treibende Kraft (Juli 1911 bis Januar 1912) der Wochenzeitschrift *L'Anarchie*. Organisiert öffentliche Gespräche — Diskussionen.

Wird fälschlich in den Prozeß der »Bonnot-Bande« (»die tragischen Banditen«) verwickelt, im Januar 1912 verhaftet, im Februar 1913 vor Gericht gestellt, zu fünf Jahren Zuchthaus verurteilt, die er zur Gänze absitzt, und zu fünf Jahren Aufenthaltsverbot, weil er sich geweigert hat, die »Illegalen« zu denunzieren, obwohl er sich weder an ihren Aktivitäten beteiligt hatte noch mit ihren Theorien übereinstimmte. Die Gerichtsprotokolle und die Zeugenaussagen jener Zeit sind günstig.

1917 wird er freigelassen, wird Typograph in Barcelona, Mitglied der C.N.T., Freund Salvador Seguis (der ihm als Vorbild für die Figur des Dario in *Naissance de notre Force [Die Erwartung]* dient), Mitarbeiter bei *Solidaridad Obrera, Tierra y Libertad* (in dieser Zeitung veröffentlicht er den ersten mit »Victor Serge« gezeichneten Artikel). Im Juli 1917 nimmt er in Barcelona an dem Volksaufstand teil. Scheitern. 1918 geht er als Freiwilliger nach Rußland; wird in Paris verhaftet (wegen des Aufenthaltsverbots), in einem Konzentrationslager interniert (Précigné im Departement Sarthe), unter Minister Clémenceau im Januar 1919 als bolschewistische Geisel gegen einen Offizier der französischen Militärmission, der in Rußland festgehalten wird, ausgetauscht. Trifft im Februar in Petrograd ein. Mitglied der russischen Kommunistischen Partei, Mitarbeiter Sinowjews im Exekutivkomitee der Kommunistischen Internationale, zuerst in Petrograd, dann in Moskau, anschließend in Berlin und Wien. Verantwortlich für die französische Ausgabe der *Internationalen Presse-Korrespondenz*, Journalist *(L'Internationale Communiste, L'Humanité* (Paris), *Monde* (von Henri Barbusse), *Clarté, La Lutte de Classes, Bulletin Communiste* (Paris), *La Vie Ouvrière* (Paris) usw., Übersetzer Lenins, Trotzkis, Sinowjews, Vera Figners, E. Vargas usw.

Nimmt an den Vorbereitungen zum kommunistischen Aufstand in Deutschland 1923 teil. Tritt im gleichen Jahr der Linksopposition bei. 1925 Rückkehr nach Moskau, dann nach Leningrad. Verschiedene literarische Arbeiten und Kämpfe innerhalb der Partei. 1928 inhaftiert und ausgeschlossen. Freigelassen. Übersetzungen, Essays, Romane, in Frankreich erschienen. Im März 1933 wieder willkürlich von der GPU verhaftet, eingesperrt, und *ohne Verhandlung oder Verteidigung* zu drei Jahren Verbannung nach Orenburg im Ural verurteilt. Seine Frau, die infolge der vielfältigen Verfolgungen an Bewußtseinsstörungen leidet, kann nicht ordentlich behandelt werden. April 1936: aus der UdSSR verbannt, der sowjetischen Staatsbürgerschaft für verlustig erklärt — wie auch seine Familie —, aller seiner Habseligkeiten und *aller seiner Manuskripte beraubt, und das alles ohne legale Grundlage!* Seine »Befreiung« erfolgte hauptsächlich dank der wiederholten Interventionen und Kundgebungen belgischer und französischer Schriftsteller (vor allem Henry Poulaille, Magdalaine Marx

Paz, Jacques Mesnil, Marcel Martinet, Albert Ayguesperse, Charles Plisnier usw.), militanter Gewerkschafter (Alfred Rosmer, Pierre Monatte usw.), von Zeitschriften (die *Révolution prolétarienne, L'Ecole Emancipée, Les Humbles, Le Combat marxiste* [von Lucien Laurat], *Masses* [von René Lefeuvre, Herausgeber der Spartakus-Hefte und Rosa Luxemburgs] usw.).

Die einigen Stalinisten (Aragon, Jean-Richard Bloch) oder gewissen »Weggefährten« (Romain Rolland, André Malreaux) zugeschriebenen Interventionen ließen sich nicht immer wirklich nachweisen: hier herrscht noch Zweifel (siehe unsere verbesserte Auflage von *Littérature et Révolution* [Schriftsteller und Proletarier], Paris, Ende 1977 oder Anfang 1978).

Zunächst bekommt er keine Aufenthaltsgenehmigung in Frankreich und wird in Belgien nur unter Vorbehalt aufgenommen ... Setzt seine Tätigkeit als Journalist, als Schriftsteller (*La Wallonie*, Liège; *La Révolution prolétarienne; Le Peuple; Le Populaire* usw., Paris) und als Kämpfer fort (innerhalb des »Komitees zur Untersuchung der Moskauer Prozesse und der Verteidigung der Gedankenfreiheit in der Revolution« und des »Komitees zur Verteidigung der spanischen Revolution«). Er steht durch die Vermittlung von A. J. Muste (Delegierter des Büros für die in den Vereinigten Staaten konstituierte Vierte Internationale) seit April 1936 mit Trotzki in Verbindung, schlägt ihm vor, durch Ergänzungswahl diesem Komitee beizutreten. Wird angenommen. Im Januar 1937 nimmt er in Amsterdam an der internationalen Konferenz der Vierten Internationale teil, verteidigt dort gemeinsam mit dem Belgier Georges Vereeken und dem Holländer H. Sneevliet die P.O.U.M. Von da an werden die Meinungsverschiedenheiten immer größer. Er tritt der P.O.U.M. bei, schreibt in ihrem Organ *La Batalla*, verteidigt bis zum Schluß seinen Freund Andrès Nin. Trennt sich von den trotzkistischen Grüppchen (seiner Meinung nach sektiererisch und ungerecht) und bricht 1939 öffentlich mit Trotzki, da er der Meinung ist, daß »die Achtung und Bewunderung für einen großen Menschen durchaus mit kritischer Stellungnahme zu seinem Werk, seinen Ideen, seiner Tätigkeit vereinbar sind«. Seine geistige Unabhängigkeit und sein klarer Verstand fordern Angriffe heraus, in denen sich Hinterlist und verleumderische Anspielungen den Rang streitig machen ...

Verläßt im Juni 1940 Paris, geht nach Marseille, wo er sich im März 1941 auf dem gleichen Dampfer wie André Breton und

Claude Lévi-Strauss nach Mexiko einschifft (das Visum wurde ihm vom Präsident Cardenas persönlich gewährt), via Martinique (ein Monat Internierung in einem Lager), Ciudad Trujillo, Havanna. Trifft im September 1941 in Mexiko ein. Ist sofort Gegenstand heftiger Angriffe in Artikeln, Drohungen (Attentate) von seiten der einheimischen oder dorthin geflüchteten Stalinisten ... Setzt mehr schlecht als recht seine Tätigkeit als boykottierter Journalist und Schriftsteller, als Marxist, als internationalistischer Sozialist fort. Mitarbeit in der englischen, amerikanischen und südamerikanischen Presse. Lernt wieder die Not, den Hunger, die Krankheit, die polizeiliche Überwachung, die Verleumdung, die Verlassenheit kennen. Stirbt am 17. November 1947 — einem zeitgenössischen mexikanischen Minister zufolge ist die Hypothese einer verbrecherischen Vergiftung nicht auszuschließen —, hält bis zum Schluß einem »Sozialismus mit menschlichem Antlitz« die Treue.

Trotz verschiedener Interventionen ist er noch immer nicht als Sowjetbürger, militanter Bolschewik und revolutionärer Schriftsteller »rehabilitiert« worden. Seine Manuskripte (obwohl die Zensur — Glawlit — 1936 ihre Herausgabe gestattet hat) und seine Archive sind noch immer nicht seiner Familie zurückerstattet worden ... seit nun schon vierzig Jahren ...

Victor Serge — ob man ihn nun systematisch totschweigt oder ob man ihn verleumdet — ist zweifellos der klarsichtige und mutige Vorläufer der heutigen »Dissidenten«, der machtvoll und streng dreißig, vierzig Jahre vor Solschenizyn (und anderen) über die Prozesse und die Lager berichtet hat (die Stalins wie die Francos und Hitlers).

Sein Werk ist das eines Mannes, der immer wissent- und willentlich an den großen Auseinandersetzungen seiner Zeit Anteil hatte. Unserer Zeit. Wie Jean Duvignaud sehr richtig schreibt, »er ist der *Häretiker* in einer Epoche der Orthodoxie(n)«.

Jean Rière, Paris, April 1976

Die wichtigsten Texte von Victor Serge über Trotzki

1. »L. Trotsky: Matériaux pour une biographie de Lénine.« (Material für eine Biographie Lenins.) (Paris, Revue *Bulletin Communiste* Nr. 41, 10. Oktober 1924, anläßlich des Buches von Trotzki: *Lenin.)*
2. »Un portrait de Lénine par Trotsky.« (Ein Porträt Lenins von Trotzki.) (Paris, Revue *Clarté,* Nr. 75, Juni 1925, anläßlich des Buches von Trotzki: *Lenin.)*
3. »Où va la Révolution d'Octobre?« (Wohin geht die Oktoberrevolution?) Eine Serie von fünf Artikeln, die in *La Vie Ouvrière,* Paris, Nr. 352, 353, 354, 355, 356, 19. Februar bis 19. März 1926 erschienen sind, anläßlich des Buches von Trotzki: *Vers le Capitalisme ou Vers le Socialisme?* / Zum Kapitalismus oder zum Sozialismus?
4. Die Kapitel X: *Le duel de l'opposition et des dirigeants* (Das Duell der Opposition und der Führer).
   Stalin und Trotzki. Plattform der Opposition.
   XI: *La répression du »Trotzkisme«* (Die Unterdrückung des »Trotzkismus«).
   Dialog zwischen einem Orthodoxen und einem Oppositionellen.
   XII: *Celui qu'on ne voit pas: Trotsky* (Der, den man nicht sieht: Trotzki).
   Seine Popularität. Sein Schicksal. Das Exil in Alma-Ata

   des Buches *Soviets 1929* (Sowjets 1929) (Paris, Editions Rieder, 1929), das den zweiten Band der von Panaït Istrati veröffentlichten Trilogie darstellt: *Vers l'autre flamme* (Zur anderen Flamme).
   Nur der erste Band (1977 von der »Fondation Panaït Istrati« unter seinem richtigen Titel: *Confession pour Vaincus* / Geständnis für Besiegte, neu herausgegeben) ist von Panaït Istrati.
   Band II ist von Serge:
   Band III: *La Russie nue* (Das nackte Rußland) ist von Boris Suwarin. Um ihnen die Möglichkeit zu geben, ihre Meinung zu sagen, übernahm seinerzeit Panaït Istrati die Patenschaft für alle drei Bände.
5. Zahlreiche Artikel in der Revue *La Révolution prolétarienne* (Paris), die von Pierre Monhatte und Alfred Rosmer gegründet wurde. (Sie intervenierte zwischen 1933 und 1936 wiederholt, um die »Freilassung« Serges zu erreichen, der von den Stalinisten

willkürlich verhaftet und [nach Orenburg im Ural] deportiert wurde; man warf ihm vor, Mitglied der Linksopposition zu sein):

Nr. 254, 10. 9. 1937: »*Les écrits et les faits*« (Schriften und Tatsachen): *Cronstadt*.

Nr. 257, 25. 10. 1937: »*Les écrits et les faits*«: *Cronstadt 1921; Contre l'esprit de secte* (Gegen den Sektengeist); *Bolchevisme et Anarchisme* (Bolschewismus und Anarchismus).

Nr. 266, 10. 3. 1938: »*Le troisième procès de Moscou* (Der dritte Moskauer Prozeß): *L'imposture de l'antitrotskysme*. (Der Betrug des Antitrotzkismus).

Nr. 277, 25. 8. 1938: »*Sur Cronstadt 1921 et quelques autres sujets . . .*« (Über Kronstadt und einige andere Themen . . .)

Nr. 281, 25. 10. 1938: »*Les idées et les faits* (Ideen und Tatsachen): *Cronstadt 1921; Défense de Trotsky* (Verteidigung Trotzkis); *Réponse à Trotsky* (Antwort an Trotzki).

Nr. 302, April 1947: »*L'assassinat de Léon Trotsky*« (Die Ermordung Leo Trotzkis). Mit März 1947 datierter Text.

Nr. 265, 25. 2. 1938: »*Léon Sédov*«

In der Zeitschrift *La Wallonie* (Lüttich), Nr. 57—58, 26.—27. 2. 1938, widmete Serge Trotzkis Sohn einen weiteren Artikel »Mort d'un ami« (Tod eines Freundes). Nachdruck in *La Lutte Ouvrière* (Belgien), Nr. 10, 5. 3. 1938, gleicher Titel.

7. »Observations sur les thèses ›Le Nouvel Essor révolutionnaire‹ . . .« (Bemerkungen zu den Thesen [Der neue revolutionäre Aufschwung]). Bemerkungen von Victor Serge zu dem Projekt der von Trotzki aufgestellten Thesen, die im August bei der sogenannten »Genfer« Konferenz der Vierten Internationale endgültig angenommen wurden, unter dem Titel *La Nouvelle Montée révolutionnaire et les Tâches de la IVe Internationale* (Der neue revolutionäre Aufstieg und die Aufgaben der Vierten Internationale) (1. August 1936). Die beiden Texte scheinen in der von Michel Dreyfus zusammengestellten und herausgegebenen Sammlung auf: Victor Serge et Léon Trotsky, *La lutte contre le stalinisme* (Der Kampf gegen den Stalinismus). Texte 1936 bis 1939, Paris, Maspéro, 1977. Die zweite Auflage dieses Werks wird andere Texte von Serge enthalten.
8. »Bas les pattes devant Trotsky! Après le crime . . .« (Hände weg von Trotzki! Nach dem Verbrechen . . .). In *La lutte ouvrière* (Paris), Organ der Internationalistischen Arbeiterpartei, Nr. 15, 17. 10. 1936. Vom 5. 10. 1936 datierter Text anläßlich des ersten Moskauer Prozesses. Scheint in *La lutte contre le stalinisme* auf.

9. »Réponse à Léon Trotsky« (Antwort an Leo Trotzki). Brief Serges an die Revue *Masses* (Paris, Editions René Lefeuvre). Veröffentlicht in der Nummer vom 21. April 1939 des *Juin 36* (Zeitung der Sozialistischen Arbeiter- und Bauernpartei Marceau Piverts), neu herausgegeben 1973 von René Lefeuvre in den Spartakus-Heften, Serie B, Nr. 53, als Anhang zu Rudolf Rocker *Les Soviets trahis par les bolcheviks* (Paris) (Die von den Bolschewiki verratenen Sowjets).
Datiert vom 12. 3. 1939, als Antwort auf Trotzkis Artikel: *»Les Intellectuels exrévolutionnaires et la Réaction mondiale«* (Die ehemaligen revolutionären Intellektuellen und die Weltreaktion). Text vom 7. 2. 1939, veröffentlicht in dem *Bulletin de l'Opposition* Nr. 74 (Paris), *Quatrième Internationale* Nr. 16, April 1939, *La Lutte Ouvrière* (belgisch) Nr. 10 vom 11. 3. 1939. Das Organ der belgischen Sektion der Vierten Internationale veröffentlichte den nicht signierten Artikel Trotzkis, nahm jedoch nicht die Antwort Serges auf. Beide Texte sind in *La lutte contre le stalinisme* enthalten.
10. Brief vom 26. April 1939 an Pierre Naville und Gérard Rosenthal.
11. Antwort auf den Artikel von Jean Rous: *»Les ›méthodes‹ de Léon Trotski«* (Die Methoden Leo Trotzki). (Erschienen in der Nr. 2 der *La Voie de Lénine*, 1939). Serges Text ist mit 12. März 1939 datiert.
12. Brief an *The New International* (New York), datiert vom August 1939, Paris, anläßlich des Artikels von Trotzki *»The Moralists and the Sycophants against Marxism«* (Die Moralisten und die Speichellecker gegen den Marxismus).
13. Antwort an Trotzki (anläßlich von *Moralistes et Sycophantes contre le Marxisme)*, veröffentlicht im *Bulletin de l'Opposition* Nr. 77—78, Mai—Juli 1939. Sechs maschingeschriebene Seiten. Ursprünglich für die Zeitschrift *La Révolution prolétarienne* bestimmt, wurde sie nie abgeschickt, da Serge sich nicht an den verschiedenen Angriffen auf Trotzki beteiligen wollte . . .
Der Text erschien nicht in Frankreich, wurde in England von Peter Sedgwick (Übersetzer und Präsentator von *Mémoires d'un révolutionnaire* / Memoiren eines Revolutionärs, Oxford University Press, 1963, 1967, 1975 und von *L'An I de la Révolution Russe* / Das Jahr 1 der Russischen Revolution, Allen Lane The Penguin Press, 1972) in der Wochenschrift *Peace News* Nr. 1435 vom 27. 12. 1963 veröffentlicht, unter dem Titel (der nicht von Serge stammt): *»Secrecy and Revolution — a Reply to Trotsky«* (Verschwiegenheit und Revolution — eine Antwort an Trotzki). In diesen beiden Texten (12 und 13) dementiert Serge *kategorisch* die Behauptung Trotzkis, der ihn für den Autor der »Bitte um Veröffentlichung« der französischen Übersetzung von *Leur Mo-*

rale et la nôtre (Ihre Moral und die unsere) hielt. Diese beiden Richtigstellungen scheinen in der Neuauflage von *La lutte contre le stalinisme* auf, zusammen mit dem Brief, der (zum gleichen Thema) am 9. August 1939 an Trotzki abging.

14. Unveröffentlichter Text, ohne Titel und Datum (aber aus dem Jahr 1939), von ungefähr zwanzig maschingeschriebenen Seiten über *Leur Morale et la nôtre.* Er wird in *Littérature et Révolution* (Schriftsteller und Proletariat) (erweiterte Auflage, Coll. Voix, Maspéro, 1977 oder 1978) enthalten sein.
15. Unveröffentlichter Text von fünfzehn maschingeschriebenen Seiten: *Le dernier livre de Trotsky: »Staline«* (Das letzte Buch Trotzkis: »Stalin«). Datiert aus 1946.
16. *»Le Trotskysme.«* Unveröffentlichter Text aus 1942—43. Zwei maschingeschriebene Seiten, die das fünfzehnte Kapitel eines skizzierten Werks sein sollten.
17. *»Ma rupture avec Trotsky«* (Mein Bruch mit Trotzki). Drei maschingeschriebene Seiten (die die Seiten 320 B, 320—2, 320—3 der Souvenirs, notes, Kapitel IX darstellen). Veröffentlicht in den *Carnets* (Paris, Julliard, 1952, S. 44—47) und, als Anhang, in *Mémoires d'un révolutionnaire* (Erinnerungen eines Revolutionärs). (Zweite Version, Paris, Le Seuil, coll. Points-Histoire, 1977.)
18. *»La Vida y la Muerte de LEON TROTSKI«* (Leben und Tod des Leo Trotzki). Mexiko, Zeitschrift *Mundo, sozialismo y libertad,* Nr. 10, Oktober 1944. Auf Französisch: »La Vie et la Mort de Léon Trotsky. (Paris in *Le nouvel impérialisme russe* / Der neue russische Imperialismus.) Cahiers Spartacus. 1947 und 1972.

Victor Serge et Léon Trotsky, *La lutte contre le stalinisme,* textes 1936—1939 présentés par Michel Dreyfus, erschienen bei François Maspero, Paris 1977. Dazu kommen 1980 Briefe und übrige Dokumente aus den Archiven Trotzkis (Houghton Library, Harvard University, USA, nicht zugängliche Abteilung).